TRAITI

DES

CURÉS PRIMITIFS,

OÙ L'ON EXAMINE

LEUR ORIGINE , LES DIFFÉRENTES CAUSES
qui y ont donné lieu , leurs droits , prérogatives &
charges ; les différens moyens Canoniques pour
établir leurs droits , la manière de les exercer , &
les autres queſtions ſur la même matière.

SUIVANT LES DÉCRETS DES CONCILES,
les Conſtitutions des Papes , les Chartes anciennes ,
les Ordonnances & Déclarations des Rois , & la
Juriſprudence des Arrêts.

Par M. JEAN-BAPTISTE FURGOLE ,
Avocat au Parlement de Touloufe.

Nouvelle Édition , revue & corrigée , où l'on a rapporté le tout à la
dernière Juriſprudence fixée par la Déclaration du Roi du
15 Janvier 1731.

A PARIS,

Chez CELOT, Imprimeur-Libraire, rue Dauphine.

M. DCC. LXXVI.

AVEC APPROBATION ET PRIVILÉGE DU ROI.

ŒUVRES
COMPLETTES,
DE
M. FURGOLE.

Nouvelle Édition, revue, corrigée & augmentée.

Huit Volumes in-Octavo, 42 livres brochés, & 48 livres reliés.

TOME HUITIEME ET DERNIER.

AVIS
DE L'IMPRIMEUR.

NOus terminons notre Collection par le Traité des Curés Primitifs ; ainsi que nous l'avons annoncé dans l'avis qui est à la tête du premier Volume ; mais n'ayant pas prévu alors les Corrections & Additions que ce Volume a exigé, nous avons cru devoir en rendre compte ici.

Ce Traité donné au Public par M. Furgole en l'année 1736, est celui de tous ses Ouvrages dont l'édition a été plutôt épuisée. La matière des Curés Primitifs étoit alors peu connue, quoiqu'elle se présentât fréquemment. Les Auteurs qui en avoient parlé, l'avoient fait si imparfaitement, qu'ils sembloient avoir moins voulu l'approfondir, que faire connoître le besoin qu'on avoit qu'elle fut traitée à fonds.

Il falloit un homme aussi instruit & aussi pénible que l'étoit M. Furgole, pour n'être pas rebuté des difficultés de l'entreprise. Il se livra en entier à cette matière : il traita un grand nombre de Questions que les Auteurs n'avoient pas même prévu ; & son Ouvrage ne fut pas plutôt répandu, qu'il reçut du Public ce tribut glorieux de reconnoissance qu'il accorde toujours à ceux qui se rendent utiles.

Ce Traité étoit dans sa perfection, lorsque M. Furgole le fit mettre sous-presse pour la première fois, c'est-à-dire, qu'il l'avoit rapporté à la dernière Jurisprudence fixée par la Déclaration de 1726 ; mais la nouvelle Déclaration du 15 Janvier 1731 ayant paru dans cet intervalle , & cette nouvelle Loi corrigeant ou modifiant la Déclaration de 1726 en plufieurs chofes , il devenoit effentiel de s'y rapporter en tout. M. Furgole n'ayant pu ni fufpendre l'impreſſion , ni refondre l'Ouvrage , il fe contenta feulement de remarquer dans le Chapitre 24 les Corrections & les Nouvelles Difpofitions contenues dans la Déclaration de 1731 , & de les indiquer par quelques notes marginales.

Malgré ces foins , l'Ouvrage ne laiſſoit pas que d'être imparfait. Après avoir fuivi l'Auteur dans une queſtion qu'il approfondiſſoit toujours pour la décifion , on étoit obligé de recourir à la Déclaration de 1731 , qui anéantiſſoit d'un feul mot toutes fes difcuſſions , ce qui étoit pénible & dégoûtant pour le Lecteur.

Dans cette nouvelle Edition on a paré à cet inconvénient , en rapportant toutes les matières , traitées par notre Auteur , à la nouvelle Jurifprudence , fixée par la Déclaration de 1731.

Nous y avons joint en outre l'Édit du mois de Mai 1768 , concernant l'augmentation des Portions Congrues , avec l'Arrêt de Regiſtre du Parlement de Touloufe , les Remontrances du même Parlement fur cet Edit , & la Déclaration interprétative rendue fur icelles.

Nous n'avons d'ailleurs rien négligé pour la partie Typographique , & par ce double avantage , nous nous flattons que le Public accueillira favorablement cette nouvelle Edition , & la difcernera des précédentes.

PRÉFACE.

L A matière des Curés Primitifs a beaucoup d'étendue, on en sera facilement convaincu par la lecture du présent Traité ; si est-ce pourtant que je suis persuadé n'avoir pas touché toutes les difficultés qui en peuvent naître, encore que j'y aye apporté beaucoup de soin & d'attention.

Quoiqu'il y ait des Auteurs qui ayent recherché avec assez de curiosité les différentes causes qui ont donné lieu à la séparation des Cures, & à l'établissement des Curés Primitifs, & des Vicaires amovibles ou perpétuels, on s'appercevra aisément en conférant leurs écrits, avec les réflexions que j'ai faites dans ce Traité, qu'ils ont laissé en arrière plusieurs questions utiles, & qui peuvent tomber journellement dans la pratique ; ce qui vient de ce qu'ils ne se sont pas donnés la peine d'approfondir, & de développer les principes qui peuvent servir à la décision de ces questions ; & c'est ce qui m'a engagé à examiner à fonds cette matière.

Je vais maintenant donner une idée générale
du contenu en ce Traité, afin qu'on puisse voir,
pour ainsi dire, d'un coup-d'œil le plan de l'Ouvrage, & les principales questions dont il est
composé.

J'examine d'abord dans le premier Chapitre
la définition du Curé Primitif ; je m'y suis assez
étendu pour faire remarquer les défectuosités
des différentes définitions qui en avoient été
données par les Auteurs, & pour tâcher d'en
donner une qui fut exempte de ces défauts, &
qui présentât une idée exacte du Curé Primitif.
Cette discussion m'a paru nécessaire, parce qu'il
se présente souvent des questions qui ne peuvent
être décidées que par la connoissance exacte de
la nature de la chose qui y donne lieu. Je remarque encore, que les Curés Primitifs sont
comme des Curés Commendataires, & que
leur titre & leurs droits, ne sont pas favorables, comme blessant en quelque manière l'esprit des Canons & la liberté Ecclésiastique ;
ce que j'ai observé encore dans plusieurs
endroits.

Dans le Chapitre second, je parle de l'origine des Vicaires perpétuels, des causes qui ont
donné lieu à leur établissement, & de quelle
manière leur titre est devenu perpétuel, d'amovible qu'il étoit dans son origine ; j'ai remarqué
le progrès des Canons & des Conciles, des

Conftitutions des Papes , & des Ordonnances
de nos Rois , pour faire ceffer les abus & les
inconvéniens qui naiffent de l'établiffement des
Vicaires amovibles ; & j'ai encore obfervé
quelles font les Communautés qui ont été difpenfées de l'obfervation de ces règles , & qui
ont été confervées dans la faculté de faire deffervir les Paroiffes par des Vicaires amovibles.

Je parle enfuite dans le Chapitre troifième ,
de l'origine des Curés Primitifs , & des caufes
qui y ont donné lieu par la divifion du fpirituel,
avec le temporel des Cures,

J'aurois peut-être mieux fait de parler plutôt de l'origine des Curés Primitifs , comme
plus ancienne , que de celle des Vicaires perpétuels ; mais la chofe m'a paru affez indifférente , & fi j'ai plutôt parlé des Vicaires perpétuels , c'eft parce que j'en avois fait mention
en paffant dans le Chapitre premier , & qu'il
m'a paru plus exact & plus régulier de parler
tout de fuite , & fans interruption des Curés
Primitifs,

Dans le Chapitre quatrième , je traite deux
queftions importantes. La première , fi la qualité de Curé Primitif doit être prouvée , ou s'il
faut la préfumer; & après avoir déterminé cette
queftion , en difant qu'elle doit être prouvée ,
je paffe à l'examen de la feconde , fi les Eglifes
Cathédrales ou Collégiales font fondées en pré-

fomption , du moins pour les Paroiſſes qui
font deſſervies dans leurs Egliſes , *& ſub eodem
tecto* ; & après avoir rapporté les raiſons de
part & d'autre , j'ai décidé la queſtion , par
une diſtinction entre les Cathédrales qui font
Paroiſſes & Matrices *ab antiquo* , & avant la
diviſion générale des Paroiſſes , d'avec les autres
Cathédrales , dont l'établiſſement eſt plus
récent.

J'avois cru que les premières étoient fondées
en préſomption & non les autres , non plus
que les Egliſes Collégiales ; mais cette diſtinction ne peut plus avoir lieu à cauſe de la diſpoſition de la Déclaration de 1731 , comme
je l'ai obſervé dans le Chapitre 24. J'ai remarqué néanmoins certains cas auxquels la préſomption de droit doit avoir lieu en faveur des
Egliſes Cathédrales ou Collégiales , comme devant être exceptés de la règle , qui impoſe la
néceſſité de rapporter la preuve de la qualité de
Curé Primitif.

Dans le Chapitre cinquième , je paſſe à l'examen des moyens ſuffiſans pour établir le titre
& la qualité de Curé Primitif ; c'eſt-à-dire, des
cauſes qui peuvent avoir donné lieu à leur établiſſement par la ſéparation du temporel avec le
ſpirituel , & en particulier je traite de l'établiſſement du Vicaire perpétuel , & après avoir
déterminé que cette cauſe eſt ſuffiſante , qu'elle

eft générale, & qu'elle embraffe toutes les caufes qui peuvent avoir donné lieu à l'origine des Curés Primitifs, parce que le Vicaire per-pétuel eft correlatif avec le Curé Primitif ; j'examine quels font les moyens pour prouver, ou faire préfumer l'établiffement du Vicaire perpétuel.

Je parle dans le Chapitre fixième, de l'union des Paroiffes aux Monaftères, Chapitres, ou autres Eglifes ; & après avoir expliqué quelles font les différentes efpèces d'unions, je déter-mine quelles font celles qui font fuffifantes, pour établir le titre & la qualité de Curé Primitif.

Enfuite je parle dans le Chapitre feptième de l'érection des nouvelles Cures, par démem-brement, rétabliffement ou autrement, & de l'érection des Cures en Eglifes Cathédrales ou Collégiales, où en y établiffant des Monaftères. J'y parle auffi de l'établiffement des Redevances, & je réfous les différentes difficultés qui peu-vent fe préfenter fur ce fujet.

J'examine dans le Chapitre huitième, fi l'ac-quifition des Eglifes Paroiffiales par conceffion des Evêques, donations ou ventes, faites par des Laïques, eft une caufe fuffifante pour éta-blir le titre & la qualité de Curé Primitif; & j'établis pour règle générale qui fert à décider toutes les difficultés, que l'acquifition eft fuffi-

fante lorfqu'elle eft du fpirituel & du temporel
tout enfemble , foit que cela fe faffe par la
conceffion des Evêques , ou par leur confirmation des donations ou ventes , faites par des
perfonnes Laïques. Je difcute encore les différentes circonftances qui peuvent faire confidérer
les conceffions comme faites ; tant pour le fpirituel , que pour le temporel.

Dans le Chapitre neuvième , j'entre en difcuffion fur les trois circonftances , que la plupart des Auteurs avoient cru être fuffifantes
pour établir la qualité de Curé Primitif : favoir ,
la préfentation à la Cure ; la jouiffance des
Dixmes , & la perception des oblations , en
tout ou en partie. Je fais voir que toutes ces
circonftances font équivoques & infuffifantes.
J'ajoute encore , que la qualité de Seigneur
Jufticier , ni l'établiffement des Redevances ,
ne peuvent fervir de rien ; parce que ces chofes
n'ont pas un rapport néceffaire avec la qualité
de Curé Primitif , & qu'elles peuvent appartenir
à des Laïques , qui dans leur origine étoient incapables de cette qualité.

Je parle encore de la poffeffion de faire le
Service Divin , de la coutume de donner au
Pafteur la qualité de Vicaire perpétuel , de la
poffeffion de la qualité de Curé Primitif , & des
droits de Supériorité, & de Juridiction fpirituelle,
exercée fur le Vicaire perpétuel.

Dans le Chapitre dixième, je parle de la possession, & premièrement quels font les droits qui font suffisans, afin que cette possession soit un Titre. 2°. De quel temps doit être cette possession. 3°. De quelle manière elle doit être prouvée.

Après avoir expliqué les caufes suffifantes qui peuvent avoir donné lieu à l'établissement légitime de la qualité de Curé Primitif, je passe dans le Chapitre 11, aux Actes qui font néceffaires pour la preuve de ces caufes. Sur quoi j'avois diftingué les Eglifes Cathédrales ou Collégiales, qui prétendent avoir le droit de Curé Primitif, d'avec les autres Eglifes, conformément à la Déclaration de 1726 ; mais celle de 1731 l'a modifiée à cet égard, & en mettant toute forte de Curés Primitifs dans le même degré de faveur, elle n'exige indiftinctement, que des Titres Canoniques ; Actes, ou Tranfactions valablement autorifés ; Arrêts contradictoires, ou des Actes de poffeffion centenaire : ce qui rend fuperflues plufieurs des difficultés que j'ai difcutées dans ce Chapitre, & qui naiffent des difpofitions de la Déclaration de 1726.

Le Chapitre douzième, où j'examine quels font les droits des Curés Primitifs, eft le plus important de tout le Traité, & celui qui a fourni le plus de matière aux conteftations avant la

Déclaration de 1726. Ces droits étoient réglés à l'égard de toute forte de Curés Primitifs par les Titres, ou par la poffeffion. Nos Livres font pleins d'Arrêts qui l'avoient réglé de même, & l'on en trouve une foule dans le Livre qui a pour titre : *Le Droit écrit & jugé, entre les Curés Primitifs & leurs Vicaires perpétuels*, imprimé à Paris, chez Nicolas Beffin, en 1675. La plupart des Arrêts qui y font rapportés, ont été rendus fur la fixation des droits appartenans aux Curés Primitifs ; mais la Déclaration de 1726 a réduit tous ces droits, tant honorifiques qu'utiles, de quelque nature qu'ils puffent être, à la feule faculté de faire le Service Divin, les quatre Fêtes folemnelles & le jour du Patron, s'il y avoit titre & poffeffion valable à cet effet, & à percevoir la moitié des oblations & offrandes, quand les Curés Primitifs officieroient, & non autrement ; l'autre moitié devant demeurer aux Curés Vicaires perpétuels, & ce nonobftant tous ufages, abonnemens, Tranfactions, Jugemens, & autres Titres à ce contraires, qui font déclarés nuls, & de nul effet à cet égard.

Mais la même Déclaration excepte les Eglifes Cathédrales ou Collégiales, & les maintient dans les ufages, & la poffeffion où elles étoient lors de cette Déclaration ; enforte que Sa Majefté déclare qu'elle n'entend déroger en aucune manière.

manière à leurs droits , prééminences & ufages. Et c'eſt fur cette Loi que j'ai exa-miné les droits appartenans à tous les Curés Primitifs.

La Déclaration de 1731 a tempéré la rigueur de celle de 1726 , & en réduiſant les droits ho-norifiques de la même manière qu'avoit fait la Déclaration de 1726 , elle a conſervé aux Curés Primitifs , autres que les Egliſes Cathédrales ou Collégiales , les droits utiles réglés par des Ti-tres Canoniques , Actes ou Tranſactions vala-bles & autoriſés ; Arrêts contradictoires , ou actes de poſſeſſion centenaire ; mais elle ne ré-tablit point les droits honorifiques qui avoient été fupprimés par la Déclaration de 1726 , & dont j'ai fait une énumération dans ce Chapi-tre ; elle conſerve ſeulement aux Chapitres des Egliſes Cathédrales ou Collégiales , les préémi-nences , honneurs & diftinctions , dont ils ſont en poſſeſſion , même celle de prêcher avec la permiſſion de l'Evêque , certains jours de l'an-née , deſquelles prérogatives ils pourront conti-nuer de jouir , ainſi qu'ils ont bien & dûment fait par le paſſé.

Dans le même Chapitre , je parle des droits qui ne peuvent point être exercés par les Curés Primitifs , quoiqu'ils en jouiſſent auparavant ; mais je remarque en même-temps , que la Dé-claration de 1726 n'a pas touché aux Dixmes ,

Prémices ou Redevances , comme pouvant
être poſſédées à autre titre , que celui de Curé Primitif. J'explique encore , qu'eſt-ce qu'on
doit entendre par *Service Divin* , dont la faculté a été réſervée aux Curés Primitifs.

Dans le Chapitre treiziéme , j'examine ſi la
feule qualité de Curé Primitif ſuffit pour établir le droit de préſenter à la Cure , & pour
réſoudre la difficulté , je la diſcute felon tous
les différens rapports qu'elle peut avoir ; c'eſt-
à-dire , eu égard à toutes les différentes cauſes
qui peuvent avoir donné lieu à l'établiſſement
des Curés Primitifs.

J'examine enſuite dans le Chapitre quatorzième , ſi les Communautés Laïques font capables de poſſéder le titre & la qualité de Curés Primitifs , & après avoir diſcuté la difficulté ,
ſi pour être capable de la Cure habituelle ,
il faut être en même temps capable de la Cure
actuelle , je réſous la queſtion en faveur des
Monaſtères des filles , & des Communautés
Laïques , en examinant les différens cas auxquels la qualité de Curé Primitif peut leur avoir
été tranſportée.

Dans le Chapitre quinzième , j'agite la queſtion , ſi le droit de Curé Primitif appartient
aux Abbés , Prieurs , & autres Supérieurs , ou
bien aux Monaſtères & Communautés. Je tâ-
che d'éclaircir cette queſtion par l'examen de

trois difficultés. La première , si lorsque les Abbés , Prieurs & autres Bénéficiers Titulaires ou Commendataires , ont le droit de Curés Primitifs , les Communautés établies dans leurs Abbayes , Prieurés & autres Bénéfices , ont part à ce droit , & peuvent l'exercer en l'absence des Abbés ou Prieurs , ou pendant la vacance des Bénéfices. La seconde , par qui le droit de Curé Primitif peut-il être exercé , lorsque les Communautés auxquelles ce droit appartient , n'ont point d'Abbés , ni de Prieurs en Titre ou Commende. La troisième , si lorsque l'Abbé a sa Mense séparée , & ses droits distingués , le droit de Curé Primitif doit lui appartenir sur les Paroisses dépendantes de la Mense des Religieux.

Le Chapitre seizième est employé à examiner de quelle manière le droit de Curé Primitif , peut & doit être exercé , ce que je distingue en trois différens cas. Le premier regarde les Eglises Cathédrales ou Collégiales. Le second , les Monastères d'Hommes , & les Prieurs simples. Et le troisième , les Monastères des Filles , & les Communautés Laïques qui ne peuvent pas exercer par eux-mêmes les fonctions des Curés Primitifs ; & j'explique ensuite de quelle manière les Curés Primitifs doivent se comporter dans l'exercice de leur droit.

Dans le Chapitre dix-septième , je traite la

queftion , fi le Vicaire perpétuel peut prendre la qualité de Curé , même en contractant avec le Curé Primitif.

La Déclaration de 1726 m'avoit engagé à diftinguer les Eglifes Cathédrales ou Collégiales des autres Curés Primitifs ; mais cette diftinction ceffe depuis la Déclaration de 1731 , qui veut indiftinctement que les Vicaires perpétuels puiffent prendre en tous actes , & en toutes occafions , le titre & la qualité des Curés Vicaires perpétuels de leurs Paroiffes , en laquelle qualité ils feront reconnus , tant dans leurs Paroiffes , que par-tout ailleurs.

Dans le Chapitre dix-huitième, je paffe à l'examen des charges des Curés Primitifs ; & s'ils en font quittes en abandonnant les Dixmes aux Vicaires perpétuels pour leur portion congrue. J'y fais voir que les Vicaires perpétuels en fuccédant aux Pafteurs , fe font foumis aux mêmes obligations dont les Curés originaires étoient tenus par les devoirs de leur état ; c'eft-à-dire , qu'ils fe font affujettis à départir le pain de la parole , à adminiftrer les Sacremens , & à gouverner les Paroiffes , tout comme vrais & légitimes Pafteurs ; & qu'au contraire les Curés Primitifs en fe déchargeant du foin des Paroiffes , & du gouvernement fpirituel des peuples qui leur avoient été confiés , ont contracté une obligation naturelle , de fournir la

nourriture & l'entretien aux Vicaires per‑
pétuels.

Je fais voir encore , que fuivant l'efprit des
Canons, les fonds & le patrimoine des Paroiffes
font fpécialement affectés pour la nourriture
des Vicaires perpétuels : voilà pourquoi , fui‑
vant la difpofition des Canons , la portion con‑
grue des Vicaires perpétuels devroit être prife
fur le patrimoine des Paroiffes , qui devroit
être épuifé avant d'en venir aux Décimateurs ;
mais les Déclarations du Roi en ont fait une
charge de tous les Décimateurs qui doivent y
contribuer à proportion des Dixmes qu'ils poffè‑
dent dans la Paroiffe.

Après ces obfervations , je remarque que les
Curés Primitifs ne peuvent pas fe difpenfer de
fournir le Supplément de la portion congrue ,
à moins qu'ils ne renoncent à tous les fonds
qui font de l'ancien patrimoine de la Cure ,
& à la qualité de Curé Primitif ; ce qui eft dé‑
cidé de même par la Déclaration de 1731.

J'ajoute la queftion , fi les fonds poffédés
dans la Paroiffe par les Curés Primitifs , doi‑
vent être préfumés dépendans de l'ancien pa‑
trimoine de la Cure , ou fi c'eft au Curé Vi‑
caire perpéutel à le prouver.

Je deftine le Chapitre dix-neuvième à l'exa‑
men d'une queftion qui n'avoit point été traitée ;
favoir , fi les Evêques font Curés Primitifs de

toutes les Paroiffes de leur Diocèfe ; cela me donne occafion d'expliquer de quelle manière les Evêchés fe font formés , de dire un mot de l'origine des Curés , s'ils font d'inftitution divine , & quels font les droits qui leur appartiennent dans leur Paroiffe ; & après avoir réfolu la queftion en faveur des Curés , j'explique les différens cas où les Evêques peuvent avoir la qualité de Curés Primitifs.

Je paffe dans le Chapitre vingtième à une queftion approchante : fi le titre de Curé Primitif de la Paroiffe deffervie dans la Cathédrale & des autres Eglifes , appartient à l'Evêque ou au Chapitre ; & je l'examine fous deux différens rapports. Le premier , lorfque l'Evêque & le Chapitre ne compofent qu'un feul & même corps, dont l'Evêque eft le chef. Et le fecond , lorfque le Chapitre compofe un corps féparé de l'Evêque , duquel il eft exempt.

Je traite la même queftion par rapport aux Eglifes Collégiales qui ont un Abbé pour chef , & dans tous ces cas , je réfous les difficultés en faveur des Chapitres.

J'examine enfuite dans le Chapitre vingt-unième de quelle manière les titres de Curé Primitif & de Vicaire perpétuel , peuvent prendre fin.

Il y a un moyen général pour remettre les chofes dans leur premier état , & qui efface ,

pour ainſi, dire, la diviſion de la Cure ; c'eſt
la confuſion ou la conſolidation, par la ſuppreſſion de l'une ou de l'autre des deux qualités, qui fait que la qualité ſupprimée ac-
croît à celle qui ſubſiſte.

Je remarque cinq différentes eſpèces de cette
confuſion. La première, qui devoit ſe faire par
la vacance arrivée par le décès, ou la réſigna-
tion du Vicaire ou du Curé Primitif ; mais quoique cette conſolidation ait été clairement marquée par les Canons, elle n'a pas eu lieu. La
ſeconde, par la renonciation du Vicaire. La troiſième, par l'abandon ou renonciation du Curé
primitif. La quatrième, par la ſuppreſſion du titre
de Curé Primitif, ou de celui de Vicaire perpétuel. Et la cinquième, lorſque les revenus de la
Cure, ne ſuffiſant pas pour payer la portion
congrue du Vicaire perpétuel, le Curé Primitif eſt reçu à faire lui-même le Service de la
Paroiſſe, à l'excluſion du Vicaire perpétuel.
J'examine l'effet de toutes ces différentes eſpèces de confuſion, & les formalités qui doivent être obſervées, afin qu'elles ſoient valables.

Je parle dans le Chapitre vingt-deuxième de
la preſcription ; & ſi c'eſt un moyen pour acquérir ou pour perdre le titre de Curé Primitif ; & dans le Chapitre vingt-troiſième j'examine cinq différentes queſtions, dont il ſeroit
nutile que je fiſſe l'analyſe.

b iv

J'explique dans le Chapitre vingt-quatrième quels font les Juges compétens pour connoître des conteftations entre les Curés Primitifs & les Vicaires perpétuels. Je parle de plufieurs nouvelles difficultés , décidées par la Déclaration du Roi du 15 Janvier 1731 , & j'obferve les chefs fur lefquels cette Déclaration a dérogé à celle de 1726.

Enfin , dans le Chapitre dernier , j'indique divers exemples des conceffions des Eglifes , faites tant par les Evêques , que par des perfonnes Laïques ; & je rapporte les Ordonnances & Déclarations du Roi , qui fervent de règle fur la matière des Curés Primitifs.

Si je n'ai pas agité & réfolu toutes les difficultés qui peuvent fe préfenter fur cette matière , du moins je crois avoir fourni des principes qui fuffiront pour éclaircir les cas que je n'ai pas prévus , pour peu de réflexion qu'on veuille faire.

TABLE

DES

CHAPITRES.

Fin de la Table des Chapitres.

APPROBATION.

J'AI examiné par ordre de MONSEIGNEUR LE GARDE DES SCEAUX, un manuscrit, intitulé : *Traité des Curés Primitifs, où l'on examine leur origine, les différentes causes qui y ont donné lieu, leurs droits, &c. Le tout rapporté à la dernière Jurisprudence, fixée par la Déclaration du Roi du 15 Janvier 1731* ; & je n'ai rien trouvé qui puisse empêcher l'impression.

FAIT à Paris ce 30 Octobre 1731.

RASSICOD.

PRIVILÉGE DU ROI.

LOUIS, PAR LA GRACE DE DIEU, ROI DE FRANCE ET DE NAVARRE, A nos Amés & Féaux Conseillers, les Gens tenans nos Cours de Parlement, Maîtres des Requêtes ordinaires de notre Hôtel, Grand Conseil, Prévôt de Paris, Baillifs Sénéchaux, leurs Lieutenans Civils, & autres nos Justiciers qu'il appartiendra, SALUT. Notre cher & bien Amé M. FURGOLE, Avocat en notre Cour de Parlement de Toulouse, nous ayant fait remontrer qu'il souhaiteroit faire imprimer & donner au Public, un Ouvrage qui a pour Titre : *Traité des Curés Primitifs, &c.* s'il nous plaisoit lui accorder des Lettres de Privilége sur ce nécessaires ; offrant pour cet effet de le faire imprimer en bon papier & beaux caractères, suivant la feuille imprimée & attachée pour modèle sous le contre-Scel des Présentes. A CES CAUSES, voulant traiter favorablement ledit Exposant ; Nous lui avons permis & permettons par ces Présentes, de faire imprimer ledit Livre ci-dessus specifié, en un ou plusieurs Volumes, conjointement ou séparément, & autant de fois que bon lui semblera, sur papier & caractères conformes à ladite feuille imprimée, & attachée sous notre contre-Scel ; & de les faire vendre & débiter par tout notre Royaume pendant le temps de six années consécutives, à compter du jour de la date desdites Présentes. Faisons défenses à toute sorte de personnes de quelque qualité & condition qu'elles soient, d'en introduire d'impression étrangère dans aucun lieu de notre obéissance : comme aussi à tous Libraires, Imprimeurs & autres, d'imprimer, faire imprimer, vendre, faire vendre, debiter ni contrefaire ledit Livre ci-dessus exposé, en tout ni en partie, ni d'en faire aucuns extraits sous quelque prétexte que ce soit, d'augmentation, correction, changement de titre, ou autrement sans la permission expresse, & par écrit dudit Exposant, ou de ceux qui auront droit de lui, à peine de confiscation des Exemplaires contrefaits, de trois mille livres d'amende contre chacun des contrevenans, dont un tiers à Nous, un tiers à l'Hôtel-Dieu de Paris, l'autre tiers à l'Exposant, & de tous dépens, dommages & intérêts ; à la charge que ces Présentes

feront enregiftrées tout au long fur le Regiftre de la Communauté des
Libraires & Imprimeurs de Paris, dans trois mois de la date d'i-
celles, que l'impreffion de ce Livre fera faite dans notre Royaume,
& non ailleurs ; & que l'Impétrant fe conformera en tout aux Règlemens de la Librairie, & notamment à celui du 10 Avril 1725, &
qu'avant que de les expofer en vente, les Manufcrits ou Imprimés
qui auront fervi de copie à l'impreffion dudit Livre, feront remis
dans le même état où les Approbations y auront été données, ès
mains de notre très-cher & féal Chevalier Garde des Sceaux de
France, le fieur Chauvelin ; & qu'il en fera enfuite remis deux
Exemplaires dans notre Bibliothèque publique, un dans celle de notre Château du Louvre, & un dans celle de notre très-cher & féal
Chevalier Garde des Sceaux de France, le fieur Chauvelin ; le tout
à peine de nullité des Préfentes, du contenu defquelles vous mandons & enjoignons de faire jouir l'Expofant, ou fes ayans caufe,
pleinement & paifiblement, fans fouffrir qu'il leur foit fait aucun
trouble ou empêchement. Voulons que la copie defdites Préfentes,
qui fera imprimée tout au long au commencement ou à la fin dudit
Livre, foit tenue pour duement fignifiée ; & qu'aux copies collationnées par l'un de nos Amés & féaux Confeillers & Secrétaires,
foi foit ajoutée comme à l'Original. Commandons au premier notre
Huiffier ou Sergent, de faire pour l'exécution d'icelles tous actes
requis & néceffaires, fans demander autre permiffion, & nonobftant
Clameur de Haro, Charte Normande, & Lettres à ce contraires :
Car tel eft notre plaifir. DONNÉ à Paris le 31 jour du mois de
Janvier, l'an de Grace 1733, & de notre règne, le dix-huitième :
par le Roi   nfon Confeil. SAINSON, Signé.

*Regiftré fur le Regiftre huitième de la Chambre Royale & Syndi-
cale de la Librairie & Imprimerie de Paris Nº. 485. fol. 464. conformément aux anciens Règlemens de 1723, qui font défenfes, article 4 à toutes perfonnes de quelque qualité & condition qu'elles foient,
d'en introduire d'impreffion, & autres que les Libraires & Imprimeurs, de vendre, débiter & faire afficher aucuns livres pour les vendre en leurs noms, foit qu'ils s'en difent les auteurs, ou autrement,
& à la charge de fournir les Exemplaires prefcrits par l'article 108
du même Règlement. A Paris le 1 Février 1733.*

Signé G. MARTIN, *Syndic.*

TRAITÉ

TRAITÉ

DES

CURÉS PRIMITIFS.

CHAPITRE PREMIER.

De l'Origine du mot Curé primitif, & de sa définition.

SOMMAIRES.

1. *Le nom de Curé primitif a été inconnu aux anciens.*
2. *Sous quel nom les Curés primitifs étoient connus anciennement.*
3. *Sous quels noms connoissoit-on les Vicaires perpétuels?*
4. *Deux sortes de Vicaires perpétuels.*
5. *Suppression des Vicaires perpétuels, établis pour aider les Curés.*
6. *Que les Curés primitifs devoient avoir anciennement un nom capable de désigner leur titre & leur droit.*
7. *Le titre de Curé primitif est autorisé par l'usage.*
8. *Avis de Coquille pour la suppression des Curés primitifs.*
9. *Raisons pour les conserver.*
10. *Examen des définitions du Curé primitif. Première opinion.*

A

1.

Chabanel de l'antiquité des Eglises paroissiales ch. 6. Le Maître playd. 9. Van-Espen de prist tinis, altar. incorporat. v. Ducange in Gloss. Latin. verb. alteragium col. 15. Simon des Droits honorifiques, tit. 14. Concil. Emeritense, Can. 12. Ducange in Gloss. latin. V. Can. 7. Conc. Clarom. t. 10. col. 507. Ducange in Gloss. verb. persona. can.

QUOIQUE l'origine des Curés primitifs soit fort ancienne, comme nous l'expliquerons en son lieu, ils n'ont pourtant pas été connus sous cette dénomination, selon les Auteurs, qui remarquent que le nom de Curé primitif a été inconnu aux anciens ; car il n'en est point fait mention dans les livres du Droit canonique, même les plus récens, comme sont les clémentines & les extravagantes, ni dans ceux des Interprètes anciens.

2. Dans les temps reculés on les a connus sous différens noms, tantôt on les appelloit *Presbiteri Cathedrales,* parce qu'on les tiroit de leurs Paroisses pour les placer dans les Eglises Cathédrales, tantôt *personæ* ; mais ce nom étoit équivoque : car on l'appliquoit au Vicaire perpétuel, de même qu'au Curé originaire ou primitif, cependant il étoit plus commun & plus ordinaire d'en faire

l'application à ceux que nous connoiſſons préſentement ſous le nom de Curés primitifs. Il ſemble même qu'on puiſſe induire du Concile de Poitiers, tenu en 1280, qu'on les connoiſſoit encore ſous le nom de *rectores*; mais il y a plus d'apparence qu'on l'entendoit du vrai Curé en titre.

3. Au contraire ceux qui étoient mis à la place des vrais Curés, étoient appellés tantôt *perſonæ*, comme nous venons de le dire, tantôt *Capellani*, tantôt *Vicarii conducti*, tantôt *Sacerdotes conductitii*, & le plus communément *Vicarii*, parce qu'ils tenoient la place des Curés, *dicitur enim Vicarius quod vicem alterius gerat;* & ces Vicaires qui étoient originairement amovibles & deſtituables à la volonté du Curé primitif, devinrent dans la ſuite perpétuels, comme nous le dirons bientôt.

4. Mais pour ne pas équivoquer ſur cette matière, il faut remarquer avec le *P. Thomaſſin* qu'il y avoit deux ſortes de Vicaires perpétuels, les uns pour aider les Curés, & les autres tenans lieu de Curés.

5. L'uſage des premiers qui s'étoit introduit en Angleterre, & dont l'abus s'étoit gliſſé en France, fut ſupprimé par un Concile tenu à Londres en 1237, & par le Synode de Bayeux tenu en 1300, qui ordonna que le Vicaire perpétuel étant mort, la Vicairie perpétuelle accroîtroit à la Cure *perſonatui*, & que le Curé ſeroit tenu de ſervir lui-même la Paroiſſe; & pour ce qui eſt de l'autre eſpèce des Vicaires perpétuels, elle s'eſt conſervée juſqu'à préſent.

6. Les Canoniſtes demeurent d'accord que le Vicaire auquel le ſoin des ames fut confié, ſervoit à la place de l'ancien Curé, auquel le gouvernement de la Paroiſſe appartenoit originairement, & que les droits de l'ancien Curé étoient demeurés dans leur entier, ſi l'on excepte le gouvernement de la Paroiſſe & l'adminiſtration du

quæſitum in quæſt. 3. Marca adcan. 7. Concil. Claromont. tom. 10. Concil. col. 579. Van Eſpen de jure Paroch. ad decimas cap. 1. §. 5. Thomaſſin, part. 4. liv. 1. ch. 29. n. 2. v. Galand du Francaleu, pag. 72. de l'édition de 1637. Concil. Baiocenſe can. 102. tom. 11. part. 2. col. 1465. Concil. Pictavienſe, can. 3. tom. 11. Concil. part. 1. col. 1139. Galand ibid. cap. 1. ext. de Capellis Monach. can. 2. Concil. Beneventani, tom. 10. Concil. col. 484. Ducange dans ſon Gloſſ. latin, tot. tit. ext. de off. vic. Cap. 1. de off. vic. in 6. Andr. vallenſ. in paratit. juris can. de off. vic. §. 1. n. 1. Thomaſſin ibid. n. 5. Thomaſſin de la Diſcipline de l'Egliſe, part. 4. liv. 1. ch. 29. n. 3. Thomaſſin ibid. n. 3. Thomaſſin ibid.

spirituel : il falloit donc que cet ancien Curé eut con-
*Van Efpen de
jure Paroch.
ad decimas,
cap. 1. §. 9.* servé un nom qui défignoit fon titre & fon droit primitif : de-là vient fans doute , que dans le dernier temps
qu'on s'eft appliqué avec exactitude à connoître les chofes , à les défigner par des noms propres & à en donner une jufte idée, on les a appellés *Curés primitifs.*

7. Quoiqu'il en foit, il y a plus de curiofité que d'u-
tilité à favoir quel étoit le nom qu'on donnoit anciennement à ceux qu'on appelle préfentement *Curés primitifs ,* il fuffit qu'on connoiffe que leur titre a été auto-
*Cap. 36. extr.
de Præcend.
cap. 1. de Præ-
bend. in 6.* rifé par l'ufage , & qu'ils ont été confervés dans certains droits de prééminence & d'honneur, & même à
quelques droits utiles , malgré les défordres dont les Conciles & les Souverains Pontifes fe font plaints ; & quoique leurs prérogatives femblent bleffer le bon ordre com-
*Coquille dans
fes Mémoires
pour la réfor-
mation de l'E-
tat Ecclésiaf-
tique.* me contraires à la liberté Eccléfiaftique, qu'elles caufent
fouvent des conteftations, qui diftraifent les Pafteurs du
foin de leurs Paroiffes , & engendrent des inimitiés.

8. Ce qui a fait dire à Coquille que le titre de Curé primitif que les Abbés Prieurs, & autres perfonnes Eccléfiaftiques s'attribuent, devoit être aboli & fupprimé, excepté les Autels qui font aux Eglifes Cathédrales. 9. Toutefois on a confidéré comme dangereux de détruire des
établiffemens qui ne regardent que la difcipline extérieure
de l'Église ; de-là vient qu'ils ont été autorifés par la Jurifprudence des Arrêts des Cours fupérieures , & même
par les Déclarations de nos Rois.

La première chofe qu'il importe de favoir dans cette
matière , c'eft qu'eft-ce que l'on entend par *Curé primitif* ? Une définition exacte nous le fera connoître ; mais
il eft plus facile de réfuter celles que les Auteurs ont
données que d'en établir une qui en préfente une jufte
idée, nous tâcherons pourtant de la donner cette définition , après que nous aurons examiné celles que les
Auteurs ont propofées.

10. Certains Auteurs ont cru que les Curés primitifs étoient ceux qui avoient anciennement le foin des ames, dont ils s'étoient déchargés fur des Prêtres qu'ils avoient mis à leur place.

11. D'autres ont combattu cette opinion, & ont foutenu que les Curés primitifs ont été appellés de ce nom, parce qu'ils poffèdent un Bénéfice qui originairement étoit Cure, puifque nous voyons que non-feulement des Chapitres, mais encore des Colléges & des Communautés féculières, des Monaftères d'hommes & des filles, & même des Chevaliers, comme ceux de S. Jean de Jérufalem ont droit de jouir des fruits de diverfes Cures, & font Curés primitifs, quoique leurs Prédéceffeurs de la même qualité fuffent incapables du foin des ames, & du gouvernement des Paroiffiens, ce qui paroît incompatible avec la première opinion.

12. Mais ces deux fentimens n'ont rien de contraire, quoique certains Auteurs l'ayent penfé ; car l'un & l'autre peut être vrai, felon les différentes origines des Curés primitifs que nous expliquerons.

13. En effet il y a encore des Bénéficiers dont les Prédéceffeurs étoient vrais Pafteurs, & avoient feuls le foin des ames, tels font les Prieurs fimples qui font Curés primitifs ; & à leur égard il ne paroît pas douteux qu'ils n'euffent anciennement le foin des ames, & s'ils ont ceffé de l'avoir, ce n'a été que parce que leurs Prédéceffeurs s'en font déchargés fur des Vicaires, qui ont été originairement inftitués avec faculté de les révoquer *ad nutum*, & qui depuis par la difpofition du Concile de Latran, & des autres conftitutions canoniques, font devenus perpétuels, & des vrais Bénéficiers.

14. D'autre part, s'il fe trouve préfentement des Colléges, des Monaftères des filles, même des Chevaliers

Dubois max. Can. part. 1. ch. 4. Gibert inftit. Ecclef. & Benef. part. 1. tit. 37. Van Efpen de jure Paroch. ad decimas cap. 1. §. 9. Chabanel de l'Antiquité des Eglifes Paroiffiales, ch. 6. Lemaitre playd. 9. P. 227.

Cap. 30. §. qui verò ext. de Præbend. cap. 3. extrà de off. Vicar.

qui font Curés primitifs, quoique leurs Prédécesseurs de la même qualité ne pussent pas avoir le soin des ames, cela ne conclut rien contre la première opinion, & n'a rien de contraire, mais ce font des cas divers, & non opposés ; & quoiqu'à leur égard il soit vrai qu'ils font Curés primitifs, parce qu'ils possèdent un Bénéfice *quod primitus erat Curatum*, rien n'empêche que certains autres ne soient Curés primitifs, parce que leurs Prédécesseurs avoient anciennement le soin des ames, & les Possesseurs actuels de ces Bénéfices l'auroient encore si la conduite des Paroisses n'avoit pas été confiée à des Vicaires, & si le spirituel n'avoit pas été féparé du temporel. A quoi l'on peut ajouter que les Monastères des filles, les Communautés Laïques, & les Chevaliers peuvent être devenus Curés primitifs autrement que par l'union & l'érection de la Cure en Bénéfice simple ; c'est-à-dire, pour avoir succédé à des Moines ou autres Eglises, qui avoient le titre de Curé primitif.

Gibert. instit. Ecclef. & Benef. part. 1. tit. 37.

Cap. 30. §. qui verò ext. de Præbend.

Cap. 3. ext. de Ecclef. ædificand.

V. Can. 12. Concil. Emeritenf. tom. 6. Concil. Col. 503.

15. Si l'on vouloit se borner à ces deux opinions, ainsi expliquées & conciliées, on pourroit en tirer une définition du Curé primitif, en difant que les Curés primitifs font ceux qui avoient anciennement le soin des ames, ou qui possèdent un Bénéfice, qui originairement étoit Cure ; 16. mais cette définition paroît imparfaite, parce qu'elle ne comprend pas toutes les différentes espèces des Curés primitifs, qui font au moins de trois fortes, 17. comme l'a observé M. Gibert. La première, de ceux qui possèdent des dignités ou des Prébendes & autres Bénéfices auxquels on a uni des Eglises Paroissiales. La deuxième est, de ceux dans la Paroisse desquels on a érigé de nouvelles Cures ; & la troisième regarde ceux dont les Bénéfices ont été originairement Bénéfices Cures, & qui font devenus Bénéfices simples par la création d'un Vicaire perpétuel, & par la féparation du temporel d'avec le spirituel.

18. Chabanel, & après lui M. le Maître, ont donné une autre définition du Curé primitif en ces termes : *Le Curé primitif en France est celui qui a droit de jouir des fruits d'un Bénéfice uni, lequel avoit charge d'ames selon sa première & primitive institution ; mais qui depuis a été converti en Bénéfice simple ; le soin des ames ayant été transféré à un Vicaire perpétuel, avec réserve d'une portion des fruits pour son entretenement.*

19. Mais elle renferme plusieurs défauts. Le premier, en ce qu'elle borne à l'union la seule manière d'établir le titre & le droit de Curé primitif, quoiqu'il y ait plusieurs autres manières, comme nous venons de le dire, & que nous l'expliquerons plus amplement.

20. Le deuxième, en ce que les mots, (*mais qui depuis a été converti en Bénéfice simple*) sont trop limitatifs ; car cela ne peut pas convenir à ceux qui sont devenus Curés primitifs par une union parfaite de la Cure ; c'est-à-dire, tant pour le spirituel que pour le temporel, ni à ceux dans les Bénéfices desquels on a érigé de nouvelles Cures.

21. Le troisième, en ce qu'elle ne renferme pas toutes les qualités qui peuvent désigner toutes les différentes espèces des Curés primitifs.

22. Pour donner donc une définition exacte des Curés primitifs, & éviter les défauts que nous venons de remarquer, il n'y a qu'à ajouter ce qui manque à la première définition que nous avons rapportée N. 15, & dire que *les Curés primitifs sont ceux qui avoient anciennement le soin des ames, ou qui possèdent un Bénéfice, qui originairement étoit Cure, ou dans lequel on a érigé par démembrement ou autrement une nouvelle Cure, avec établissement d'un Vicaire perpétuel pour le gouvernement spirituel de la Paroisse.*

23. Cette définition a trois parties qui désignent les trois espèces des Curés primitifs, dont nous avons parlé

Chabanel de l'antiquité des Eglises Paroissiales, ch. 6. Lemaître playd. 9.

ci-deſſus ; ce qui ſuffit pour la rendre exacte.

24. Nous n'avons pas dit dans notre définition, que le Curé primitif eſt celui qui a droit de jouir des fruits d'un Bénéfice, comme fait M. le Maître, parce qu'il n'eſt pas impoſſible que le Curé primitif ait cette qualité ſans être gros décimateur, & ſans jouir des fruits & revenus de la Cure, comme le remarque M. Gibert.

Gibert *inſtit.*
Ecclef. & Be-
nef. part. 1.
tit. 37.
Duperrai de
la capacité des
Eccléſiaſti-
ques, liv. 7.
ch. 7. art. 6.
& dans le trai-
té des moyens
d'acquérir &
de conferver
les Bénéfices,
Tom. 2. ch.
14.

25. Enfin nous ajouterons après un Auteur moderne, que s'il n'a pas été introduit dans l'uſage que les Curés primitifs ſoient appellés Curés commendataires, c'eſt le même effet ; car ils ſont *ad inſtar* des Curés commen-dataires, & c'eſt ſous cette idée qu'il en parle fort au long dans ſon *traité des moyens canoniques, d'acquérir & conferver les Bénéfices*, où il s'attache à faire voir 26. non-ſeulement que le titre des Curés primitifs n'eſt pas favorable ; mais encore qu'ils n'ont aucun droit pour re-tenir les biens des Egliſes Paroiſſiales.

CHAPITRE II.

Des Vicaires perpétuels, & de leur origine.

SOMMAIRES.

1. Le Curé primitif & le Vicaire perpétuel sont deux corrélatifs.

2. Signification du mot Vicarius.

3. On appelle Vicaire celui qui tient la place d'un autre.

4. Comment est pris le mot Vicaire en matière Ecclésiastique.

5. Le Vicaire est celui qui tient la place du Curé, ou qui fait pour lui les fonctions Pastorales.

6. Deux sortes de Vicaires, le temporel & le spirituel.

7. Le Vicaire temporel n'est pas Bénéficier, mais bien le perpétuel.

8. Particularités du Vicaire perpétuel.

9. Deux sortes de Vicaires perpétuels.

10. Si les Vicaires ont été perpétuels dans leur origine.

11. Raisons qui ont engagé à rendre perpétuels les Vicaires.

12. Séparation du Bénéfice d'avec l'Office, cause générale de l'origine des Vicaires perpétuels.

13. Que cette séparation a eu plusieurs causes.

14. Première cause tirée du Concile de Merida.

15. Faculté accordée aux Evêques de tirer les Curés de leurs Paroisses pour les placer dans la Cathédrale.

16. Le Curé placé à la Cathédrale retenoit sa Cure.

17. On substituoit un autre Prêtre à sa place.

18. Deuxième cause, usurpation des Eglises faite par les Laïques.

19. Que cet abus fut retranché avant que les Vicaires ne fussent rendus pepétuels.

20. Troisième cause, concessions des Eglises aux Monastères.

1. COMME le Curé primitif & le Vicaire perpétuel font deux corrélatifs, & que l'exiftence de l'un fuppofe néceffairement celle de l'autre, il ne fuffit pas d'avoir une connoiffance du Curé primitif, fi on ne connoît à même-temps le Vicaire perpétuel : nous en avons parlé dans le chapitre précédent, mais nous n'avons fait qu'éfleurer la matière : voilà pourquoi nous en parlerons plus au long préfentement.

Coquille qu. 79. Chabanel de l'antiquité desEglifes Paroiffiales, ch. 6.

2. Le mot *Vicarius*, duquel on a formé le terme françois, Vicaire, a plufieurs fignifications, dont on peut voir les explications dans les Dictionnaires de Droit, appellés *Lexicon*, & dans le Gloffaire latin de M. Ducange ; nous laifferons celles qui font étrangères à notre matière pour nous attacher à celles qui y ont du rapport.

Schardius & Calvin in Lexic. verb. Vicarius, Ducange verb. Vicarius.

3. On appelle en général Vicaire, celui qui tient la place d'un autre, *qui vicem alterius obtinet & in locum ejus fuccedit ;* mais dans la matière Eccléfiaftique ce terme n'a pas une fignification fi étendue.

Calvinus ibid.

4. Et on ne le prend que pour défigner celui qui tient la place d'un autre dans les fonctions Eccléfiaftiques.

5. Dans le particulier de notre matière, nous devons le prendre pour celui qui tient la place du Curé, ou qui eft prépofé pour aider le Curé dans les fonctions paftorales.

Andreas Vallenfis in paratit. jur. Can. tit. de off. & poteft Vicar. §. 1. n. 1.

6. Cela défigne deux fortes de Vicaires que nous connoiffons dans l'ufage ; favoir, le Vicaire perpétuel & le temporel ou amovible *ad nutum*, qui eft prépofé par le Curé du confentement de l'Evêque ; on donne à celui-ci le nom de Vicaire Secondaire.

7. Le Vicaire temporel ou fecondaire n'eft point Bénéficier, mais le Vicaire perpétuel eft vrai Bénéficier ; 8. il a le titre & la qualité de Pafteur, il a la conduite des ames tout comme les autres Curés ; fon Bénéfice ne diffère que du nom des véritables Cures, il n'eft point dépendant du Curé primitif, fon titre ne finit point par la mort du primitif, & il ne peut point être defti-

Vallenfis ibid n. 4. Grimaudet des Dixmes, ch. 7. Rebuff. in praxi Ben. tit. de Vicariis perpetuis n. 1415. Van Efpen jur. Eccl. univerfi part.

2. tit. 34. cap.
1. n. 25. 26.
27. 28. 29. 30.
31. & de prif-
tinis altar. in-
corporat. cap.
3. Thomaffin
part. 4. liv. 1.
ch. 29. n. 6.
V. Sup. ch. 1.
n. 4 & 5.

tué fans caufe ; c'eft-à-dire pour crime , & après une Sentence qui le prive de fon Bénéfice , à moins qu'il ne foit d'une nature à faire vaquer le Bénéfice *ipfo facto*.

Les Vicaires temporels ou fecondaires ne font point de notre matière , ainfi nous n'en parlerons plus : à l'égard des perpétuels nous avons remarqué au chapitre précédent qu'il y en avoit de deux efpèces, 9. les uns pour aider les Curés , & les autres tenant lieu de Curés : nous avons auffi remarqué que les premiers avoient été fupprimés, & par conféquent il feroit fuperflu de nous y arrêter.

Nous devons donc nous borner à rechercher l'origine des Vicaires perpétuels que nous connoiffons à préfent , & à remarquer ce qui les regarde.

10. Si nous les confidérons dans leur origine, nous ne trouverons pas qu'ils ayent été établis pour être perpétuels ; mais ils ne le font devenus que dans l'onzième fiècle, felon le fentiment des Auteurs qui attribuent le Chap. I. *extrà de Capell. Monach.* au Concile de Clermont, tenu en 1095, ou dans le douzième fiècle, felon l'opinion de ceux qui en rapportent l'origine au Concile

Van Efpen
juris Ecclef.
univ. part. 2.
tit. 34. cap. 1.
n. 13. 14. Tho-
maffin, part. 4.
liv. 1. ch. 29.
n. 11.

d'Avranches tenu en 1172, & ce fut à caufe des inconvéniens qui naiffoient de la faculté qu'avoient les Curés primitifs de les deftituer & révoquer à volonté, 11. qu'on s'apperçut que ces Vicaires deftituables ou amovibles étant trop dépendans des Monaftères qui les établiffoient dans les Paroiffes par eux poffédées, qu'ils étoient plus attentifs à leur plaire qu'à remplir leur devoir, qu'ils étoient forcés de fe contenter d'un honoraire fi médiocre, que ne fuffifant pas pour leur entretien honnête , ils ne pouvoient pas vaquer comme ils le devoient au foin de la conduite des ames , que les Vicaires amovibles étoient des Mercénaires , fans affection , fans ftabilité , moins refpectés , & par conféquent moins utiles, on découvre encore plufieurs autres inconvéniens qui engagerent l'Eglife à les rendre perpétuels.

12. Il n'y a qu'une feule caufe générale qui a donné lieu à l'origine des Vicaires, qui étant amovibles dans les commencemens, font devenus perpétuels; favoir, la féparation qui a été faite du Bénéfice d'avec l'Office, & de la perception des revenus d'avec le foin des Ames, 13. laquelle féparation a eu plufieurs caufes différentes.

Tom. 6. Conciliar. col. 504.

14. La première & la plus ancienne fe tire du Canon 12 du Concile de Merida, tenu en 666, qui permit aux Evêques de tirer les Pafteurs des Paroiffes où ils étoient établis pour les placer dans l'Eglife Cathédrale, afin qu'ils fuffent à portée pour donner confeil à l'Evêque, & rendre de plus grands fervices à l'Eglife, 15. *pro hujus rei caufa hoc elegit unanimitas noftra, ut omnes Epifcopos Provinciæ noftræ, fi voluerint de Parochianis Presbiteris atque Diaconibus, Cathedralem fibi in principali Ecclefia facere, maneat per omnia licentia.*

16. Le Curé ainfi retiré de fa Paroiffe pour devenir le confeil ou le fecours de l'Evêque dans la Cathédrale, ne perdoit point le titre de Curé, ni les revenus de la Cure; 17. mais il fubftituoit à fa place un autre Prêtre pour le gouvernement de la Paroiffe, auquel Prêtre il devoit donner dequoi fournir à fa nourriture & à fon entretien, *& quamvis ab Epifcopo fuo ftipendii caufâ aliquid accipiant, ab Ecclefiis tamen in quibus confecrati funt, vel à rebus extranei non maneant: fed Pontificali electione Presbiteri ipfius ordinatione, Presbiter alius inftituatur, qui fanctum Officium peragat, & difcretione Prioris Presbiteri victum & veftitum rationabiliter ipfi miniftretur, ut non egeat: aut fi quæfierit qui ordinatur, ftipendium à fuo Presbitero accipiat, quantum dignitas Officii eum habere expetat.* Ce font les termes du Canon 12 du Concile de Merida qui marquent bien nettement l'établiffement d'un Vicaire à la place du Curé qui ne pouvoit plus vaquer au gouvernement de fa Paroiffe.

18. On trouve une deuxième caufe de l'origine des Vicaires, dans l'ufurpation des Dixmes & des Eglifes, faite

par les Laïques, & dans la conceffion à titre de fief des mêmes Eglifes, faite en leur faveur par les Evêques ; pour ne pas bleffer fi ouvertement les Canons, ils diftinguerent l'Eglife ; c'eft-à-dire le temporel d'avec l'Autel ou le fpirituel, ils poffédoient les Eglifes en propriété, qu'ils tranfmettoient à leurs héritiers, lefquels les partageoient entr'eux, & y établiffoient autant de Prêtres qu'il y avoit des co-propriétaires, & ils les deftituoient à leur gré. Toutefois ces Prêtres établis par les Laïques poffeffeurs & propriétaires des Eglifes, ne font jamais devenus perpétuels, 19. parce que cet abus a été retranché avant que les Vicaires euffent été déclarés perpétuels ; voilà pourquoi ces fortes de Vicaires n'ont aucune liaifon ni aucun rapport avec les Curés primitifs, parce que les Laïques étoient incapables de pofféder ni de retenir aucune partie du fpirituel ; ainfi cette caufe ne peut pas proprement être mife au rang de celles qui ont donné lieu à l'origine des Vicaires perpétuels dont nous parlons.

20. La troifième caufe dérive de la conceffion des Eglifes faite en faveur des Monaftères, & la formation des Paroiffes autour des Monaftères, dont les Moines prirent le gouvernement, & qu'ils quitterent enfuite pour les faire fervir par des Vicaires ; dès qu'ils en furent poffeffeurs, ils les gouvernerent par des Moines qu'ils y établirent ; mais dans la fuite cela ayant produit des inconvéniens, ils furent obligés d'y établir des Prêtres, & ils diftinguerent comme avoient fait auparavant les Laïques, l'Eglife d'avec l'Autel, & fous le nom d'Eglife ils comprenoient tout le temporel qu'ils fe réferverent, & ils donnerent l'Autel, c'eft-à-dire le fpirituel à des Prêtres qu'ils deftituoient à leur volonté. 21. Pour ufer plus facilement de la liberté de retenir le temporel, & de commettre à des Prêtres l'adminiftration du fpirituel, ils en achetoient la permiffion de l'Evêque, auquel ils payoient une certaine redevance à chaque mutation de Prêtre ou

Van Efpen Jur. Ecclef. univerf. part. 1. tit. 34. cap. 1. n. 1. Marca ad Canon. 7. Concil. Claromontani, Tom. 10. Concil. col. 578.

Marca ibid. Van Efpen ibid. n. 4.

Van Efpen ibid. Ducange verb. altare.

de Vicaire, pour marquer qu'ils tenoient l'Autel ou le
fpirituel par le confentement de la libéralité de l'Evêque.

22. Cette redevance étoit appellée *redemptio altarium* ;
mais elle fut défendue par le Pape Urbain II. comme une
fimonie, 23. ainfi que le rapporte Gratien dans fon décret qui attribue la défenfe au Concile de Clermont en Au-
vergne tenu en 1095 par le même Pape ; mais cela ne fe
trouve point dans ce Concile felon qu'il eft rapporté dans
la compilation du Pere l'Abbe, on le trouve feulement
dans les additions ; & à la place de cette redevance, on
introduifit un cens annuel, qui au fentiment du Pere
Thomaffin, contraire à celui de Godefroy de Vendôme,
étoit exempt de fimonie.

24. Mais pour entendre ceci, il faut obferver avec M.
de Marca, que les conceffions des Eglifes en faveur des
Monaftères étoient faites par les Evêques de deux manières, *aut retenta penès fe altaris difpofitione ; ità ut mor-
tuo Vicario liberum omninò effet Epifcopo, indulgere Monafteriis fubftitutionem Vicarii, vel eam improbare ; aut ita
ut perpetua effet penès Monafteria Vicarios fubftituendi facul-
tas foluto redemptionis pretio, cedente quandocumque vel
decedente Vicario.*

25. Cependant le Canon 7 du Concile de Clermont
tenu en 1095, ordonna que les Autels donnés par des Laïques aux congrégations des Chanoines ou des Moines, reviendroient à l'Evêque après la mort de ceux qui en étoient
pourvus, à moins que l'Evêque n'en eut confirmé la conceffion aux Chanoines réguliers ou aux Moines, 26. &
dans une Conftitution du Pape Pafcal II. il eft parlé d'un
décret du Concile de Clermont, portant que les Monaftères qui avoient joui des Autels pendant 30 ans fous la
redevance payable à chaque mutation de Vicaire, ne puffent point y être troublés ; & en confirmant ce décret,
il eft défendu aux Evêques d'exiger autre chofe des Monaftères, à raifon des Autels ; c'eft-à-dire du fpirituel

Ducange *ibid.*
Galand du
Franc-aleu
pag. 72. de
l'Edition de
1637.
Can. quæfitum
1. *quæft. 3.*
*Van Efpen
ibid.* n. 7.
Marca fur le
Canon 7. du
Concile de
Clermont,
tom. 10. *Conc.
col. 579. v. la
Lettre de Go-
defroy de Ven-
dôme, t. 10.
Concil. col.
594.
Tom. 10. Conc.
col. 589. can. 3
Thomaffin
part. 4. liv. 3.
ch. 2. n. 7.
Marca ad
can. 7. Conc.
Claromont.
Tom. 10.
Concil. col.
575.

Tom. 10.
Concil. col.
507.
V. Thomaffin,
part. 4. liv. 3.
ch. 2. n. 6.
Tom. 10.
Concil. col.
580. V. Ga-
land du Franc-
aleu, p. 77.
de l'Edition
de 1637.

des Eglifes Paroiffiales, & de la faculté d'y établir des Vicaires. Mais le Concile de Clermont conferva aux Evêques le fens annuel qu'ils avoient coutume de lever, *falvo utique Epifcoporum cenfu annuo, quem ex eifdem alteribus habere foliti funt appendit ad concil. claromont. Gabriel. coffartii can. 3. tom. 10. concil. col.* 589.

V. Van Efpen jur. Ecclef. univerf. part. 2. tit. 34. cap. 1. n. 9 & 10. Thomaffin, part. 4. liv. 1. ch. 29. n. 6. Can. fane 16. quæft. 2. tom. 10. Concil. col. 589. can. 4.

27. De-là vint que dans le 12 fiècle & les fuivans, les Monaftères eurent la liberté de nommer des Prêtres pour le gouvernement des Paroiffes, en retenant pour eux le temporel ; mais ces priviléges ne leur étoient accordés qu'à la charge d'établir ces Prêtres du confentement de l'Evêque, 28. auquel ils rendroient compte de la conduite des Ames, & aux Abbés du revenu temporel.

29. La quatrième caufe vient de l'éreétion des Cures en Bénéfices fimples, laiffant à l'ancien Curé le temporel à la charge de fournir à la nourriture du Vicaire perpétuel, & commettant au Vicaire perpétuel le gouvernement fpirituel de la Paroiffe.

30. La cinquième vient de l'éreétion des nouvelles Cures par le démembrement des anciennes, & comme on devoit réferver à l'ancien Curé de la Paroiffe, duquel la nouvelle étoit démembrée, les droits honorifiques & la qualité de Curé primitif, on n'établiffoit qu'un Vicaire perpétuel dans la Paroiffe nouvellement érigée.

31. La fixième caufe eft l'union des Cures aux Monaftères, ou aux autres Bénéfices ; & cette union ne pouvant pas fe faire fans laiffer un Pafteur aux Paroiffes unies, on y établiffoit, comme on le fait encore aujourd'hui, des Vicaires perpétuels pour le gouvernement fpirituel des peuples.

Thomaffin, part. 4. liv. 1. ch. 29. n. 6.

32. Enfin le P. Thomaffin en remarque une feptième, lorfqu'il dit que les Evêques inftituoient des Vicaires perpétuels, au lieu des Curés dans les Paroiffes, qui étoient plus particulièrement affeétées à leur Croffe.

33

33. Voyòns préfentement en quel temps les Vicaires ont ceffé d'être amovibles , & font devenus perpétuels , & ce qui a été obfervé depuis à leur égard.

34. La plus ancienne conftituticn canonique que nous connoiffions dans cette matière , eft celle qui eft rapportée aux Décrétales , *cap.* 1. *de Capell. Monach.* fon infcription porte , & le P. Thomaffin de même que plufieurs autres Auteurs graves ont cru , qu'elle eft du Pape Urbain III qui tint le S. Siége depuis le 25 Novembre 1185 ; jufqu'au 20 Octobre 1187 ; d'autres l'attribuent au Concile de Clermont , tenu fous Urbain II. en l'année 1095. Le Père l'Abbe & le Compilateur des anciens mémoires du Clergé font de ce dernier avis.

Par ce Décret il fut défendu aux Moines de gouverner eux-mêmes les Paroiffes , & il leur fut enjoint de nommer des Prêtres , qui feroient inftitués par l'Evêque , de manière qu'il ne fut pas permis aux Moines de les deftituer , mais l'ordination , la difpofition & la correction appartiendroient abfolument à l'Evêque ; *ità ut ex folius Epifcopi arbitrio tàm ordinatio ejus , quàm depofitio , & totius vitæ pendeat converfatio.*

35. Le Concile de Latran , *can.* 32 dont le Décret eft rapporté aux Décrétales , enjoint aux Pafteurs de fervir eux-mêmes , & non par des Vicaires , à moins que l'Eglife Paroiffiale ne fut unie à une Prébende ou dignité , auquel cas il fut permis de la faire fervir par un Vicaire , qui devoit être perpétuel , & auquel on devoit affigner une portion fuffifante pour fa nourriture & fon entretien , *nifi fortè dignitati , vel Præbendæ ; Parochialis Ecclefia fit annexa in quò concedimus , ut qui talem habet Præbendam vel dignitatem (cum oporteat eum in majori Ecclefia defervire) in ipfa Parochiali Ecclefia , idoneum & perpetuum habeat Vicarium canonicè inftitutum , qui ut prædictum eft congruentem habeat de ipfius Ecclefia proventibus portionem.*

Tome 10: *Concil col.* 509: Mémoires du Clergé, Tom. 1. p. 200. de l'ancienne Edition.

Cap. Extirpanda 30. §. *qui verò ext: de Præbend:*

B

Thomaſſin part. 4. liv. 1. ch. 29. Van Eſpen jur. c- cleſ. univerſ. part. 2. tit. 34 cap. 1. Du-perray des portions con-grues , ch. 9.

36. La diſpoſition du Concile de Latran a été ſuivie d'une foule de Conciles qui ont ordonné la même choſe , il en eſt fait mention par Van Eſpen , par le Pere Tho-maſſin & M. Duperray dans ſon traité des portions con-grues ; mais on en avoit éludé l'exécuti on par certaines diſtinctions , & ſous différens prétextes.

Concil. Trid. ſeſſ. 7. cap. 7. de reformat.

37. Le Concile de Trente a renouvellé les précédens, en ordonnant qu'il ſeroit établi des Vicaires perpétuels dans toutes les Cures unies aux Egliſes Cathédrales, Col-légiales , Monaſtères , Colléges ou autres Lieux pieux , à moins que l'Evêque ne trouvât à propos pour le bien de l'Egliſe d'en ordonner autrement.

Rebuffe in praxi de Vic. perpetuis n. 6. V. Garcias de Beneſ. part. 11. cap. 2. Gonzales ſur la règle de Menſibus , Gloſſ. 5. §. 3. n. 49.

38. Nonobſtant cette multitude de règlemens les Au-teurs imaginerent des diſtinctions , & ils prétendirent que quand les Paroiſſes avoient été unies à la Menſe du Cha-pitre ou de l'Evêque , il n'étoit pas néceſſaire d'établir des Vicaires perpétuels.

Thomaſſin , part. 4. liv. 1. ch. 29. n. 11.

39. D'autres uſoient d'une autre diſtinction , & ils dé-cidoient à la vérité que les Chapitres des Egliſes Cathé-drales ou Collégiales , étoient obligés d'établir des Vi-caires perpétuels aux Cures qui leur avoient été unies ;

Catellan liv. 2. ch. 67.

mais ils croyoient que ſi la Cure étoit deſſervie dans la même Egliſe , ils pouvoient la faire ſervir par un Vicaire amovible.

Art. 12. de l'Ordonnance de 1629.

40. Le Roi Louis XIII voulut remédier à cet abus , & pour cet effet il ordonna que les Cures qui étoient unies aux Abbayes , Prieurés , Egliſes Cathédrales ou Collégiales , ſeroient dorénavant tenues à part à titre de Vicariat perpétuel.

Mémoires du Clergé , an-cienneEdition Tom. 1. p. 201.

41. Louis XIV par la Déclaration du mois de Février 1657 rapportée aux mémoires du Clergé, *veut que les Archevêques & Evêques, ordonnent aux Abbés , Prieurs , Chapitres & autres Bénéficiers qui jouiſſent des droits de Curés primitifs, aux Paroiſſes qui ſont deſſervies par des Curés amovibles, de leur nommer dans un certain temps*

des Prêtres de la qualité requise, pour être par eux institués Vicaires perpétuels; & en défaut de nomination dans le délai, leur permet d'instituer des Vicaires perpétuels dans ces Cures, & de leur assigner une portion congrue, & convenable à ce qui peut être nécessaire pour leur entretien, eu égard à l'étendue de la Paroisse, & au service qu'il y faudra faire.

42. Ces Loix multipliées ne purent pas empêcher qu'on ne distinguât encore les Paroisses desservies dans la même Eglise, *& sub eodem tecto*, d'avec les autres, où l'on ne croyoit nécessaire l'établissement du Vicaire perpétuel que dans ces dernières, & l'on toléra l'abus des Vicaires amovibles, lorsque la Paroisse étoit servie sous le même toit.

Catellan liv. 1. ch. 67. Thomassin part. 4. liv. 1. ch. 29. n. 11.

43. Enfin la Déclaration du Roi du 29 Janvier 1686 a retranché l'abus pratiqué par l'établissement des Vicaires amovibles, & en ordonnant d'établir des Vicaires perpétuels dans toutes les Cures unies à des Chapitres, ou autres Communautés Ecclésiastiques, & dans celles où il y a des Curés primitifs sans pouvoir y mettre des Vicaires amovibles sous aucun prétexte.

44. Certaines Communautés se sont faites dispenser de l'exécution de la Déclaration dont on vient de parler; & ayant représenté qu'il y avoit des inconvéniens dans l'établissement des Vicaires perpétuels, & qu'il n'y en avoit pas en laissant les choses dans le même état, c'est-a-dire en faisant gouverner les Paroisses par des vicaires amovibles, à cause des circonstances particulières, elles ont obtenu des Arrêts du Conseil, par lesquels Sa Majesté déclare que son intention n'a pas été de comprendre dans sa déclaration les Cures fondées dans les Eglises des Abbayes & Congrégations qui sont unies à la Mense capitulaire, & dont l'union a été confirmée par Lettres-Patentes, ou qui ont accoutumé depuis un temps immémorial d'être desservies par des Prêtres amovibles de la

même congrégation, approuvés par les Archevêques ou
Evêques Diocéfains : ordonne que lefdites Cures ou Vicairies continueront d'être deffervies en la manière accou-
tumée, à la charge que dans les Abbayes tenues en com-
mande, les Chapitres réguliers, & dans celles poſſédées
en titre ; les Abbés ou Supérieurs, préſenteront aux Archevêques & Evêques chacun dans leur Diocèſe, l'un des
Chanoines réguliers, ou autre Prêtre de leur Ordre pour
en recevoir la charge des ames.

Duperray des portions congrues, ch. 25. n. 5. Gibert inſtit. Ecclefiaſt. & Benef. part. 1. tit. 35. p. 152. V. Fuet des matières Bénéficiales, liv. 2. ch. 26. p. 220. Giber ibid. Puer des matières Bénéficiales, liv. 2. ch. 10. p. 221. Au Recueil des Edits, Tome 5. p. 421.

45. Les Communautés qui ont obténu la difpenſe, &
qui ont été exceptées de la Déclaration de 1686, ſont les
Chanoines réguliers de l'Ordre de S. Auguſtin de la
Congrégation de France, les Prémontrés, les Prêtres de
l'Oratoire, les Prêtres Miſſionnaires, & les Congrégations
de Sainte Genevieve ; mais ſelon la remarque de M.
Gibert, les Prêtres réguliers établis Vicaires 46 ne peuvent être révoqués que du conſentement de l'Evêque : il
ajoute encore que les Dominicains ont le même pouvoir
à l'égard du Curé de S. Maximin au Diocèſe d'Aix, &
par la Déclaration du Roi du 22 Octobre 1710, les Chanoines Réguliers de la Congrégation de Chancelade pourvus des Vicairies perpétuelles, peuvent être révoqués
du conſentement de l'Evêque, & non autrement par
l'Abbé Supérieur Général.

Voilà ce que nous avions à dire touchant l'origine des
Vicaires perpétuels, les cauſes qui ont donné lieu à leur
établiſſement & leur progrès, comme les autres quéſtions
qui regardent les Vicaires perpétuels, ne ſont pas de notre
ſujet, nous les paſſerons ſous ſilence.

CHAPITRE III.

De l'origine des Curés Primitifs.

SOMMAIRES.

1. L'ORIGINE des Curés primitifs n'eſt pas certaine, & les Auteurs ne ſont pas d'accord ſur ce point ; ce qu'il y a de vrai, c'eſt que les Vicaires perpétuels étant relatifs aux Curés primitifs, comme nous l'avons dit au Chapitre précédent, dès qu'on a commencé d'établir des Vicaires perpétuels, le titre de Curé primitif a été connu clairement & diſtinctement ; 2. cependant il ne s'en ſuit pas de-là, que les Curés primitifs ne ſoient pas plus anciens, & ne remontent pas avant l'établiſſement des Vicaires perpétuels, puiſqu'on ne révoque pas en doute qu'avant cet établiſſement les Cures ne fuſſent deſſervies par des Prêtres ſubſtitués par les vrais Paſteurs, la com-

million defquels Prêtres étoit révocable à volonté ; & c'eft aux inconvéniens qui naiffoient de cette révocabilité qu'on doit en partie l'établiffement des Vicaires perpétuels, l'on ne trouve pas même d'établiffement plus ancien des Vicaires perpétuels, & qui remonte plus haut que le Concile d'Avranches, tenu en 1172, qui défend au Canons 4 rapporté au tome 10 des Conciles, page 1460, d'établir des Vicaires annuels, & ordonne par-là d'en établir de perpétuels, à moins qu'on ne veuille attribuer au Concile de Clermont le ch. 1. *ext. de Capell. Monach.* qui eft d'Urbain III comme fon infcription le marque.

3. M. de Marca dans fa differtation fur le Concile de Clermont que l'on trouve au 10. tome de la Compilation des Conciles du P. l'Abbe, rapporte la diftinction des Curés primitifs d'avec les Vicaires perpétuels, aux décrets du Concile de Clermont tenu l'année 1095, auquel le Pape Urbain II préfida. *His fynodi Claramontanæ decretis tribui debet diflinctio illa, quæ frequenter occurrit in tritura fori, in curatos & Parochos primitivos quos vocant, & ordinarios, feu Vicarios perpetuos. Unitâ namque altarium quafi proprietate capitulis canonicorum vel monachorum, ipfi fibi Parochorum nomen, & dignitatem vindicant, Vicariis autem quos offerunt, Epifcopi curam animarum mandant.* C'eft ainfi que s'explique M. de Marca, mais le P. Thomaffin de la difcipline de l'Eglife, part. 3. liv. 1. ch. 46. n. 9. remarque qu'entre les Curés titulaires il y en avoit de primitifs & de fubalternes avant que les Religieux priffent ces qualités, ce qu'il fonde fur le 16e. Canon du chap. 2. du 2e. Concile d'Aix-la-Chapelle, dont nous parlerons au ch. 4. n. 58.

Marca dif- fert. ad Con- cil. Claróm. tom. 10. Conc. p. 581.

4. D'autres ont attribué l'origine des Curés primitifs au temps auquel les Vicaires perpétuels furent établis par l'union des fruits & revenus des Eglifes Paroiffiales, aux Monaftères & autres Eglifes ou Communautés, c'eft-à-

Chabanel de l'antiquité des Eglifes Paroif- fiales, ch. 6. V. fup. ch. 2. n. 34.

dire au chap. 1. *extr. de Capellis Monach*. qui felon fon infcription eft du Pape Urbain III lequel a rempli le fiège Apoftolique depuis le 25 Novembre 1185, jufqu'au 20 Octobre 1187, ou fi l'on veut au Concile d'Avranches, dont nous avons parlé ci-deffus, qui eft antérieur de quelques années.

Ce texte canonique défend aux Monaftères de faire deffervir par des Moines, les Paroiffes dépendantes des Monaftères; mais leur ordonne de les faire deffervir par des Prêtres inftitués par l'Evêque de l'avis des Moines, & ces mêmes Auteurs prétendent que c'eft-là l'établiffement des Vicaires perpétuels.

Mezeray
tom. 2. p. 676
& 677 de l'E-
dition d'Amf-
terdam 1688.

5. Mezeray dans fon abrégé Chronologique de l'hiftoire de France, expliquant de quelle manière les Eglifes Paroiffiales & les dixmes étoient parvenues aux Moines, indique à même-temps quelle a été l'origine du titre des Curés primitifs en faveur des Monaftères; voici de quelle manière cet Hiftorien parle. *Les Eglifes Paroiffiales des Bourgs & Villes, avoient été long-temps deffervies par des Prêtres canoniques que l'Evêque y envoyoit, & qu'il retiroit quand il lui plaifoit à fa Cathédrale. Les Seigneurs ayant bâti des Chapelles aux champs pour la commodité de leurs Coulons & Payfans, s'en approprièrent les oblations, les prémices, & les collèctes: car elles n'avoient point encore les dixmes des fruits de la terre & du bétail, & c'étoient les Seigneurs qui les prenoient. C'eft une grande queftion de favoir à quel titre; je penfe moi qu'elles faifoient partie de leurs Domaines, & que c'étoit un droit qu'ils levoient fur leurs Tenanciers, prefque dans tous les lieux la dixième, en d'autres la treizième, la quinzième, la vingtième. Quoiqu'il en foit, quand ils fe furent laiffés perfuader qu'elles appartenoient de droit divin aux Miniftres de l'Eglife, & qu'il les leur falloit reftituer, ils en donnerent une bonne partie aux Moines Bénédictins, qui en ce temps-là rendoient de grands fervices à l'Eglife, & fe faifoient fort aimer de la Nobleffe, parce que*

leurs Monaſtères étoient comme des hôtelleries gratuites pour les Gentilshommes , & autres voyageurs , & des écoles pour inſtruire leurs enfans. Moyennant ces donations , ils commettoient de leurs Prêtres pour deſſervir ces Chapelles , & comme ils virent que ce fonds étoit excellent , parce qu'il vient ſans main mettre , ils en attirerent tout autant qu'ils purent. Les Chanoines réguliers en prirent auſſi quelquesunes , ſi-bien qu'il n'en demeura guère aux Prêtres ſéculiers.

Or ces Moines de S. Benoît diſperſés par les Villages ſe détraquant de l'obſervance de leurs règles , & ſe corrompant hors de leur Monaſtère , de même que le poiſſon ſe meurt hors de l'eau , le Concile de Clermont l'an 1095, ordonna qu'ils abandonneroient cet emploï aux Prêtres ſéculiers. Le décret de ce Concile ne fut pas entièrement exécuté , non plus que celui du Concile de Poitiers de l'an 1109 , qui leur défendoit les fonctions Paroiſſiales : ils retinrent ces Cures juſqu'en 1115 * , que le Concile de Latran les leur ôta toutes par une conſtitution générale. On leur a pourtant laiſſé le droit d'y préſenter & les dixmes auſſi , hormis une médiocre partie pour la ſubſiſtance des Curés qui deſſervent ces Egliſes.

6. Le même Hiſtorien marque encore l'origine des Prieurés-Cures, en ces termes : *on excepta de cette conſtitution les Chanoines reguliers * de S. Auguſtin , à condition qu'ils auroient un compagnon , afin de s'entretenir avec lui , & de ne pas s'abrutir dans la fréquentation des Payſans pire que la ſolitude. Ce compagnon n'étoit que ſecond , & par conſéquent l'autre qui deſſervoit étoit le premier à ſon égard , à cauſe de cela on le nomma Prieur ; & voilà pourquoi ces Bénéfices s'appellerent Prieurés-Cures , quoiqu'ils ne ſoient en effet que ſimples Cures non plus que celles qui ſont tenues par les Prêtres ſéculiers.* Et le P. Thomaſſin remarque que les Chapelles ou Prieurés ſe ſont quelquefois transformés en des Cures dans la ſuite du temps , dont le Prieur de qui elles avoient été démembrées , eſt devenu le Curé primitif.

V. Tom. 16. Conc. 724.

* Il y a erreur dans cette date, ſans doute que Mezeray entend parler du 3 Concile de Latran , tenu en 1179 ſous Alexandre III Can. 10 dont le décret a été inféré aux Décrétales de Grégoire IX cap. 2, extr. de ſtatu Monachor.

Mezeray ibid. p. 678. V. Jérôme Acoſta Hiſtoire des Mat. Eccléſiaſt. tom. 1. p. 235. 236. 249. 250.

* Cap. 5, Extr. de ſtatu Monach.

V. Hericourt

dans la differtation fur l'origine des Bénéfices.

Thomaffin de la difcipline de l'Eglife, part. 4. liv. 1. ch. 67. n. 16. felon l'ancienne Edition.

Thomaffin ibid. n. 4.

Concil. Emeritenfe Can. 12. tom. 6. Conc. l'Abbæi, p. 503.

Ce Concile a été confirmé par le Pape Innocent III ibid. p. 511.

V. Filefac de paræ ciarum & paræcorum origine, cap. 4. Thomaffin de la difcipline de l'Eglife, part. 2. liv. 1. ch. 31. n. 10. felon l'ancienne Edition.

Ducange Gloffar. latin. verb. Præsbiteri Cathedrales, Thomaffin ibid.

Filefac ibid. Thomaffin ibid.

Can. 12. Concil. Emeritenfi.

D. Can. 12.

7. Ce que nous avons obfervé jufqu'ici ne peut nous donner qu'une idée imparfaite & défectueufe de l'origine des Curés primitifs, parce qu'il y a plufieurs autres caufes qui peuvent avoir donné lieu à leur établiffement, dont les unes font canoniques, & les autres ne le font pas.

8. Le Concile de Merida, Ville de Portugal, tenu en 666, permit aux Evêques de retirer des Paroiffes les Prêtres qu'ils y avoient prépofés pour les fervir, & de les établir dans leur Cathédrale. *Pro hujus rei caufa hoc elegit unanimitas noftra, ut omnes Epifcopos Provinciæ noftræ, fi voluerint, de parochianis Præsbiteris atque Diaconibus, Cathedralem fibi in principali Ecclefia facere, maneat per omnia licentia.*

9. Ces Prêtres ainfi transférés étoient appellés *Præsbiteri Cathedrales*, comme le Canon du Concile de Merida le prouve; & quoiqu'ils euffent part aux revenus de la Cathédrale, ils retenoient les fruits de leurs Paroiffes parce qu'ils confervoient leur titre, & que par conféquent ils ne devoient pas être confidérés comme étrangers par rapport à leurs Paroiffes, *& quamvis ab Epifcopo fuo ftipendii caufâ per bonam obedientiam aliquid accipiant, ab ecclefiis tamen in quibus priùs confecrati funt, vel à rebus earum extranei non maneant.*

10. Et comme les Curés transférés à la Cathédrale ne pouvoient pas faire le fervice de leurs Paroiffes, le même Concile ordonne à l'Évêque d'établir un Prêtre choifi par le Curé pour deffervir la Paroiffe auquel le Curé devoit donner à fa difcrétion une portion des revenus de la Cure pour fon entretien honnête, & pour celui des autres Clercs néceffaires, & le Curé avoit la liberté de retenir le refte pour lui. *Pontificali electione Præsbiter ipfius ordinatione Præsbiter alius inftituatur, qui fanctum officium peragat, & difcretione Prioris Præsbyteri victum & veftitum rationabiliter illi miniftretur ut non egeat: aut fi quæfierit*

qui ordinatur, stipendium à suo Præsbitero accipiat quantùm dignitas officii eum habere expetat. Clericis verò vel quos ad serviendum ei dederit per discretionis modum quæ necessaria sunt ministret.

11. De ce décret du Concile de Merida, les Auteurs ont tiré une cause légitime & canonique de l'origine des Curés primitifs : cependant si l'on fait attention que ce Concile n'est pas général, que même sa disposition ne regarde que la Province de Portugal, on se persuadera difficilement qu'il puisse avoir donné lieu dans les autres Provinces à l'établissement des Curés primitifs, sur-tout tandis qu'on ne trouve aucun vestige de son exécution dans les autres provinces, ce qui fait que cette origine est très-incertaine; cependant nous ne nous éloignerons pas de l'opinion des Auteurs, qui ont considéré ce Concile comme la plus ancienne cause de l'origine des Curés primitifs.

V. Thomas-fin, part. 2. liv. I. ch. 31. n. 10.

Il faut néanmoins convenir que si l'on rapportoit des preuves d'un semblable établissement, il seroit très-légitime & suffiroit pour prouver le titre & le droit des Curés primitifs.

12, 13. Du même Concile on peut tirer une autre cause de l'origine des Curés primitifs; en effet il paroît des Canons 12, 14 & 18, que dans les Paroisses il y avoit plusieurs Prêtres, ou Clercs pour les servir, que le principal & le premier de ces Prêtres appellés, *Primiclerus* ou *Primicerius*, avoit la direction & la dispensation des revenus de la Cure, & qui selon la remarque de Filesac il étoit le Recteur ou Curé, il peut se faire que ce Prêtre principal appellé *Primiclerus*, s'est déchargé du soin des ames sur l'un des autres Prêtres de la Paroisse, en retenant néanmoins les revenus de la Cure après avoir assigné une portion au Prêtre commis pour le service, pour sa subsistance; mais ceci n'est qu'une conjecture très-foible, à moins qu'elle ne fut accompagnée de la preuve

Tom. 6. Concil. pag. 504. 507.

Filesac tractat. de paraciar. & paracorum origine, c. 4.

d'un tel établissement , auquel cas la cause seroit légitime
& canonique , & prouveroit suffisamment le droit du
Curé primitif.

V. Inf. ch. 7.
Cap. 3. extr.
de Eccles. ædi-
fic. Gibert inf-
tit. Eccles. &
Benef. tit. 37.
Thomaffin ,
part. 4. liv. 1.
ch. 28. n. 9.
felon l'ancien-
ne Edition. V.
Duperray des
Droits hono-
rifiques, liv. 2.
ch. 1. 10. 11.
12.
Fuet , traité
des matières
Bénéficiales ,
liv. 2. ch. 10.
V. Thomaffin
de la difcipline
de l'Eglife ,
part. 3. liv. 1.
ch. 46. n. 9.
felon l'ancien-
ne Edition.

14. On a trouvé une autre cause de l'origine des Curés primitifs, dans l'érection des nouvelles Paroisses qu;
se fait par démembrement ou division des anciennes ,
cela paroit conforme aux constitutions canoniques ; car
le Pape Alexandre III déclare que dans une semblable
érection on doit conserver au Curé de l'Eglise ancienne ou
matrice le droit de présenter à la nouvelle Cure , & les
droits honorifiques.

15. Il est vrai qu'un Auteur moderne remarque, que
quoiqu'il ne soit pas probable qu'on ait attribué le droit de
Curé primitif à tous les Curés dont la Paroisse a été
partagée, & du démembrement de laquelle on a formé
une autre Paroisse, néanmoins on ne peut pas douter
que l'autorité conservée à l'ancien Curé approche fort des
droits des Curés primitifs.

16. Cette observation seroit très-juste si la Décrétale
d'Alexandre III n'avoit réservé à l'ancien Curé que le
droit de présenter à la Cure nouvellement érigée ; 17
mais lui ayant aussi réservé à même temps une censive,
ou redevance selon les facultés de la nouvelle Eglise , laquelle redevance est appellée *honor* , ce texte suppose qu'on
a réservé à l'Eglise Matrice une espèce de Seigneurie directe sur la nouvelle Cure qui semble plus forte que le
titre de Curé primitif ; enforte qu'il semble plus probable que l'érection d'une nouvelle Cure par démembrement de l'ancienne est un titre suffisant pour établir le
droit de Curé primitif selon le Pere Thomaffin , sur-tout
si l'ancien Curé a consenti à l'érection , & qu'il y ait contribué par la concession ou abandon d'une partie des revenus de sa Cure, ce que nous examinerons plus particulièrement en son lieu.

18. On doit dire la même chose lorsqu'une Chapelle

ou annexe qui avoit toujours relevé d'une Cure eft éri- Thomaffin *ibid.*
gée en Paroiffe, parce que la même raifon peut s'y ap- Fuet *ibid.*
pliquer, & qu'il n'eft pas moins jufte de réferver à l'E- Thomaffin part. 3. liv. 1.
glife matrice la préfentation à la Cure nouvelle ; & cette ch. 46. n. 9.
efpèce de Seigneurie directe dont nous venons de parler,
& particulièrement lorfque le confentement de l'ancien
Curé y eft intervenu, & s'il a donné une partie de fes
revenus pour l'entretien du nouveau Curé ; mais dans
l'un & dans l'autre de ces deux cas il ne peut y avoir aucun doute, fi par l'érection de la nouvelle Paroiffe, le
droit de Curé primitif a été réfervé à l'ancien Curé.

19. Pour ce qui eft du rétabliffement d'une Eglife ou V. Inf. ch. 6.
V. Fuet *ibid.*
Paroiffe voifine qui avoit été ruinée ou détruite, on l'a Thomaffin part. 3. liv. 1.
confidéré comme une caufe de l'origine des Curés primi- ch. 46. n. 9.
tifs ; mais pour peu qu'on réfléchiffe, on s'appercevra
qu'il ne peut pas être regardé comme un titre fuffifant de
Curé primitif en faveur du reftaurateur ; car à peine pourroit-il prétendre le droit de Patronage, à moins qu'il
n'eut à même-temps contribué à la dotation, cependant
le Patronage ne conclut pas fuffifamment pour le droit
de Curé primitif qui s'établit ou fe préfume bien plus difficilement que le droit de Patronage, & ce qui pourroit
fuffire pour ce dernier droit feroit infuffifant pour établir le premier, parce qu'on peut être Patron fans être
Curé primitif ; mais fi le droit de Curé primitif avoit été
réfervé au reftaurateur, il ne feroit pas raifonnable de
le révoquer en doute, parce que la réfervation de ce
droit devroit être confidérée comme une condition, un
dédommagement ou une récompenfe du foin & des dépenfes du rétabliffement.

20. Il nous refte à parler de quatre autres caufes de l'o- Fuet des matières Bénéfi-
rigine & établiffement des Curés primitifs. La première ciales, liv. 2.
ch. 10. p. 214.
dans certains lieux les Chapitres & les Monaftères avoient, V. Duperray
fous l'autorité de l'Evêque, 21. pris foin de l'inftruction des moyens
des Fidelles, & de leur adminiftrer les Sacremens, fur- canoniques
pour acquérir

tout à ceux qui habitoient dans le voifinage de leurs Eglifes. Les Chanoines & les Moines y travailloient à l'envi felon leur capacité ; mais dans la fuite on trouva à propos d'y commettre un Prêtre qui en fit les fonctions, lequel dans fon origine étoit révocable ; mais dans la fuite il a eu une commiffion irrévocable fous la qualité de Vicaire perpétuel, * & dans d'autres Eglifes on commit le foin des ames à un Chanoine, ou à quelqu'autre membre des Chapitres.

22. La deuxième eft l'érection des Cures en Eglifes Cathédrales ou Collégiales, ou en y établiffant des Mo-naftères, il eft vraifemblable qu'en érigeant ces Cures en Chapitres, ou en y établiffant des Monaftères, on eut le foin d'établir un Vicaire perpétuel *fub eodem tecto*, pour le fervice de la Paroiffe, auquel on affigna une portion congrue pour fa fubfiftance.

23. La troifième eft l'union des Eglifes Paroiffiales aux Eglifes Cathédrales, Collégiales & autres, ou aux Monaftères qui fans doute fut accompagnée de l'établiffe-ment des Vicaires perpétuels pour le fervice des Cures, & l'adminiftration des Sacremens, que fi les unions font antérieures à l'établiffement des Vicaires perpétuels on a dans l'Eglife jugé néceffaire que le fervice de la Paroiffe fut fait par un Vicaire perpétuel en titre ; il eft vrai que certaines Eglifes s'étoient encore maintenues dans l'ufage abufif d'établir des Vicaires amovibles quand la Cure étoit deffervie *fub eodem tecto*, fuivant la remarque de M. de Catellan, liv. 1, chap. 67, pour remédier auquel abus l'Or-donnance de 1629, art. 12, & les Déclarations du Roi des années 1657 & 1686, furent faites.

24. Enfin la quatrième eft l'acquifition des Eglifes Pa-roiffiales, faites par les Chapitres ou Monaftères.

25. Ces acquifitions peuvent avoir été faites de trois manières & à trois titres différens. 1°. Par la conceffion que les Evêques en ont fait aux Eglifes Cathédrales ou

Collégiales, ou aux Monaſtères, ce qui n'a rien d'illicite, parce que les Evêques en avoient originairement la diſpenſation ; cependant on a dans la ſuite donné des bornes aux conceſſions qui ſe faiſoient en faveur des Monaſtères, *Can. bonæ rei* 74 , *cauſâ* 12 , *quæſt.* 2.

26. 2°. Par la conceſſion ou reſtitution qui furent faites après les Conciles de Clermont & de Poitiers, des Egliſes Paroiſſiales, par les Seigneurs qui les poſſédoient, en faveur des Monaſtères & des Chanoines réguliers, comme nous l'avons remarqué ci-devant avec Mezeray, ce qui fut défendu dans la ſuite par le 3ᵉ. Concile de Latran, tenu ſous Alexandre III. *cap.* 9. & par le 4. Concile de Latran dont le canon eſt rapporté aux Décrétales de Gregoire 9 au chap. 31. *de præbend.* & *dignit.* à moins que l'Evêque n'y conſentit ; mais cette origine n'eſt pas légitime, parce que les Monaſtères auxquels la conceſſion ou reſtitution furent faites par les ſéculiers ne pouvoient pas avoir plus de droit que les Seigneurs qui les poſſédoient auparavant ſans titre, ou dont le titre quoiqu'il eût été fait par l'Evêque ne pouvoit être que mauvais.

27. 3°. Par les achats que les Monaſtères, ou autres Egliſes faiſoient des Egliſes Paroiſſiales, & des dixmes poſſédées par les Seigneurs Laïques qui s'en étoient emparés, ou par uſurpation ou par des conceſſions faites en leur faveur par les Evêques, leſquels achats furent défendus ſous peine d'excommunication par le Concile de Poitiers, tenu en 1109. *ut neque Clerici vel Monachi per pecuniam altaria vel decimas à laicis vel quibuſlibet perſonis ſibi acquirant, ſimiliter ſub excommunicatione interdicimus.*

28. Les Chapitres où les Moines après avoir acquis à prix d'argent les Egliſes & les dixmes, les deſſervoient eux-mêmes, ou par le miniſtère des Vicaires qu'ils y établiſſoient ; mais de toutes les cauſes de l'origine des Curés primitifs, que nous avons remarquées, il n'y en a

V. Fuet *ibid.* V. Mezeray, t. 2. pag. 676. & 677. Duperray des moyens Canoniques pour acquérir & conſerver les Bénéfices, tom. 2. ch. 14. n. 1. 3. 24.

V. Duperray des moyens d'acquérir & de conſerver les Bénéfices, tom. 2. ch. 14. n. 18. 19. V. Fuet *ibid.* *Marca ad* *Can.* 7. *Conc. Claromontan. tom. 10. Concil. col. 579.* Jérôme à Coſta Hiſtoire des matières Eccléſiaſtiques, tom. 1. p. 47. 48. 49. de l'Edition de 1690. *Can.* 9. *Concil. pictavienſis, tom. 10* *Concil. p. 725.*

point de moins canonique, ou pour mieux dire de plus vicieuse que celle-ci, suppofé qu'on la puiffe confidérer comme une origine.

29. Ce n'est pas ici le lieu où nous nous propofons d'examiner s'il fuffit de prouver quelqu'une des caufes que nous venons de remarquer, afin que le droit de Curé primitif demeure établi d'une manière inconteftable, cela mérite une difcuffion particulière que nous ferons dans la fuite en plufieurs Chapitres.

30. Nous obferverons néanmoins qu'il eft très-utile d'avoir remarqué toutes ces caufes, foit pour la fpéculation, foit pour la pratique, parce qu'il eft néceffaire de connoître le premier état des Eglifes Paroiffiales dont les Chapitres & les Monaftères ont acquis une efpèce de propriété, & de favoir de quelle manière les chofes fe font paffées pour pouvoir décider les queftions fur cette matière.

31. Nous ajouterons que toutes ces caufes dans l'ufage & la pratique, peuvent fe réduire à trois principales.

32. La première, eft l'établiffement des Vicaires perpétuels, & même celle-ci les comprend toutes en général, parce que la qualité de Vicaire perpétuel étant relative à celle de Curé primitif, 33 dont elle fuppofe l'exiftence & le concours, dès qu'il paroit de l'établiffement du Vicaire perpétuel, il faut néceffairement qu'il y ait un Curé primitif, & que cette qualité appartienne à celui qui jouit des fonds qui font de l'ancien patrimoine de la Cure fi le titre n'en eft pas attribué à quelqu'autre; mais comme il n'eft pas poffible qu'on ait confervé les titres d'établiffement des Vicaires perpétuels, parce qu'ils peuvent s'être perdus par des événemens furvenus ou par la fucceffion des temps, on ne doit pas fe borner là.

34. La deuxième caufe générale eft l'érection des Eglifes Paroiffiales, ou la converfion de ces Eglifes en Cathédrales, Collégiales, ou Monaftères.

Coquille qu. 79. Chabanel de l'antiquité des Eglifes Paroiffiales, ch. 6.

Rebuffe de cong. port. n. 113. Grimaudet des dîmes, liv. 2. ch. 7.

Rebuffe, ibid. n. 117.

35. Et la troisième est l'union ; mais il faut prendre garde à la forme de l'union : car comme nous l'expliquerons plus amplement en son lieu, il ne suffit pas qu'elle tombe uniquement sur le temporel, il faut principalement qu'elle regarde le spirituel.

V. infrà ch. 5.

CHAPITRE IV.

Si la qualité de Curé primitif se présume, ou s'il faut la preuve.

Quid à l'égard des Eglises Cathédrales ou Collégialles.

SOMMAIRES.

C

Collégiales ne font pas fon-
dées en préfomption fur les
Paroiffes qui font deffervies
hors de leurs Eglifes.

15. *Si les Eglifes Cathédra-*
les étoient les feules Pa-
roiffes dans la naiffance du
Chriftianifme.

16. *Les Eglifes Cathédrales*
ou Collégiales doivent éta-
blir le droit de Curé primitif.

17. *Deuxième obfervation que*
ces Eglifes n'ont pas be-
foin de titre fpécial comme
les autres Curés primitifs.

18. *Troifième obfervation, les*
Eglifes Cathédrales font
plus favorables que les Col-
légiales.

19. *Quatrième obfervation, il*
faut confidérer l'ancienneté
des Eglifes matrices.

20. *Les Eglifes Cathédrales*
ou Collégiales moins ancien-
nes que les Cures, ne font
pas fondées en préfomption.

21. *Exception lorfqu'il y a*
union ou éreftion de la Cure
en Chapitre.

22. *Etat de la queftion.*

23. *Examen de la queftion par*
rapport aux Eglifes cathé-
drales.

Première raifon.

24. *Les Eglifes cathédrales ont*

été établies par les Apôtres
ou leurs fuccoffeurs.

25. *Les Eglifes cathédrales*
font les feules dont on
trouve des veftiges dans les
deux ou trois premiers fiè-
cles de l'Eglife.

26. *Le Diocèfe a été appellé*
du nom de Paroiffe.

27. *Les Eglifes cathédrales*
gouvernées par les Evéques
& leur Clergé.

28. *De quelles perfonnes*
étoient compofées les Egli-
fes cathédrales.

29. *La diftinftion des Paroif-*
fes, ni l'éreftion des chapi-
tres réguliers n'apporta au-
cun changement.

30. *Les Prêtres des Eglifes*
cathédrales étoient les Paf-
teurs de toutes les Paroiffes
de la Ville Epifcopale.

31. *Les Chapitres ont fuccédé*
à l'ancien Clergé.

32. *De quelle manière vi-*
voient les moindres Clercs,
après que les Cathédrales
eurent embraffé la vie com-
mune.

33. *Suite de ce qui eft dit au*
nombre 31.

34. *Suite de la même matière.*

35. *Succeffion par fubrogation*
infenfible.

Episcopale, & ceux qui étoient retirés des Paroisses faisoient le sénat de l'Evêque.

60. Les Curés retirés des Paroisses pour être établis dans la cathédrale, étoient appellés Presbiteri Cathedrales.

61. Explication de ce qui est dit par le P. Thomassin.

62. Pourquoi la première raison des chapitres n'est pas concluante.

63. Changement arrivé par rapport aux Paroisses.

64. Præsumitur de præsenti ad præteritum.

65. C'est au chapitre cathédral à prouver son intention.

66. Réfutation de la raison prise de ce que le chapitre & la Paroisse font le service sub eodem tecto.

67. Les fonctions du chapitre & de la Cure sont distinguées.

68. Le Curé ne peut empiéter sur les droits du chapitre nec vice versâ.

69. Le chapitre & la Cure sont deux Eglises distinctes, quoique desservies sous le même temple matériel.

70. Réfutation de la deuxième raison des Chapitres, prise du démembrement de la Paroisse.

71. On doit présumer que le démembrement a été fait lors de la distinction des Paroisses.

72. Explication du chap. 3. Extr. de Eccl. ædificandis.

73. Tout démembrement ne suffit pas pour établir le titre de Curé primitif.

74. Toutes les Paroisses sont émanées de la cathédrale.

75. Le démembrement & la distinction des Paroisses ont pu être faites originairement sans le consentement du chapitre.

76. Les Evéques n'ont pas eu moins de droit d'établir un Curé dans la cathédrale que dans les autres Paroisses.

77. Distinction entre le droit ancien & le droit nouveau.

78. Réfutation de la troisième raison des chapitres, prise de l'union présumée.

79. L'union ne se présume pas.

80. L'union ne se présume par le laps du temps, que quand une Eglise a été possédée par un autre comme une dépendance.

81. Explication de l'Arrêt

C 3

Rebuffe trac-tat. de congrua port. n. 113. Grimaudet des dixmes, liv. 2. ch. 7. Duper-ray des Droits honorifiq. liv. 2. ch. 1. n. 5. Grimaudet ibid. art. 4. de la Déclaration du Roi du 5 Octobre 1726 article 2. de celle du 15. Janvier, 1731.

1. RÉGULIÉREMENT la qualité de Curé primitif ne fe préfume point, mais il faut l'établir ; autrement celui qui fait les fonctions Curiales eft préfumé Curé, 2 & par la force de cette préfomption, la provifion lui doit être accordée pendant les conteftations formées au fujet du titre de Curé primitif.

3. Plufieurs raifons établiffent cette propofition. La première, que l'exiftence du Curé primitif fuppofe une efpèce de partage de la Cure, & une multiplicité de Pafteurs ; car il faut de deux chofes l'une, ou que le Curé primitif ne foit point Curé, ou que s'il l'eft, il y ait deux Pafteurs dans la même Eglife, *duo capita quafi monftrum*, comme le remarque M. Duperray, des moyens d'acquérir, *tome 2,*

Can. ficut de una quaque 21. quæft. 2. cap. cum non ignores 15. extr. de præbend. & di-gnit. V. Du-perray des portions con-grues, ch. 10. Uldaric fap-

chap. 14, n. 14, ce qui eft contraire à l'efprit des conftitutions canoniques. **4.** qui défendent le partage des Cures, & qui veulent que chaque Eglife n'ait qu'un feul & unique Pafteur, **5** tout comme une femme ne peut avoir qu'un feul mari ; & c'eft ainfi que raifonne un Auteur ancien.

Pour adoucir cet inconvénient, & faire voir que l'exiftence d'un Curé primitif n'étoit pas absolument con- *fil. 67. n. 1. V. cap. 2. extr. de tranflat. Epif-* traire à la difpofition des Canons, les Canoniftes ont été *cop. Duper-* obligés de faire une efpèce de divifion intellectuelle de la *ray des mo-* Cure, & de dire que le Curé primitif n'avoit que la *yens canoni-* Cure habituelle, *6* & que la Cure actuelle demeuroit *ques d'acqué-* fur la tête du Vicaire perpétuel ; mais c'eft toujours *rir les Béné-* faire une efpèce de violence à l'efprit des Canons, puif- *ch. 22. n. 27.* qu'il faut divifer la Cure & lui donner deux chefs & *Lotterius de re benef. liv 1.* deux époux contre leur défenfe, ce qui fait voir que l'exif- *quæft. 20. n.* tence d'un Curé primitif en concours avec un Vicaire per- *100. feqq. Cha-* pétuel étant contraire aux Canons, il n'eft pas naturel de *tiquité des* là préfumer. *Eglifes Paroif-fiales, ch. 6.*

7. La deuxième, que les droits & prétentions des *Simon des* Curés primitifs ne font pas favorables, foit parce qu'ils *Droits hono-rifiques, tit.* font contraires à l'efprit des Canons, foit parce qu'ils *14.* bleffent la liberté Eccléfiaftique ; de-là vient que la plus *Coquille dans fes Mémoires* grande grace que l'on puiffe leur faire, c'eft de les laiffer *pour la réfor-* fubfifter, lorfqu'il paroît d'un établiffement légitime, & *tat Eccléfiafti-* qu'on ufe de tolérance fur un droit qui s'eft gliffé, pour *que, p. 44. de* ainfi dire, à fauffes enfeignes, & contre la pureté des *1703. où il* règles. *tient que les Curés primi-*

8. La troifième, que la qualité de Curé primitif *être abolis &* ne trouvant pas fon origine dans les Canons, qui au *V. Duperray* contraire y réfiftent, elle eft une de celles qu'on appelle *des Droits ho-norifiques, liv.* accidentelles, & par conféquent elle ne doit point être pré- *2. ch. 1. n. 5.* fumée ; mais il faut néceffairement la prouver d'une ma- nière légale.

9. Enfin, la quatrième que la collation & l'inftitution *Grimaudet* canonique faite en faveur du Curé en titre, lui attribue *des Dixmes, liv. 2. ch. 7.* tout le droit fur la Cure ; enforte que fi quelqu'autre y a *infine.* des prétentions il doit les établir, autrement le titre du Curé veille pour lui, d'autant mieux qu'on ne peut pas préfumer que deux perfonnes foient inftituées à même- temps dans le même Bénéfice.

10. Nos Rois qui dans tous les temps ont porté leurs foins, & leur attention pour procurer l'obſervation des Canons, & pour la manutention de la police Eccléſiaſtique, ont non-ſeulement adopté ces maximes, mais encore ils y ont renchéri ; car la Déclaration du 30 Juin 1690, ne permet à ceux qui prétendent être Curés primitifs d'en exercer les droits & les honneurs, que lorſqu'ils en ont titre ou poſſeſſion valable, 11 & l'art. 4 de la Déclaration du 5 Octobre 1726, pouſſant la choſe encore plus loin, déclare en termes formels que le titre & les droits des Curés primitifs ne peuvent être acquis légitimément qu'en vertu d'un titre ſpécial, & veut que ceux qui prétendent y être fondés ſoient tenus en tout état de cauſe d'en repréſenter les titres, faute dequoi ils ne pourront être reçus à les prétendre au préjudice des Curés, Vicaires perpétuels, à qui la proviſion demeurera pendant le cours de la conteſtation. La nouvelle Déclaration du Roi du 15 Janvier 1731, en expliquant la précédente de 1726, fixe de quelle nature doivent être les titres néceſſaires pour acquérir les Droits des Curés primitifs. Elle porte expreſſément que ces Droits ſeront établis, ſoit par des titres canoniques, actes ou tranſactions valablement autoriſés, ou Arrêts contradictoires, ſoit ſur des actes de poſſeſſion centenaire.

Art. 4. de la Déclaration de 1726.

Art. 2. de la Déclaration de 1731.

12. Il eſt vrai que l'art. 7 de la Déclaration de 1726, excepte nommément les Egliſes Cathédrales ou Collégiales, qu'elle veut être maintenues aux droits, prééminences, uſages & poſſeſſion dans leſquels ces Egliſes ſont, & Sa Majeſté déclare qu'elle n'entend point y déroger, à l'exception néanmoins de ce qui eſt preſcrit par l'art. 6, concernant les portions congrues, auquel elles ſeront tenues de ſe conformer.

13. Il n'y a donc point de difficulté que ceux qui ſe prétendent Curés primitifs, autres que les Egliſes Cathé-

drales ou Collégiales ne doivent rapporter un titre spécial qui établiſſe leur droit. Mais ces mêmes Egliſes Cathédrales ou Collégiales ſont-elles fondées en préſomption touchant le titre de Curé primitif ? C'eſt ce que nous allons diſcuter.

On ne trouve point la déciſion expreſſe de cette difficulté importante dans la Déclaration de 1726, puiſqu'elle ne fait autre choſe que laiſſer ces Egliſes dans leurs prééminences, droits, uſages & poſſeſſion où elles ſont : on ne la trouve pas non-plus dans la Déclaration de 1731, qui en l'art. 14 les maintient ſimplement dans la jouiſſance des prérogatives & priviléges dont elles étoient en droit de jouir : il faut donc la chercher dans les Canons, les maximes, les uſages & la poſſeſſion, & ſur-tout dans l'hiſtoire de l'origine de ces Egliſes.

14. Mais auparavant il faut faire quelques obſervations qui ſont néceſſaires pour l'éclairciſſement de cette difficulté. La première, que les Egliſes Cathédrales ne ſont pas fondées en préſomption du titre de Curé primitif ſur toutes les Egliſes du Diocèſe, parce que la diviſion & la diſtinction des Paroiſſes ayant été faite en conſéquence des conſtitutions des Papes, & décrets des Conciles, on doit préſumer naturellement que quand cette diſtinction a été faite, on a établi dans chaque Paroiſſe un Curé en titre, ſans réſervation des droits de Curé primitif, *ut per ſe eam tenere poſſit*, ſelon les expreſſions du Concile d'Aix-la-Chapelle dont nous parlerons bientôt, ce qui doit ſe préſumer à plus forte raiſon contre les Egliſes Collégiales qui ne ſont pas ſi favorables que les Cathédrales, 15 qui ſont les premières qui ont été formées par les Apôtres, & qui étoient les ſeules dans la naiſſance du chriſtianiſme.

16. Il faut donc que les Egliſes Cathédrales ou Collégiales, qui prétendent avoir le droit de Curé primitif ſur

V. Fileſac *de paraciarum & paræcorum origine, cap. 4.*

Fileſac *ibid.* Thomaſſin de la Diſcipline de l'Egliſe, part. 1. liv. 1. ch. 21. de l'ancienne édition, & tom. 1. liv. 2. ch. 21. de la nouvelle.

les Paroiſſes qui ſont deſſervies hors de leurs Egliſes matri-

ces, prouvent leur qualité malgré ce que dit Coquille, que l'Egliſe Cathédrale eſt la grande Paroiſſe du Dio- cèſe, & qu'anciennement le Diocèſe étoit appellé la Paroiſſe de l'Evêque, cela ſuit naturellement des principes que nous avons établis au commencement de ce Chapitre.

17. La ſeconde, qu'on ne doit pas exiger des Egliſes Cathédrales ou Collégiales un titre ſpécial pour prouver la qualité de Curé primitif comme les Déclarations de 1726 & 1731 l'exigent des autres Egliſes ou Bénéficiers, parce qu'elles ne ſont pas aſſujetties à cette néceſſité, & ſont exceptées de la règle établie nouvellement par cette Déclaration ; mais à leur égard on doit conſidérer comme ſuffiſans les titres & poſſeſſion qui auroient été ſuffiſans avant cette Déclaration, parce qu'elle n'intro- duit un droit nouveau que contre les autres Egliſes ou Bénéficiers, & non contre les Egliſes Cathédrales ou Collégiales.

18. La troiſième, qu'encore que les Déclarations du 5 Octobre 1726, & 15 Janvier 1731, mettent les Egliſes Collégiales au niveau, & dans un même degré de fa-

veur que les Egliſes Cathédrales, puiſque les unes & les autres ſont également exceptées des nouvelles rè- gles établies par cette Déclaration, il eſt pourtant certain que les Egliſes Cathédrales, comme plus ancien- nes & plus conſidérables, ſont beaucuup plus favo- rables.

19. La quatrième, qu'il faut faire grande attention ſur l'ancienneté des Egliſes Cathédrales ou Collégiales, & examiner ſi elles ſont Paroiſſes & matrices *ab antiquo*, ou ſi elles ont été érigées depuis la diſtinction des Cures, 20 enſorte qu'à l'égard des Egliſes Cathédrales ou Collégiales dont l'origine eſt moins ancienne que celle de la Paroiſſe, il ne paroît pas douteux qu'elles ne ſon

pas fondées en préfomption du titre de Curé primitif , à moins qu'il ne parut que la Paroiffe y a été unie lors de l'érection , 21 ou qu'elle a été érigée en Cathédrale ou Collégiale : cette exception fera établie aux chap. 6 & 7 de ce traité.

22. Nous réduifons donc la queftion au point de favoir , fi les Eglifes Cathédrales ou Collégiales doivent être préfumées de droit Curés primitifs des Eglifes Paroiffiales qui font deffervies dans leurs Eglifes *fub eodem tecto* ; & comme nous avons remarqué que les Eglifes Collégiales n'étoient pas fi favorables que les Cathédrales , nous la diviferons en deux chefs , & nous traiterons féparément la difficulté par rapport à chacune de ces Eglifes.

23. A commencer par les Eglifes Cathédrales , on peut dire en leur faveur, premièrement que les Cures ont pris naiffance dans leurs Eglifes , & s'y font toujours confervées fous la direction du Clergé de ces Eglifes qui les a gouvernées dans tous les temps : 24 en effet les Eglifes Cathédrales ont été établies par les Apôtres & leurs fucceffeurs , elles font les feules dont il foit parlé dans les Actes des Apôtres , les Epîtres de Saint Paul , & le Livre de l'Apocalypfe ; 25 enforte qu'on ne trouve aucun veftige que dans les deux ou trois premiers fiècles de l'Eglife il y ait eu d'autres Eglifes que les Cathédrales, qui étoient les Paroiffes de tout le Diocèfe : 26 de-là vient fans doute que dans la fuite on donna le nom de Paroiffe au Diocèfe entier , comme Filefac le prouve par une foule d'autorités , tirées tant des Canons des Conciles, que des capitulaires de nos Rois.

Filefac de origine paraciarum.

Thomaffin de la difcipline de l'Eglife , part. 1 liv. 1 ch. 21 de l'ancienne Edition.

Filefac ibid, cap. 1.

27. Elles étoient gouvernées par les Evêques avec leur Clergé , qui ne faifoit qu'un corps , & comme un confeil avec leurs Evêques , ils partageoient avec eux le foin & le gouvernement des Diocèfes , *ou plutôt de les gouverner avec eux fans divifion & fans partage avec une parfaite dé-*

Thomaffin difcipline de l'Eglife , part, 1 liv. 1 ch. 42 n. 2 & part. 4 liv. 1 ch. 47 n. 1 de l'ancienne Edition.

pendance de leurs Prélats, & avec une concorde inviolable entr'eux, & une autorité entière sur les fidelles.

28. Ces Eglifes auxquelles le P. Thomaffin donne le nom de Chapitres, même avant leur érection, étoient compofées de Prêtres & de Diacres, lefquels furent les Curés & les Pafteurs de toutes les Paroiffes de la ville quand la diftinction en fut faite, & s'il n'y avoit point des Paroiffes diftinguées de la Cathédrale ils en exerçoient tous les fonctions. Leur ordination même étoit ce qui leur donnoit cette qualité, cette charge, & cette autorité ; car le Presbiterat & le Diaconat, auffi-bien que l'Epifcopat, étoit non-feulement un Ordre, mais encore un Bénéfice, & un Bénéfice chargé du foin des ames à proportion de l'Ordre.

Thomaffin d. cap. 42 n. 8.

29. La diftinction des Paroiffes ordonnée par les conftitutions des Papes, & par les Décrets des Conciles, & exécutée en conféquence, ni l'érection des Chapitres auxquels on fit embraffer l'état régulier, en les établiffant en Communauté, n'ont porté aucun changement à l'égard des Eglifes Cathédrales ; car les Chanoines de ces Eglifes ont toujours continué le gouvernement de la Paroiffe de la Cathédrale.

30. En effet nous venons de voir que felon le P. Thomaffin, les Prêtres de l'ancien Clergé des Eglifes Cathédrales, étoient les Pafteurs de toutes les paroiffes de la Ville Epifcopale, & s'il n'y avoit d'autre Paroiffe que la Cathédrale, ils gouvernoient cette Eglife comme auparavant : d'où il paroît clairement que la diftinction des Paroiffes n'empêcha pas que le Clergé de la Cathédrale ne fe maintînt dans le gouvernement de cette Eglife.

Thomaffin, part. 1 liv. 1 ch. 42 n. 8 & part. 3 liv. 4 ch. 14 n. 5.

31. Dans la fuite que le Clergé embraffa la vie régulière de la manière expliquée par le P. Thomaffin, ce ne fut pas un nouveau Clergé, & l'on ne choifit pas des nouveaux Prêtres pour le compofer, puifque les Empereurs

Thomaffin de la difcipline de l'Eglife, part. 2 liv. 1 ch. 31 felon

Arcadius & Honorius le défendirent en 398 par la *Loi* l'ancienne édi-
tion, & part. 11, *Cod. de Epiſcop. & Cler.* mais on engagea l'ancien à em- 3 liv. 1 ch. 29.
de la nouvelle. braſſer la vie régulière, & à vivre en commun dans une même maiſon *ſub eodem teƈto*, & il n'y eut d'autre chan- gement, ſi ce n'eſt par rapport à la manière de vivre, à cela près, qu'on diſpenſa de vivre en commun ou d'em- braſſer la réforme, ceux à qui leur grand âge, ou les in- firmités ne permettoient pas de s'engager dans cette vie Thomaſſin commune; 32 & l'on fit vivre tous les moindres Clercs *ibid.* dans une même maiſon proche de l'Egliſe. Or, ajoute cet Auteur, *peut-on concevoir qu'il y eut un autre Clergé* 33 *ou un autre Chapitre que celui-là ? & quand le Concile II de Tours ordonne à l'Evêque de vivre dans ſa maiſon avec ſes Prêtres, ſes Diacres & ſes Clercs inférieurs ſans y ſouf- frir aucune femme, n'eſt-ce pas-là tout le Clergé de cette ville Epiſcopale ?*

34. Le même Auteur s'explique encore d'une manière Thomaſſin, plus claire pour faire comprendre que le Clergé après part. 3 liv. 1
ch. 29 & 31 ſe- avoir embraſſé la vie régulière, s'étoit toujours continué lon l'ancienne ſous le nom de Chapitre, non par l'éreƈtion d'un nouveau Edition. corps; 35 mais par la ſubrogation inſenſible qui fait tou- *L. Propone-* jours ſubſiſter l'ancien, & fait regarder les nouvelles per- *batur 76, ff. de* ſonnes comme l'ancien corps malgré leur changement; *judiciis.* car il dit qu'on ne peut pas douter, que les Chapitres ne fuſſent cet ancien Clergé qui compoſoit le conſeil de l'Evêque.

36. Et plus bas il ajoute : *On comprendra encore mieux combien il eſt certain que ces Chapitres & ces corps de Chanoines ſuccéderent à l'ancien Clergé de l'Egliſe, qui fai- ſoit le conſeil éternel de l'Evêque, ou plutôt que c'étoit ce même Clergé réuni plus étroitement dans un même Cloître, & vivant en Communauté avec ſon Evêque ; ſi l'on conſidère les inſcriptions des lettres toutes ſemblables à celles que nous avons rapportées ci-deſſus de S. Auguſtin, d'Alype, & de quelques autres Evêques d'Afrique qui écrivoient à leurs*

confrères , les autres Évêques , conjointement avec les Communautés des clercs qui leur étoient comme incorporées, &
dans un autre endroit il dit que les Chanoines des Cathédrales
adminiſtroient les Sacremens , & faiſoient toutes les fonctions
des Curés dans leur Egliſe.

*Thomaſſin,
part. 3 liv. 4
ch. 14 n. 5.*

37. Enfin ni le relâchement dans lequel les Chapitres
réguliers tomberent , ni le renouvellement de la vie commune dans les chapitres des Egliſes Cathédrales , non
plus que leur ſéculariſation , n'ont pas empêché que les
Chapitres des Egliſes Cathédrales 38 n'ayent toujours
conſervé le droit & la qualité de conſeil de l'Evêque ; qu'ils
n'ayent eu le ſoin & l'adminiſtration de la Paroiſſe
de la cathédrale , tout de même que dans l'état primitif.

*V. Thomaſ-
fin , part. 4
liv. 1 ch. 47 &
48 ſelon l'an-
cienne Edi-
tion.*

*Thomaſſin
ibid. ch. 47 n.
6.*

39. Or en réuniſſant tous ces faits , ſi les Egliſes cathédrales ſont les premières Paroiſſes fondées par les Apôtres , ou par leurs ſucceſſeurs, ſi ces Paroiſſes ſe ſont
conſervées dans le ſein des Egliſes cathédrales , dont les
Prêtres ou chanoines étoient les Paſteurs avec l'Evêque
ſans partage ni diviſion , ſi les différens changemens arri-
vés dans l'état de ces Egliſes ont laiſſé ſubſiſter les Par-
roiſſes dans le même état , 40 il eſt évident que les chapitres cathédraux ſont de droit les vrais Curés de la Par-
roiſſe deſſervie dans la cathédrale , qu'elle y a pris naiſſance , 41 & qu'elle s'y eſt entretenue ſans ſouffrir aucune altération , ſi-non que le ſervice en a été commis 42
par l'Evêque *pleno jure,* ou ſur la préſentation du chapitre
par de ſimples titres ſans aucune procédure d'érection ,
tantôt à un des membres des chapitres , tantôt à un autre
Prêtre ſéculier ſous le titre de Vicaire perpétuel , & par
conſéquent il ſuffit aux chapitres cathédraux de faire voir
que leurs Egliſes ſont Paroiſſiales & matrices *ab antiquo ,*
afin qu'ils ſoient fondés à prétendre le droit & le titre de
Curés primitifs , à moins que le Curé Vicaire perpétuel
ne faſſe apparoir d'une érection de la cure en titre ſans
aucune réſervation du droit de Curé primitif.

43. En second lieu, à suppofer que la cure, qui comme nous venons de l'établir a pris fa naiffance dans l'Eglife cathédrale, en ait été détachée ou démembrée, ce démembrement fuffit pour établir le droit & le titre de Curé primitif, 44 fuivant la décifion de la Décrétale du Pape Alexandre III qui veut que quand une Paroiffe eft démembrée d'une autre Eglife on conferve à l'Eglife matrice, non-feulement le droit de préfenter à l'Eglife nouvellement érigée, mais encore les droits honorifiques qui ne peuvent être autres que le titre de Curé primitif qu'on comprenoit anciennement fous les droits honoraires, parce que le nom de Curé primitif n'étoit pas encore connu.

Cap. 3 extr. de Ecclef. ædific. de quelle manière ce texte doit être expliqué. V. Suprà ch. 3.

45. Ceci paroît d'autant moins fucceptible de doute, que le démembrement n'a pas pû être fait fans le confentement du chapitre, & qu'il n'eft pas naturel de penfer, 46 qu'il ait donné ce confentement fans fe réferver les droits & le titre de Curé primitif; 47 fur-tout quand le chapitre eft en poffeffion de certains droits de fupériorité fur le Curé Vicaire perpétuel; car ces droits font préfumer que lors du démembrement de la cure, ou lors de l'établiffement du Curé Vicaire perpétuel, le chapitre a retenu la cure habituelle, & que l'exercice où les fonctions feulement, ont été commis au Vicaire perpétuel, ce qui fe préfumera plus facilement, fi le chapitre cathédral a retenu quelques-unes des fonctions de la cure; car s'il avoit été fait une érection abfolue de la cure, toutes les fonctions auroient été tranfportées au Curé, & il auroit fans doute empêché que le chapitre ne fe fut arrogé une partie des droits curiaux, & n'auroit pas manqué de s'oppofer à l'ufurpation dans fa naiffance.

Cap. 8 & cap. 9. extr. de his quæ fiunt apræ lat. fine confenfu capit.

V. Inf. n. 92 & ch. 8 n. 43.

48. En troifième lieu, du moins faudroit-il préfumer une union de la cure au chapitre, laquelle union fe pré-

Rebuffe in prixi tit. de unionibus Benef. n. 35.

Garcias de Benef. part. 12 cap. 2 n. 229. Fevret, liv. 2 ch. 4. n. 33 Catellan, liv. 1 ch. 67.

fume 49 par une possession immémoriale selon Garoias, Fevret & M. de Catellan; & c'est une présomption également fondée sur la raison & sur la Loi, qui doit faire croire 50 que l'Eglise Paroissiale étant plus ancienne que le chapitre, la Paroisse est devenue chapitre, & le chapitre devenu cure par une union naturelle de la cure au chapitre, qui en pareil cas se fait pour ainsi dire d'elle-même, dit M. de Catellan; & après avoir assuré en thèse qu'une cure desservie dans une Eglise cathédrale ou collégiale est présumée unie à cette Eglise, rapporte un Arrêt de l'année 1650 qui l'a ainsi jugé en faveur de M. Delpouy qui avoit impétré la Vicairie perpétuelle de l'Eglise ou chapitre de S. Aphrodise de Beziers, & cette doctrine est encore fondée sur l'Arrêt du Parlement de Bordeaux, rapporté dans le Journal du Palais.

Journal du Palais, in-folio, tom. 1 p. 194 & seqq. Gonzales ad reg. 8 dementibus & à alternat. Gloss. 6 n. 83.

51. En quatrième lieu, selon Gonzales, quand les Paroisses sont distinguées, ensorte qu'il y a un Curé dans chacune, l'Evêque n'est pas le Curé de tout son Diocèse; mais la distinction des Paroisses n'empêche pas que l'Evêque ne soit le vrai Curé de sa cathédrale, 52 qualité qui lui est commune avec son chapitre : de-là vient que l'Abbé de Parlerme dit, que 53 *ad capitulum videtur spectare Parochia Ecclesiæ Cathedralis*, ce qui est confirmé

Panormitanius ad cap. cum super, n. 9. extr. de sepulturis.

par M. de Hericourt, dans ses Loix Ecclésiastiques, au titre des Sépultures max. 5, & par Simon des Droits honorifiques, tit. 14, qui décide qu'il suffit qu'une Paroisse soit desservie dans l'Eglise d'un Prieuré, pour faire présumer que le Prieur en est Curé primitif.

54. D'où il s'ensuit que nonobstant la distinction des Paroisses, l'Evêque avec son chapitre ont toujours retenu la cure de l'Eglise cathédrale, & que le droit primitif leur appartient de droit commun, soit que la cure soit desservie par un des membres du chapitre, ou par un Prêtre étranger, & qui n'est pas de *Gremio*; 55 mais

il y a une préfomption plus naturelle & plus forte quand elle eft deffervie par un dignitaire ou un chanoine *de Gremio.*

56. Voilà les principales raifons des chapitres des Eglifes cathédrales, voyons préfentement celles des Curés en titre. La qualité de l'Eglife cathédrale n'empêche pas la force des raifons qui ont été employées au commencement de ce chapitre pour faire voir que le titre de Curé primitif doit être juftifié par celui qui le prétend. Il eft vrai que dans la naiffance de l'Eglife il n'y avoit d'autres Eglifes que celles des grandes Villes, où les Apôtres & leurs fucceffeurs avoient établi des Evêques; que ces Eglifes étoient gouvernées par les Evêques conjointement *V. Severinum Binium in notis ad Epiftol. z Dionifii Papæ tom. 1. Concil. p. 830.* avec leur Clergé; mais tout cela eft i nutile, 57 parce que la divifion des Paroiffes ayant été ordonnée par le Pape Evarifte ou par le Pape Denis, & leurs Décrets ayant été confirmés par les Conciles qui furent exécutés dans la fuite, il fut établi des Curés en titre, non-feulement dans les Eglifes des petites villes & des campagnes, 58 mais encore dans celles de la ville Epifcopale, & dans la cathédrale même comme le remarque Filefac.

Cet Auteur rapporte les Décrets de plufieurs Conciles *Filefac, de origine parœciarum, cap. 4. p. 78. de l'Edition de 1608.* tenus en France, qui non-feulement ordonnent l'établiffement des Curés en titre pour gouverner les peuples par eux-mêmes dans toutes les Eglifes, fans exception de la cathédrale, mais encore qui fuppofent que ces établiffemens avoient été faits, ce qui eft prouvé particulièrement par le fecond concile d'Aix-la-Chapelle, *cap.* 2, *can.* 16, *tom.* 7, *concil. p.* 1714, où il eft dit *communi confenfu infuper cenfuimus, ubicumque poffibile fuerit, unicuique Ecclefiœ fuus provideatur ab Epifcopis Præsbyter, ut perfe eam tenere poffit, aut etiam Priori Præsbytero, fubjugatus minifterium Sacerdotale perficere poffit.*

59. Après que les Eglifes, tant de la ville Epifcopale que des autres, eurent été pourvues de Pafteurs,

D

ce furent eux qui compoſèrent dès-lors le Sénat, ou le conſeil de l'Evêque, & le Clergé de ſa Cathédrale, ſuivant la remarque du P. Thomaſſin, & de l'Auteur des additions ſur la Bibliothèque canonique de Bouchel ; & pour que le nombre peut en être facilement augmenté, le Concile de Mérida, tenu en 666, permit aux Evêques de retirer des Paroiſſes les Curés qui y étoient établis pour les mettre dans leurs Cathédrales, leſquels furent appellés *Præsbyteri cathedrales*, comme nous l'avons remarqué ci-devant, chap. 2, & ce furent ces Curés, tant de la ville Epiſcopale, que ceux qui étoient retirés des campagnes qui gouvernoient le Diocèſe avec l'Evêque ; mais à même-temps chaque Curé de la ville Epiſcopale gouvernoit auſſi ſa Paroiſſe, ſans que ni l'Évêque, ni ſon Clergé s'ingéraſſent dans les fonctions Curiales, & ſi le P. Thomaſſin dit que le Clergé avec ſon Evêque étoit le Paſteur de l'Eglife Cathédrale, cela ne peut être entendu qu'avant la diſtinction des Paroiſſes, & l'établiſſement des Curés en titre, puiſque cet Auteur n'én parle que par rapport aux premiers temps ; c'eſt-à-dire, lorſque les Paroiſſes n'avoient pas été encore érigées, & s'il dit que les Chapitres qui ſuccédèrent à l'ancien Clergé, étoient le même par une ſubrogation inſenſible, & qu'ils conſerverent toujours la qualité de Sénat & de conſeil des Evêques, avec leſquels ils gouvernoient le Diocèſe ſans diviſion & ſans partage ; & s'il ajoute que le Clergé de la Cathédrale prenoit ſoin en particulier de la Paroiſſe de la Cathédrale, & que les Chanoines faiſoient les fonctions des Curés dans leur Eglife, il ne ſe fonde que ſur la règle de Godegrand, particulière pour l'Eglife de Metz, & ſur un paſſage de Flodoard qui ne parle que de l'Eglife de Reims, & d'une conceſſion faite par Rigobert, Archevêque de cette Ville, aux Chanoines de ſa Métropole, de l'Eglife de St. Hilaire qui appartenoit en propre à l'Archevêque,

[marginalia:]
Thomaſſin, Diſcipline de l'Eglife, part. 1 liv. 1 ch. 23 n. 1 ſelon l'ancienne édition, Bibliothèque canonique, *verb.* Curés, tom. 1. p. 372.

Can. 12. Concil. Emeritenſis tom. 6. conc. p. 503.

[side numbers:] 60, 61, 62

lequel paſſage ne peut pas ſervir de fondement aux conſéquences que le P. Thomaſſin a tirées au nombre 5, part. 3, liv. 4, chap. 14, & ne détruit pas la préſomption que l'on tire de l'établiſſement des Curés lors de la diſtinction des Pároiſſes, ce qui prouve que la première raiſon des Egliſes Cathédrales, tirée de ce que la Paroiſſe a pris ſon origine & ſa naiſſance dans la Cathédrale eſt inutile, 63 parce que s'il n'eſt point arrivé de changement ni d'interruption du pouvoir des Chapitres Cathédraux touchant le gouvernement du Diocèſe en général, il en eſt arrivé par rapport aux Paroiſſes; puiſque leur érection eſt certaine & inconteſtable, & comme l'état préſent des choſes eſt un argument trèsfort, qu'elles ont été de même par le paſſé, 64 parce que ſelon Dumoulin en ſon conſeil 50, *talis præſumitur fuiſſe titulus qualis apparet jus & poſſeſſio* : & que *præſumitur de præſenti ad præteritum*, Godefroy, ſur la Novelle 39, *cap.* 2, ainſi dès là qu'on trouve un Curé dans la Paroiſſe de la Cathédrale, il eſt naturel de penſer que ſon établiſſement remonte au temps auquel les Paroiſſes ont été érigées, que le titre lui en a été accordé ſans reſtriction ni réſervation, en qualité de Curé non de Vicaire perpétuel ; car, ſelon Rebuffe .*de congrua, part. n.* 113, il faut préſumer que le gouvernement de la Paroiſſe a été confié à un Curé en titre avec la véritable qualité de Curé, & non de ſimple Vicaire perpétuel ; 65 ainſi c'eſt au Chapitre Cathédral a détruire cette préſomption naturelle, par des preuves qui juſtifient que l'érection de la Cure eſt moins ancienne, & qu'elle a été faite ſous la qualité de Vicaire perpétuel, ou que le titre de Curé primitif a été réſervé au Chapitre.

66. Quoique le ſervice de la Paroiſſe ſe faſſe dans la même Egliſe *& ſub eodem tecto* que celui du Chapitre, on ne peut en tirer aucun argument ni préſomp-

tion en faveur du Chapitre , parce que rien n'empêche
que la même Eglife n'ait été affignée au Chapitre , &
au Curé pour faire leurs fonctions ; 67 & il fuffit qu'elles fe trouvent diftinguées, afin que l'un ne puiffe pas
empiéter fur les droits de l'autre , 68 & que comme
la Cure ne peut attribuer au Curé aucun droit fur les
fonctions , prééminences , ou revenus du Chapitre , de
même le Chapitre ne peut prétendre aucun droit fur la
Cure ; 69 car la Cathédrale & la Cure ne laiffent pas
d'être deux Eglifes diftinctes , quoiqu'elles foient deffervies dans un même Temple matériel *& fub eodem tecto.*

    70. 2°. Que la Cure foit émanée de l'Eglife Cathé-
drale , & qu'elle en ait été démembrée, cela eft indifférent , parce que , comme nous venons de l'obferver ,
71 le démembrement doit avoir été fait lors de l'érection générale des Paroiffes , auquel temps le titre & le
droit de Curé primitif étoient abfolument inconnus, &
que cela doit même être ainfi préfumé , fur l'état où fe
trouvent préfentement les chofes ; c'eft-à-dire , quand
on trouve un Curé en titre , & que le Chapitre n'eft
pas en poffeffion des marques de fupériorité , qui font
préfumer en fa faveur le titre & la qualité de Curé
primitif.

    72. Le Chapitre 3 , *extr. de Ecclef. œdif.* ne reçoit
pas ici une jufte application. , parce que dans l'efpèce
de ce texte il s'agiffoit de partager une Cure en deux ,
au lieu que dans notre cas il eft queftion feulement de
préfumer que le gouvernement de la Paroiffe a été commis à un Curé titulaire en exécution des conftitutions
des Papes & des Décrets des Conciles , afin qu'il reftât
au Chapitre plus de loifir pour vaquer au gouvernement
du Diocèfe avec l'Evêque , & que le troupeau qui compofe la Paroiffe pût être régi par un Pafteur connu , &
qui connut fes brebis pour qu'il pût remédier à leurs
maux fpirituels.

Ego fum Paftor bonus & cognofco meas & cognofcunt me meæ. S. Jean ch. 10 v. 14.

73. Ce texte eft encore inutile, parce que fa décifion n'a été formée que fort long-temps après la diftinction des Paroiffes ; & d'ailleurs fi tout démembrement fuffifoit pour établir le titre de Curé primitif, il s'enfuivroit de-là que le Chapitre cathédral feroit le Curé primitif de toutes les Paroiffes du Diocèfe ; 74 parce qu'il eft certain que toutes les Paroiffes en ont été démembrées, puifqu'il eft convenu que les Eglifes Epifcopales étoient les feules exiftantes dans la naiffance du chriftianifme, & que toutes les autres font émanées, & ont été démembrées d'elles ; [cependant les Chapitres n'ont jamais formé une pareille prétention.

75. Vainement les Chapitres cathédraux prétendent-ils que le démembrement n'a pas pu être fait par l'Evêque fans le confentement du Chapitre, & qu'il n'eft pas vraifemblable qu'ils ayent donné ce confentement fans fe réferver le titre & le droit de Curé primitif ; car d'un côté les Evêques ayant reçu l'ordre & le pouvoir par les conftitutions des Papes & les Décrets des Conciles, de faire la diftinction des Paroiffes, & d'établir un Pafteur dans chacune, ils ont pu le faire fans requérir le confentement des Chapitres, autrement il y auroit eu une efpèce d'impoffibilité dans l'exécution des Canons, par les contradictions que les Chapitres auroient pu faire naître, pour traverfer les deffeins de l'Eglife univerfelle, & cela paroît fi vrai, que dans le chap. 3, *ext. de Ecclef. ædificandis*, le Pape Alexandre III permet à l'Evêque de faire le partage & le démembrement de la Paroiffe dont il parle, malgré l'oppofition & la contradiction du Curé de l'Eglife matrice.

76. D'autre part l'Eglife ayant ordonné la diftinction de toutes les Paroiffes fans excepter la cathédrale, tout comme les Evêques ont pû ériger des Paroiffes dans les Eglifes de la ville Epifcopale, & dans les autres de la campagne fans le confentement du chapitre, & qu'on

D 3

n'en a jamais tiré un argument pour prétendre que les chapitres fuſſent les Curés primitifs de toutes les Paroiſ-ſes du Diocèſe, il faut qu'ils ayent eu le même pou-voir à l'égard de l'Egliſe cathédrale ; & ſi l'on pouvoit prétendre avec raiſon que le démembrement de la cure, de l'Egliſe cathédrale n'avoit pu être faite ſans le con-ſentement du chapitre, 77 ce que les textes oppoſés ne diſent pas, ce ne pourroit être tout au plus que depuis les conſtitutions des Papes qui ont réglé le pouvoir des Evêques ſans la participation de leurs chapitres, ce qui ne concluroit rien à l'égard de la diſtinction des Paroiſ-ſes, qui précède de long-temps ces conſtitutions qui com-poſent le droit canonique nouveau : & l'argument ne pourroit être de quelque conſidération que dans le cas où le démembrement auroit été fait depuis ces conſtitu-tions nouvelles, & que la choſe ſeroit prouvée, autre-ment il faudroit le faire remonter plus haut, c'eſt-à-dire, au temps auquel les Paroiſſes furent généralement diſtinguées.

78. A l'égard de la préſomption de l'union de la cure au chapitre, les Curés ont pluſieurs réponſes. La pre-mière, 79 que l'union eſt un fait qui ne peut point ſe préſumer, parce que c'eſt un accident contraire à la na-ture de la cure, & tout comme il ne ſeroit pas na-turel de préſumer qu'un Canonicat, ou une Prébende du chapitre fut unie à la cure, de cela ſeul qu'elle eſt deſſervie dans l'Egliſe cathédrale, on ne peut pas non plus préſumer que la cure ſoit unie au chapitre, de cela ſeul que le ſervice en eſt fait dans la même Egliſe; parce que, comme nous l'avons remarqué plus haut, les fonc-tions de la cure & celles du chapitre ſont diſtinguées, que le chapitre ſe maintient dans ſes droits, de même que le Curé dans les ſiens n'y ayant rien qui s'oppoſe à l'exiſtence de la cure indépendante du chapitre, quant au droit de Curé primitif, & qui doive ſuppoſer né-

ceſſairement une ſemblable union, parce que la cathédrale & la cure ſont deux Egliſes diſtinctes intellectuel-
lement, quoiqu'elles ſoient ſervies dans le même temple
matériel.

80. La deuxième, que ſi Rebuffe, Garcias & les autres Auteurs ont décidé qu'une Egliſe peut être préſumée unie à une autre après un temps immémorial, ce
n'eſt que quand l'Egliſe principale a poſſédé l'autre comme dépendante, auquel cas la dépendance établie par
la poſſeſſion, eſt fondée ſur une union préſumée; mais
il en eſt autrement quand les deux Egliſes ſe ſont conſervées indépendamment l'une de l'autre.

81. La troiſième, il eſt vrai que M. de Catellan aſ-
ſure en thèſe qu'une Egliſe Paroiſſiale deſſervie dans une
cathédrale ou collégiale y eſt préſumée unie; mais il
n'appuye ſa propoſition, qui eſt contraire aux véritables
maximes, ſur aucune autorité ni ſur aucun Arrêt; car
celui de l'année 1650 qu'il rapporte n'a pas jugé la queſtion par lui propoſée, il juge ſeulement que quand l'u-
nion n'eſt point en diſpute, il faut préſumer plutôt qu'elle
a été faite au chapitre qu'à une des dignités du même
chapitre; car il ne s'agiſſoit d'autre choſe dans l'eſpèce
de cet Arrêt, ſinon ſi le titre de Curé primitif appartenoit au chapitre de S. Aphrodiſe de Béziers, ou bien
au Sacriſtain du même chapitre.

82. D'ailleurs, ſelon la remarque de Loterius, il peut
ſe faire qu'une cure ſoit deſſervie dans une Egliſe cathédrale ou collégiale, ſans qu'elle appartienne à cette Egliſe; il peut arriver auſſi que l'Egliſe ſoit cathédrale &
cure tout enſemble, mais c'eſt au chapitre à prouver
ſa prétention; ſuivant les règles établies par les Loix qui
veulent que tout demandeur juſtifie ſa demande.

83. L'Ordonnance de Louis XIII le ſuppoſe de même, car elle ne dit pas que les cures ſoient préſumées
unies aux Egliſes cathédrales ou collégiales, mais elle

Loterius de re Benef. lib. 1 quæſt. 20 n. 131.

V. ce qui a été dit au commence-ment de ce Chapitre. L. 4 cod. de addendo.

Art. 12 de l'Ordonnance de 1629.

dit *que les cures qui font à préfent unies aux Abbayes,*
Prieurés, Eglifes cathédrales ou collégiales, feront d'oréna-
vant tenues à part à titre de Vicariat perpétuel, ce qui
fuppofe néceffairement qu'on doit rapporter une preuve
de l'union ; on trouve à-peu-près le même langage dans
la Déclaration du 29 Janvier 1686.

84. A l'égard de l'Arrêt du Parlement de Bordeaux,
rapporté au Journal du Palais, il n'a pas jugé la queftion ; car le titre de Curé primitif n'étoit pas difputé
au chapitre de Bayonne, mais la conteftation rouloit fur
d'autres chofes.

85. 4°. Que les Auteurs ayent dit que l'Evêque étoit
Curé de fa Cathédrale, felon Gonzales, qu'il femble que la
Paroiffe appartienne au Chapitre, felon l'Abbé de Palerme, que les Chapitres font des Eglifes matrices, dont
les autres Cures font des démembremens, comme l'a prétendu M. de Héricourt, & enfin qu'il fouffre qu'une Paroiffe foit deffervie dans l'Eglife d'un Prieuré, afin que
le Prieur foit préfumé Curé primitif, comme l'a décidé
M. Simon, cela ne mérite pas une grande attention, parce
que les Auteurs qui ont avancé ces propofitions, ne fe
font pas donné la peine d'examiner la matière, & d'en
difcuter exactement les raifons ; & pour en faire voir le
peu de folidité, il fuffit de renvoyer à ce qui a été dit ci-
devant en faveur des Curés.

86. 5°. Quoiqu'en ayent pu penfer quelques Auteurs,
il eft certain que dans les Eglifes Cathédrales, tout comme
dans les autres qui avoient des revenus confidérables, il
y avoit un Prêtre appelé *Primiclerus* qui étoit à la tête
de tous les autres, & qui devoit tout régler fuivant les
ordres qu'il recevoit de l'Evêque ; cela fe prouve par
l'autorité du Concile de Merida, tenu l'an 666, qui en
parle expreffément, Filefac eft de même avis, après lui
Ducange dans fon Gloffaire : or c'eft une conjecture qui
n'eft pas deftituée de fondement, que ce Prêtre avoit le

Can. 10 Con-
cil. Emeritenf.
Filefac, de
præcurum ori-
gine, cap. 4.
Ducange, in
gloff. latin.
verb. Primi-
clerus.

foin de la Paroiſſe de l'Egliſe Cathédrale , & qu'il s'eſt maintenu dans le gouvernement de la Paroiſſe juſques à notre temps.

87. 6°. Si l'on examine de près l'eſprit des Déclara-rations du Roi, on y trouvera la réſolution de notre dif-ficulté contre les Chapitres ; en effet la Déclaration du 30 Juin 1690 , exige un titre ou une poſſeſſion valable de la part de tous ceux qui prétendent être Curés pri-mitifs , ſans diſtinguer les Egliſes Cathédrales des autres pour pouvoir en exercer les droits. Voici de quelle ma-nière elle s'explique : *pourront néanmoins leſdits curés pri-mitifs , s'ils ont titre ou poſſeſſion valable , continuer de faire le Service divin aux quatre fêtes annuelles & le jour du Pa-tron* ; & il eſt donc clair que la préſomption n'eſt pas pour les Egliſes Cathédrales , & qu'elles ſont obligées d'é-tablir leur qualité de Curé primitif , ou ſur des titres , ou ſur une poſſeſſion valable.

88. D'avantage , l'art. 4 de la Déclaration de 1716 , décide généralement *que les droits de curé primitif ne peu-vent être légitimement acquis qu'en vertu d'un titre* , même diſpoſition dans l'art. 1 de la Déclaration de 1731 ; il porte que *les droits des curés primitifs ſeront établis , ſoit par des titres canoniques , actes ou tranſactions valablement auto-riſés , ou Arrêts contradictoires , ſoit ſur des actes de poſſeſſion centenaire.* Voilà une déciſion générale qui regarde toute ſorte d'Egliſes indiſtinctement , & qui par conſéquent doit comprendre les Egliſes Cathédrales ou Collégiales, de même que les autres.

Il eſt vrai que les mêmes Déclarations ſemblent avoir donné la même atteinte à ces règles , en ce que par l'art. 7 , Sa Majeſté déclare qu'elle n'entend déroger en aucune manière aux droits , prééminences & uſages, dans leſquels ſont les Egliſes Cathédrales ou Collégiales , leſquelles de-meureront à l'égard de tout le contenu en cette Décla-ration dans les uſages ou la poſſeſſion où elles ſont : 86

mais il eft facile de comprendre que la Déclaration de 1726, ne déroge point à cet égard à celle de 1690, ni à la règle que le titre & les droits de Curé primitif ne peuvent point être acquis fans titre ; car d'un côté la Déclaration de 1690 eft confirmée par l'art. 1 de celle de 1726, & par l'art. 15, de celle de 1731, pour tout ce à quoi il n'a pas été dérogé. D'autre part les Déclarations de 1726 & 1731, ne faifant autre chofe que maintenir les Eglifes Cathédrales ou Collégiales dans les ufages où la poffeffion où elles font, & déclarer que Sa Majefté n'a pas entendu déroger à leurs droits & prééminences par les Déclarations de 1726 & 1731, tout ce que l'on peut induire de cette Délcaration, c'eft qu'elle a laiffé dans leur entier & fans réduction les droits & les prééminences, que les Eglifes Cathédrales ou Collégiales avoient avant les Déclarations de 1726 & 1731, & les difpenfer de rapporter un titre fpécial ou une poffeffion immémoriale, juftifiée par actes pour prouver la qualité de Curé primitif, en quoi elles ont été traitées plus favorablement que les autres Eglifes ou Bénéfices qui y ont été affujetties par cette Déclaration ; 90 mais l'intention de Sa Majefté n'a pas été d'augmenter leurs droits, ni de les difpenfer d'établir juridiquement leurs ufages ou leur poffeffion, ni déclarer quelles font exemptes de la règle qui veut que le titre & les droits de Curé primitif foient fondés fur un titre ou fur une poffeffion valable ; & par conféquent il eft évident que puifque la Déclaration de 1690. exige de tous les Curés primitifs qu'ils prouvent leur qualité ou par titres ou par une poffeffion valable, puifque celles de 1726 & 1731 déclarent que le titre & les droits ne peuvent pas être acquis fans titre, les Eglifes Cathédrales ou Collégiales n'ayant pas la préfomption en leur faveur avant la Déclaration de 1726, elles ne l'ont pas acquife par cette Déclaration, non plus que par celle de 1731, par lefquelles on a laiffé les chofes au même état où elles

étoient auparavant, pour ce qui regarde les droits & prérogatives & la forme de les prouver ; mais elles doivent
établir leur qualité, ou par titre ou par une poſſeſſion
valable.

Voilà d'autre côté les raiſons des Curés, & nous n'igno-
rons pas qu'on ne put alléguer de part & d'autre pluſieurs autres choſes pour appuyer les prétentions des chapitres Cathédraux, ou les exceptions & défenſes des Curés ; mais nous les avons laiſſées à l'écart, parce qu'elles
ne nous ont pas paru concluantes & décisives.

91. S'il nous eſt permis d'ouvrir notre ſentiment ſur
cette queſtion que le conflit des raiſons rend très-difficile
à réſoudre, nous dirons que les raiſons expliquées en faveur des Curés, nous paroiſſent déciſives contre les
Egliſes cathédrales qui n'ont été érigées que depuis la diſtinction des Paroiſſes ; mais non pas contre les cathédrales dont l'origine précède l'établiſſement des Curés & la
diviſion des Paroiſſes, nous fondons notre diſtinction ſur
ce que l'Evêque & ſon clergé conſerverent l'Egliſe cathédrale qui leur fut réſervée avec une portion des biens
pour leur commune ſubſiſtance, lorſque les Paroiſſes furent diviſées, comme l'a fort bien remarqué *Nicolas Deſ-
nos* dans ſon traité, intitulé *Canonicus ſecularis & regularis*,
lib. 1, *cap.* 9, *pag.* 49, de l'édition de 1674, où après avoir
parlé de la diviſion des Paroiſſes, il ajoute : *Eccleſiæ ſin-
gulis Sacerdotibus aſſignatæ fuerunt, & unuſquiſque proprium cæpit habere territorium, ac certam partem bonorum,
ac unicuique proprius paſtor conſtitutus eſt, majori Eccleſia
cùm ſelecta bonorum portione Epiſcopo, & ejus convictori-
bus Clericis reſervata*, & qu'il eſt vrai, comme le P. Thomaſſin l'obſerve, que les Chanoines de la Cathédrale ſe
ſont toujours maintenus dans les fonctions curiales de
leur Egliſe, juſqu'à ce qu'ils s'en ſont déchargés ſur des
Vicaires amovibles ou perpétuels ; mais la même raiſon
ne pouvant pas militer pour les cathédrales, dont l'érec-

Voyez le Chap. 24 *in-fra*.

tion n'eſt pas antérieure à la diviſion des Paroiſſes, il nous ſemble plus probable que les Chapitres de ces Egliſes cathédrales ne ſont pas fondés en préſomption touchant le titre de Curé primitif de la Paroiſſe, deſſervie dans leurs Egliſes. Voilà pourquoi il eſt néceſſaire qu'ils rapportent des preuves du droit, ſoit par titre ou par une poſſeſſion valable, ce que nous traiterons en ſon lieu lorſque nous examinerons les moyens ſuffiſans pour acquérir le droit & le titre de Curé primitif.

62. Nous croyons néanmoins qu'il faut excepter, 1º. les chapitres qui ont retenu des marques de ſupériorité ſur le Curé titulaire, ou une partie des fonctions curiales, comme nous l'avons dit au nombre 47, & que nous l'expliquerons encore dans la ſuite de ce traité. 2º. Les chapitres dans les Egliſes deſquels la Cure eſt deſſervie *ſub eodem tecto* par un dignitaire, ou chanoine du même chapitre, auquel cas la préſomption de droit ſeroit pour le chapitre par deux raiſons qui nous paroiſſent déciſives. 93. La première, parce que dans ce cas on ne pouvoit pas préſumer que lors de la diſtinction des Paroiſſes on eut établi un Curé en titre dans cette Egliſe, la plupart des cathédrales ayant été érigées dans des Monaſtères; mais que la Cure avoit pris ſa naiſſance dans l'Egliſe cathédrale, par l'érection qui en fut faite lorſque la cathédrale fut érigée, ou que du moins elle y avoit été unie, & que le chapitre en avoit commis le ſoin à un de ſes membres pour en faire les fonctions au nom de tout le corps, par la raiſon de la règle *de præſenti præſumitur ad præteritum*. Enſorte que l'état préſent des choſes devant faire penſer qu'elles ont toujours été de même; dès-là que la Cure de la cathédrale eſt deſſervie par un de ſes membres, on ne peut ſuppoſer qu'une ſimple commiſſion de Vicaire perpétuel, & par conſéquent pour détruire cette préſomption, le Chanoine Curé devra rapporter des titres pour établir l'érection abſolue de la Cure.

94. Ce qui fe confirme par l'exemple des Chanoines réguliers, auxquels les Eglifes Paroiffiales ont appartenu anciennement, & pour le gouvernement defquelles ils ont commis un de leurs membres, & bien loin de préfumer un démembrement ou une érection abfolue, les Chanoines réguliers font toujours demeurés en poffeffion des Cures, jufques-là qu'ils fe font toujours maintenus dans la faculté de révoquer *ad'nutum* la commiffion du Curé Vicaire commis pour les fonctions Paroiffiales, nonobftant les différens règlemens qui ont ordonné l'établiffement des Vicaires perpétuels.

Van Efpen per Eccle/. univerf. part. 2. tit. 34. cap. 1. n. 29. Duperray des portions congrues, ch. 25. Gibert, inftit. Ecclef. & Benef. p. 152.

95. La deuxième raifon fur laquelle nous fondons notre exception, eft prife de ce que l'union ne pouvant pas être mife en difpute, il faudroit toujours préfumer qu'elle avoit été faite plutôt en faveur du Chapitre qu'en faveur de la dignité ou Canonicat, comme l'a décidé l'Arrêt rapporté par M. de Catellan; car dans ce cas il faudroit néceffairement préfumer l'union, & il faudroit la préfumer plutôt en faveur du Chapitre, que du Canonicat ou de la dignité, par les raifons qui ont été expliquées par M. de Catellan, qui reçoivent ici une application très-jufte; 96 à moins que le Chanoine ou dignitaire ne détruifit cette préfomption naturelle & de droit.

Catellan, liv. 1 ch. 67.

Il faut encore excepter le cas que le Chapitre préfente à la Cure deffervie dans l'Eglife Cathédrale, & qu'il y a les honneurs; car alors c'eft une préfomption de droit qu'elle a ceux des Curés primitifs, fuivant Duperray, des droits honorifiques, liv. 2. ch. 1. n. 17. où cet Auteur tient qu'il en feroit de même d'une Eglife conventuelle; mais la Déclaration de 1726 a changé cela pour toutes les Eglifes qui ne font pas Cathédrales ou Collégiales, & la déclaration de 1731 a confirmé fa difpofition.

97. Venons préfentement aux Eglifes Collégiales, & examinons la queftion fi elles font fondées en préfomption du titre de Curé primitif des Paroiffes deffervies dans leurs Eglifes.

V. Guy-Pape, quæft. 258. Innocent & les autres Canoniftes fur le ch. *poftulafti de jure Patro- nat. Painor- mit ad cap. nobis eod. tit.* la glofe du ch. *ftatutum de elect. in 6°. Alexander, lib. 4 Concil.* 74, 75. Co- quille, des Bé- néfices, tom. I p. 248. Lo- terius *de re Benef. lib.* I *q. 14.* Barbofa *juris Ecclef. univerf, liv. 2. cap. 6.* Van Efpen & autres. Thomaffin, part. 3 liv. I ch. 29 & part. 4 liv. I ch. 48 felon l'ancien- ne Edition. Thomaffin, *d. cap. 48 n. 1.*

98. Ce feroit ici le lieu d'examiner qu'elles font ces Eglifes Collégiales, qu'elles font les marques qui les font jugex telles, & qui les diftinguent des autres Eglifes ; mais comme la difcuffion nous meneroit trop loin, nous nous contenterons d'indiquer les Auteurs qui en ont parlé.

99. Nous ne parlerons pas non plus de l'origine de ces Eglifes, & nous renvoyerons à ce qu'en a dit le P. Tho- maffin, de la Difcipline de l'Eglife.

100. Mais pour réfoudre la difficulté en peu de paro- les, nous dirons que les Eglifes Collégiales ne font ni fi anciennes, ni fi favorables que les Eglifes Cathédrales, 101 quoique poftérieures à la divifion générale des Pa- roiffes, puifque d'un côté leur établiffement n'a été fait que dans l'onzième fiècle, & que fi l'on peut fuppofer un établiffement plus ancien, du moins ne peut-on pas remonter auffi loin qu'on le peut à l'égard des Eglifes Ca- thédrales, & qu'on ne peut pas dire avec fondement que la Paroiffe foit née & fe foit confervée dans leur Egli- fe, puifqu'elle eft poftérieure à la diftinction des Paroif- fes, & à l'établiffement des Curés.

102. D'autre part l'origine des droits de Curé primitif en faveur des Eglifes Collégiales n'eft pas, à beaucoup près, fi légitime, que celui des Eglifes cathédrales, puif- que les Paroiffes ont pris leur naiffance dans la plupart de celles-ci, & qu'elles n'en font forties que par démembre- ment, au lieu que les Eglifes 103 Paroiffiales ne font en- trées dans les collégiales que par des conceffions peu fa- vorables, ou par des dons ou des reftitutions faites par des poffeffions injuftes pour la plupart, comme nous l'a- vons remarqué ci-devant au chap. 3 de ce traité : enforte que les conceffions ayant été jugées illicites & odieufes par les conciles, ils les ont défendues, à peine d'excom- munication.

104. Il ne feroit donc pas raifonnable de porter une décifion plus favorable pour les Eglifes collégiales que pour

les cathédrales, dont l'érection eſt poſtérieure à la diviſion des Paroiſſes ; & nous pouvons dire que tout comme ces Egliſes cathédrales ne paroiſſent pas fondées en préſomption du titre de Curé primitif, les Egliſes collégiales n'y ſont pas non plus fondées à plus forte raiſon.

105. Il faut néanmoins excepter à leur égard, tout comme pour les cathédrales, le cas que la Cure eſt deſſervie dans la collégiale par un des membres du chapitre, par la deuxième raiſon que nous avons expliquée en parlant de la même exception en faveur des Egliſes cathédrales, & parce que les droits, prééminences & uſages ont été conſervés aux Egliſes collégiales, tout comme aux cathédrales, par l'art. 7 de la Déclaration du 5 Octobre 1726, & par l'art. 14 de la Déclaration du 15 Janvier 1731. Ainſi il faut préſumer que l'union qui doit être ſuppoſée dans ce cas a été faite plutôt au chapitre qu'à un des Bénéfices du même chapitre, ſuivant le ſentiment de M. de Catellan, qui parle nommément des Egliſes collégiales ; nous croyons auſſi que les mêmes exceptions 106 que nous avons remarquées ci-deſſus en faveur des Egliſes cathédrales, doivent avoir lieu pour les collégiales, parce que les Déclarations de 1726 & 1731 les mettent de niveau.

107. La queſtion, ſi les Egliſes cathédrales étoient fondées de droit commun en préſomption pour le titre & qualité de Curé primitif ſur les Paroiſſes qui ſont deſſervies dans l'Egliſe cathédrale ou métropolitaine a été agitée aux Requêtes du Palais, & enſuite au Parlement de Toulouſe dans le Procès d'entre le Syndic du chapitre métropolitain de Sainte Marie d'Auch, & Meſſire Hyacinte de Labaune Chanoine Sacriſtain, & Curé de Sainte Marie ; 108 mais il y avoit trop de circonſtances pour pouvoir aſſurer que la queſtion ait été décidée en thèſe, & il y a grande apparence que les circonſtances ont fort contribué à déterminer l'Arrêt, quoiqu'à notre avis cette

Eglife a toutes les qualités requifes pour la faire déclarer fondée en préfomption de droit , & par conféquent elle n'avoit pas befoin des autres circonftances pour fe faire adjuger 'la qualité de Curé primitif. Le Procès avoit commencé aux Requêtes du Palais qui avoit rendu jugement au profit du fieur Labaune , duquel jugement le chapitre ayant relevé appel , fit voir , 1°. que la Cure avoit pris naiffance dans la cathédrale , & s'y étoit maintenue, ce qu'il appuyoit fur plufieurs autorités. 2°. Que la Cure étoit émanée du chapitre , que même elle n'en avoit jamais été détachée , puifque la Sacriftie étoit une dignité du chapitre , & que le Sacriftain faifoit les fonctions curiales. 3°. Que le chapitre avoit retenu la plus grande & la meilleure partie des fruits décimaux , & un grand nombre de fonctions curiales , les plus importantes & les plus honorables. 4°. Que la Cure étant remplie par un Bénéficier du chapitre quand elle auroit été démembrée du chapitre , lors de la féparation générale des Paroiffes , elle y feroit préfumée unie , fuivant les Arrêts de M. de Catellan, le droit commun & les titres remis au Procès qui étoient en grand nombre , & dont il tiroit de grands argumens. Sur ces raifons & plufieurs autres , qui font rapportées dans le Procès fait par le chapitre que nous avons cru utile d'inférer ici , il eft intervenu Arrêt en faveur du chapitre , le 18 Mars 1730 , en la troifième chambre des Enquêtes au rapport de M. Pujol , la teneur duquel Arrêt nous avons auffi rapporté de la même manière qu'il a été expédié.

On trouve dans ce précis toutes les raifons des Parties en abrégé , ce qui fait qu'on pourra facilement connoître les motifs de l'Arrêt fur toutes les queftions qu'il a jugées.

Catellan liv. 1 ch. 67.

PRÉCIS,

POUR le Syndic du Chapitre de l'Eglise Cathédrale, Métropolitaine & Primatiale Ste. Marie d'Auch.

CONTRE

Me. Hyacinthe Labaune, Chanoine & Sacriſtain de la même Egliſe.

PREMIERE PROPOSITION.

Le Chapitre eſt Curé primitif de l'Egliſe Métropolitaine Ste. Marie d'Auch.

PAR TROIS RAISONS.

Primò. La Cure a pris ſa naiſſance dans le Chapitre.

Secundò. Elle en eſt émanée.

Tertiò. N'y eut-elle pas pris ſa naiſſance, & n'en fut-elle pas émanée, elle y ſeroit préſumée unie par la force du droit commun, & par les titres remis au Procès.

E

La Cure Sainte Marie a pris sa naissance dans le Chapitre.

Première raison qui le rend Curé primitif.

IL y avoit originairement & *ab antiquo* dans l'Eglife Sainte Marie d'Auch un Clergé qui faifoit le Confeil & le Sénat de l'Evêque, qui faifoit fous fes ordres & fous fes yeux toutes les fonctions Curiales, & dans le centre duquel la Cure a pris fon établiffement.

Le Chapitre d'Auch eft ce même Clergé dont la cure a pris fa naiffance dans le chapitre.

L'exiftence & les fonctions de ce Clergé faifant le premier membre de la propofition, on le prouve par les autorités, les titres & les raifons qui fuivent.

A raifon de fa qualité de Cathédrale Paroiffiale & matrice, *ab antiquo*, l'Eglife d'Auch a dû avoir ce Clergé, faifant ainfi les fonctions Curiales, parce que toutes les Cathédrales fuppofent un Evêque, & l'Evêque un Sénat & un Confeil qui n'étoit autre que ce Clergé.

Pour la preuve de ce fait, l'Expofant employe l'autorité de Saint Paul, lettre première à Timothée; chapitre 4, verfet 14.

Celle de Saint Ignace Martyr dans ses Epîtres aux Ephésiens, aux Magnesiens & aux Tralliens, en parlant des clercs du *Præsbiterium* : clercs *quibus commiffum eft Minifterium Jefu-Chrifti, fine his ecclefia non vocatur.*

Celle de Saint Cyprien en la lettre 10 qu'il a écrit dans son exil aux clercs de son Eglise , *ut vos vice meâ fungamini.*

Celle de Saint Jérôme dans son commentaire sur le Prophète Isaïe.

Les textes du Droit canonique , *capit. novit. & cap. tua nuper. de his quæ fiunt à prælat. fine confenfu capit. & cap. requififti , de teftam.* qui déclarent que ce Clergé ne fait qu'un même corps avec l'Evêque , dont l'Evêque est le chef, & les clercs les membres.

La Loi 11, *Cod. de Épifc. & cler.*

L'autorité du P. Thomaffin dans son histoire de la discipline Eccléfiastique , part. 1, liv. 1, ch. 42, nomb. 2. *Je dis donc que les Prêtres & les Diacres des villes Epifcopales faifoient le Clergé fupérieur , à qui nous donnerons par avance le nom de chapitre , & ne formoient qu'un corps avec leur Evêque , ayant indivifiblement avec lui & fous lui le gouvernement de tous les autres Eccléfiastiques , & de tous les fidelles du Dioçèfe.*

L'Acte qui parle des limites des Paroisses, & de la donation de Cloyis , fait mention de ce

Clergé , *Clericos enim habebat illa Ecclesia.*

L'Acte qui fait l'histoire de la translation du Siège , le désigne sous le nom de *Clerici sedis.*

Celui de la réforme parle des Archidiaconés qu'il y avoit auparavant , ce qui suppose l'existence antérieure de ce Clergé.

En 960, Otho Falta , Comte de Fezansac , fit à ce même clergé une donation. *Dono atque concedo Canonicis qui nunc Ecclesiam deserviunt.* Ce clergé existoit donc avant la réforme.

La tradition dans le chapitre a toujours été qu'il existe depuis que le Siège est dans Auch ; c'est conformément à cette commune créance que le Syndic du Chapitre répondit à Mr. de Vic , Archevêque , qu'il croyoit que le Chapitre existoit depuis qu'il y avoit un Siège dans Auch.

De la matricité de l'Eglise dont le Sacristain a été forcé de convenir , s'ensuit encore que ce clergé existoit , qu'il faisoit les fonctions Curiales , & que la Cure y avoit son établissement ; *quia ex illa procedebant ordines , Baptisma & cætera talia.* Fonctions qui n'étoient faites que par les clercs qui composoient ce Clergé.

Comme cette proposition est accordée par le Sacristain , & qu'il convient de la naissance de la Cure dans ce premier Clergé , l'Exposant n'a pas trouvé à propos de faire l'analyse de toutes les autorités , dont on peut voir les textes dans le Factum , ou dans les Originaux.

Ce premier chef ainſi prouvé, l'Expoſant paſſe au ſecond, qui eſt, que le Chapitre eſt cet ancien Clergé, & il le prouve.

Par l'autorité de Paul Diacre, *apud Ducheſne hiſt. franc. tom.* 2, *pag.* 204, *Clerum aduna-vit*, *&c.* dit-il, en parlant de Crodogan.

Il ſe ſert encore du Concile de Tours, tenu en 813, *can.* 23, & du Concile de Pontion, tenu en 876, *can.* 8.

Il employe auſſi la Doctrine du P. Thomaſſin, *tom.* 3, *part.* 4, *liv.* 4, *chap.* 22, *nomb.* 20, *tom.* 1, *part.* 1, *liv.* 1, *chap.* 42, *nomb.* 2, *part.* 3, *liv.* 1, *chap.* 29, *part.* 4, *liv.* 2, *chap.* 47, *tom.* 1, *part.* 1, *liv.* 1, *chap.* 42, *tom.* 2, *part.* 3, *liv.* 4, *chap.* 14, *nomb.* 5, *verſic.* 4.

Tous ces endroits du Pere Thomaſſin ſont ſi déciſifs, qu'on ne peut ſe diſpenſer d'en faire là lecture, ou ſur le Factum pag. 15, & 16, ou ſur l'original ; car il dit de la manière la plus expreſſe & la plus poſitive, que les Chapitres des Cathédrales ſont cet ancien Clergé ; & il dit encore que les Chanoines faiſoient les fonctions Curiales : les Chapitres Cathédraux ſont cet ancien Clergé qui faiſoit le conſeil de l'Evêque ; qu'ils gouvernoient avec leurs Prélats les dio-cèſes, avec une autorité entière ſur les fidelles, ſans diviſion & ſans partage, avec une parfaite dépendance de leurs Prélats. Ajoutant : *les Cha-noines des Cathédrales adminiſtroient les Sacre-*

mens , & faifoient toutes les fonctions de Curé
dans leurs Eglifes. Il dit encore : *les Prêtres &*
les Diacres de ces chapitres étoient les Curés &
les Pafteurs des Paroiffes de toute la Ville
Epifcopale ; ou s'il n'y avoit point de Paroiffes
diftinguées de la Cathédrale , ils en exerçoient
toutes les fonctions.

Ce que dit M. de Fleury , liv. 61, num. 6,
fert auffi de beaucoup à prouver que le Chapitre
d'Auch eft cet ancien Clergé ; car il dit que la
réforme fe fit dans ce Chapitre dans le XI fiècle ;
ce qui prouve qu'il exiftoit auparavant fous la forme de ce premier Clergé. La réforme d'un corps
en fuppofe l'exiftence antérieure.

Mornac , fur la rubrique du Code *de Epifcop,*
& Clericis , le dit nettement.

L'Auteur du livre *de ord. Canonic. regular.*
imprimé à Paris en 1697, prouve , pour ainfi
dire , à chaque page de fon livre , que ce
qu'on appelle aujourd'hui chanoines ou chapitres , font l'ancien Clergé des villes Epifcopales.

Suivant toutes ces autorités, les chapitres des
Cathédrales font cet ancien Clergé. Il faut donc
par la raifon du droit commun , que le chapitre de l'Eglife d'Auch foit l'ancien Clergé qui
y étoit.

Du temps Dotho Falta , Comte de Fezen-
fac , qui eft en 960, il y avoit un Clergé à

qui on donnoit déjà d'avance le nom de Chanoines. *Dono Canonicis qui nunc Ecclefiam defer-*
viunt , vel adveniendi funt.

Si le Sacriftain prétend que le chapitre n'eft
pas ce Clergé , il doit être chargé d'en faire la
preuve , parce que par la raifon du droit commun , le chapitre d'Auch eft ce premier
Clergé.

On doit préfumer que l'Archevêque qui a
introduit la forme dans le Chapitre d'Auch , en
a ufé à cet égard comme Saint Auguftin infti-
tuteur de la vie canonique. Crodogan après lui
& tous les Evêques qui prenoient le Clergé de
leurs Cathédrales pour les faire paffer à la réforme , à laquelle on obligeoit les chapitres des
Eglifes Cathédrales & Collégiales , du temps
de Pepin , de Charlemagne & de Louis le
Débonnaire.

Vouloir dire que ce n'étoit pas le même Clergé qui avoit embraffé la réforme , ce feroit
foutenir qu'on étoit allé chercher des clercs
étrangers , qu'on avoit renvoyé ceux de Sainte
Marie , qu'on avoit congédié le Confeil & le
Sénat de l'Evêque , & qu'on avoit dépouillé
chaque clerc en particulier du titre qu'il avoit
dans ladite Eglife , ce qui n'auroit pas été
toléré.

C'eft par ces preuves que l'Expofant fait voir
que le chapitre eft cet ancien Clergé , & qu'il

conclut que puifque la Cure a pris fa naiffance dans ce premier Clergé, il a raifon de dire qu'elle a pris fa naiffance dans le chapitre ; d'où il paffe à la preuve de l'émanation.

La Cure eft émanée du Chapitre.

Seconde raifon qui le rend Curé primitif.

1°. Elle y a pris naiffance comme il vient d'être prouvé, donc elle en eft une émanation.

2°. On ne peut point proprement dire qu'elle en foit détachée, puifque c'eft un Chanoine *de Gremio*, *cui demandatum eft jus Parochiæ*; ce qui fait voir qu'elle dérive du Chapitre comme de fa fource.

3°. La facriftie émane du chapitre : la prétendue cure lui eft attachée comme un accident à la matière, & l'acceffoire au principal, donc la prétendue cure en doit émaner, de même que le principal, qui eft la facriftie.

4°. Le chapitre a retenu la plus grande & la meilleure partie des fruits décimaux, n'en ayant laiffé qu'une portion au Sacriftain pour fe vêtir & entretenir honnêtement. Autre preuve de l'émanation.

5°. Des ftatuts de Jean d'Armagnac, & Philippe de Levi, Archevêque d'Auch, il réfulte que le prépofé à l'exercice des fonctions Curiales étoit un Prêtre autre que le Sacriſtain, qu'on appelloit *Capelanus Curatus.*

6°. Ce chapelain curé ſuppoſe un curé primitif : ce curé primitif n'eſt autre que la communauté régulière dans l'Egliſe de laquelle le chapelain deſſert la cure, *cap.* 1, *de Capell. Monach.*

7°. Le mot de *Capellanus* ne ſignifie qu'un Vicaire perpétuel, *dict. cap.* 1, *de Capell. Monach.* & journal du Palais dans l'Arrét du chapitre de Bayonne, où l'on voit qu'on ne donne au chanoine du chapitre de Bayonne qui fait les fonctions curiales, la qualité du Chapelain majeur, que pour le diſtinguer par celle de majeur, des Vicaires perpétuels.

8°. Le grand nombre de fonctions curiales, les plus importantes & les plus honorables que le chapitre a retenu, & qu'il exerce *actu*, montre que celles que fait le Sacriſtain, ne ſont qu'un démembrement de celles du chapitre. Comme le détail feroit trop long dans ce précis, il faut les vérifier dans les pages 24, 25, 26, & 27, du Factum.

La Cure n'eut-elle pas pris fa naiffance dans le Chapitre, elle y feroit préfumée, unie par le droit commun, & les titres remis au Procès.

Troifième raifon qui rend le Chapitre Curé primitif.

La préfomption de l'union en force du droit commun, eft établie par la jurifprudence rapportée dans le journal du Palais fur l'Arrêt du Parlement de Bordeaux du 26 Mars 1672, rendu au profit du chapitre de Bayonne, contre M. Hajet chapelain majeur.

Par celle de Mr. de Catellan au liv. 1, chap. 67, après laquelle on ofe avancer fans crainte d'en trop dire, qu'il y a de la témérité, & une hardieffe des plus grandes à foutenir que le droit commun ne fait pas préfumer en faveur des chapitres, l'union des cures deffervies dans leurs Eglifes.

Par là Déclaration de 1726, qui difpenfe expreffément les chapitres de remettre leurs titres primordiaux pour établir leur qualité de curé primitif. Ce qui eft une raifon des plus fortes de la faveur que le droit commun doit faire pour les chapitres : car fi le droit commun n'avoit pas été pour eux, & ne les faifoit pas préfumer curés primitifs , pourquoi auroient-ils été déchargés de cette repréfentation par la Déclaration même , qui exige cette repréfentation des autres ?

Par l'autorité de l'Auteur *de ordin. canon. regular.* fuivant lequel *Parochiarum cura canonicis regularibus* , du nombre defquels étoient les chanoines de Sainte Marie , *parta eft jure communi.*

Par ce qu'en a dit le Pape Pafchal II *litt. Pafch. Monaftic. Angelican.* tom. 2 , fol. 35 , *cum autem huic ordini à patribus noftris difpenfatio verbi Dei , prædicationis officium , Baptifmus , reconciliatio pænitentium femper credita fuerit , ficut eft in tractatibus fancti Auguftini, ad Aurelium Papam , nos eorum exempla fecuti , & ordinis celfitudinem fubtiliùs intuentes, patrum fancita confirmamus.*

Par l'exemple du chapitre de Bayonne & les autres du Royaume , qui font dans des Eglifes cathédrales , paroiffiales & matrices *ab antiquo.*

Par l'exemple de tous les chapitres collégiaux du diocèfe , même du chapitre collégial de l'Eglife Saint Orens de la ville d'Auch , qui ne doivent pas avoir fans doute plus d'avantage que le chapitre de l'Eglife matrice , à laquelle ils doivent toute obéiffance , comme à la Mère & à la Souveraine aux termes des Bulles des Papes remifes au procès,

Par le préjugé encore qu'il y a pour les Religieux de l'Ordre de Saint Benoît , qui font tous préfumés curés primitifs des cures deffervies dans leurs Eglifes. Un chapitre d'une cathédrale comme celle d'Auch , mérite , pour le moins, autant la faveur du Droit commun , que ces Religieux.

Par le bon fens , & les lumières naturelles , qui font préfumer que les Evêques ou Archevêques d'Auch n'ont pas traité leur chapitre avec moins de bonté , de faveur & d'avantage , que les chapitres collégiaux du diocèfe.

D'autant mieux que 'le chapitre de la cathédrale devoit être confulté dans les unions des cures. *De his quæ fiunt à prælato fine confenfu capituli.*

Par la fupériorité enfin du chapitre , & la dépendance du Sacriftain : la première eft marquée dans tous les actes qui ont regardé l'Eglife , ou le chapitre eft toujours celui qui traite , qui parle : la feconde eft marquée dans les délibérations & autres actes , ou le chapitre fait faire ce qu'il lui plaît au Sacriftain *ad mandatum celerarii* , ou le chapitre demande fa fécularifation , & où il le multe.

La préfomption de l'union prouvée par le droit commun , l'Expofant paffe à fa preuve qu'il a par titres.

Le premier eft l'acte intitulé , *de inftit. canonic.* où la moitié des oblations , qui font un droit paroiffial , lui font données.

Le fecond eft l'acte de 1268 , qui marque la dépendance du Sacriftain à l'égard du chapitre : *ad mandatum celerarii* , il étoit tenu de faire ce qu'il lui ordonnoit.

Le même acte contient la manière dont certaines oblations devoient être partagées , & nommément les œufs qui étoient offerts le vendredi & le famedi faint.

Le troifième font les ftatuts de Jean d'Armagnac , Archevêque d'Auch , & de Philippe de Levi fon fucceffeur , où il eft fait mention d'un *Capellanus Curatus* , qui étoit chargé des fonctions curiales ; chapelain qui étoit diftinct du facriftain.

Le quatrième eft la tranfaction de 1433. Elle renferme tant de circonftances de cette préfomption de l'union , qu'il faut les lire page 38 & 39 du Factum , où elles font ramenées.

Le détail de tous les autres actes confirmatifs de cette préfomption fe trouve auffi page 39 & 40 du Factum , où il faut avoir recours.

Objections de M. Labaune.

Première Objection. Pourquoi tant s'étendre fur l'exiftence & fur les fonctions de cet ancien Clergé qu'on n'a jamais difputé ?

Réponfe. Parce que dévant Mrs. des Requêtes

on l'avoit nié dans le Factum, en fe mocquant des clercs du fiége.

Deuxième Objection. Les curés primitifs font odieux ?

Réponfe. Le Roi a penfé différemment en faveur des chapitres, dans fa Déclaration de 1726, puifqu'il les difpenfe de la repréfentation du titre primordial de curé primitif.

Troifième Objection. Le chapitre n'exifte que depuis 1045 ou 1049. Il n'eft donc pas ce premier Clergé ?

Réponfe. 1°. Il faut diftinguer : il n'exifte dans la réforme que depuis 1045, on en convient. Il n'exiftoit point avant 1045, fous la forme de l'ancien Clergé, on le nie ; & fon exiftence antérieure dans cet état eft prouvée par toutes les raifons ramenées ci-deffus, qui juftifient que le chapitre eft ce premier Clergé. 2°. Si le chapitre n'eft pas ce premier Clergé, qu'eft donc devenu ce premier Clergé au temps de la réforme ? L'Expofant fe croit en droit d'en demander des nouvelles.

Quatrième Objection. Si le chapitre étoit ce premier Clergé, tous les chapitres des cathédrales feroient Curés primitifs, ce qui n'eft pas.

Réponfe. Tous les chapitres cathédraux du Royaume font curés primitifs, ou pour avoir donné l'être à la cure, ou par union : les collégiaux même le font auffi.

Cinquième Objection. Dans ce premier Clergé il y avoit un Prêtre supérieur qui présidoit sur les autres clercs ; & ce Prêtre n'étoit autre que le prétendu Curé d'aujourd'hui ?

Réponse. L'Evêque étoit le président, le chef & le pasteur, aux termes des constitutions des Papes, Anaclet & Léon, rapportées au Factum page 20 & 21, & cet autre prétendu président, *sive præsbiter Parochus vel plebanus*, n'étoit que *in modicis civitatibus.* L'objection est détruite à fond dans les mêmes pag. 20 & 21.

Sixième Objection. Le Concile d'Aix-la-Chapelle veut un curé dans chaque Eglise, *ut per se eam tenere possit?*

Réponse. 1°. La disposition de ce Concile & des autres, n'est point faite pour les cathédrales, mais elle regarde les Eglises inférieures, dont plusieurs étoient gouvernées par un seul Prêtre. 2°. Le Prêtre que le Concile veut établir dans chaque Paroisse, devoit être soumis au curé primitif, *priori præsbitero subjugatus.* 3°. Le chapitre d'Auch existoit six ou sept siècles avant la tenue de ce Concile, sous la forme de l'ancien Clergé.

Septième Objection. Le Sacristain a le quart des fruits ; & on le prouve par les actes de ferme des 28 Juin & 3me. Juillet 1695.

Réponse. La ferme est faite par le prédéces-

feur de M. Labaune en qualité de Sacriftain ; &
il eft faux qu'il ait la quarte : cela eft démontré
pag. 28 & 29 du Factum.

Si fes prédéceffeurs avoient eu la quarte , ils
n'auroient pas fait des actes d'abandon au chapitre , comme il fe voit page 29 du Factum ; parce que la prétendue cure , au moyen
de cette quarte , feroit le meilleur bénéfice du
diocèfe.

Ils ont eu fi peu la quarte , que traités en
congruïftes , on leur payoit comme on le fait
encore 12 liv. pour la partie de la vicairie perpétuelle.

Huitième Objection. L'Expofant a dit devant
Mrs. des Requêtes, qu'il n'y avoit point d'union;
qu'il ne peut pas par conféquent dire à préfent ,
qu'il y a union ?

Réponfe. Il eft permis en caufe d'appel
d'alléguer & de prouver ce qu'on n'a dit ni
offert de prouver en première inftance ; on peut
défendre autrement , *L. eos qui* 61, §. *fi quid.*
Cod. de appell.

Sans compter que dire qu'il n'y a pas d'u-
nion, ne veut pas dire qu'il n'y a pas préfomption d'union , & qu'on renonce à l'effet de cette
préfomption.

Et il n'eft pas merveille que l'Expofant ait dit
qu'il n'y avoit pas d'union dans le fyftême où il
eft , parce qu'il prétend quelque chofe de plus

que

que l'union ; favoir, la naiffance & l'établiffement de la cure dans le chapitre.

Par où l'on voit la fauffe application que
M. Labaune fait du préfident Faber & des autres Auteurs.

Neuvième Objection. Il eft dit dans la bulle :
Sacriftia , cui imminet cura animarum ?

Réponfe. Le mot *imminet* ne veut pas dire
eft unita , & il ne peut être interprété de la
forte ; parce que la bulle, immédiatement avant
de parler de la facriftie, dit de l'Archidiaconé
d'Aftarac : *ac Archidiaconatus Aftariaci , cui
unitum eft officium præcentoris ;* ce qui marque
que l'on pefoit & que l'on connoiffoit la valeur
des mots dans la bulle & fupplique.

Dixième Objection. Le chapitre ne parle pas
dans fa fupplique comme tous les autres chapitres qui difent ; *ac cura penès capitulum , fed
tamen deferviri folita per facriftam ?*

Réponfe. Qui a dit à M. Labaune, que tous
les chapitres fe fervoient des mêmes expreffions?
& où eft la Loi qui aftreigne le chapitre d'Auch,
ou quelqu'autre, de fe fervir des mêmes termes que les autres chapitres, dans les affaires
où ils ne fe communiquent pas , à peine de
d'échéance de fon droit ?

Onzième Objection. Lorfque M. de Vic , Archevêque , demanda au Syndic du chapitre dans
fon cours de vifite , quels étoient les bénéfices

F

unis au chapitre , le Syndic ne dit pas que la
Cure de Sainte Marie fut unie au chapitre ?

Réponse: La cure ayant pris fa naiffance dans
le chapitre , y étant incorporée & concentrée,
& tout au moins préfumée unie par la Loi du
droit commun , il n'étoit pas néceffaire que le
Syndic comptât au nombre des bénéfices unis au
chapitre , une cure attachée au chapitre auffi intimément que les places canoniales.

Le filence du Syndic excluroit-il la préfomption d'union de la cure au chapitre dans une circonftance où il ne pouvoit pas naturellement
croire que la demande qui lui étoit faite , tombât
fur une cure qu'il croyoit être dans le chapitre
depuis que le fiége étoit dans Auch , la tradition
étant que le chapitre étoit de ce temps-là ?

Douzième Objection. Le chapitre n'a pas la
préfentation à la cure.

Réponfe. 1°. Cette marque eft équivoque ,
Rebuffe in praxi tit. de Vicar. perpet. num. 12
& 13 , & *Cabaffut.* 2°. Les Laïques ont droit
de préfentation fans avoir la qualité de curés
primitifs. 3°. Le chapitre jouiffoit autrefois en
commun de la nomination aux dignités , Bénéfices & Offices qui le compofoient ; ce qui fe
voit dans la Bulle de Céleftin III de 1195.
4°. Il avoit lors de la bulle de fécularifation ,
la préfentation de huit chapelains de l'Eglife
d'Auch , auxquels , de même qu'au facriftain ,

imminebat & annexa erat cura animarum. D'où l'on infére que le facriftain lorfqu'il étoit lui-même *Capellanus* , étoit de la préfentation du chapitre , ainfi que les autres huit dont il eft fait mention dans ladite bulle remife par le facriftain.

Treizième Objection. Le chapitre n'a point aujourd'hui les oblations des pénitens.

Réponfe. Il les eut *pro victu fuo* lors de fa réforme *medietatem oblationum fimiliter & pœnitentium dedit*. (*vide* l'acte de inftit. Canon.) & fuivant l'acte de 1268 , il avoit les œufs du Vendredi & du Samedi Saint.

Quatorzième Objection. Si le chapitre eut été curé primitif , le don des oblations lui auroit été fait inutilement , les oblations appartenant de droit au curé.

Réponfe. Le chapitre n'avoit que la moitié des oblations , l'autre moitié étoit à l'Archevêque ; *vide* le concile d'Orléans tenu en 511 ; *can*. 14 , le don étoit donc valable pour la moitié.

Quinzième Objection. Le Brevet du Roi , les ftatuts des confréries qualifient le facriftain curé ou *rector*.

Réponfe. 1°. Ce titre qui lui eft donné par le Roi fur l'expofé qu'il lui a fait , & que fes prédéceffeurs fe font arrogés dans ces ftatuts qu'ils ont dreffé eux-mêmes , doit être fubordonné au titre qu'il a dans la fupplique , où il n'eft traité que de facriftain , non plus que dans la tranfaction de 1433 ; antérieure à la fupplique. 2°. Cette qualité de curé ou de *Rector*, prife dans ces actes , *eft res inter alios acta*. 3°. La qualité de *Rector* ne veut rien dire. 4°. Et fi quelque Vicaire Général foufcrivit quelquefois ces Statuts , il le toléroit à un chanoine de Sainte Marie, auquel il auroit été fâcheux d'être qualifié *Vicarius perpetuus.* 5°. Dans ces Statuts qu'il remet lui-même , on n'ofe pas lui donner la qualité de *Rector* tout court ; car ils portent , *Rector qui dicitur Sacrifta :* ce qui fait comprendre qu'il n'étoit appellé & reconnu que fous le nom de facriftain , *Rector qui dicitur facrifta.*

Seizième Objection. Les Vicaires Généraux d'aujourd'hui , actuellement chanoines , le traitent de *Rector primarius* , dans certain certificat ?

Réponfe. Ce titre eft de nouvelle crue , & c'eft par furprife qu'il a été livré; ce qui ne fauroit faire tort au chapitre.

Dix-feptième Objection. Le chapitre ne prend point la qualité de Curé primitif ?

Réponfe. 1°. Il la prend quand il veut. 2°. Il lui fuffit d'avoir le droit de la prendre , afin qu'il en ufe quand bon lui femblera, comme d'un droit confiftant en pure faculté. 3°. Il l'a prife dans la tranfaction paffée avec M. Rey. 4°. Il en fait les fonctions. 5°. Un Seigneur de diverfes terres eft-il moins Seigneur d'une defdites terres quoiqu'il omette cette qualité ? 6°. Le chapitre eft-il moins curé primitif de la cure de Saint Puy qui lui a été unie, parce qu'il ne prend pas la qualité de curé primitif de l'Eglife de St. Puy, & ainfi des autres bénéfices ? 7°. Voiton que le facriftain ait jamais pris dans les actes où le chapitre ait été préfent, d'autre qualité que celle de facriftain ?

Dix-huitième Objection. Le chapitre n'a Juridiction qu'au Chœur, fuivant l'Ordonnance de M. de Vic ?

Réponfe. On n'a qu'à lire l'Ordonnance pour voir la fauffe conféquence qu'en tire M. Labaune; car dans cette Ordonnance il ne s'y agit que de la pointe que le Précenteur doit faire dans le Chœur.

Dix-neuvième Objection. Le facriftain a des Excufats dans la Paroiffe ?

Réponfe. 1°. Les *Excufats* ne font pas une marque de curé en chef. 2°. Le chapitre en a tout comme le facriftain. 3°. Ils en font fi peu la marque, que les Vicaires perpétuels de Montaut, de Sémont & autres, en ont dans leurs Paroiffes. 4°. L'objection eft abandonnée.

Vingtième Objection. Grimaudet reconnoît pour curé celui qui a la poffeffion, & il rejete

la preuve fur le moine ou fur le chanoine qui
croit l'être ?

Réponfe. Grimaudet eft donc pour le chapitre. 1°. Il a la poffeffion du plus grand nombre des fonctions Curiales. 2°. Il eft dans l'exception marquée par cet Auteur , parce qu'il
prouve fa fupériorité & la dépendance du facriftain , fuivant l'autorité formelle & précife de
Grimaudet en fon traité des dixmes , *liv.* 2 ,
chap. 7 *des Vicaires perpétuels , nomb.* 11 ,
*& 12 , & de Rebuffe en fon traité des portions
congrues , queft.* 10, *nomb.* 119. 3°. Le droit
commun étant pour le chapitre , fuivant l'a Déclaration de 1726 , & la doctrine de M. de Catellan , à quelle de ces autorités la Cour don-
nera-t-elle la préférence ? Sera-ce à celle de Grimaudet, ou à celle de la Déclaration du Roi ,
& celle de fa propre Jurifprudence ?

Autre Objection nouvelle, On ne comprend
pas ce que pouvoit être ce *Capellanus Curatus ,*
dont parlent les Statuts de Jean d'Armagnac &
de Philippe de Levi ?

Réponfe. 1°. Le mot *Curatus* eft affez figni-
ficatif. 2°. La dénonce des excommunications
que ce *Capellanus* devoit faire , marque de
refte qu'il étoit commis à l'exercice des fonctions
Curiales ; car cet acte ne peut être fait que par
le prépofé auxdites fonctions. 3°. *Capellanus
curatus* fignifie Vicaire perpétuel , *cap.* 1 , *de*

Capell. Monach, & dans l'Eglise Sainte Marie il étoit ce qu'eft aujourd'hui le facriftain en cette partie , Vicaire perpétuel comme lui.

DEUXIEME PROPOSITION.

Le Chapitre doit être maintenu dans le droit de faire la levée des Corps des Chanoines , des Prébendés & Bénéficiers de l'Eglife Sainte Marie après leur décès.

1°. Par le droit attaché à la qualité de curé primitif.

2°. En vertu des titres qu'il remet.

3°. En vertu de fa poffeffion.

Que ce droit foit attaché à la qualité de curé primitif , cela eft prouvé.

Par l'Arrêt du Parlement de Bordeaux du 26 Mars 1672 , rapporté au tom. 1 du Journal du Palais , pag. 195.

Par l'Arrêt rapporté dans les définitions canóniques , p. 823,

Par l'Arrêt de M. de Catellan , liv. 1 , chapitre 75.

Par Héricourt au titre des Sépultures , article 5,

La feule qualité de curé primitif fans pofseffion de ce droit, eft fuffifante fuivant divers Arrêts.

Maréchal, dans fon traité des droits honorifiques, tom. 1 des curés primitifs, page 187, dit qu'ils font les Enterremens, & levent les corps quand ils en font priés.

L'exemple général & univerfel, pour ainfi dire, de tous les chapitres du royaume. On remet un nombre de certificats des chapitres.

L'exemple du chapitre de Saint Orens qui eft dans la ville d'Auch.

L'édification publique feroit attribuer ce droit au chapitre : & à ce propos on rapporte le texte des mémoires du clergé, tom. 3, imprimé à Paris en 1716, pag. 786, nomb. 6, la citation eft heureufe, elle mérite d'être lue.

Les titres prouvent que ce droit eft dû au chapitre.

Le chapitre faifoit les enterremens fuivant les cartulaires de l'Eglife d'Auch.

Par un jugement provincial rendu en faveur du chapitre contre les clercs de Saint Martin, qui l'avoient voulu troubler dans ce droit *poffef-fione territorii & Sepulturâ, quod ibi caufa fuerat, canonicos præfatæ fedis ante ipfum altare reveftivimus.*

Par la conceffion des Sépultures faite par acte du 20 Octobre 1421.

Par l'Arrêt de 1495, rendu entre le chapitre & les moines de S. Orens, qui le maintient dans la poffeffion de pouvoir prendre & emporter, ou faire prendre & enfévelir tous & chacuns les Corps trépaffés, &c.

Par la conceffion que fit le chapitre en 1545, aux Réligieux de Saint Dominique d'affifter aux enterremens *cruce erecta* comme il fe voit dans l'acte remis au procès.

Par l'Ordonnance de M. de Tournon, Archevêque, rendue en 1543, qui donne le droit au chapitre de faire le fervice aux enterremens lorfqu'il en feroit requis.

Par l'acte du 21 Juillet 1692, contenant conceffion d'une Sépulture en faveur du fieur Molière.

Par une autre conceffion faite à M. Mathieu, Convicaire de l'Eglife Sainte Marie, & par d'autres conceffions faites à des parens de M. Labaune.

La poffeffion du chapitre n'établit pas moins que ce droit lui eft dû.

L'ancien Clergé faifoit les fonctions curiales dans les premiers temps.

Il faifoit donc les levées & enterremens.

Le chapitre eft ce Clergé. Voilà donc la poffeffion originaire du chapitre.

Depuis la réforme, il eut cette poffeffion : elle eft prouvée cette poffeffion par ledit jugement provincial : *poſſeſſione territorii & Sepultura antè ipſum altare reveſtivimus* : par les conceſſions des Sépultures que le chapitre a fait ; par les grands procès qu'il a ſoutenu en ſon nom & à ſes dépens contre les Moines de St. Orens ; par l'Ordonnance de M. de Tournon : & cette poſſeſſion mene juſqu'à celle de ces derniers temps , que l'Expoſant prouve par le grand nombre des extraits mortuaires qui commencent en 1638.

Depuis 1638 juſqu'en 1685 , la poſſeſſion du chapitre eſt conſtante , ſuivie & non interrompue , apert des extraits mortuaires.

Voilà donc pour le chapitre une poſſeſſion de plus de 40 ans.

Cette poſſeſſion n'a pas été changée , malgré l'Arrêt de défaut obtenu par M. Rey. 1°. M. Rey s'eſt déſiſté de l'Arrêt par tranſaction de 1690. 2°. Le chapitre a toujours fait la levée , comme il la fait encore.

L'Arrêt ne donne aucun droit à M. Labaune ; il demeure pour nul & non avenu : enſorte que dans cet état il faudroit recourir à la poſſeſſion antérieure qui ſe trouveroit de 40 ans en faveur du chapitre ; ce qui équipolle à un titre déclaratif de la levée.

Pour empêcher enfin l'effet que la poſſeſſion quarantenaire doit opérer en faveur du chapitre , & qui eſt prouvée par la remiſe des extraits mor-

tuaires depuis 1638 jufqu'en 1685 , il faudroit
que M. Labaune en établit une autre contraire
de 40 ans depuis 1685 , jufqu'au jour de l'intro-
duction de l'inftance. Or il n'en a aucune , comme
il eft juftifié par les extraits mortuaires qu'il a lui-
même remis.

Objections de M. Labaune.

Objection. L'Arrêt rapporté par M. de Catellan , liv. 1 , chap. 73 , ne parle point de la
levée des corps.

Réponfe. Mais dès-là qu'il maintient le chapitre dans la faculté de faire l'office aux enterremens, la levée qui en fait une partie, n'y eft-
elle pas comprife.

Autre Objection. Le chapitre n'accordoit
les Sépultures que le long des murs du refec-
toire.

Réponfe. C'en eft affez qu'on eut le droit
de l'accorder dans la Paroiffe, n'y ayant que
le véritable curé qui ait ce droit , & qui a dit
au facriftain , qu'on permit alors la fépulture
dans l'Eglife ? On n'étoit pas dans ce temps-là
fi loin de la conceffion du cimetière , qui étoit
dans le cloître , comme il y eft encore.

Autre Objection. Il fuivroit des actes remis
par le fyndic , qu'il auroit le droit de faire la
levée., & l'enterrement des Corps des Laïques
répaffés ?

Réponse. Cela eſt vrai , & l'Expoſant a ce droit ; mais il ne ſe met pas en peine d'en uſer.

Autre Objection. L'Arrêt rendu dans la cauſe du chapitre & des Moines de Saint Orens , ne regarde pas la levée ?

Réponse. Il tombe ſur tout ce qui regardoit les enterremens des Corps décédés dans la Paroiſſe de Saint Orens qui ſe laiſſoient familiers à l'Egliſe Sainte Marie ; & dans cet Arrêt il n'eſt pas fait mention du ſacriſtain, mais ſeulement du Syndic du chapitre qui ſoutînt le procès en ſon nom, & qui en fit les frais.

Autre Objection. L'Arrêt de 1687 , rendû en faveur de M. Rey, qui n'étoit qûe proviſoire , a paſſé en définitive ; parce qu'il a été ſignifié & qu'il n'y a pas eu d'oppoſition ?

Réponse. 1°. L'Arrêt n'a jamais été exécuté ; & le chapitre a toujours demeuré en poſſeſſion de la levée. 2°. Il eſt encore nul & comme non advenu au moyen de la tranſaction paſſée avec ledit M. Rey , en vertu de laquelle le chapitre demeura dans la poſſeſſion d'adminiſtrer le S. Viatique , & de faire la levée des corps.

Autre Objection. Le Chanoine qui a fait la levée depuis la tranſaction , ne l'a faite qu'en qualité de Vicaire général ?

Réponse. C'eſt toujours beaucoup , que M. Labaune avoue que c'eſt un chanoine qui l'a toujours faite , & que les facriftains ne s'y foient pas ingérés. Par-là la qualité de chanoine eft toujours affurée , & celle du Vicaire-Général eft incertaine , & n'eft alléguée que pour avoir quelque prétexte de contredire à la poffeffion de l'Expofant.

Autre Objection , prife de certains extraits mortuaires produits par M. Labaune.

Réponfe. 1°. Ce font des extraits choifis par M. Labaune. 2°. Les notes & additions qui y font rapportées , font la propre annotation du facriftain. 3°. Ils prouvent la poffeffion du chapitre.

Autre Objection , prife de certains Arrêts rendus contre le chapitre de Provins, de Tarbe & de Barran.

Réponfe. Ces chapitres manquoient de titre & de poffeffion ; l'Expofant a l'un & l'autre , ils n'avoient pas l'avantage d'être chapitre d'une Cathédrale , Paroiffiale & matrice *ab antiquo* , Métropolitaine & Primatiale tout enfemble , & on n'en connoît pas l'efpèce.

TROISIEME PROPOSITION.

Le Chapitre doit être maintenu au droit de porter le S. Viatique aux Chanoines & Bénéficiers malades.

Cette propofition eft fondée fur les mêmes principes que la précédente.

Elle eſt encore fondée ſur la poſſeſſion de l'Expoſant qui a conſtamment porté le S. Viatique aux chanoines & bénéficiers pendant 40 ans & au-delà , lorſqu'il en a été requis.

Cette poſſeſſion n'eſt point conteſtée ; l'on a donné à M. Labaune le défi de la conteſter , & l'Expoſant en a offert la preuve , pour que M. Labaune s'aviſât de la conteſter.

L'offre de la preuve en cas de conteſtation , eſt conſignée en ces termes : *l'Expoſant offre de prouver ſi le ſacriſtain le conteſte , qu'il eſt depuis quarante-ans , & au-délà dans la poſſeſſion de porter le Viatique aux Chanoines & autres Bénéficiers de ſon Egliſe toutes les fois qu'il en a été requis.*

Le ſilence de M. Labaune eſt donc une confeſſion de ſa part , & le fait doit être tenu pour avéré.

QUATRIEME PROPOSITION.

C'eſt à M. Labaune , & non au Chapitre , à remettre les clefs des Armoires où ſont enfermés les ornemens , &c.

La raiſon en eſt , que M. Labaune a , ou doit avoir les clefs en ſes mains , ou en celles de ſes prépoſés , & s'il dit qu'il ne les a point, *vult definere*, *dolo possidere*, ce qui est la même chose que s'il les avoit.

CINQUIEME PROPOSITION.

M. Labaune doit avertir ou faire avertir le Précenteur, lorsqu'il s'absente du Chœur, avant ou après son absence, à peine de la Pointe.

Pour la preuve on se sert dans la Pragmatique-Sanction au *tit. quo tempore quisque debeat esse in Choro.*

De l'Arrêt rendu en faveur du chapitre saint Sernin en 1718, contre M. Latrieu Vicaire perpétuel.

De l'Arrêt du journal des Audiences, tom. 4, liv. 4, chap. 15.

De l'usage, de la coutume & de la possession constante où est le chapitre de pointer les sacristains pour leurs absences ou manquemens ; ce qui est justifié par ce grand nombre de pointes & des délibérations remises au Procès ; nommément par la délibération de 1600, où le sacristain fut pointé sur la somme de 12. liv. que le chapitre lui payoit, comme il le fait encore pour supplément en qualité de Recteur.

SIXIEME PROPOSITION.

M. Labaune ne peut prendre la qualité de Curé ou Sacriſtain, mais ſeulement celle de Vicaire perpétuel, ou Sacriſtain Vicaire perpétuel, ſi mieux il n'aime prendre celle de Sacriſtain tout court.

La raiſon en eſt que le chapitre eſt Curé primitif, & le ſacriſtain le prépoſé du chapitre pour faire la deſſerte de la cure dont il n'eſt que Vicaire perpétuel. Les curés primitifs & les Vicaires perpétuels ſont deux correlatifs.

La Juriſprudence conſtante de tous les Parlemens du Royaume & du grand Conſeil, confirmée par des Arrêts du Conſeil, établit que quand il y a un curé primitif, le prépoſé à la deſſerte de la cure, n'eſt que Vicaire perpétuel.

Cette vérité n'eſt pas conteſtée par M. Labaune : il voit bien que c'eſt une ſuite de la queſtion de la qualité de curé primitif.

SEPTIEME

SEPTIEME PROPOSITION.

L'Office de Sacriftain doit être déclaré une dignité , fans aucune diftinction ni prééminence , foit dans le Chœur , foit dans le Chapitre : & M. Labaune qui en eft pourvu , n'y a d'autre rang que celui que fa qualité de Chanoine lui donne , & du jour de fa réception feu- lement.

M. Labaune ne produit ni titre , ni ne jufti- fic d'une poffeffion contraire , qui puiffe lui donner aucune prééminence , & il y foufcrit.

Dans cet état , le chapitre fera-t'il déclaré Curé primitif , ne le fera-t'il point ? *quid juris*? Si avec le Pere Thomaffin on veut croire que les chapitres des Eglifes Cathédrales & Paroiffiales *ab antiquo* , font le premier Clergé qui y étoit ; fi l'on écoute le Droit commun , les faints Ca- nons , les Ordonnances & les Déclarations de nos Rois , fi la Jurifprudence du Parlement de Touloufe , rapportée par M. de Catellan , liv. 1. chap. 67 , n'a point changé ; & fi les titres & la poffeffion de l'Expofant aident à cette pré- fomption du Droit commun , où peut être la difficulté que le chapitre ne foit déclaré Curé primitif , & M. Labaune Vicaire perpétuel ,

comme fucceffeur du *Capellanus Curatus* , qui
faifoit autrefois les fonctions Curiales dans l'E-
glife fainte Marie , & dont toutefois le nom
& l'état font une énigme pour M. Labaune ?

Après quoi , l'Auteur de ce précis foutient ,
comme il l'a fait dans le Factum , qu'il n'y eut
jamais de contestation qui eut moins de fondement , que celle que M. Labaune éleve contre
fon chapitre fur la qualité de Curé primitif. Le
Chapitre n'a en effet qu'à dire : je fuis Curé primitif , préfumé tel par le droit commun ; je
n'ai pas befoin de repréfenter de titre fpécial
pour prouver ma qualité ; le Roi m'en difpenfe par fa Déclaration de 1726, & M. Labaune demeure fans défenfe & fans reffour-
ce, s'il ne prouve par des titres déclaratifs du
contraire, que le Chapitre n'eft point Curé primitif.

Monfieur DE PUJOL , Rapporteur.

GARRAUD , Procureur.

ARREST

DE LA COUR DU PARLEMENT

DE TOULOUSE,

Du dix-huit Mars 1730 ;

Qui déclare le Chapitre de l'Eglise Métropoli-
taine & Paroissiale Sainte Marie d'Auch ,
Curé primitif de la même Eglise ; & en cette
qualité , le maintient dans le droit d'admi-
nistrer les Sacremens aux Chanoines , Prében-
dés & autres Bénéficiers de ladite Eglise , &
dans celui de faire la levée de leurs Corps ,
après leur décès , avec défense au Sacristain
de l'y troubler , & de prendre la qualité de
Curé ; mais seulement celle de Sacristain , ou
Sacristain Vicaire perpétuel , dans les actes
qu'il passera avec le Chapitre , lui permettant
néanmoins de prendre ladite qualité de Curé ,
dans les actes qu'il passera avec autres qu'avec
ledit Chapitre.

LOUIS , par la grace de Dieu , Roi de France & de
Navarre : Au premier notre Huissier ou Sergent sur
ce requis ; comme en l'instance en notre Cour de Parlement de Toulouse , pendante entre le Syndic du vénéra-
ble Chapitre de l'Eglise Métropolitaine Sainte Marie d'Auch,
Impétrant nos Lettres du 29 Avril 1729 , en appel du

Jugement rendu le neuvième du même mois par les Requêtes de notre Palais, & suppliant par deux Requêtes
de joint. La première du 14 Juillet dernier, à ce qu'il
plaise à notredite Cour, disant droit sur son appel,
réformant le Jugement des Requêtes, maintenir ledit
Chapitre dans le droit de se dire Curé primitif de ladite
Eglise & Paroisse Sainte Marie d'Auch, & à jouir des
autres droits & prééminences dépendans de la susdite
qualité de Curé primitif ; ce faisant, maintenir ledit Chapitre dans les droits d'administrer les Sacremens aux Chanoines, Prébendés, autres Bénéficiers dudit Chapitre, &
à faire la levée de leurs corps après leur décès, soit qu'ils
soient malades, ou qu'ils décèdent dans le cloître dudit
chapitre ou ailleurs, sur la paroisse de Sainte Marie,
avec défenses à Messire Hyacinthe de Labaune de Bascous,
Chanoine Sacristain de ladite Eglise, de à ce donner audit
chapitre aucun trouble ni empêchement ; & ordonner qu'à
l'effet de procéder à l'inventaire de l'argenterie, ornemens
& joyaux de ladite Eglise, ledit M. Labaune remettra
les clefs des coffres, armoires & tiroirs où toutes les
susdites choses sont renfermées, si mieux il n'aime affir-
mer par serment que lesdites clefs ne sont point en son
pouvoir, & qu'il ne les a pas laissées ès mains de son
Clerc ou de son Vicaire, qui en étoient les détempteurs
avant le décès de son prédécesseur ; & ordonner en outre
que ledit M. Labaune sera tenu de remplir ses fonctions
de Chanoine & d'assister au chœur lorsqu'il ne sera pas
occupé aux fonctions curiales, & qu'il sera tenu d'en
avertir le Précenteur ou Ponctuateur, avant ou après
lesdites fonctions, à peine d'être pointé avec dépens. La
deuxième du 20 Décembre dernier, à ce qu'il plaise à
notredite Cour, disant droit en son appel & Requête,
le recevoir de plus fort à conclure, comme appellant, en
ce que par le Jugement l'acte de l'année 1168, coté

Lettre V, *Garraud*, a été rejeté du Procès; comme aufli
en ce qu'il a permis audit M. Labaune, de prendre la
qualité de Curé de ladite Eglife Sainte Marie, & en ce
qu'il a été déclaré que la place ou Office de Sacriftain,
eft une Dignité purement & fimplement; ce faifant réformant, lui adjuger fes précédentes fins & conclufions,
& en conféquence faire inhibitions & défenfes audit M.
Labaune de prendre la qualité de Curé ou Sacriftain Curé,
mais feulement celle de Vicaire perpétuel, fi mieux il
n'aime prendre celle de Sacriftain tout court. Et en décla-
rant que l'Office de Sacriftain n'eft qu'une Dignité, fans
Juridiction ni prééminence quelconque, foit dans le chœur,
foit dans le chapitre, ordonner que ledit M. Labaune
n'y aura d'autre rang que celui que fa qualité de Chanoine lui donne, & du jour de fa réception feulement;
auquel effet recevoir le Suppliant à corriger, même à
défavouer, & rétracter en tant que de befoin, les aveux
& confentemens préjudiciables qui pourroient avoir été
faits ou donnés par le Syndic devant Meffieurs des Requêtes, tant dans fa Requête du 9 Août 1728. Et en ce
que par icelle il auroit confenti que ledit M. Labaune
prit la qualité de Curé, que dans les écritures, fans aucun
ordre, pouvoir, mandement, ni participation du Chapitre, vu d'ailleurs qu'ils ne furent point acceptés par
ledit M. Labaune, avec dépens. Et encore ledit Syndic
impétrant nos Lettres du 24 dudit mois de Décembre,
jointes au Procès par Ordonnance, délibéré du 29 du
même mois de Décembre, pour demander d'être reçu
à corriger, même à défavouer & rétracter, & en tant
que de befoin feroit, être reftitué en entier envers les
aveux & confentemens préjudiciables audit chapitre, qui
pouvoient avoir été faits ou donnés par ledit Syndic
dudit chapitre devant lefdites Requêtes, tant dans fa
Requête dudit jour 9 Août 1728, que dans fes écritu-

res, en ce que par icelles il auroit confenti que ledit M. Labaune prit la prétendue qualité de Curé ; ce faifant, lui adjuger toutes les autres fins & conclufions par lui prifes èn caufe d'appel, avec dépens , & ledit M. Labaune Chanoine Sacriftain, & Curé de l'Eglife Métropolitaine dudit Auch, défendeur & impétrant nos Lettres du premier du courant, jointes à la claufion par Ordonnance délibéréé du 12 du même mois pour être reçu, en tant que de befoin, & que la forme le requiert, à conclure comme appellant dudit Jugement ; & demander qu'en réformant il plaife à notredite Cour rejeter les pièces cottées, P. S. U. X. X. J.J, Z.Z, &.&. B.B.B. D.D.D. E.E.E, F.F.F, M.M.M, N.N.N, Q.Q.Q, R.R.R, S.S.S, T.T.T, U.U.U, X.X.X, L.L.L.L, N.N.N.N, O.O.O.O. comme pièces informes, extrajudiciaires, indignes de foi, &.par toutes autres voies de droit ; ce faifant, fans avoir égard à l'appel & Lettres dudit Syndic, ordonner que le Jugement fortira fon plein & entier effet pour tout le furplus, avec dépens, & encore ledit Labaune, fuppliant par deux Requêtes de joint ; la première du 9 Mars, mois courant, à ce qu'il plaife à notredite Cour ordonner que les termes injurieux, répandus dans toutes les Inftructions fignifiées au nom du chapitre, feront rayés & biffés par le Greffier de notredite Cour, avec dépens. Et la deuxième, par Ordonnance du 15 dudit, à ce qu'il plaife à notre Cour rejeter par informité, & autre voies de droit, les pièces cottées Z.Z.Z.Z, &.&.&.&, A.A.A.A,A, C.C.C.C.C, F.F.F.F.F, K.K.K.K.K, Garraud avec dépens, d'une part ; & le Syndic du chapitre de ladite Eglife Métropolitaine d'Auch, défendeur, d'autre. Notredite Cour, vû les Procès plaidés du 31 Mai dernier, lefdites Lettres & Requêtes, & Ordonnances délibérées, qui joignent lefdites Lettres & Requêtes & Ordonnances de joint defdits jours. Jugement des Requêtes dont eft appel, du 9 Avril 1729. Pièces & Produƈtions fur lefquelles ledit Júgement a été rendu, Bulle du Pape Celeſtin III de 1195. Autres d'Alexandre VI de 1497. Documens de 1175. Formule de la profeſſion des chanoines lorfqu'ils étoient réguliers ; Aƈte contenant la conſtitution des chanoines lorfqu'on les obligea de vivre en commun ; Extrait fait, partie appellée, de la fupplique fur laquelle la Bulle de fécularifation dudit chapitre eſt obtenue ; Aƈte de 1332, contenant les limites de la Paroiſſe Sainte Marie d'Auch ; Tranfaƈtion paſſée entre le Syndic & les Moines de Saint Orens, du 19 Janvier 1433; Statut de Jean d'Armagnac Archevêque d'Auch du 5 Mai 1383 ; Formule de Juratoire que chaque Comte d'Armagnac doit faire au Chapitre ; Jugement de Guillaume, Archevêque d'Auch, & des Evêques fuffragans, qui maintient ledit chapitre au droit de Dixme & Sépulture dans le Faubourg ; donation d'un particulier pour droit de Sépulture ; Regiſtre in-folio, couvert de bazane blanche, cotté fur la couverture : *compilator feudorum donationum* ; au Regiſtre in-quarto, écrit en parchemin, couvert de bazane brune, intitulé fur la troiſième feuille : *compilator ſivè colleƈtor faƈtorum ; antiquorum capituli aufcitani* ; Regiſtre in-folio, couvert de bazane brune, écrit en papier, contenant les Conciles tenus dans les Provinces d'Auch, les conſtitutions Synodales du Diocèfe, & les divers Statuts faits par les Archevêques pour la difcipline & police intérieure de l'Eglife d'Auch ; fept délibérations dudit chapitre des 17 Novembre 1585, 16 Novembre 1606, 26 Juillet 1601, 29 Juillet 1606, 28 Décembre 1609, 4 & dernier Novembre 1613 ; cinq Regiſtres des délibérations dudit chapitre, couverts de parchemin ; quatre Bulles en parchemin & plomb des Papes Jules II de l'année 1507, de Clément VIII de l'année 1599, d'Alexandre VII de l'année 1563, & d'Innocent XII de 1691; extrait de compte du département des décimes levées en 1516, 1641, 1680, 1691, 1695, 1708, 1710,

1726, 1727 & 1729. Fondation du chapitre de Barran de 1520. Fondation de la Chapelle du Purgatoire Sainte Marie d'Auch de 1544. Autorifation, Règlemens & Statuts de la Chapelle Saint Orens, du 21 Janvier 1551. Délibération du chapitre contenant refus de Sépulture à la Chapelle des fonts & permiffion accordée dans la Chapelle du Purgatoire, du 6 Mai 1631. Extrait fait, partie appellée, de plufieurs mortuaires depuis 1638 jufqu'en 1712. Ordonnance de l'Archevêque d'Auch, rendue entre les Chanoines, les Prébendés & le Précenteur, au fujet de la Pointe du 23 Septembre 1641. Verbal de vifite de l'Archevêque d'Auch, du 10 Avril 1645. Quatre cahiers de Pointes de 1649, 1651, 1652 & 1655. Statut de la confrérie S. Jofeph, établie dans l'Eglife d'Auch, du 11 Juillet 1659. Copie de délibération du chapitre du 22 Janvier 1674, & d'Acte fait au Sacriftain dudit jour; Statut de la Confrérie de S. Eloi, établie dans ladite Eglife, du 31 Octobre 1671. Extrait mortuaire de M. d'Agnan, chanoine; plufieurs mortuaires depuis le 12 Juin 1620, jufqu'au 14 Juillet 1645. Autres mortuaires depuis le 10 Août 1631, jufqu'en 1674. Teftament du fieur Henri de Lamothe-Houdancourt, Archevêque d'Auch du 22 Février 1684. Délibération du chapitre du 2 Mai 1687. Tranfaction paffée entre le chapitre & M. Rey Sacriftain, du 6 Avril 1690. Délibération du chapitre du 26 Juillet 1691, portant qu'il fera baillé Sépulture; fondation du 26 Juillet 1692. Délibération portant quittance de 300 livres pour Sépulture du même jour; réfignation de la Sacriftrie d'Auch, du 18 Juillet 1702. Monitoires, difpenfes de publication de Bans; atteftations des Vicaires Généraux d'Auch, du Curé de la Paroiffe S. Pierre, du Directeur du Séminaire d'Auch; quatre autres atteftations de MM. d'Aignan, Molere, Pomiers & Kirié; anciens Vicaires de la Paroiffe Sainte Marie d'Auch; trente-quatre atteftations des chapitres de Condom, Lectoure,

Oléron, Lefcar, Bayonne, Perigueux, Autun, Beauvais, Senlis, Saint Malo, Aire, Coutance, Orléans, Macon, Angers, Freguier, Chartres, Châlon-fur-Saone, Vannes, Troyes, Saint Brieu, Liziers, Soiffons, Rouen, Navarre, Befançon, Séez, Grenoble, Arles, Rodez, Caftres, Tarbe, Narbonne, & l'Abbaye Saint Sernin de Touloufe; Dires par écrit, Factums, fuite de Factums, réponfe au Factum, Réponfes, Répliques, Sommaires, Précis, & autres pièces remifes dans les productions defdites Parties. Enfemble les conclufions de notre Procureur-Général. PAR SON ARREST PRONONCÉ le 18 Mars 1730, faifant droit aux Parties, a rejeté & rejete du Procès les pièces remifes dans la production du Syndic du chapitre d'Auch, fous cote F.F.F, L.L.L.L, N.N.N.N, O.O.O.O, & K.K.K.K.K, *Garraud*, a démis & démet ledit Labaune Sacriftain, de la demande en rejection des pièces remifes dans la production dudit Syndic, fous cote X.X, Y.Y, Z.Z, &&, B.B.B, D.D.D, E.E.E, M.M.M, N.N.N, Q.Q.Q, Z.Z.Z.Z, &&&&, A.A.A.A, E.E.E.E, F.F.F.F.F, *Garraud*, & fur la demande dudit Labaune, en rejection des pièces remifes dans la production dudit Syndic, fous cote R.R.R, S.S.S, T.T.T, V.V.V, & X.X.X, *Garraud*, a mis & met les Parties hors de Cour & de Procès; & fur la demande dudit Labaune, à ce que le Jugement des Requêtes foit réformé, & que les pièces remifes dans la production dudit Syndic devant lefdites Requêtes fous cote P, S, T *Garraud*, foient rejetées, demeurant la remife des pièces fur lefquelles lefdits Actes cotés P, S & T, ont été extraits, a mis & met les Parties hors de Cour & de Procès. Et difant droit fur l'appel dudit Syndic, en ce que par ledit Jugement l'Acte remis dans la production dudit Syndic fous cote V, *Garraud*, a été rejeté du Procès, & en ce qu'il a été fait défenfes audit chapitre de prendre la

qualité de Curé primitif de Sainte Marie d'Auch, & qu'il
a été permis audit Labaune de prendre celle de Curé indé-
finiment, & qu'il a été maintenu au droit d'adminiftrer
les Sacremens à tous les Bénéficiers dudit chapitre, &
à faire la levée de leurs corps, & en ce que ledit Syndic auroit été condamné aux trois quarts des dépens,
a mis & met l'appellation, & ce dont a été appelié au
néant. Et réformant, demeurant la remife de la pièce fur
laquelle ledit Acte cotté V, Garraud, à été extrait, a
mis, fur la rejection dudit Acte, les Parties hors de Cour
& de Procès, & a maintenu & maintient ledit chapitre
d'Auch dans le droit de fe dire Curé primitif de l'Eglife
paroiffiale Sainte Marie d'Auch : enfemble au droit d'adminiftrer les Sacremens, aux Chanoines, Prébendés, &
autres Bénéficiers dudit chapitre quand ledit chapitre en
fera requis ; & à faire la lévée des corps defdits Chanoines, Prébendés, & autres Bénéficiers dudit chapitre, foit
qu'ils foient décédés dans le cloître dudit chapitre ou
ailleurs dans ladite Paroiffe Sainte Marie. Fait Notredite
Cour inhibitions & défenfes audit Labaune Sacriftain, de
donner aucun trouble ni empêchement audit chapitre
dans l'adminiftration des Sacremens & lévée des corps,
& faifant droit fur les Lettres dudit Syndic, l'a reçu &
reçoit au défaveu & correction par lui demandés : ce faifant, fait Notredite Cour défenfes audit Labaune Sacriftain,
de prendre la qualité de Curé dans les Actes qu'il paffera
avec ledit Chapitre ; mais feulement celle de Sacriftain
ou celle de Sacriftain Vicaire perpétuel : lui permettant
néanmoins de prendre la qualité de Curé de Sainte Marie
d'Auch dans les Actes qu'il paffera avec autres qu'avec
le chapitre, & demeurant la déclaration faite par ledit
Labaune dans fon Factum fignifié le 23 Janvier 1730,
qu'il n'a point prétendu que la Sacriftie foit une dignité
avec Juridiction & prééminence, fur la demande dudit

Syndic, à ce que l'office de Sacriftain foit déclaré n'être qu'une dignité fans Juridiction ni prééminence, foit dans le chœur, foit dans le chapitre, que le Sacriftain n'aura de rang que celui de Chanoine du jour de fa réception, a mis & met les Parties hors de Cour & de Procès. Ordonne notredite Cour, que les termes injurieux couchés dans les écritures dudit Syndic demeureront fuprimés. Condamne ledit Labaune au quart des dépens de l'appel envers ledit Syndic la taxe réfervée, les autres trois quarts, enfemble ceux faits devant les Requêtes demeurant compenfés; les dépens des interlocutoires ordonnés par le Jugement des Requêtes demeurent réfervés. Et en tout le furplus, a ordonné & ordonne que ledit Jugement fortira fon plein & entier effet, & fera exécuté d'autorité de notredite Cour. Et fur les autres demandes, fins & conclufions defdites Parties, a mis & met icelles hors de Cour & de Procès, & feront les amendes reftituées. Nous a ces Causes, à la Requête & Supplication du Syndic dudit chapitre Sainte Marie d'Auch, te mandons & commandons mettre le préfent Arrêt à due & entière exécution, fuivant fa forme & teneur; auquel effet faire tous Exploits requis & néceffaires: ce faifant, contraindre ledit fieur Labaune Sacriftain, à payer audit Syndic la fomme de 601 liv. 6 f. 3 den. & ce, tant pour le rapport des conclufions devant les Requêtes, rapport intervenu au Jugement, que frais de l'expédition & fceau d'icelui. Enfemble le contraindre à payer audit Syndic, la fomme de 4249 liv. 17 f. 6 den. tant pour le rapport des fecondes conclufions, rapport & Sabatines intervenus au préfent Arrêt, que frais de l'expédition & fceau d'icelui. Mandons en outre à tous nos autres Officiers, Jufticiers & Sujets; ce faifant, obéir. Donné à Touloufe en notredit Parlement le 24 jour de Mars, l'an de Grace 1730, & de notre Règne le 15. PAR LA COUR. Colomés. *Monfieur* De Pujol, *Rap-*

porteur. Collationné, LAVEDAN. Contrôlé, COURDURIER. Contrôlé, TILHOL. Scellé le 25 Mars 1730., COLOMÉS·

CHAPITRE V.

Quels sont les moyens suffisans pour établir le Titre de Curé primitif.

1. *De l'établissement du Vicaire perpétuel.*

SOMMAIRES.

1. *Moyens pour établir le titre de Curé primitif.*

2. *Causes légitimes & suffisantes de l'origine des Curés primitifs.*

3. *Cures primitives se sont formées de quatre manières suivant Gilet.*

4. *Ces quatre manières ne comprennent pas tous les moyens d'établir le titre de Curé primitif.*

5. *Sept moyens pour établir ce droit.*

6. *Renvoi aux chapitres suivans de ce traité.*

7. *De l'établissement du Vicaire perpétuel.*

8. *Curé primitif & Vicaire perpétuel, sont deux correlatifs.*

9. *L'établissement du Vicaire perpétuel prouve le titre de Curé primitif.*

10. *L'établissement du Vicaire perpétuel est un moyen général qui comprend tous les autres.*

11. *De quelle manière l'établissement du Vicaire perpétuel est prouvé ou présumé.*

12. *La Déclaration de 1731 a anéanti la distinction des Eglises cathédrales ou collégiales d'avec les autres.*

13. *Disposition de l'art. 4 de la Déclaration de 1726.*

14. *L'art. 7 de la même Déclaration faisoit une exception en faveur des Eglises cathédrales ou collégiales.*

15. *Six moyens pour prouver l'établissement du Vicaire perpétuel.*

16. *Premier moyen. La fondation.*

1. PAR les moyens d'établir le titre de Curé primitif, nous n'entendons pas parler des titres & actes , qui sont nécessaires pour prouver ce droit , nous
en parlerons dans un chapitre exprès , pour ne pas confondre les matières , & pour mieux éclaircir les difficultés en les examinant séparément.

2. Notre intention est donc de traiter dans ce chapitre , & dans les suivans des causes qui sont légitimes ,
& suffisantes pour établir le droit de Curé primitif ; ce
qui se rapporte aux causes de l'origine des Curés primitifs, dont nous avons parlé au chapitre 3 , auquel il

faudra recourir, parce qu'il feroit inutile de répéter ce que nous y avons dit.

3. Les cures primitives fe font formées de quatre manières felon Gilet. La première, par l'érection en Eglife Paroiffiale d'une Chapelle, qui dépendoit auparavant d'une cure ; la deuxième, par la divifion d'une cure en deux ; la troifième, par la réferve du titre, & des droits de Curé primitif, en faveur d'un Curé qui a rétabli une autre cure ; la quatrième, qui eft la plus commune eft la réferve du même titre & des droits de Curé primitif en faveur des Moines, lorfqu'ils furent obligés de quitter les cures qu'ils deffervoient auparavant.

4. Si nous nous bornions à ces quatre caufes ou moyens, nous laifferions en arrière bien de queftions néceffaires pour éclaircir entièrement cette matière ; car il eft facile de comprendre que cet Auteur n'a parlé qu'en Avocat, & pour défendre fa Partie, & non dans le deffein de ramaffer fous le même point de vue tous les moyens capables d'établir la qualité de Curé primitif, étant certain qu'il y en a beaucoup d'autres qui font légitimes, & fuffifans pour les Eglifes cathédrales ou collégiales, & dont la plupart fuffifent pour les autres Eglifes ; tels font, 5 1°. l'établiffement d'un Vicaire perpétuel, 2°. l'union des Paroiffes aux Eglifes ou Monaftères, 3°. l'érection des Paroiffes en cathédrales ou collégiales ou Monaftères, 4°. l'acquifition des Eglifes Paroiffiales, avec leurs revenus *cum obventionibus*, par donation ou conceffion, 5°. la collation ou préfentation à la cure quand elle eft jointe avec la perception des dixmes & des offrandes en tout ou en partie, 6°. la poffeffion de faire le fervice aux quatre Fêtes annuelles & le jour du Patron, enfin la poffeffion de certains droits de fupériorité, & de partie des fonctions curiales.

6. Nous parlerons de tous ces moyens féparément

dans les chapitres fuivans, & nous nous fixerons à parler préfentement 7 de l'établiffement du Vicaire perpétuel.

8. Le Curé primitif & le Vicaire perpétuel, font deux correlatifs, dont l'un ne peut exifter fans fuppofer à même-temps l'exiftence de l'autre, comme nous l'avons remarqué ci-deffus, 9 & par conféquent dès qu'il paroît de l'établiffement d'un Vicaire perpétuel, il n'en faut pas davantage, afin que le titre de Curé primitif foit légitimément établi en faveur de celui qui jouit des entiers revenus ou de la plus grande partie des fruits de la cure, & qui fournit à l'entretien du Vicaire perpétuel.

10. Ce moyen d'établir le titre de Curé primitif eft même général; car il embraffe toutes les caufes qui peuvent avoir donné lieu à l'origine des Curés primitifs. En effet, fi les Vicaires perpétuels n'ont pas été établis à même-temps que les Paroiffes ont été unies ou concédées à des Monaftères ou autres Eglifes, il n'y a point de doute qu'ils ne l'ayent été dans la fuite; ainfi de quelque manière que les Paroiffes foient parvenues à d'autres Eglifes, dès que ces Eglifes rapportent un titre portant établiffement d'un Vicaire perpétuel pour l'exercice des fonctions curiales, & le gouvernement fpirituel de la Paroiffe, cela fuffit pour attribuer aux Eglifes le titre de Curé primitif.

11. Mais fi le titre d'établiffement du Vicaire perpétuel n'eft pas rapporté, de quelle manière la preuve en pourroit-elle être faite? 12. Avant la Déclaration du 15 Janvier 1731, on diftinguoit les Eglifes cathédrales ou collégiales des autres, comme font les Monaftères, Prieurés ou autre Bénéfices. A l'égard de ces derniers, 13 on fuivoit la décifion que l'on trouve dans l'art. 4 de la Déclaration du 5 Octobre 1726 qui exige un titre fpécial, & qui ajoute : *ne feront réputés valables à cet*

Coquille, queft. 79 Chabanel. de l'antiquité des Eglifes Paroiffiales, ch. 6 V. Thomaffin de la Difcipline de l'Eglife, part. 4 liv. 1 ch. 29 felon l'ancienne édition.

Rebuff. de congr. por. n. 113 Grimaudet des Dixmes, liv. 2 ch. 7.

Rebnff. *ibid.* n. 117.

Art. 4 de la déclaration du 5 Octobre 1726.

*effet autres titres que les Bulles des Papes , Décrets des
Archevêques ou Evéques , Lettres-Patentes des Rois , ou
actes d'une possession justifiée durant cent ans & non interrompue , sans avoir égard aux Transactions ou autres actes ,
ni aux Sentences ou Arrêts qui pourroient avoir été rendus
en faveur des Curés primitifs , si ce n'est que par leur authenticité & leur exécution ils eussent acquis le degré d'autorité nécessaire pour les mettre hors d'atteinte.*

14. Quant aux Eglises cathédrales ou collégiales , on
s'en tenoit à l'art. 7 de la même Déclaration , qui les
conserve dans leurs *droits, prééminences, usages & possession où elles font.* On les croyoit par-là dispensées de
rapporter un titre spécial, comme la Déclaration l'exigeoit pour les autres Eglises ; & elles pouvoient prouver l'établissement du Vicaire perpétuel , de la même manière qu'avant cette Déclaration.

15. Rebuffe , dans son traité *de congruâ portione* , rapporte six moyens , dont chacun lui paroissoit alors suffisant pour prouver l'établissement du Vicaire perpétuel.
Quoique depuis la Déclaration du 15 Janvier 1731 l'on
ne soit plus dans le cas de s'arrêter à ses décisions qu'il
applique à toute forte d'Eglises, il ne fera peut-être pas
inutile de les rappeller ici.

Rebuffe, *de congruâ por-
tione n. 114.* 16. Le premier moyen , suivant cet Auteur , est la
fondation. S'il paroît qu'une Eglise Paroissiale a été donnée à une autre Eglise , la cure est censée avoir été
concédée à cette Eglise ; & cela suffit , selon lui , pour
faire présumer l'établissement du Vicaire perpétuel , à
cause que la cure primitive demeure à l'Eglise à laquelle
la Paroisse a été donnée.

Rebuffe *ibid.
n. 115.* Gri-
maudet , des
Dixmes, liv. 2
ch. 17. Simon,
des droits hon.
tit. 14. Fuet
liv. 2 ch. 10. 17. Le second moyen est si la provision est faite au
Prêtre sous la qualité de Vicaire perpétuel , *si in pro-
visione nominetur Vicarius.* Mais en suivant les propres
principes de Rebuffe sur ce point , il est certain que la
qualité de Vicaire perpétuel donnée dans la provision
seulement

feulement, feroit bien infuffifante, parce qu'il faut au moins la poffeffion de quarante ans, qui eft la poffef-fion valable, fuivant Duperray, des Droits honorifiques, liv. 2, chap. 1. Il faudroit encore que cette poffeffion fut accompagnée de titres de collation ou préfentation à la cure fous la qualité de Vicaire perpétuel fans inter-ruption; lefquels titres devroient être au moins au nom-bre de trois, à l'exemple du Droit de Patronage, com-me le décident les Auteurs fur cette matière, & fur-tout M. de Catellan, liv. 1, chap. 48. Sans cela, la qua-lité de Vicaire perpétuel donnée dans les provifions, ne fuffiroit pas pour faire préfumer l'établiffement originaire du Vicaire perpétuel & pour prouver le titre de Curé primitif; car il ne feroit pas raifonnable de détruire la préfomption naturelle qui milite en faveur du Curé, par une qualité qui pourroit avoir été inférée dans la provifion, à laquelle la préfente n'auroit pu s'oppofer de peur de déplaire au collateur ou Patron, & de l'en-gager à lui refufer le titre ou la préfentation.

18. Le troifième moyen pour prouver l'établiffement du Vicaire perpétuel eft, felon Rebuffe, lorfque le Prê-tre prépofé au gouvernement de la Paroiffe a reconnu pendant un temps immémorial l'Eglife principale comme Curé primitif, lui ayant en cette qualité laiffé faire le Service Divin & l'exercice des fonctions curiales. *Rebuffe, ibid. n. 116.*

19. Le quatrième moyen eft l'union de la cure à une autre Eglife ou Bénéfice, laquelle une fois juftifiée, doit faire préfumer l'établiffement du Vicaire perpétuel, & détruit la préfomption du droit qui eft en faveur du Curé. *Rebuffe, ibid. n. 117.*

20. Le cinquième moyen eft lorfque l'on prouve que la cure dépend d'une autre Eglife, *quandò probaretur quod iftud Beneficium dependet ab alio quod fuit fundatum ex caufâ*, dit Rebuffe qui fe réfère au chapitre *ad au-dientiam 3, extrà de Ecclef. ædificand.*; c'eft-à-dire, que *Rebuffe, ibid. n. 118.*

son sentiment est que quand on prouve qu'une Eglise a été démembrée d'une autre & a été érigée en Paroisse, ce démembrement suffit pour faire présumer l'établissement d'un Vicaire perpétuel dans la Paroisse nouvellement érigée, *tunc probaretur alterum esse Vicarium*. Nous traiterons ce point en parlant des nouvelles cures par démembrement.

21. Le sixième & dernier moyen proposé par Rebuffe pour prouver l'établissement d'un Vicaire perpétuel, est lorsqu'un Monastère ou autre Eglise a une juridiction sur le Pasteur préposé au gouvernement de la Paroisse, auquel cas il suffit de prouver la juridiction pour présumer le droit de Curé primitif, quoique l'Eglise principale n'ait pas l'administration des Sacremens, *quia sufficit quod aliquam habeat curam etiam ex jurisdictione administranda.*

22. Tels étoient les moyens sur lesquels on établissoit le titre de Curé primitif avant la Déclaration de 1726, qui donna lieu à la distinction dont nous avons parlé entre les Eglises cathédrales ou collégiales & les autres, sur le fondement de l'art. 7 de cette même Déclaration qui fait exception en faveur des Eglises cathédrales ou collégiales, en les maintenant dans leurs *droits, prérogatives & usages.* 23 Cette distinction a eu lieu, tant que cette Déclaration a été en vigueur, mais elle a cessé du moment que la Déclaration du 15 Janvier 1731 a paru, parce que cette dernière Loi a dérogé à la disposition de la première & a introduit un droit tout nouveau qui fixe les vrais moyens sur lesquels le titre de Curé primitif doit être établi. L'article 2 de cette Déclaration porte : *ne pourront prendre les titres de Curés primitifs que ceux dont les droits seront établis, soit par des titres canoniques, actes ou transactions valablement autorisés, ou Arrêts contradictoires, soit sur des actes de possession centenai_*

Rebuffe *ibid. n. 119*. Grimaudet des dixmes liv. 2. ch. 7.

Art. 2. de la Déclaration du 15 Janvier 1731.

re , n'entendons exclure les moyens & voies de droit qui pourroient avoir lieu contre lesdits actes & Arrêts , lesquels seront cependant exécutés jusqu'à ce qu'il en ait été autrement ordonné , soit définitivement ou par provision , par les Juges qui en doivent connoître. Ainsi il faut aujourd'hui s'en tenir littéralement à ce qui est marqué par cette Loi & rejeter toutes les autres preuves ; 24 d'autant mieux que la disposition de cet article a été confirmée par l'art. 8 de l'Edit du Roi du mois de Mai 1768 , concernant les portions congrues, lequel porte, que *ne seront réputés Curés primitifs que ceux dont les droits seront établis , soit par des titres canoniques , actes ou transactions valablement autorisés , ou Arrêts contradictoires , soit par des actes de possession centenaire , conformément à l'art.* 11 *de notre Déclaration du* 15 *Janvier* 1731.

> Art. 8. de l'édit concernant les portions congrues du mois de Mai 1768.

25. Il n'y a donc plus de distinction à faire entre les Eglises cathédrales ou collégiales & les autres, 26 1°. parce que l'article 2 de la Déclaration de 1731 oblige généralement tous ceux qui prendront le titre de Curé primitif, d'établir cette qualité ou sur un titre spécial , ou sur des actes de possession centenaire ; 2°. parce que cet article ne fait absolument aucune restriction en faveur des Eglises cathédrales ou collégiales ; 3°. parce que l'article 14 de la déclaration de 1731 veut qu'elle soit observée tant pour ce qui regarde les Curés perpétuels des villes & de la campagne, qu'à l'égard de tous Ordres, congrégations , corps & communautés séculières & régulières , même à l'égard de l'Ordre de Malthe , de Fontevrault & autres, & pour tous les prieurés & bénéfices en dépendans. Il est vrai que cet article maintient les Eglises cathédrales ou collégiales dans les prééminences, honneurs & distinctions dont ils font en possession, comme de prêcher avec la permission de l'Evêque certains jours de l'année. Mais cette exception ne porte que sur les droits honoraires dont ces chapitres font en possession de jouir , & ne les dis-

> Art. 14. de la Déclaration de 1731.

penſe point d'établir la qualité de Curé primitif ou ſur un titre ſpécial ou ſur des actes de poſſeſſion centenaire, comme le preſcrit l'art 2. de la même Déclaration, pour tous ceux qui prendront le titre de Curé primitif, étant certain en droit que celui qui dit tout, n'excepte rien. 4°. Enfin l'article 8 de l'Edit du Roi de 1768 qui confirme l'article 11 de la Déclaration de 1731, ne fait non plus aucune exception en faveur des Egliſes cathédrales ou collégiales, il a donc anéanti toute diſtinction entre celles-ci & les autres, ce qui les oblige toutes à établir le titre de Curé primitif ſur un titre ſpécial ou des actes de poſſeſſion centenaire.

27. Enfin, il nous reſte à examiner une dernière difficulté: ſi la preuve comme un Monaſtère, un Prieur ou un Chapitre a fait anciennement les fonctions curiales depuis la diſtinction générale des Paroiſſes, ne prouveroit pas l'établiſſement du Vicaire perpétuel.

Cap. 1 extr. de capel. monach. un. eod. in 6°. cap. 30 §. qui verò extrà de præbend.

28. A décider la queſtion ſuivant les règles canoniques, il eſt certain que cela ſuffiroit pour faire préſumer l'établiſſement du Vicaire perpétuel, plutôt qu'une érection abſolue de la cure en titre. La raiſon eſt, qu'il en réſulte que la cure leur a appartenu anciennement, & qu'il n'eſt pas naturel de penſer qu'ils s'en ſoient dépouillés, puiſqu'il n'y a aucune Loi Eccléſiaſtique qui les y ait obligés; mais ſeulement d'établir un Vicaire perpétuel. Ainſi cette obligation que les conciles & les conſtitutions des Papes leur ont impoſée, fait fortement préſumer que cet établiſſement a été fait de même: & ſi les Monaſtères ont été obligés de mettre hors de leurs mains les cures qu'ils poſſédoient, on ne peut pas conſidérer cela comme un dépouillement pur & abſolu; c'eſt-à-dire qu'ils ayent remis les choſes au même état où elles étoient avant que les cures leur fuſſent données, concédées ou unies; mais ſeulement en établiſſant des Vicaires perpétuels pour l'exercice des fonctions curiales, afin d'empêcher que leurs

Moines qui étoient employés au gouvernem ent des Eglises, ne se pervertissent hors de leurs cloîtres, & pour
remédier aux désordres qui en étoient résultés.

29. Toutes ces raisons auroient pu être bien bonnes
avant la Déclaration de 1731, du moins à l'égard des
Églises. cathédrales ou collégiales auxquelles il suffisoit
de prouver que les chanoines ou bénéficiers de leurs
chapitres avoient fait anciennement les fonctions curiales
& avoient gouverné la Paroisse. Mais aujourd'hui que
la Déclaration de 1731 & l'Edit de 1768 exigent un titre
spécial ou une preuve centenaire, il ne suffiroit pas aux
unes & aux autres Eglises de prouver que leurs membres
faisoient anciennement les fonctions curiales.

––––––––––––––––––––––––––––––––––

CHAPITRE VI.

De l'union des Paroisses aux Monastères, Chapitres ou autres Eglises.

SOMMAIRES.

1. L'UNION eft la deuxième manière d'établir le titre & le droit du Curé primitif, comme nous l'avons dit au chapitre précédent.

2. Il fe préfente deux difficultés à examiner fur cette matière. La première confifte à favoir 3 fi toute forte d'union fuffit pour établir ce droit. 4 Et la deuxième de quelle manière l'union peut être prouvée.

Fevret, de
l'abus, liv. 2
ch. 4 n. 1 aux
addit.

Rebuffe, in
praxi, tit. de
unionib. Be-
nef. n. 1.

5. Sur la première difficulté si toute sorte d'union suf-fit, nous devons (remarquer que l'union est un moyen d'acquérir une Eglise à une autre Eglise, & un Bénéfice à un autre Bénéfice : ensorte que selon Rebuffe en faisant l'union, on est censé concéder la propriété de l'Fglise unie, & par là il semble que toute sorte d'union suffit pour prouver le titre de Curé primitif.

6. Cependant il y a des cas où l'union ne suffit pas en effet selon l'*Abbé de Palerme*, 7. L'union peut être faite de cinq manières. La première, pour le spirituel seule-ment. La seconde, par manière de sujétion ou de dépen-dance. La troisième, *quoad prælatum dumtaxat* ; c'est-à-dire, afin que la même personne puisse tenir ensemble ces deux Eglises sans incompatibilité, ce qui se fait sans con-fusion, ni extinction du titre de l'une ni de l'autre, & toutes deux demeurent également principales, & dans leur premier état. La quatrième, lorsque deux Eglises sont unies ensemble, & alors il faut considérer si l'une est unie à l'autre comme un accessoire, ou bien si toutes les deux sont confondues de manière qu'elles ne fassent qu'un seul & même corps. La cinquième, lorsqu'une Eglise est érigée en cathédrale, collégiale ou Monastère ; que si la chose ne se fait pas par érection, mais par simple union, alors l'Eglise inférieure unie demeure dans son premier état.

Panormit, ad
cap. 1 n. 6 ex-
tr. n. sede va-
cante aliquid
innovet.

8. D'autres Auteurs ne distinguent les différentes sortes d'unions que de trois manières ; savoir, par voie de con-fusion, & d'incorporation, qui par un mélange des deux Eglises n'en fait qu'une seule ; par voie d'accessoire ou de dépendance, laquelle se fait, ou quant au temporel seu-lement ou pour le spirituel & le temporel tout ensem-ble, auquel cas l'Eglise unie perd son titre & son nom, & prend celui de l'Eglise principale à laquelle l'union est faite ; enfin elle se fait de manière que les deux Eglises subsistent dans le même état & sont également principa-

Majoret sur
les Institut. ca-
non. de Lan-
celot, l. 5. 2
tit. 19. V. Fe-
vret de l'abus,
liv. 2 ch. 4 n.
1. aux addit.
Rebuffe, de
union. Bnnef.
n. 11.

les , à cela près qu'elles font confiées au même Pafteur ou Prélat, qui aura la liberté de réfider dans celle où il voudra.

9. Pour diftinguer de quelle de ces manières dont nous venons de parler , l'union a été faite , il faut recourir au décret d'union ; mais s'il ne paroît pas , & que l'union 10 foit conftatée autrement , faudra-t-il préfumer qu'elle a été faite d'une manière fuffifante pour établir le titre & le droit de Curé primitif ? Il femble qu'on doit décider pour l'affirmative , & que cela réfulte de l'Ordonnance de Louis XIII, de la Déclaration de 1657 & de celle du 29 Janvier 1686 , qui n'exigent autre chofe , fi-non qu'il paroiffe que l'union a été faite , pourvu toutefois que l'Eglife principale foit en poffeffion de certains droits de fupériorité , ou de quelques · marques qui foient une fuite ou un effet de l'union , *quoad fpiritualia.*

11. Cependant il ne faut pas s'écarter de la Déclaration de 1731 article 2 , felon lequel tous ceux qui prétendent le titre de Curés primitifs, doivent rapporter un titre fpécial, c'eft-à-dire le décret d'union.

12. Mais fi la qualité & la nature de l'union eft marquée par le titre originaire qui eft rapporté , fi elle n'eft que du fpirituel fuffira-t-elle pour établir le titre de Curé primitif ? Cette difficulté peut être réfolue par une diftinction 13 qui nous paroît fort raifonnable ; car ou l'union pour le fpirituel fe borne à une fimple dépendance par rapport à la Juridiction feulement; dans ce cas l'union ne feroit pas un titre fuffifant pour établir le droit de Curé primitif , parce que l'union pour le fpirituel qui fe borne à une fimple dépendance par rapport à la Juridiction ne laiffe rien à préfumer , que fi par l'union on avoit accordé à l'Eglife principale les droits fpirituels fur la Paroiffe unie , & la faculté d'y faire les fonctions curiales & de la gouverner , elle fuffiroit fans difficulté parce que la propriété de la Cure feroit tranfpor-

Ordonnance de 1629. Art. 12. Déclaration de 1657. Déclaration du 29 Janvier 1686. V. Fevret, de l'abus , liv. 2 ch. 4 n. 29 *ubi* que quand on unit une Cure à une autre Eglife , on doit ordonner que la Cure fera deffervie par un Vicaire perpétuel.

tée dans ce cas à l'Eglife principale , & que le fp'-
rituel eft le principal , & le temporel fon acceffoire ,
cap. cum fecundùm 16 , *extr. de Præbend.* car c'eft le fpirituel qui produit le temporel , comme le dit l'Apôtre St.
Paul dans fa première Epitre aux Co rinthiens, *cap.* 9. *v.*
11. *fi nos vobis fpiritualia feminavimus ; magnum eft fi
nos carnalia veftra metamus* , auffi il fuffit d'avoir le principal quoiqu'on manque de l'acceffoire.

14. Que dirons-nous fi l'union a été faite pour le temporel feulement ? Selon Van-Efpen , qui explique dans
quels cas l'union eft cenfée faite quant au temporel feulement, cette efpèce d'union renferme le droit de Curé primitif , 15 Chabanel & Garcias font du même avis ; 16
mais il ne nous femble pas que leur décifion foit jufte , &
nous croyons le contraire avec l'Abbé de Palerme , foit
parce que comme le remarque *Van-Efpen , jur. ecclef.
univerfi, part.* 1, *tit.* 34 , *cap.* 1, *n.* 38 , qui eft en cela
contraire à lui-même , *ex incorporatione ecclefiarum quoad
fpiritualia originem habent Vicarii perpetui & paftores primitivi* , 17 foit parce que cette union ne fuffit pas d'autant qu'elle n'attribue à l'Eglife principale que le droit
de prendre les fruits & revenus de l'Eglife unie, qui
pour le furplus refte dans fon premier état; nous pouvons ajouter que c'eft le fpirituel qui produit le temporel,
lequel ne vient que comme un acceffoire & une fuite ,
ainfi que nous l'avons obfervé , *num.* 13 ; de-là vient que
celui qui n'a que l'acceffoire ne peut pas prétendre les honneurs & les droits attribués au principal , & l'opinion
que nous foutenons eft fi vraie, que fi cette efpèce d'u-
nion étoit un bon titre pour établir le droit de Curé primitif, il fuffiroit d'établir que l'églife principale perçoit
les dixmes en entier, ou pour la plus grande partie de la
Paroiffe , pour faire préfumer le droit primitif fur la
Cure ; cependant les Auteurs demeurent d'accord que cela
eft infuffifant , & qu'on peut être Décimateur , 18 fans être

De priftinis altar. in corporat. cap. 2. §. 2.

Van-Efpen ibid. §. 3 &. §. 5 Chabanel de l'antiquité des Eglifes Paroiffiales , ch. 6 Garcias *de Benef. part.* 11 *cap.* 2 *num.* 3 *cap* 3 §. *in Ecclefiis extr. de privil.*

Panormit ad cap. de Monachis num. 8 *extr. de Præbendis.*

Curé primitif; & tous les Canoniftes françois conviennent qu'outre la qualité de Décimateur, 19 il faut encore le concours de plufieurs autres circonftances pour établir le titre de Curé primitif, ce que nous examinerons en fon lieu. Le chapitre 3, §. *in Ecclefiis extr. de privil.* ne fait rien pour l'opinion contraire, parce qu'il diftingue fort bien le fpirituel dont le Curé doit rendre compte à l'Evêque, d'avec le temporel dont il doit rendre compte à l'Eglife principale, à laquelle il appartient.

20. Que s'il paroit que l'union a été faite pour le fpirituel & le temporel tout enfemble, il n'y a point de doute qu'elle ne foit un titre fuffifant pour établir le droit de Curé primitif en faveur de l'Eglife principale, à laquelle l'union a été faite, 21 ce qu'il faut néanmoins entendre, pourvu que l'union ne foit pas vicieufe, & qu'elle ne puiffe pas être attaquée par l'appel comme d'abus; car fi elle étoit abufive on la cafferoit, & la Paroiffe feroit rétablie au même état où elle étoit, & aux mêmes droits qu'elle avoit avant l'union, & il ne refteroit plus aucun titre pour établir le droit de Curé primitif. On peut voir dans Fevret & dans Duperray en quels cas les unions font abufives ou non. Nous examinerons au chapitre 23, queft. 5, depuis quel temps les unions malfaites peuvent être attaquées par appel comme d'abus.

21. A l'égard de l'union faite afin que le même Pafteur put poffeder les deux Eglifes fans incompatibilité, elle ne peut faire la matière d'une difficulté, que quand les chofes ne font plus au même état où elles furent mifes par l'union; c'eft-à-dire, quand le même Pafteur ne poffede plus les deux Eglifes unies; car s'il les poffede encore, il ne peut pas fe former de conteftation touchant la qualité de Curé primitif.

23. Mais quand l'une de ces Eglifes eft poffédée par

Gibert inftit. Ecclef. & Benef. part. 1 tit. 37 §. 5 p. 164.
V. Fuet mat. Benef. liv. 2 ch. 10.

V. Panormit ad cap. de Monachis, num. 9 extr. de Præbend. & les autorités rapportées fup. n. 10.
V. Duperray des moyens canoniques pour acquérir & conferver les Bénéfices tom. 2 ch. 15 & les Edits & Déclarations du Roi touchant les unions du 26 Juin 1671 du mois de Septembre 1716. & du 25. Avril 1719. rapportées dans le même Tome fur la fin du Ch. 16 p. 480 & fuivantes. Fevret de l'abus, liv. 2 ch. 4 ubi en quels cas les unions font abufives ou non.

un autre Pasteur, c'est alors que la difficulté peut survenir. Il semble d'abord que la preuve de cette union suffit pour établir le titre de Curé primitif, en faveur du Curé qui est demeuré en possession de l'Eglise plus considérable, parce que dès-là que l'union est établie, l'Eglise qui est possédée par un autre Pasteur, ne peut en être sortie que par un démembrement, lors duquel on a établi un Vicaire perpétuel pour le service de la Paroisse désunie, ce qui suffit pour prouver le titre de Curé primitif, comme nous l'avons dit au chapitre 5.

24. D'autre part, si l'on suppose que l'union n'a été faite que pour lever l'obstacle de l'incompatibilité que les deux Eglises sont demeurées dans le même état, & que l'une & l'autre ont subsisté comme également principales, il y auroit un doute difficile à résoudre pour savoir quel des deux pasteurs devroit être regardé comme le principal & le Supérieur, ce qui fait, que dans cet embarras il faudroit se déterminer à croire qu'il n'y a aucune dépendance entre l'un & l'autre.

25. A quoi l'on peut ajouter que l'union pouvant avoir été faite par des considérations personnelles, & propres au Pasteur; que le premier a eu le gouvernement de deux Eglises tout ensemble, ces considérations ayant cessé, on a rétabli les choses au même état, en donnant à chacune de ces Eglises un Pasteur également principal, & indépendant; c'est-à-dire en révoquant simplement l'union, & en désunissant ces deux Eglises; & si celui qui se prétend Pasteur ou Curé primitif soutient que la désunion a été faite par démembrement avec établissement d'un simple Vicaire perpétuel, c'est à lui à prouver ce fait, parce que c'est le fondement de sa demande, 26 & cela paroît plus naturel, sur-tout depuis que les Déclarations de 1726 & 1731 exigent que la qualité de Curé primitif *D. 4 Cod.* soit établie sur un titre spécial, afin qu'on puisse la prétendre, & par conséquent, c'est à celui qui prétend avoir

le droit de Curé primitif à rapporter un titre fpécial d'é-
tabliffement du Vicaire perpétuel dans l'Eglife démembrée.

27. Mais faudroit-il décider la queftion de la même manière, fi l'union avoit été faite de deux Eglifes Paroiffiales par voie de confufion & d'incorporation ; car dans ce
cas les raifons de douter que nous avons expliquées dans la
queftion précédente font beaucoup plus fortes, & reçoivent une plus jufte application dans ce cas ; parce que
l'union établit le titre de Curé primitif, & par conféquent
c'eft au Poffeffeur de l'autre Paroiffe à détruire cette préfomption en rapportant un titre du démembrement abfolu & indépendant, & fous la qualité de Curé.

28. Toutefois il y a lieu de décider le contraire, foit parce que la même perplexité fe trouve dans ce cas tout comme dans le précédent, lorfqu'il n'eft pas marqué dans le
décret d'union quelle des deux Eglifes eft la première, &
la principale, foit parce que n'y ayant point de Loi Eccléfiaftique qui impofe dans ce cas la néceffité de faire régir l'une de ces Eglifes par un Vicaire perpétuel, comme
il a été ordonné aux Monaftères ; qu'ainfi il faut préfumer
un démembrement abfolu plutôt que l'établiffement d'un
Vicaire perpétuel, foit enfin par la raifon prife de l'art.
4 de la Déclaration du 5 Oôobre 1726, & par l'art. 2 *Cap. extr. de*
de celle de 1731, ce que nous ne croirions pourtant pas *Capellis Mo-*
nach.
raifonnable, fi le décret d'union 29 avoit établi, ou déclaré, l'une de ces Eglifes comme première & principale ;
auquel cas le droit de cette Eglife étant clairement établi
par l'union, ce feroit au Poffeffeur de l'autre Paroiffe à
juftifier du démembrement abfolu.

30. Pour ce qui eft des Monaftères & des Eglifes cathédrales ou collégiales, en faveur defquelles une femblable union feroit rapportée, elle fuffiroit pour établir
le titre de Curé primitif ; parce que leur Eglife devroit
toujours être confidérée comme principale, & que le
démembrement furvenu devroit être préfumé avec l'éta-

bliffement·d'un Vicaire perpétuel, parce que c'eft la forme ordinaire de ces fortes de démembremens poftérieurs
à la diftinction générale des Paroiffes.

*Cap. 1 extr.
de Capell.
Monach. can.
2. concil.
apud Juliam
bonam Telle-
bonne, tom.
10 concil. col.
393.*

31. A l'égard de l'union qui eft faite par l'éreftion
d'une Paroiffe, ou Eglife cathédrale ou collégiale, ou en
y établiffant un Monaftère, qui eft la cinquième efpèce
propofée par l'Abbé de Palerme, nous ne l'examinerons
pas dans cet endroit, parce que nous nous fommes propofés de la difcuter dans un chapitre exprès.

32. Nous avons dit au commencement de ce chapitre,
que la deuxième difficulté qui pouvoit furvenir fur cette
matière, confiftoit en la manière de prouver l'union ;
mais comme nous réfervons cette difficulté pour l'examiner quand nous parlerons des aftes qui font néceffaires
pour prouver le droit de Curé primitif nous y renvoyons, en obfervant néanmoins que nous en avons dit
un mot en paffant dans ce chapitre, *num.* 11, ce qui
fuffit quant à préfent.

32. Il eft néceffaire de rappeller ici ce que nous avons
dit au chapitre 5, touchant la préfomption de l'union par
la poffeffion, & de réfoudre cette difficulté en peu de.
mots.

34. Premièrement nous difons avec Fevret que les
unions font odieufes par elles-mêmes, qu'ainfi il ne faut
pas les préfumer.

*Fevret de l'a-
bus, liv. 2 ch.
4. n. 33.*

35 En fecond lieu, que l'union étant un titre légitime pour établir le droit de Curé primitif, comme nous
venons de le montrer, & l'article 2 de la déclaration de
1731 exigeant que tous ceux qui prennent la qualité de
Curé primitif, la prouvent par un titre fpécial, toutes
les Eglifes qui fe fondent fur un tel moyen, doivent néceffairement rapporter le Décret d'union fans quoi elles
ne doivent pas être écoutées.

36. En troifième lieu, que l'union ne peut pas être
préfumée en faveur des Eglifes cathédrales ou collégia-

les, à moins qu'elle ne foit fondée fur une poffeffion immémoriale, avec cette condition expreffe que l'Eglife prétendue unie ait été poffédée comme dépendante de l'Eglife principale.

37. En quatrième lieu, que l'union ne peut pas être préfumée en faveur des Eglifes cathédrales ou collégiales, de cela feul que la cure eft deffervie 38 dans leur Eglife, à moins que la Cure ne foit à même-temps deffervie par un des membres du chapitre, fur quoi nous renvoyons à ce qui a été dit au chapitre 4.

Garcias de Benef. part. 12 *cap.* 2 n. 229 Fevret de l'abus, liv. 2 ch. 4 33 Catellan, liv. 1 ch. 67.

Catellan, liv. 1. ch. 67.

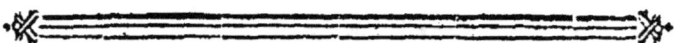

CHAPITRE VII.

De l'érection des nouvelles Cures par démembrement, rétablissement ou autrement.

De l'érection des Cures en Eglises Cathédrales ou Collégiales, ou en y établissant des Monastères.

1. Le démembrement des Paroisses est une des origines des Curés primitifs.
2. Il suffit au Titulaire de l'Eglise matrice de rapporter le décret de démembrement.
3. Le titre de Curé primitif doit être sous-entendu au décret d'érection de la nouvelle Paroisse.
4. Trois exceptions.
5. La première que le démembrement soit postérieur au chapitre 3. Extrà de Eclesf. ædificandis.
6. Les Décrétales ne peuvent pas avoir effet avant leur date.
7. Les démembremens antérieurs doivent contenir la réservation du titre de curé primitif.
8. Deuxième exception, que le décret d'érection ne contienne rien d'incompatible avec la réservation tacite des droits honoraires.
9. Quid si la nouvelle Paroisse a été érigée sous le titre de cure sans aucune marque de dépendance.
10. Troisième exception, que lors du démembrement on ait réservé à l'Eglise matrice la présentation & une redevance.
11. S'il en est de même lorsqu'une Chapelle ou Annexe a été érigée en Paroisse.
12. Que le cas est tout semblable au précédent.
13. Du rétablissement d'une Eglise ruinée ou détruite.
14. Ce rétablissement peut, tout au plus, acquérir le droit

NOus avons touché ci-devant toutes ces difficultés, ainſi il nous reſtera peu de choſe à dire pour les éclaircir entièrement.

Ch. 3 depuis le 14 juſques au n. 23.

1. Nous avons dit que l'érection d'une nouvelle Paroiſſe, qui ſe fait par démembrement & retranchement d'une cure ancienne, étoit une des cauſes qui ont donné lieu à l'origine des Curés primitifs, ce que nous avons fondé ſur la diſpoſition du chapitre 3, Extr. de Eccleſ. ædificandis.

2. Il ſuffira donc que le titulaire de l'ancienne cure, ou Egliſe matrice, rapporte le titre d'un tel démembrement, & d'une telle érection pour être fondé en titre de Curé primitif, quand même la réſervation de ce droit ne ſe trouveroit pas dans le décret d'érection, 3 parce qu'il doit y être ſous-entendu comme étant une ſuite & un attribut du démembrement, & de l'érection de la nouvelle Paroiſſe, faite avec les conditions portées par cette décrétale.

Thomaſſin, diſcipline de l'Egliſe, part. 3 liv. 1 ch. 46. n. 9. V. Journal des Audiences, Tom. 3 liv. 7 ch. 15. V. Duperray des droits honorifiques, liv. 3 ch. 3 n. 12 p. 349.

4. Ce que nous croyons néanmoins devoir être entendu

avec trois limitations. 5 La première, que le démembre-

V. Thomaf-
fin, part. 3 liv.
1 ch. 46 n. 9
& 10.

ment ou érection foient poftérieurs à la décrétale du Pape
Alexandre III, parce qu'elle introduit un droit nouveau
n'y ayant point de concile ni de conftitutions des Papes
auparavant, qui euffent ordonné une réfervation des
droits honoraires en faveur de l'Eglife matrice; 6 ainfi
cette décrétale ne pouvant pas avoir un effet rétroactif,
parce que *novæ leges futuris non præteritis negotiis formam
dant*, elle ne peut fervir de titre du droit de Curé primitif que pour les démembremens poftérieurs à cette
décrétale : 7 ainfi il eft néceffaire que ceux qui font antérieurs contiennent une réfervation expreffe des droits
honoraires en faveur de l'Eglife matrice, autrement elle
n'eft pas fondée pour le titre de Curé primitif en vertu du
feul démembrement, & il lui faudroit quelqu'autre titre
légitime.

8. La deuxième, que le titre d'érection de la nouvelle
Paroiffe, ne contienne aucune difpofition incompatible
avec la réfervation tacite des droits honoraires en vertu
de la décrétale d'Alexandre III. Car fi par exemple l'adminiftration de la nouvelle Paroiffe 9 avoit été donnée
fous le titre de curé fans aucune marque de dépendance,
cela fuffiroit pour détruire la préfomption ou la réfervation tacite des droits honoraires, & empêcheroit que
le décret d'érection ne fut un titre fuffifant pour prouver
le droit de Curé primitif; parce que la Seigneurie Directe
qui eft le fondement du droit de l'Eglife matrice, ne feroit
pas réfervée.

10. La troifième, que lors du démembrement on eut
réfervé au Curé de l'Eglife matrice le droit de préfenter
à la nouvelle cure, & une redevance, ou que du moins
rien ne s'oppofe à l'établiffement tacite de cette redevance
qui eft une fuite du démembrement, *fuivant M. Duperray,
des droits honorifiques, liv. 3, chap. 3, n. 11.* Car ce font
les deux circonftances marquées par le chapitre 3. *Extr.*

de Ecclesiis ædificandis, lesquelles manquant, il ne reste plus aucun fondement pour le Curé de l'Eglise matrice.

11. Nous croyons qu'il faut dire la même chose lorsqu'une Chapelle ou Annexe qui étoit dépendante d'une cure a été érigée en Paroisse, & le décret d'érection quand il est rapporté est un titre suffisant pour établir le droit de Curé primitif ; mais comme ce cas est tout semblable au précédent, 12 & qu'il est fondé sur les mêmes principes, il faut y appliquer les mêmes limitations dont nous venons de parler.

V. Sup. ch. 2 n. 18.

13. Nous avons dit encore que le rétablissement d'une Eglise ou Paroisse voisine, qui avoit été ruinée ou détruite, ne peut pas être considéré comme un titre suffisant de Curé primitif en faveur du Restaurateur ; 14 & que tout au plus il pourroit prétendre le droit de patronage sur la nouvelle cure, lequel ne suffit pas pour établir le titre de Curé primitif, parce qu'on peut être patron 15 sans être Curé primitif, & que ce dernier droit s'établit bien plus difficilement que l'autre.

Ch. 3 n. 19.

16. Mais en seroit-il de même si par les titres qui prouvent le rétablissement on avoit réservé au Restaurateur le droit de présenter à la cure rétablie avec une redevance ? Il semble d'abord qu'on peut appliquer 17 à ce cas la disposition du chapitre 3. *Extr. de Ecclesiis ædificandis*, & que cette redevance suppose la réservation d'un droit de Supériorité, & une Seigneurie Directe de la nouvelle cure en faveur du Restaurateur, laquelle Seigneurie contient quelque chose de plus fort, & de plus éminent que la réservation expresse du titre & des droits de curé primitif, comme nous l'avons dit ci-dessus chapitre 3, n. 16.

V. Thomassin, part. 3 liv. 1 ch. 46 n. 9.

18. Cependant à bien examiner la chose il y a une grande différence entre le démembrement d'une partie de l'ancienne Paroisse, ou l'érection d'une Chapelle ou Annexe en Eglise Paroissiale, & le simple rétablissement ;

V. cap. 3 cap. 7 cap. 11 cap. 13 cap. 15 extr. de censibus & andr. Vallans : in

paratit. jur. car le Reſtaurateur n'a aucun droit de propriété ſur la
canon. tit. de Paroiſſe rétablie avant le rétabliſſement, 19 & par con-
cenſibus §. 1 ſéquent la redevance réſervée en ſa faveur ne peut être
v. 2 & 3 cap. conſidérée que comme une ſimple ſervitude, parce que
prætereà 23 ex- ſelon les maximes des fiefs, 20 la Seigneurie Directe ne
tr. de jure Pa-
tronat. peut être établie que *in traditione fundi*, en faveur de
  Loyſeau du celui qui en eſt propriétaire, au lieu qu'avant le démem-
Deguerp. liv. brement ou l'érection de la nouvelle cure, 21 le Curé de
1ch.3 n.3.Du-
ranty, q. 55 l'Egliſe matrice étant propriétaire de la Chapelle ou de l'An-
Graverol ſur nexe autant que la propriété peut tomber ſur ces ſortes
Laroche,
Verb. rente de choſes, on ne trouve rien de contraire à l'établiſſe-
art. 7. Catel- ment de la Seigneurie directe ; ainſi il paroît certain que
lan, liv. 3 ch.
4. la réſervation du droit de préſenter, 22 & d'une rede-
Ad impera- vance payable par la nouvelle Paroiſſe en faveur du
tores palatia
pertinent ad Curé Reſtaurateur, ne ſuffit pas pour établir le titre de
Sacerdotes Curé primitif ; mais il faut que ce droit ait été réſervé
Ecclefia can.
convenior 23. expreſſément, ou que le nouveau Paſteur ait été établi
q. 8. ſous le titre de Vicaire perpétuel dépendant du Curé Reſtaurateur.

V. ſup. ch.
3 n. 52. 23. A l'égard de l'érection des cures en Egliſes cathédrales ou collégiales, la première choſe qu'il faut con-
ſulter c'eſt le décret d'érection, & ſi l'on n'y trouve pas
des clauſes incompatibles avec l'union parfaite, c'eſt-à-
dire l'union faite tant pour le ſpirituel que pour le temporel, ou que la cure ſoit laiſſée à un Curé en titre, &
indépendant de la nouvelle Egliſe, il faut préſumer pour
l'union parfaite qui ſelon M. de Catellan, liv. 1, chap.
67, ſe fait pour ainſi dire d'elle-même, la Paroiſſe devenant chapitre, & le chapitre devenant Paroiſſe par une
union naturelle de la cure au chapitre, & par conſéquent
une telle érection ſuffira pour établir le droit de curé primitif, comme nous l'avons remarqué au chapitre précédent *num.* 19.

24. Nous pouvons dire la même choſe lorſque la cure
eſt érigée en Egliſe conventuelle, & qu'on y a établi des

Religieux, parce que la même raifon & la même préfomption milite fuivant le même Auteur, qui met l'Eglife Abbatiale de niveau avec les cathédrales ou collégiales. Mais il faut revenir à la Déclaration de 1731, qui a prefcrit à l'égard de toutes les Eglifes, la forme d'établir leurs droits n'admettant qu'au titre fpécial, & par conféquent ces Eglifes fans diftinction ont befoin de rapporter le décret d'érection quand elles fe fondent fur un pareil titre.

CHAPITRE VIII.

De l'acquifition des Eglifes Paroiffiales par conceffion des Evêques, donation ou vente faites par des Laïques.

SOMMAIRES.

I 3

clair.

16. *Exemple d'une concession du spirituel & du temporel tirée par conjectures.*

Arrêt du Grand Conseil.

17. *Examen des motifs de cet Arrêt.*

18. *Première raison qui n'est pas concluante.*

19. *Qu'est-ce qu'on entendoit anciennement par le mot* Ecclesia *& par le mot* altare *dans les concessions.*

20. *Deuxième raison de l'Arrêt.*

21. *Les* Synodaticum *&* procuratio, *sont dus à raison du spirituel.*

22. *La concession de l'Eglise avec les revenus ou dépendances, n'attribue pas le spirituel.*

23. *Que les mots avec les revenus ou les dépendances n'ajoutent rien.*

24. *Le spirituel n'est pas un accessoire du temporel.*

25. *Concession de l'Eglise & de l'Autel, comprend le spirituel & le temporel.*

26. *Dans quels cas la concession est du temporel.*

27. *Des donations & ventes faites par les Laïques.*

28. *Que ces donations ne peu-*

vent pas avoir transféré le spirituel.

29. Nemo plus juris in aliura transfert quàm ipse habet.

Exception lorsque la donation est confirmée par l'Evêque, & que la confirmation contient concession du spirituel.

30. Quid *si la donation ou vente du Laïque est soutenue de l'établissement du Vicaire perpétuel.*

31. *L'établissement du Vicaire perpétuel fait présumer une concession pour le spirituel & le temporel.*

32. Meliùs & non habere titulum quàm habere vitiosum.

33. *L'établissement du Vicaire perpétuel renferme une concession du spirituel.*

34. *La concession de la Paroisse, qu'est-ce qu'elle comprend.*

35. *Explication.*

36. *Si la concession n'étant pas rapportée, mais prouvée seulement, faut-il présumer qu'elle est du spirituel & du temporel.*

37. *Cette difficulté ne peut avoir lieu depuis l'Ordonnance de* 1731.

38. *Quand elle auroit lieu.*

1. POUR l'éclairciffement des queftions que nous avons à difcuter dans ce chapitre, il importe de connoître deux chofes. La première, de combien de manières les Eglifes féculières ou paroiffiales peuvent appartenir aux Monaftères ou autres Eglifes. Et la deuxième, à quel droit ou en vertu de quels titres les Eglifes paroiffiales peuvent être acquifes aux Monaftères.

2. Quant à la première, *l'Abbé de Palerme* nous apprend que c'eft de cinq manières. 1°. Pour le patronage feulement. 2°. Pour l'inftitution collative. 3°. Pour l'inftitution autorifable. 4°. Pour le temporel feulement. 5°. Pour le temporel & pour le fpirituel tout enfemble.

3. Lorfque l'Eglife paroiffiale appartient pour le Patronage feulement, on n'a d'autre droit que celui qui réfulte du patronage, qui ne fuffiroit pas pour établir le droit de Curé primitif, comme nous l'avons remarqué plus haut.

4. Que fi l'on a l'inftitution collative fur l'Eglife paroiffiale, on n'a aucune prétention fur le temporel de la Cure. 5 Selon l'Abbé de Palerme, on n'a pas non plus le fpirituel ni le titre de Curé primitif, parce que la collation peut appartenir à des Laïques & à d'autres titres, comme nous le dirons dans la fuite, & le titu-

Panormit. ad cap. de Monachis. n. 5 extr. de Præb. Quelle eft l'inftitution collative, & quelle eft l'inftitution autorifable. V. Duperray fur l'art. 3 de l'Edit de 1695. Panormit. ibid. n. 6. Panormit. ibid. n. 7.

I 4

laire devroit toujours prendre fa miſſion de l'Evêque ; car quand un Monaſtère ou une autre Egliſe auroit le ſpirituel & le temporel ſur la Cure , ils n'auroient pas l'inſtitution autoriſable , 6 qui eſt la véritable miſſion , & un droit attaché à l'ordre Epiſcopal , à moins que le Monaſtère ou autre Egliſe n'euſſent un peuple exempt , & une Juridiction épiſcopale ſur ce peuple , ſuivant le Concile de Trente , Dumoulin & Duperray.

Duperray, ſur l'art. 3 de l'Edit de 1695.

V. Roderic, quæſt. regul. & canon. tom. 1 quæſt. 36 art. 1.

7. Dans le quatrième cas ; c'eſt - à - dire , lorſque la Paroiſſe eſt ſujette pour le temporel ſeulement , le Monaſtère ou autre Egliſe ne peuvent qu'en prendre les fruits , & les employer à leur uſage , ſauf la portion congrue pour la ſubſiſtance du Curé ; mais l'Egliſe paroiſſiale demeure dans ſon premier état. On doit donc raiſonner à cet égard tout comme au ſujet de l'union pour le temporel ſeulement , dont nous avons parlé au chapitre 6 , n. 14 & ſuivans.

Thomaſſin, part. 4 liv. 2 ch. 22 n. 5.

Concil. trident. ſeſſ. 25 de regular. cap. 11.

Molin , ad cap. 3 §. in eccleſiis extr. de privileg.

Duperray ibid.

Panormitanus, ibid. n. 8.

8. Enfin , quand la paroiſſe eſt ſujette pour le ſpirituel & le temporel tout enſemble , on doit dire la même choſe qu'à l'égard de l'union pour le ſpirituel & le temporel *copulativè* , qui ſuffit pour prouver le titre de Curé primitif , comme nous l'avons montré au chapitre 6, n. 10 & 19.

9. A l'égard des titres en vertu deſquels les paroiſſes peuvent appartenir aux Monaſtères ou autres Egliſes , par quelqu'une des manières que nous venons d'expliquer , 10 l'Abbé de Palerme dit : *quandoque pertinet ad eos ex donatione Laici , quandoque ex donatione Epiſcopi , quandoque ex propria fundatione , quandoque ex tranſlatione juris patronatus dumtaxat.*

Gloſſa & Panormitanus ad cap. de Monachis num. 10 extr. de Præbendis.

11. Nous ne ſuivrons pas ce plan de l'Abbé de Palerme , mais bien l'idée que nous avons propoſé au chapitre 3 , *num.* 25 , 26 & 27 ; & nous examinerons les différens titres.

12. A commencer par les conceſſions des Evêques ,

nous avons remarqué qu'elles n'avoient rien d'illicite, parce que les Evêques ont été dans les premiers temps les difpenfateurs des Eglifes & de leurs revenus, nous trouvons qu'elles ont été faites, tantôt fans redevance, tantôt à la charge d'une redevance envers l'Evêque, même après le concile de Clermont.

13. Mais comme nous avons dit plus haut en parlant de l'union que pour établir le titre de Curé primitif, il falloit que l'union eut été faite du fpirituel & du temporel *copulativè*, afin que la conceffion de l'Eglife Paroiffiale foit un titre légitime pour établir le droit de Curé primitif, il eft néceffaire que la conceffion foit faite du fpirituel & du temporel tout enfemble.

Galand du franc-aleu, ch. 6, en rapporte des exemples.

14. Mais dans quels cas la conceffion faite par l'Evêque, devra-t-elle être confidérée comme faite pour le temporel & pour le fpirituel *copulativè*, ou pour le temporel feulement ? Pour réfoudre cette difficulté, il faut d'abord confulter la conceffion ; car comme le remarqu- *Van-Efpen, ex ipfa formula conceffionis potiffimum ftatuendum eft quomodo ecclefia cenfeatur conceffa*, l'acte de donation fait par Aimeric, Archevêque de Narbonne, & par l'Archidiacre & les Chanoines de la même ville en faveur du Monaftère de S. Pons, au mois d'Août 940, nous fournit un exemple d'une conceffion faite, tant pour le fpirituel que pour le temporel, elle porte entr'autres chofes, *ego Aimericus, Archiepifcopus, & ego Petrus Archidiaconus & cæteri canonici Narbonenfis fedis, damus, laudamus & concedimus eo & Monafterio fancti Ponti fupradicto, & Abbati & Monachis prædictis, & eorum fucceforibus in perpetuum, prædictas ecclefias cum omnibus decimis, & primitiis, & oblationibus, & cum omni jure ecclefiaftico, &c.* On en trouve encore d'autres exemples dans le traité du franc-aleu de M. Augufte Galand, pag. 74 & 75, de l'édition de 1637, & dans le traité *de re*

Van-Efpen de priftinis altarium incorporationibus cap. 2 §. 2.

Diplomatica du P. Mabillon, *lib. 6, cap. 175, pag. 598; & cap. 183, pag. 602.*

15. Que si la concession n'est pas claire, & ne s'explique pas ouvertement, ensorte qu'elle ne dise pas que l'Eglise a été donnée, tant pour le spirituel que pour le temporel, on peut l'induire par des clauses équipollentes.

Brillon verb. Bénéfice, tir. 103, n. 30 p. 643, tom. 1, qui remarque que les clauses de la transaction qu'il énonce servirent de fondement à l'Arrêt.

16. On en trouve un exemple dans l'Arrêt du 27 Septembre 1902, rendu au Grand Conseil entre les Religieux de Gimont, Ordre de Cîteaux, & le Curé d'Eguin, rapporté par l'Auteur du Dictionnaire des Arrêts : cet Arrêt a jugé que pour établir le titre de Curé primitif, il suffisoit que l'acte de concession portât donation ou cession de l'Eglise avec ses revenus, *Ecclesiam cum obventionibus*, & qu'il fut stipulé que les Religieux auxquels la concession fut faite, payeroient *Synodaticum & procurationem Archidiacono.*

17. On peut alléguer deux raisons pour appuyer la décision de cet Arrêt, prises des motifs que M. Brillon assure tenir de la bouche du Rapporteur. La première, qu'on a cru vraisemblablement que le mot *Ecclesiam* comprend le spirituel, & les mots *cum obventionibus* le temporel ; 18 car en opposant le mot *Ecclesiam* aux autres *cum obventionibus*, il sembloit nécessaire de tirer un argument du mot *Ecclesiam* pour la concession du spirituel, autrement il auroit été synonime des mots *cum obventionibus*, qui signifient les revenus temporels.

19. Cependant il faut demeurer d'accord que cette explication est contraire au sens dans lequel on prenoit le mot *Ecclesia*, dans les temps auxquels ces concessions furent

Marca, ad can. 7, concil. Claromont. tom. 10, concil. col. 578.

faites ; car selon M. de Marca, on l'employoit pour signifier les dixmes, prémices, oblations & autres revenus temporels, & le mot *altare* étoit employé pour signifier le spirituel, ou l'administration des Sacremens, comme le prouve fort bien M. *Ducange*, dans son glossaire latin par plusieurs autorités, & après lui *Van-Espen*, dans son traité *de jure*

Parochorum ad decimas ; ainsi il n'est pas naturel de penser que ce soit la raison déterminante.

20. La deuxième raison peut être prise de la stipulation que les Religieux payeroient le *Synodaticum & procurationem* à l'Archidiacre, 21 droits qui sont dus à raison du spirituel ; c'est-à-dire, pour la visite de l'Evêque ou de l'Archidiacre, ou pour le droit de Supériorité ; de-là vient que les Moines, étant chargés d'un droit dû à raison du spirituel, devoient l'avoir acquis par le même titre, & c'étoit l'intention de l'Evêque de le leur transférer.

22. La seule concession de l'Eglise avec ses revenus *cum obventionibus appendiciis*, ou autres expressions semblables qui ne désignent pas le spirituel, ne suffit donc pas pour établir le titre de Curé primitif, par les raisons que nous avons touchées en parlant de l'union, & parce que par le mot *Ecclesia* on n'entendoit autrefois que les dixmes & autres revenus temporels, comme nous venons de l'observer avec M. *Ducange & Van-Espen*.

23. Et l'Addition des mots *cum obventionibus*, ou bien *cum appendiciis* & autres, comprend seulement en termes exprès tous les revenus temporels & les dépendances de l'Eglise ; mais ils ne sauroient contenir la concession du spirituel, 24 qui est le principal & non l'accessoire du temporel ; & par conséquent la concession du temporel ne peut jamais attribuer le spirituel, parce qu'il en est indépendant.

25. Mais si la concession comprenoit l'Eglise & l'Autel, *Ecclesiam & altare*, alors elle seroit du spirituel & du temporel, parce que le mot *altare* s'applique au spirituel, suivant MM. *de Marca, Ducange & Van-Espen*, & cela suffiroit pour établir le titre de Curé primitif, comme l'Arrêt du Grand Conseil du 27 Septembre 1702, dont nous avons parlé ci-dessus, l'a jugé.

26. Nous n'avons pas besoin d'examiner dans quels

Ducange, verb. *Ecclesia* & verb. *altare* Van-Espen, tractat. de jure Parochor. ad decimas, cap. 1.

V. Simon, des droits honorifiques, tit. 14, P. 185.

Andreas Vallenses in parat. jur. canon. tit. de censibus, §. 3, cap. conquerente 16, & ibi gloss. extr. de off. jud. ordin.

Ch. 3, n. 14, & suivans.

Marca, Ducange, Van-Espen *ibid.*

cas la conceffion eft cenfée faite pour le temporel, parce que cette difcuffion ne nous conduit à rien pour l'éclairciffement de la matière que nous traitons, il nous fuffit de ce que nous venons d'obferver, & de ce que nous avons dit en parlant des unions, & de renvoyer à ce

Cap. 2, § 2. qu'en a dit *Van-Efpen* dans fon traité *de priftinis altarium incorporationibus.*

27. Les principes que nous avons détaillés développeront en partie les difficultés qui peuvent fe rencontrer au fujet des donations faites par les Laïques, en faveur des Monaftères & autres Eglifes, & des achats que ces Monaftères peuvent avoir faits des Eglifes paroiffiales qui étoient poffédées auparavant par les Laïques ; 28 car s'il eft vrai, comme nous l'avons dit, que la conceffion du feul temporel des Eglifes paroiffiales, faite par l'Evêque ne fuffit pas pour établir le titre de Curé primi-

Duperray, des moyens canoniques pour acquérir & conferver les Bénéfices, tom. 1, ch. 2, n. 13, p. 36, concil. Lateran. 3, can. 14, tom. 10, col. 1516. Jérôme Acofta, Hiftoire des mat. Ecclef. t. 1, p. 84, de l'édit de 1690.

tif, il s'enfuit que les donations ou ventes qui peuvent avoir été faites par des Seigneurs Laïques, ne peuvent jamais être des titres fuffifans pour établir le droit de Curé primitif, par cette raifon décifive que les Seigneurs Laïques ne peuvent pas même avoir le fpirituel ; (car s'étant émancipés jufqu'au point de donner les Eglifes & de les ôter *ad libitum*, on s'éleva contre un tel abus,) ils n'ont pas pu tranfporter le fpirituel aux Monaftères & aux autres Eglifes auxquelles ils ont donné ou vendu les Eglifes paroiffiales ; 29 parce que *nemo plus juris in alium transfert quàm ipfe habet*. D'ailleurs, le droit de Curé primitif ne pouvant être établi fuivant l'art. 2 de la Déclaration de 1731, que fur des titres canoniques, & comme porte l'art. 4 de la Déclaration de 1726 (en quoi il n'y a pas dérogé) par des Bulles des Papes, Décrets des Archevêques ou Evêques, & Lettres - Patentes du Roi ; cela exclut vifiblement les conceffions & les ventes faites par les Seigneurs Laïques ; & de-là il s'enfuit évidemment que les donations, conceffions ou ventes faites

par les Seigneurs Laïques qui poſſédoient auparavant les
Egliſes paroiſſiales, ne peuvent pas être des titres ſuffiſans pour établir le droit de Curé primitif, parce que
la donation ou conceſſion manque de la principale circonſtance ; ſavoir, du tranſport du ſpirituel, ſur lequel
eſt fondé le titre & le droit de Curé primitif, à moins
que la donation ou conceſſion faite par un Laïque n'eût
été confirmée par l'Evêque, & que la confirmation ne
renfermât une conceſſion de l'Autel ou du ſpirituel, ce
qui eſt une ſuite des principes que nous avons déjà établis ; on peut voir un exemple de cette exception dans
la Bibliothèque de Cluni, pag. 1389 & 1390. Le P.
Mabillon dans ſon ſavant traité *de re Diplomatica*, en rapporte encore pluſieurs autres exemples au livre 6, *num.*
124, 126, 148, 152, 154, 173, 576 & 202.

Ce que nous venons de dire ne doit pourtant être entendu que des donations, ou ventes faites par les Laïques,
en faveur des Monaſtères avant l'année 1078, que le
concile de Poitiers fut tenu ; car ce concile ayant ordonné que ces donations ou ventes, ne pourroient être
faites que du conſentement de l'Evêque; lorſque l'Evêque
faiſoit tant que de donner ſon conſentement, il donnoit aux
Monaſtères le ſpirituel, à la charge d'y établir un Vicaire
perpétuel, qui rendroit compte de ſa conduite à l'Evêque, & par un tel établiſſement, les Monaſtères, qui
avoient acquis les Egliſes paroiſſiales, demeuroient Curés
primitifs, comme l'a fort bien obſervé le P. Thomaſſin,
dans ſa diſcipline de l'Egliſe, *part.* 4, *liv.* 3, *chap.* 1,
N. 2, 3 & 4.

30. Mais ſi la donation ou vente faite par un Laïque
avant le concile de Poitiers étoit accompagnée de l'établiſſement d'un Vicaire perpétuel, que nous avons dit
être un titre ſuffiſant pour établir le droit de Curé primitif, ſans s'informer de l'origine de la conceſſion de
l'Egliſe Paroiſſiale avec ſes revenus; il paroît d'abord

que cela affoibliroit fort le titre portant établiſſement du
Vicaire perpétuel , parce qu'il ſembleroit avoir une cauſe
vicieuſe , & qu'il ſeroit plus prudent de ne remettre que
le titre portant établiſſement du Vicaire perpétuel 31
qui feroit préſumer une conceſſion de l'Egliſe , faite pour
le ſpirituel & pour le temporel , parce que dans ces matières , 32 *melius eſt non habere titulum quàm habere vitio-
ſum.* Cependant à bien prendre la choſe , le titre portant établiſſement du Vicaire perpétuel , devroit toujours être conſidéré comme ſuffiſant , parce qu'il faudroit
préſumer une conceſſion poſtérieure des droits ſpirituels ,
ou du moins le titre portant établiſſement du Vicaire
perpétuel , 33 renfermeroit en ſoi une conceſſion tacite ,
ou une réſervation du ſpirituel qui ſuffiroit pour le titre
de Curé primitif.

34. Que ſi la conceſſion étoit faite de la Paroiſſe , elle
comprendroit le peuple, les prémices , les oblations & les
dixmes ſuivans , *Simon , des droits honorifiques* , & par
conféquent le ſpirituel & le temporel ; elle feroit donc un
titre ſuffiſant pour établir le droit de Curé primitif , 35
ce qu'il faut néanmoins entendre , pourvu que la conceſſion ſoit faite par l'Evêque ou autre Supérieur capable
de transférer le ſpirituel ; car ſi elle émanoit d'un Seigneur Laïque ſans la confirmation de l'Evêque , la conceſſion de la Paroiſſe ne pourroit jamais renfermer le
ſpirituel , parce que les Laïques , qui ont toujours été
incapables de poſſéder ces droits ſpirituels , ne pourroient
pas l'avoir transféré , en donnant la Paroiſſe en quelques
termes , que la donation fut conçue.

Simon des droits hono- rifiques , tit. 74. pag. 185.

Il nous reſte encore une autre difficulté à examiner ,
qui conſiſte à ſavoir , 36 ſi le titre de conceſſion n'étant
pas rapporté , mais étant ſeulement prouvé par des actes
ſubféquens & déclaratifs , il faut préſumer qu'elle a été
faite pour le temporel ſeulement , ou pour le ſpirituel &
le temporel *copulativè.*

37. Depuis la Déclaration de 1731, cette difficulté ne peut pas fe préfenter, parce que cette Déclaration exige un titre fpécial qui doit être rapporté en tout état de caufe, & alors ce titre fait connoître fi la conceffion a été faite pour le temporel feulement, ou pour l'un & l'autre.

38. Mais quand on feroit difpenfé de rapporter un titre fpécial, ce qui ne peut pas être, la préfomption feroit toujours que la conceffion a été faite du temporel feulement. 39 Premièrement, parce que la plupart des conceffions ayant été faites par des Laïques qui n'avoient pas les droits fpirituels, & qui par conféquent ne pouvoient pas les transférer en donnant les Eglifes paroiffiales, y ayant encore d'autres conceffions faites pour le temporel feulement, & ces fortes de conceffions faifant le plus grand nombre, il eft naturel de préfumer que la conceffion, dont l'origine ne feroit pas juftifiée, ne pourroit être que du temporel feulement, parce que le plus grand nombre doit l'emporter & attirer la préfomption.

Déclaration de 1731, art. 2. V. inf. ch. 24.

40. En fecond lieu, il fuffit qu'il y ait du doute, pour que les Eglifes qui fe fondent fur un tel moyen, foient tenues de prouver la nature & l'étendue de la conceffion, ce qu'elles ne peuvent faire qu'en rapportant le titre. La préfomption contraire tendroit à établir un affujettiffement. Ce feroit une efpèce de fervitude odieufe, puifqu'elle feroit contraire à l'efprit des canons, & à la liberté eccléfiaftique. De-là cette différence qu'on trouve entre l'union, dont l'ancienneté fait préfumer deux chofes; qu'elle a été faite dans les règles, & pour faire perdre le titre de la Cure en l'incorporant à une autre Eglife, & les conceffions qui ont été faites des Eglifes paroiffiales, dont le plus grand nombre eft non-feulement vicieux, mais encore infuffifant, comme n'étant faites que pour le temporel, & pour la fubfiftance des

Moines, qui dans la suite ont été fécularifés & érigés en
Eglifes collégiales.

V. fup. ch.
5. p. 10.

41. En troifième lieu. L'Ordonnance de Louis XIII,
art. 12, la Déclaration de 1657, & celle du 29 Janvier
1686, en parlant des unions, & en les confidérant comme un titre fuffifant pour établir les droits de Curé
primitif, fuppofent à même-temps que la cure foit deffervie par des Vicaires amovibles, puifqu'elles ordonnent
qu'il fera établi des Vicaires perpétuels à la place de
ceux qui étoient amovibles, ce qui ne laiffe aucun lieu de
douter que dans ce cas l'union n'ait été faite pour le
fpirituel & le temporel, puifque la cure réfide, pour
ainfi dire, fur la tête de l'Eglife qui nomme le Vicaire
amovible; ainfi il n'y a aucun argument à tirer de l'Ordonnance de Louis XIII, & des Déclarations de 1657
& de 1686, à moins qu'on ne fe trouvât dans la même
efpèce; c'eft-à-dire, que la cure eut été anciennement
deffervie par un Vicaire amovible, à la place duquel on
eut établi un Vicaire perpétuel, en exécution de ces
Ordonnances.

V. fup. ch.
4, n. 97 &
92.

42. Il faut néanmoins excepter dans ce cas, tout
comme nous avons dit en parlant de l'union, fi l'Eglife
cathédrale ou collégiale étoit en poffeffion de certains
droits de fupériorité, ou de quelques marques qui fuffent
une fuite ou un effet du fpirituel; car cela détermine la
nature & l'étendue de la conceffion, & la feroit préfumer tant pour le fpirituel que pour le temporel, &
par conféquent elle fuffiroit pour établir le titre de Curé
primitif.

V. Rebuffe,
de cong. por-
tione n. 114,
ad n. 119.

43. Il faudroit dire la même chofe fi la preuve de la
conceffion étoit accompagnée de la preuve, que le Chapitre de l'Eglife cathédrale ou collégiale avoit fait autrefois les fonctions curiales, & avoit gouverné la Paroiffe
comme Curé; parce que dans cette circonftance feroit
connoître la nature & l'étendue de la conceffion originaire

naire, quelle comprend le spirituel & le temporel, & que si le Chapitre a cessé de faire le Service, ce n'a été qu'en établissant un Vicaire perpétuel.

CHAPITRE IX.

De la Collation ou présentation à la Cure ; de la perception des dixmes, & offrandes en tout ou en partie, & du droit de faire le Service divin à certains jours de l'année, & autres circonstances.

SOMMAIRES.

K

1. LES Auteurs qui ont examiné la difficulté de sa-voir qu'elles étoient les véritables marques des Cu-rés primitifs, c'est-à-dire, quels étoient les droits suffisans pour établir le titre de Curé primitif, ne sont pas d'ac-cord entr'eux, les uns ont cru que le concours de trois circonstances suffisoit; savoir la présentation à la Cure, la jouissance des dixmes, & la perception des oblations en tout ou en partie.

Simon, de droits honori-fiques, tit. 14. V. Duperray, des portions congrues, ch. 18, n. 23.

2. D'autres ont cru avec raison que toutes ces marques étoient équivoques, & que quand elles concourroient, elles ne suffiroient pas pour faire présumer le titre de Cu-ré primitif; la raison que M. Fuet en donne, est que plusieurs Seigneurs à qui les Evêques avoient donné la dixmes des Paroisses, & qui s'en étoient attribué les re-venus & les oblations, s'en étant démis en faveur des Chapitres & des Monastères, ces donataires ne sont pas mieux fondés que leurs donateurs à prendre la qualité de Curés primitifs.

Fuet, des mat. Benef. liv. 2, ch. 18.

L. 32, §. 1; ad senat. vel-leian. l. 175. §. 1. ff. de reg. jur.

3. Cette raison qui nous paroît décisive se fortifie si l'on entre dans la discussion de chacune de ces marques en particulier; car en les examinant on n'y trouve aucun rapport nécessaire avec la qualité de Curé primitif, & les chapitres de même que les Monastères peuvent jouir de tous ces droits, sans qu'on puisse en tirer une conséquence nécessaire pour le titre de Curé primitif.

4. Commençons par la présentation à la Cure. Ce droit peut appartenir non-seulement à des Ecclésiastiques, mais encore à des Laïques, en vertu du droit de Patro-nage provenant de la fondation, construction ou dota-tion. Il peut appartenir encore sur les Cures indépen-damment de ces moyens, qui sont les seuls que les ca-nonistes connoissent, par les droits que les Seigneurs Laïques avoient acquis au moyen des inféodations des

Eglifes faites en leur faveur , comme le remarque *M. Marca*, dans *fon Hiftoire de Bearn*, *liv.* 1, *chap.* 28 , *num.* 17 , la préfentation à la Cure eft donc une marque très-équivoque ; 5 puifque d'un côté le Patronage eft un droit qui peut appartenir auffi-bien aux Laïques qu'aux Eccléfiaftiques à caufe de la fondation , conftruction ou dotation , qui font un moyen commun aux uns & aux autres , & d'autre part les Seigneurs s'étant dépouillés en faveur des Monaftères , des Eglifes dont ils avoient pris l'inveftiture , & leur ayant tranfporté le Patronage fur les Cures dont ils avoient pris l'invefiture , & leur ayant tranfporté le patronage fur les Cures dont ils étoient en poffeffion , les Monaftères ou Eglifes donataires des Laïques , ne peuvent pas avoir plus de droit que leurs donateurs , ce qui rend encore la préfentation plus équivoque : 6 en un mot la préfentation eft une fuite & un effet du droit de patronage , qui eft diftinct & féparé du titre de Curé primitif , & cela fuffit pour la faire regarder comme inutile à cet égard. L'on peut dire la même chofe de la collation , parce qu'elle peut appartenir à des Laïques , de quoi on voit plufieurs exemples , & entr'autres des chapitres de Villandraut & d'Ufefte , dont les Bénéfices font de la collation *pleno jure* , de la maifon de M. de Lalane Préfident au Parlement de Bordeaux , comme nous l'avons vu dans un acte du 11 Avril 1651 , & qu'elle peut appartenir par d'autres titres qui n'ont rien de commun avec celui de Curé primitif ; favoir par privilége , coutume , ftatut , prefcription ou autre conceffion particulière , felon *Gregor. Tolofanus in partit. jur. can. lib.* 1 y *tit.* 28 , *cap.* 13.

7. A l'égard de la perception des dixmes , elle eft autant ou plus équivoque que la préfentation , ou la collation. En effet *Grimaudet*, *des dixmes*, *liv.* 2 , *chap.* 6 , a remarqué qu'il y avoit deux fortes de dixmes ; favoir celles qui appartenoient aux Seigneurs Laïques , & les

dixmes Eccléfiaftiques, 8 ainfi que l'on confidère les dixmes comme faifant partie du domaine des Seigneurs, qui les poffédoient felon l'opinion de Mezeray, qui prétend que c'étoit un droit qu'ils levoient fur leurs tenanciers : laquelle opinion eft embraffée par Grimaudet ; 9 foit qu'on en confidère la poffeffion par les Seigneurs Laïques, comme un établiffement légitime fait dès le temps de Charlemagne ou de Louis le Débonnaire fon fils, comme l'a penfé M. de Marca, dans fon Hiftoire de Bearn, & après lui M. Bafnage, fur la coutume de Normandie, 10 foit enfin qu'elle procède de la conceffion faite par les Evêques, ou d'une ufurpation, fur quoi l'on peut voir ce qu'a remarqué le P. Thomaffin, il eft inconteftable que les dixmes étoient poffédées pour la plus grande partie, comme dit Grimaudet par des Seigneurs Laïques, qui dans la fuite les donnerent ou les vendirent aux Monaftères ou aux autres Eglifes.

11. Or les dixmes étant parvenues de cette manière aux Monaftères & aux Eglifes, & la plupart étant même Laïques dès leur origine, felon Grimaudet & Mezeray, il eft certain que les donataires ou acheteurs de ces dixmes, ne font pas mieux fondés à prétendre le titre de Curé primitif que les Laïques, dont ils tiennent leur droit, lefquels ne pouvoient avoir aucune prétention fur le fpirituel, d'où dépend la qualité de Curé primitif ; 12 ainfi la perception des dixmes en tout ou en partie ne peut fournir aucun argument pour le droit de Curé primitif, que fi l'on vouloit dire que toutes les dixmes n'étoient pas paffées au pouvoir des Laïques, & qu'il en refta beaucoup qui demeurerent aux Eglifes, l'objection feroit toujours mauvaife ; foit parce que les hiftoires font foi que toutes les Eglifes ou du moins la plupart avoient été inféodées, & quand ce fait ne feroit pas vrai, ne fuffiroit-il pas qu'il y eut incertitude pour favoir d'où les dixmes

Mezeray, abregé Chronologique, tom. 2, p. 676, & 677, de l'édition de Hollande. Grimaudet, des dixmes, liv. 2, ch. 6. Charondas, en fes pandectes, liv. 1, ch. 13. Marca hiftoire de Bearn, liv. 1, ch. 28, p. 122, 123, liv. 5, ch. 30, p. 448, Bafnage fur l'art. 69, de la Coutume de Normandie, & fur l'art. 142. Thomaffin, part. 4, liv. 3, ch. 3, n. 14 & 15, felon l'ancienne édition. V. Thomaffin, ibid. ch. 2 & 3, Bibliotheca Cluniacenfis Mabillon de re Diplomatica, lib. 6.

Non debeo melioris conditionis effe quàm autor meus à quo jus in me tranfit l. 175, §. 1, ff. de reg. juris.

procèdent pour que leur poſſeſſion fut une marque équivoque.

13. Pour ce qui eſt des oblations, il eſt également certain que les Laïques s'en étoient emparés par uſurpation, comme le tient Mezeray, ou par la conceſſion des Evêques faite par inféodation ou autrement, comme le prouvent fort bien M. Baſnage, ſur la coutume de Normandie, & M. Duperray, dans ſon traité des dixmes, 14 & ce n'eſt que par la conceſſion des Seigneurs Laïques qu'elles ſont parvenues aux Monaſtères, tantôt volontairement, tantôt par contrainte, parce que les conciles les y obligerent, comme le remarque le même Auteur, & qu'il eſt juſtifié par pluſieurs chartes qui ſont rapportées par divers Auteurs. M. Catel, dans ſon hiſtoire des Comtes de Touloufe en rapporte une, 15 qui fut faite par Pons, Comte de Touloufe en faveur de l'Abbé & des Moines de S. Pons de Tomières, de l'année 936. Nous en avons vu encore une autre de l'année 940, faite par le même Comte & Garſinde ſa femme, en faveur du même Monaſtère, 16 contenant donation de pluſieurs Villages & Paroiſſes, elle porte : *Damus, laudamus & concedimus, &c. Monaſterio, & Abbati, & Monachis ejuſdem Monaſterii tàm præſentibus quàm futuris in perpetuum, ſcilicet omnes Eccleſias prædictas, & totum honorem prædictum, & totum allodium, & dominium, & totum poteſtativum de omnibus Parochiis jam dictis, cum decimis & primitiis cum oblationibus & cæmeteriis cum terris cultis & incultis, &c.* Et le P. Mabillon rapporte le teſtament de Pons Raymond, Comte de Touloufe de l'année 960, où ce Comte diſpofe des Egliſes, des dixmes & des oblations comme de ſes autres biens.

17. Ainſi les oblations pouvant procéder de la même ſource que les dixmes, c'eſt-à-dire de la conceſſion des Seigneurs Laïques, il eſt évident que la perception des oblations en tout ou en partie, ne fournit aucune preuve

---

Marginal notes (left column):

Mezeray, ibid. & tom. 1, p. 266, & 267.
Marca, ibid. p. 69, & Baſnage art. 142.
Duperray, des dixmes, liv. 1, ch. 4, & des moyens d'acquérir les Bénéfices, tom. 2, ch. 16.
Duperray, ibid.
Bibliotheca Cluniacenſis Mabillon de re Diplomatica, lib. 6.
Catel, hiſtoire des Comte de Touloufe, liv. 1, ch. 14, p. 88.

Mabillon, de re Diplomatica, lib. 6, cap. 140.

de titre de Curé primitif, par la même raison que nous avons touchée en parlant des dixmes.

18. Et quand on joindroit la possession des prémices, & la qualité de Seigneur Justicier, cela ne concluroit rien encore, soit parce que la Justice n'a rien de commun avec la Cure primitive, soit parce que les prémices étoient possédées par les Seigneurs Laïques, comme le justifient des donations du Comte de Toulouse dont nous venons de parler, & que les Auteurs en conviennent, & entr'autres Mezeray & M. de Marca, aux endroits ci-devant cités, lesquels Seigneurs les ont concédées avec les dixmes & les oblations aux Monastères & aux autres Eglises, & par conséquent cette nouvelle marque seroit également équivoque.

19. C'est donc sans fondement, & pour n'avoir pas recherché avec assez d'exactitude l'origine de ces droits, que les Auteurs ont cru que les trois marques que nous avons rapportées ci-dessus, étoient une preuve suffisante pour établir la qualité de Curé primitif; car aucu-ne n'ayant point de rapport ni de liaison avec le titre de Curé primitif, puisque tous ces droits ont été pos-sédés anciennement par les Laïques, qu'on les con-sidère séparément ou conjointement, elles sont insuf-fisantes, & peu concluantes.

20. Depuis la Déclaration du 5 Octobre 1726, & celle du 15 Janvier 1731, la chose est encore moins dou-teuse; puisqu'elles requièrent un titre spécial & canoni-que qui doit être remis en tout état de cause de la part de celui qui prétend le droit de Curé primitif: ensorte que ces nouvelles Loix détruisent toutes les présomptions que pouvoient fournir auparavant la présentation à la Cure ou la collation, & la perception des dixmes & des obla-tions en tout ou en partie.

. 21. Mais fi la Cure eft deffervie dans l'Eglife d'un Mo‐
naftère ou Prieuré , auquel la préfentation à la Cure,
les dixmes & les oblations appartiennent en tout ou en
partie, faudra‑t‑il décider que ces quatre circonftances
fuffiroient pour établir le droit de Curé primitif en fa‐
veur de ce Monaftère ou Prieuré? Il femble d'abord qu'il
faut tenir pour l'affirmative , d'autant mieux que felon
M. Simon du droit de Patronage, il fuffit qu'une Paroiffe
foit deffervie dans l'Eglife d'un Prieuré, pour que le
Prieur foit fondé dans le droit de Curé primitif de cette
· Paroiffe.

Simon, du droit du Patronage, tit. 34.

·22. Il eft vrai qu'il paroît naturel de préfumer qu'une
Paroiffe deffervie dans un Monaftère y a été unie, lorf‐
que le Monaftère y a été érigé & établi, il eft vrai en‐
core qu'il y a une préfomption très‑forte, que le Prieur
a été autrefois Curé de la Paroiffe deffervie dans fon
Eglife ; 23 mais tout cela eft inutile depuis la Déclara‐
tion de 1731 qui requiert un titre canonique de la qua‐
lité marquée dans l'art. 1, pour établir le titre de Curé
primitif en faveur des Eglifes qui le réclament , parce
que dès le moment que cette nouvelle Loi demande un
titre canonique, il faut que le Monaftère rapporte le dé‐
cret d'union de la Cure au Monaftère, ou que le Prieur
faffe voir que s'il a ceffé de faire les fonctions curiales,
& s'en eft déchargé fur un autre Prêtre, ce n'a été qu'en
établiffant un Vicaire perpétuel , 24 parce que la Dé‐
claration du Roi n'admet pas les préfomptions qui peu‐
vent être tirées de l'état de l'Eglife, mais elle exige un
titre fpécial & canonique ; de‑là vient que la préfomp‐
tion qui auroit pu être bonne auparavant, eft préfen‐
tement inutile & infuffifante.

25. Mais fi outre la préfentation à la Cure, la per‐
ception des dixmes & le droit de prendre part aux obla‐
tions , la Cure eft affujettie au payement d'un certain
cens , d'une redevance ou d'une penfion en faveur de

la même Eglife : cette nouvelle circonftance jointe avec les autres prouvera-t-elle le droit de Curé primitif en faveur de l'Eglife à laquelle tous ces droits appartiennent ? 26 Nous n'examinerons pas ici fi l'établiffement du cens de la redevance ou de la penfion eft légitime, foit parce que nous en avons parlé dans le chapitre 2, foit parce que la difficulté n'eft pas de notre fujet, & que d'ailleurs elle a été traitée par M. Duperray, des droits honorifiques, où les curieux pourront avoir recours. 27 Il nous fuffira de dire que cette nouvelle circonftance n'ajoute rien aux autres que nous avons établi être infuffifantes ; la raifon en eft, parce que le cens ou la redevance ne pouvant pas être établie fur le fpirituel, qui eft le fondement du droit de Curé primitif, mais fur le temporel feulement, comme le remarque M. Duperray. 28 Le cens ou la redevance n'ont aucun rapport avec le droit de Curé primitif, & ne peuvent avoir été ftipulés qu'à raifon de la fondation & de la conceffion du temporel ; ainfi elle n'appartient au Décimateur que comme Patron, & qui plus eft le même Auteur remarque après la Glofe fur les Décrétales de Grégoire IX 29 que le cens ou la redevance ne font pas même une preuve fuffifante du Patronage ; à plus forte raifon font-ils moins capables de fournir un argument du titre de Curé primitif, 30 qui eft différent du Patronage, & pour la preuve duquel le Patronage eft une circonftance indifférente, ou du moins très-équivoque & peu concluante, 31 nous croyons encore que cette décifion doit avoir lieu, même contre les Eglifes cathédrales ou collégiales, lorfque la Cure n'eft pas deffervie dans leur Eglife, parce qu'il n'y a point de raifon de les diftinguer d'avec les autres Eglifes à cet égard, & encore moins depuis que la Déclaration de 1731 les a mifes de niveau avec les autres.

32. A l'égard du droit de faire le Service divin à cer-

Duperray, des droits honorifiques, liv. 3, ch. 3.

Duperray, ibid. n. 3, p. 340.

Duperray, ibid. Gloff. cap. 18, extr. de fentent. & re judicata.

tains jours de l'année, M. Duperray obferve qu'il n'y a point de marques fi effentielles de la qualité de Curé primitif, que celles de faire le Service divin aux Fêtes folemnelles, & prendre part aux oblations, d'où il femble que cet Auteur exige le concours de ces deux circonftances pour prouver le titre de Curé primitif. Quelle que puiffe être l'intention de cet Auteur qui ne s'eft pas expliqué affez clairement pour faire comprendre 33 que le feul droit de faire le Service divin aux Fêtes folemnelles, ne fuffifoit pas pour prouver le titre de Curé primitif, il paroît inconteftable que le droit de faire le Service divin eft une preuve fuffifante, & encore plus lorfque le Curé primitif partage le foin de la Cure, & l'adminiftration des Sacremens avec le Curé Vicaire perpétuel.

34. La raifon en eft, parce que le droit de faire le Service divin a un rapport néceffaire & une liaifon intime avec le titre de Curé primitif, que c'eft une marque univoque, & qui ne peut convenir à aucun autre titre; car ni le Fondateur ou Patron, ni le Décimateur, ni celui qui a le droit de prendre les oblations & les prémices n'ont jamais eu le droit de faire le Service divin, 35 & la confervation de ce droit eft un refte de la qualité primitive & originaire de véritable Curé, qui appartenoit aux prédéceffeurs, avant que l'adminiftration du fpirituel eut été commife à une autre perfonne fous la qualité de Vicaire perpétuel; de-là vient qu'on ne peut pas appliquer à cette circonftance ou marque, les raifons qui ont été expliquées ci-deffus à l'égard de la préfentation ou collation, de la perception des dixmes, prémices & offrandes, & des cens ou redevances, pour faire voir que ces marques font toutes équivoques; 37 ainfi il n'y a aucune raifon de douter que le droit de faire le Service divin aux Fêtes folemnelles ne foit un titre fuffifant pour établir la qualité de

Curé primitif fans le fecours d'aucune autre circonftance, & fans qu'il foit befoin qu'on ait à même-temps le
droit ou la poffeffion de prendre les oblations en tout
ou en partie, parce que la perception des oblations étant
une marque très-équivoque, comme nous l'avons remarqué, fi le droit de faire le Service divin ne fuffifoit pas
par lui-même, on auroit de la peine à comprendre qu'il
peut devenir fuffifant, par le concours de la perception
des oblations, puifque les Laïques avoient anciennement
ce droit tout comme les Eccléfiaftiques.

38. Cela nous paroît d'autant plus indubitable, que
l'art. 3 de la Déclaration du 5 Octobre 1726, fait comprendre que le droit de faire le Service divin eft le feul
qui puiffe être confidéré comme une fuite & un effet
de la qualité de Curé primitif: enforte que l'effet, c'eft-
à-dire, le droit de faire le Service divin doit néceffairement fuppofer la caufe qui le produit, c'eft-à-dire, le
titre de Curé primitif; 39 & fi le même article y ajoute
le droit de prendre la moitié des oblations, il ne le regarde que comme une fuite & une dépendance du Service divin, puifqu'il ajoute : *pourront cependant lefdits
jours feulement, & quand ils officjeront, & non autrement, percevoir la moitié des oblations & offrandes, tant
en argent qu'en cire.* L'art. 4 de la Déclaration de 1731,
a renouvellé la même difpofition, en confervant les Curés primitifs dans le droit de faire le Service divin les
quatre Fêtes folemnelles & le jour du Patron ; & fi
l'article fuivant fixe pareillement leurs droits utiles à la
moitié des oblations & offrandes, tant en cire qu'en
argent, il porte : *lefquels droits ils ne pourront percevoir
que lorfqu'ils feront le Service divin en perfonne aux jours
ci-deffus marqués.* Ce qui prouve clairement que le droit
de prendre la moitié des oblations n'eft accordé que
comme une fuite du Service divin, puifqu'il eft refufé
lorfque le Curé primitif n'officie pas, ce qui feroit in-

jufte fi les oblations étoient un droit principal, fubfiftant par lui-même & indépendant du Service divin.

40. Pour ce qui eft de la coutume de donner la qualité de Vicaire perpétuel à celui qui eft pourvu de la cure, nous croyons qu'elle eft fuffifante, pourvu que la preuve en foit faite fur des actes de poffeffion centenaire, conformément à la difpofition de l'art. z de la Déclaration de 1731.

41. Il en eft de même fi l'Eglife qui prétend le titre de Curé primitif en a pris la qualité, qu'elle lui ait été donnée pendant le temps marqué par l'art. z de la Déclaration de 1731, & que la preuve en foit établie fur des actes. 42. Les droits de Supériorité & la Juridiction fpirituelle exercée fur le Vicaire perpétuel eft encore un bon titre, pourvu que la même preuve en foit faite.

CHAPITRE X.

De la possession.

SOMMAIRES.

39. *La Déclaration de 1731*   *fes à la poffeffion cente-*
a affujetti toutes les Egli-   *naire établie fur des aftes.*

1. **N**OUS avons à examiner plufieurs difficultés pour éclaircir la matière de la poffeffion du titre de Curé primitif. 1°. Quels font les droits qui font fuffifans, afin que la poffeffion foit un titre. 2°. De quel temps doit être cette poffeffion. 3°. De quelle manière cette poffeffion doit être prouvée.

Voyez l'art. 2, de la Déclaration du 15 Janvier 1731.

2. Nous avons peu de chofe a ajouter touchant la première difficulté, parce que nous l'avons difcutée dans le chapitre précédent & ailleurs, & comme nous avons fait voir que le droit de préfenter à la Cure ou de la conférer, la perception des dixmes, des oblations & des prémices, & le droit de prendre un cens, une redevance ou une penfion font des marques équivoques & infuffifantes : la preuve de la poffeffion de tous ces droits conjointement ou féparément, ne fauroit être concluante pour établir le titre de Curé primitif. 3 Il n'y a donc que la poffeffion de faire le Service divin, avec la poffeffion de donner au Curé la qualité de Vicaire perpétuel, comme nous l'avons déjà dit, & enfin l'ufage de s'attribuer la qualité de Curé primitif ; & c'eft dans ce fens que doit être entendu l'art. 3 de la Déclaration du 5 Octobre 1726, & l'art. 4 de celle de 1731, qui parlent de la poffeffion comme d'un moyen pour prouver le titre de Curé primitif.

4. Sur la deuxième difficulté qui confifte à déterminer la durée de la poffeffion, & fa nature pour produire un titre de la qualité de Curé primitif. 5 Comme depuis la Déclaration du 15 Janvier 1731, il n'y a plus de diftinction à faire entre les Eglifes cathédrales ou collégiales & les autres, & qu'elles fe trouvent toutes également comprifes dans les mêmes difpofitions, il ne nous

reſte qu'à voir quelle doit être la durée de cette poſſeſſion.

6. Avant la Déclaration de 1726, la poſſeſſion de 40
années étoit ſuffiſante ſuivant le droit civil & le droit
canonique, parce qu'une telle preſcription ſert de titre.

7. Ce qui étoit fortifié par la diſpoſition de la Déclaration du 30 Juin 1690, qui maintenoit les Curés primitifs indiſtinctement s'ils avoient une poſſeſſion valable,
& cette poſſeſſion valable n'étoit autre que celle de 40
années, comme l'ont entendu les Auteurs qui ont écrit
depuis cette Déclaration du Roi, & entr'autres M. Duperray, dans ſon traité des droits honorifiques.

8. Mais cela a été changé par la Déclaration du 15
Janvier 1731, qui exige dans l'art. 2 une poſſeſſion juſtifiée avant cent ans; laquelle poſſeſſion a même beſoin
d'être non interrompue, ſelon l'art. 4 de la Déclaration
de 1726, qui en cela doit être obſervé, puiſqu'il n'y a
pas été dérogé par la Déclaration de 1731, comme nous
aurons ſoin de l'établir en ſon lieu. Il ne ſuffit donc pas
à préſent d'une poſſeſſion de 40 années, il faut qu'elle
ſoit de 100 années: la Loi eſt portée, il faut s'y ſou-
mettre & l'exécuter.

9. La Déclaration de 1726 voulant encore que la poſſeſſion ne ſoit pas interrompue, & celle de 1731 n'y
ayant pas dérogé, on peut former pluſieurs doutes rai-
ſonnables pour ſavoir de quelle manière cela doit être entendu. Faut-il que le Curé ait formé inſtance ou trou-
blé la poſſeſſion de celui qui ſe prétend Curé primitif?
Ou ſuffit-il, quand le Curé eſt demeuré dans l'inaction,
& n'a donné aucun trouble ni empêchement, que celui
qui veut ſe dire Curé primitif ait diſcontinué ſa poſſeſſion? Enfin ſi le Curé primitif juſtifioit avoir fait le Service divin une fois l'année, par exemple, & qu'il eut
négligé de le faire les autres Fêtes de la même année,
la poſſeſſion ſeroit-elle interrompue?

Auth. quas actiones Cod. de Sacro-ſanct. eccleſ. cap. 4, extr. de preſcript. Gibert inſtit. eccleſ. & Be-nef. part. 1, tit. 37, §. 2, p. 161.

Duperray, des droits ho-norifiques, liv. 2, ch. 1, n. 4, & dans ſes Notes ſur l'art. 4, de la Déclaration de 1726.

10. Ces doutes forment trois questions qui méritent d'être discutées. La première, s'il est nécessaire que le Curé titulaire agisse pour interrompre la prescription. La deuxième, si le Curé primitif doit prouver qu'il a fait le Service divin chaque année régulièrement. Et la troisième, s'il est obligé de prouver qu'il a fait ce Service à toutes les Fêtes solemnelles de chaque année.

11. On peut dire en faveur du Curé primitif sur la première question, que dès-aussitôt qu'il a prouvé le commencement de sa possession, elle se continue de droit & se conserve *solo animo*, sans qu'il soit besoin de nouveaux actes possessoires; car il est bien vrai que la possession ne peut être acquise que *corpore & animo*; mais d'une fois qu'on l'a acquise elle ne peut être perdue que *solo animo* non *corpore solo*, comme l'enseigne M. Cujas; de-là vient que le Curé titulaire pour interrompre la possession doit former instance, ou du moins empêcher que le Curé primitif ne fasse le Service, autrement la possession se continue.

L. 4, Cod. de acquir. & retinend. possessione.

L. 8, ff. de acquir. vel amitt. possess.

Cujas, ad tit. Cod. de acquir. & retin. possess. l. 4, Cod. eod.

12. Mais nonobstant ces raisons, il faut décider que le Curé titulaire n'a pas besoin d'agir ni de former des empêchemens, & des oppositions pour interrompre la possession; parce que ne s'agissant pas de l'acquisition d'un fonds dont la possession se retient *solo animo*, comme le décident dans ce cas les Loix opposées; mais d'un droit incorporel qui ne peut être acquis que par des titres dont l'existence est présumée par une possession non interrompue & un usage non discontinué, on ne peut pas dire que la possession soit *continuée & non interrompue*, à moins que celui qui prétend prescrire n'ait fait toutes les années des actes possessoires; car ce n'est que par ces actes réitérés qu'il peut établir le titre ou le faire présumer pour l'acquisition du droit par lui prétendu; ainsi le Curé titulaire n'a pas besoin d'agir pour interrompre la possession, lorsque le Curé primitif

L

ne fait pas un exercice actuel de son droit ; mais sa
possession se trouve interrompue naturellement dès-aussitôt qu'elle n'est pas continuée réellement & sans fiction,
il est même facile de comprendre que les mots & non
interrompue que l'on trouve dans la Déclaration de 1716
valent autant que s'il étoit fait mention d'une possession
non discontinuée.

13. Touchant la deuxième question, on peut dire en
faveur du Curé primitif qu'il lui suffit de prouver le
commencement & quelques années de sa possession dans
son progrès, & de justifier encore la possession actuelle, &
quelques années précédentes, parce que c'est une maxime
enseignée par les Auteurs, & qui est observée dans l'usage, 14 que *probatis extremis, media censentur probata* ; ainsi
quand le Curé primitif ne prouveroit pas sa possession
pendant certaines années intermédiaires, sa preuve seroit
suffisante ; d'autant mieux que la Déclaration de 1716
exige la preuve d'une possession justifiée avant cent ans,
& que s'il falloit rapporter une preuve exacte, année
par année d'un si long espace de temps, cela seroit impossible, & qu'on ne doit pas présumer que le Législateur
ait voulu charger les Curés primitifs de faire une preuve
impossible.

Guy-Pape, quæst. 629, n. 17. Mornac sur la Loi 16, Cod. de probat. Faber, dans son Code, lib. 4, tit. 15, defin. 46. Menochius, de præsumpt. lib. 6, præsumpt. 66.

15. Ces raisons, qui pourroient être bonnes dans toute
autre matière, ne doivent être d'aucune considération au
cas présent, & ne peuvent pas dispenser les Curés primitifs de rapporter une preuve exacte de la possession sans
aucune interruption ou discontinuation, suivant la Déclaration de 1716, & c'est ainsi que M. Duperray l'entend
avec raison ; car ce seroit en vain que la Déclaration du
Roi exigeroit de la part du Curé primitif un titre ou des
actes d'une possession justifiée avant cent ans, & non interrompue, si cette possession ne devoit pas être prouvée
par des actes continuels & non interrompus, & si le Curé
primitif en étoit quitte en prouvant quelques années du

Duperray, dans ses Notes sur la Déclaration de 1726, art. 4.

commencement, le progrès, & la poffeffion préfente : il faut donc pour y fatisfaire qu'il n'y ait aucun vuide dans la preuve de la poffeffion, tout comme il ne doit y avoir aucun vuide dans la poffeffion même ; car la preuve non interrompüe de la poffeffion eft auffi effentiellement requife, qu'il eft requis que la poffeffion ne foit point interrompue, & cela eft conforme aux principes du Droit Romain; car la Loi 2. *cod. de præfcript. longi temp.* 16 veut que la poffeffion foit continuée de la part du prefcrivant, & qu'elle ne foit pas interrompue de la part de celui qui fouffre la prefcription ; 17 que fi elle eft interrompue civilement, c'eft-à-dire par l'interpellation judiciaire, ou naturellement par la difcontinuation de la poffeffion, la prefcription doit commencer de nouveau, felon *M. d'Argentré, fur la Coutume de Bretagne, Charondas & plufieurs autres Auteurs*, & toutes les fois que la preuve de la poffeffion de tout le temps requis par la Déclaration du Roi n'eft pas prouvée, on ne peut pas dire qu'elle n'eft pas interrompue, & par conféquent elle eft inutile.

Argentré, art, 266, de interrupt. cap, 2, n. 1. Charondas en fes pandectes, liv. 2, ch. 2.

18. La maxime *probatis extremis, media cenfentur probata*, ne reçoit pas une jufte application au cas préfent, foit parce qu'il s'agit d'une matière odieufe, foit parce que la Déclaration du Roi veut qu'on rapporte des actes d'une poffeffion *non interrompue*, & par conféquent elle ordonne que la poffeffion non interrompue foit prouvée par actes, & non partie par actes, & partie par préfomption, ce qu'il faudroit admettre contre la difpofition de la Déclaration du Roi, fi l'on pouvoit faire ufage de la règle *probatis extremis, media cenfentur probata*.

19. La raifon prife de l'impoffibilité de faire cette preuve, ne mérite non plus aucune attention ; car fi l'on a véritablement poffédé, il n'eft pas impoffible de rapporter les actes de la poffeffion, comme la Loi du Prince l'exige, & la difficulté qu'il y a à remplir la preuve, ne doit pas être un fujet pour enfreindre la Loi qui a prévu l'incon-

vénient, & qui n'a pas laiffé de l'ordonner de la forte ; afin de déraciner par une fage difpofition, tous les abus qui s'étoient pratiqués dans cette matière, & qui pourroient s'introduire à l'avenir.

20. Les droits des Curés primitifs étant exorbitans, & la plupart ufurpés, on n'a voulu les conferver qu'à ceux qui auroient un titre légitime, ou du moins une poffeffion fi longue, & fi authentiquement prouvée, qu'il ne reftât aucun foupçon d'ufurpation, 21 & fi la Loi du Prince a exigé une preuve fi difficile, c'eft fans doute pour faire revenir les chofes aux termes du Droit commun, & exclure par la difficulté de la preuve, ceux dont le droit ne feroit pas inconteftable.

22. La poffeffion doit donc être continue & non interrompue, & la preuve de la poffeffion doit l'être de même, ce qui a lieu à l'égard de toute forte de Curés primitifs indiftinctement, avec cette différence néanmoins que les Eglifes Cathédrales ou Collégiales n'ont befoin que d'une poffeffion de 40 années, comme nous l'avons dit plus haut ; mais elle doit être prouvée avec la même continuité que celle des autres Eglifes qui prétendent avoir la Cure primitive.

23. Quant à la troifième queftion qui confifte à favoir fi le Curé primitif doit prouver qu'il a fait le Service à toutes les Fêtes folemnelles de chaque année, 24 il y a deux cas à confidérer. Le premier, lorfque le Curé primitif ne rapporte de preuve comme il a fait le Service qu'à certain jour précis de l'année, & que cette preuve eft uniforme & fe rapporte au même jour de chaque année. Et le fecond, lorfqu'il prouve qu'il a fait le Service à toutes les Fêtes folemnelles, certaines années ; & à l'égard de certaines autres, il ne prouve que de quelque jour, 25 au premier cas, quoiqu'il femble d'abord que la preuve eft fuffifante pour jouir des droits de faire le Service à toutes les Fêtes folemnelles, & le jour du Patron, parce

que selon Rebuffe la quasi-possession qui s'acquiert par un seul acte, s'étend aux autres actes semblables *ad alios actus similes illi quem exercuit* ; qu'ainsi le service fait à certaine fête, acquiert le droit de le faire à toutes les autres fêtes solemnelles, parce que les actes sont tout-à-fait semblables, & de même nature.

Rebuffe, in repetit. tit. de causâ poss. & proprietatis, n. 80.

26. Néanmoins il y a lieu de décider que le Curé primitif ne peut pas avoir prescrit au-delà de ce qu'il a possédé d'une manière uniforme & continue, suivant cette maxime *tantùm præscriptum quantùm possessum*, & que c'est la possession qui règle l'étendue du droit, tout comme le titre, lorsqu'il y en a, sans pouvoir en faire extension d'un droit à d'autres semblables, s'ils ne sont compris dans le titre, ou s'ils n'ont été possédés : enforte que le droit du Curé primitif doit être referré dans les bornes de ce qu'il a possédé & non au-delà, & si le Curé primitif n'est en possession que d'un jour pour officier, il n'aura qu'un jour, comme le remarque M. Duperray, des droits honorifiques, liv. 2, chap. 2, les priviléges des Curés primitifs, consistant dans la possession & non pas en droit ; & comme il n'est pas permis d'imposer des charges nouvelles, il n'est pas non plus licite d'augmenter les honneurs selon le même Auteur.

27. Quoique la Déclaration du Roi de 1690, celle de 1726 & celle de 1731, déclarent que le droit du Curé primitif consiste à faire le Service divin aux quatre Fêtes solemnelles & le jour du Patron, & de prendre la moitié des oblations, tant en argent qu'en cire les jours qu'il fera l'office ; elles ne sont pas contraires à notre décision, parce qu'elles ont borné les droits du Curé primitif, & n'ont pas eu intention de les étendre pour les Eglises qui jouissent des droits qui sont moindres que ceux qui sont marqués par les Déclarations du Roi. D'ailleurs elles exigent pour pouvoir les exercer, ou un titre, ou la possession : par où elles font comprendre que c'est par le

titre ou par la possession que ces droits doivent être réglés, & que les Curés primitifs n'en peuvent point prétendre d'autres.

28. A l'égard du second cas, il paroît plus difficile,
soit parce que comme nous l'avons dit plus haut, la preuve
que le Curé primitif est obligé de faire, doit être pleine
& exacte, & doit se rapporter au Service fait tous les
jours de Fête de chaque année, autrement il ne pourra
prétendre d'autre droit, que ceux qu'il aura littéralement
prouvés, soit parce que dans le doute il faut prendre le
parti de la liberté, & diminuer la servitude, autant qu'il est
possible, ou comme dit la Loi *Semper in obscuris quod
minimum est sequimur*; qu'ainsi le Curé primitif doit prouver non-seulement qu'il a fait le Service chaque année,
mais encore qu'il a fait chaque Fête solemnelle, & le jour
du Patron de chaque année.

L. 47, ff. de oblig. & actio. ib. l. 20, ff. de reg. juris. L. 9, ff. de reg. jur. cap. 30, de reg. jur, in 6°.

29. Toutefois il ne semble pas raisonnable d'en user avec
tant de rigueur, & pourvu que le Curé primitif prouve
que dans le temps le plus reculé, il a fait le Service à
toutes les Fêtes solemnelles & le jour du Patron, & que
cette preuve soit soutenue pendant plusieurs années, quoiqu'il ne rapportât des actes que du Service fait une seule
Fête certaines années, sa preuve devroit être considérée
comme suffisante. Car quoique régulièrement la possession
ne doive pas être présumée pour les années dont la preuve
n'est pas rapportée, & qu'il ne doive pas y avoir du
vuide dans la preuve de la possession, tout comme dans
la possession même, on ne doit pas en conclure qu'on
ne puisse pas présumer que le Service a été fait aux autres
Fêtes solemnelles, lorsqu'on prouve qu'il a été fait à une
Fête de la même année, ni que les Déclarations du Roi
ayent voulu assujettir le Curé primitif à rapporter exactement les preuves de la possession à chaque Fête solemnelle de toutes les années, parce qu'il y a une grande
différence d'un cas à l'autre; mais leur esprit est d'exiger

la preuve d'une poffeffion non interrompue dans la fuite des années. Que fi les actes de la poffeffion ne font pas rapportés pour établir que le Service divin a été fait chaque Fête folemnelle, c'eft parce qu'ils peuvent s'être égarés par des accidens dont le Curé primitif né doit pas fouffrir ; en un mot, il fuffit de dire que la Déclaration de 1726 qui étend beaucoup la durée de la poffeffion, veut bien qu'elle ne foit pas interrompue par la difcontinuation des années, mais elle ne dit rien, non plus que la Déclaration de 1731, d'où l'on puiffe induire qu'elle exige auffi, que la preuve ne doive pas être difcontinuée, par rapport au nombre des Fêtes folemnelles qui fe trouvent dans chaque année, & comme le Droit Romain, ni même le Droit canonique, n'exigent pas une preuve fi exacte de la poffeffion, il n'eft pas jufte de l'exiger du Curé primitif, puifqu'il n'y a point de Loi qui l'y foumette.

30. Pour ce qui eft du droit de prendre la moitié des oblations, fi le Curé primitif n'a point de titre, & qu'il n'ait que la poffeffion de faire le Service divin ; le droit de Curé primitif qui réfulte de cette poffeffion, ne doit point s'étendre à la perception de la moitié des offrandes, par les mêmes raifons que nous avons touchées ci-deffus, & à caufe de la maxime *tantùm præfcriptum quantùm poffeffum;*
31 mais en fera-t-il de même s'il a un titre pour établir le droit de Curé primitif fans qu'il ait la poffeffion de prendre part aux oblations ? C'eft une queftion que nous réfoudrons lorfque nous parlerons des droits qui appartiennent aux Curés primitifs; c'eft-à-dire au Chapitre 12 de ce traité.

32. Il nous refte à éclaircir la troifième difficulté que nous avons propofée au commencement de ce chapitre, laquelle confifte à favoir de quelle manière la poffeffion doit être prouvée. 33. Premièrement, nous difons que la preuve de la qualité du Vicaire perpétuel donnée au Prê-

tre qui sert la Paroisse , doit être faite par toutes les Eglises indistinctement , en rapportant les actes de collation
ou de préfentation ; 34 & qu'à l'égard du Service divin ,
quoique felon le Droit commun & la difpofition de la
Déclaration du 30 Juin 1690 , il ne fut pas nécessaire que
cette pofsession fut prouvée par actes ; ce qui faifoit qu'a-
lors la preuve teftimoniale pouvoit fuppléer au défaut
des actes , 53 néanmoins cela a été corrigé par la Déclaration du 15 Janvier 1731 , qui a introduit un droit nouveau
à l'égard de toutes les Eglifes indistinctement , en les af-
fujettissant à faire la preuve de leur pofsession par actes ;
ainsi il eft évident que cette Loi nouvelle exclut formellement la preuve teftimoniale ; car elle veut qu'on foit
obligé en tout état de caufe de rapporter un titre fpécial
pour établir le droit de Curé primitif , lorfqu'elle porte
à l'article 2 : *Ne pourront prendre le titre de Curés primitifs*
que ceux dont les droits feront établis , foit fur des titres cano-
niques , actes ou tranfactions , valablement autorifés , ou Ar-
rêts contradictoires ; foit fur des actes de pofseffion centenaire.
Par où il eft clair qu'afin qu'on puisse confidérer la pof-
fession comme un titre fuffifant pour établir le droit de
Curé primitif , il faut non - feulement qu'elle foit du caractère & de la durée requife par cette Déclaration ,
mais encore qu'elle foit juftifiée par actes , & toute autre
manière de la prouver eft inutile , parce que la Loi étant
conçue en termes négatifs , elle exclut toute autre voie
quand même elle feroit équipollente.

36. Il y a cette différence entre la Déclaration de 1716
& celle de 1731 , que la première n'exigeoit une preuve
centenaire & non interrompue , que des Eglifes qui n'é-
toient pas cathédrales , ou collégiales feulement , & à
l'égard de celles-ci , elle laissoit les chofes au même état
où elles étoient auparavant ; ce qui faifoit que la durée
de la pofseffion n'étant pas étendue pour elles ; & celle de
40 ans leur fuffifant felon le droit commun & la Décla-

ration de 1690 , on regardoit ces Eglises comme dispensées de rapporter des actes pour justifier leur possession ;
& par conséquent on croyoit la preuve testimoniale suffisante à leur égard, nonobstant l'Ordonnance de Mou-
lins , & celle de 1667 ; 37 parce que ces Ordonnances
n'excluent pas la preuve testimoniale des faits , mais seulement des conventions, comme l'enseignent M. d'Argentré , Danty, Bornier & plusieurs autres. Or la possession
étant un pur fait , & ne consistant même qu'en fait
dans cette matière, il s'ensuit que la preuve testimoniale est recevable aux termes du Droit commun, n'y
ayant point de Loi qui l'exclue dans ce cas, à l'égard des
Eglises cathédrales ou collégiales. 38 Mais la Déclaration
du 15 Janvier 1731 ayant compris également dans sa disposition à l'art. 2 , & les Eglises cathédrales ou collégiales ,
& les autres, selon ce nouveau droit, les premières sont
exclues de la preuve testimoniale , tout comme les autres : elles sont toutes astreintes à justifier leur possession
centenaire & non interrompue sur des actes & non autrement.

Argentré, sur l'art. 176 , de la nouvelle Coutume de Bretagne , Danty , sur Boiceau, de la preuve par témoins, part. 1 , ch. 1 , n. 3, Bornier sur l'art. 2 , du titre 20 de l'Ordonnance de 1667.

CHAPITRE XI.

Par quels Actes le droit de Curé primitif peut être prouvé.

S'il suffit de prouver qu'on a servi anciennement la Cure.

SOMMAIRES.

n'admet pour titres vala-
bles que les Arrêts & non
les Sentences.
22. Le Titre spécial doit être
remis en tout état de cause.

s'il suffit de prouver que
l'on a fait anciennement le
service de la Paroisse.
24. Des Eglises cathédrales
ou collégiales.

1. NOus avons expliqué dans les chapitres précédens quelles sont les causes pour acquérir le titre de Curé primitif ; nous avons parlé de l'établissement du Vicaire
perpétuel ; de l'union des Paroisses aux autres Eglises ;
de l'érection des paroisses en cathédrales, collégiales ou
monastères ; de l'acquisition des paroisses faites par les
monastères, ou par les autres Eglises, par donation,
concession ou autrement ; de la collation ou présentation
à la cure, perception des dixmes, prémices, oblations,
du droit de faire le service divin & autres droits. Nous
avons réduit ces causes à la possession de faire le service divin, & à la possession de prendre le titre de Curé
primitif, & de l'établir sur des actes de possession centenaire de la qualité marquée à l'art. 1 de la Déclaration
de 1731. Il faut voir présentement quels sont les actes qui
sont suffisans pour prouver tous ces différens moyens.

2. A considérer les choses dans l'état où elles étoient
avant la Déclaration de 1726, la condition des Eglises
cathédrales ou collégiales, n'étoit pas différente de celle
des autres églises ou monastères, les mêmes titres ser-
voient pour les uns & pour les autres ; même possession,
même forme de prouver la possession ; tout étoit égal
comme nous l'avons expliqué dans les précédens chapitres ; le Droit commun n'avoit fait aucune distinction ;
la Déclaration du 30 Juin 1690, mettoit encore toutes
les Eglises de niveau touchant le titre de Curé primitif ;
car elle n'exigeoit qu'un titre sans en marquer l'espèce
particulière ni la nature, ou la possession valable, sans
en marquer non plus ni la durée, ni la forme de la prou-

ver : enforte que cette Déclaration s'en rapportoit totalement au droit commun à cet égard.

3. La Déclaration de 1726, laiſſoit bien les choſes au même état où elles étoient auparavant à l'égard des Egliſes cathédrales ou collégiales dont les droits, prééminences, uſages & poſſeſſions étoient conſervés par l'art. 7 de la même Déclaration ; mais l'art. 4 faiſoit des changemens conſidérables à l'égard des autres Egliſes qui prétendoient le droit de Curé primitif ; 1°. en exigeant un titre ſpécial ou une poſſeſſion juſtifiée par aĉtes avant cent ans & non interrompue. 2°. En marquant quels ſont les titres qui ſont réputés valables à cet effet & en rejetant tous les autres qui n'étoient pas de la qualité marquée par cet article 4, qui porte : *& ne ſeront réputés valables à cet effet autres titres que les Bulles des Papes, Décrets des Archevêques ou Evêques, Lettres-Patentes des Rois nos prédéceſſeurs, ou aĉtes d'une poſſeſſion juſtifiée avant cent ans, & non interrompue.*

4. L'uniformité qui régnoit avant la Déclaration de 1726 pour toutes les Egliſes indiſtinĉtement, a été rétablie par la nouvelle Déclaration du 15 Janvier 1731, article 2, dont la diſpoſition a été encore renouvellée & confirmée par l'art. 8 de l'Edit du Roi de 1768, concernant les portions congrues. Cet article porte, conformément à l'art 2 de la Déclaration de 1731 que : *ne ſeront réputés Curés primitifs que ceux dont les droits ſeront établis, ſoit par des titres canoniques, aĉtes ou tranſaĉtions valablement autoriſés, ou Arrêts contradiĉtoires, ſoit ſur des aĉtes de poſſeſſion centenaire.* Voilà les ſeuls titres valables qu'on peut produire avec ſuccès pour prouver le droit de Curé primitif en faveur de toutes les Egliſes indiſtinĉtément. Tous les autres ſont inſuffiſans & inutiles, parce que la nouvelle Loi du Prince le déclare expreſſément ; & que ſa diſpoſition étant conçue en termes négatifs & excluſifs, il faut y ſatisfaire *in formâ ſpecificâ*, en rapportant des

actes de la qualité y exprimée, & tous autres actes équipollens feroient inutiles & rejetables.

5. On pourroit demander ce que le Légiflateur a entendu dire en exigeant un titre canonique ; mais la Déclaration de 1726 nous fournit la folution de cette queftion, lorf- qu'elle dit : *ne feront réputés valables à cet effet autres titres que les Bulles des Papes, Décrets des Archevêques ou Evêques, Lettres-Patentes des Rois*, &c. C'eft ce que la Déclaration de 1731 a entendu dire par le mot titres canoniques.

Duperray fur l'art. 4, de la Déclaration de 1726.

6. M. Duperray, dans fes notes fur l'art. 4 de la Déclaration de 1726, obferve que la qualification des titres qu'on explique dans cet article étant limitée, il en faut rapporter de la qualité propofée par la Déclaration, & les autres titres feroient inutiles. 7 Il ajoute néanmoins, que fi la fondation avoit été faite à cette condition, le droit de Curé primitif feroit bien fondé, parce que ce feroit une condition qu'on ne pourroit pas féparer de la fubftance du titre.

Mais s'il étoit poffible que la fondation eût été faite avec réfervation du droit de Curé primitif, par d'autres titres que ceux exprimés par la Déclaration, & qu'elle n'eût pas été autorifée par un Décret de l'Evêque, il faudroit la rejeter, & n'y avoir aucun égard, faute de preuve fuffifante, fuivant les termes de la Déclaration.

8. Cette Déclaration de 1726, portoit fa difpofition jufqu'à rejeter les tranfactions ou autres actes, & les Sentences ou Arrêts qui pourroient avoir été rendus en faveur des Curés primitifs. 9 Mais la Déclaration de 1731, les a au contraire déclaré des titres fuffifans pour établir la qualité de Curé primitif, pourvu, felon l'art. 2, que les actes ou tranfactions foient *valablement autorifés*, & que les Arrêts foient *contradictoires*.

10. Cette difpofition donne lieu à un doute qu'il eft effentiel d'examiner. C'eft de favoir quelle doit être cette autorifation valable des actes ou tranfactions. 11 Premiè-

rement, une des conditions néceffaires pour autorifer les actes ou tranfactions, c'eft qu'ils ayent été fuivis de l'exécution qui peut feule les faire confidérer comme fuffifans & de même poids que les Bulles des Papes, les Décrets des Archevêques ou Evêques, & les Lettres-Patentes des Rois.

12. Une feconde condition qui eft abfolument néceffaire, c'eft que ces actes ou tranfactions foient revêtus de toutes les formalités qui doivent précéder ou fuivre les actes concernant la matière en queftion, lefquelles formalités font prefcrites par les Canons & les Loix, foit pour les rendre valables, foit pour qu'elles lient les fucceffeurs, en faifant préfumer un établiffement légitime du droit de Curé primitif, dont la preuve peut s'être perdue dans l'intervalle du temps qui s'eft paffé depuis les actes jufqu'à la conteftation formée en juftice fur le même droit.

13. Comme la tranfaction eft une efpèce d'aliénation des droits de l'Eglife, & qu'il s'agit de divifer le titre de la Cure, & de l'affujetir à une efpèce de fervitude contraire à l'efprit des canons, il femble d'abord qu'il faut obferver les mêmes formalités qui font néceffaires pour la validité de l'aliénation des biens immeubles de l'Eglife, autrement les tranfactions ne peuvent pas être regardées comme authentiques, ce qui eft néceffaire pour leur autorifation.

14. Mais comme il y a plufieurs formalités prefcrites pour aliéner valablement les immeubles de l'Eglife, qu'il n'eft pas poffible de pratiquer lorfqu'il ne s'agit que de tranfiger ou de paffer d'autres actes pour reconnoître le droit de Curé primitif, comme font par exemple la néceffité ou utilité de l'aliénation juftifiée par les informations *de commodo & incommodo*, & autres femblables, il eft difficile de déterminer précifément quelles font les

formalités néceffaires, & qu'eft-ce qu'il faut faire avant
que de les paffer.

15. Le plus fûr eft donc de s'en tenir à la Déclaration
de 1731, qui exige feulement que les actes & tranfactions
foient valablement autorifés. Ce qui fait préfumer qu'il
n'eft pas befoin que ces actes foient précédés d'aucunes
formalités ; mais feulement d'être autorifés après qu'ils
font paffés, & ils ne peuvent l'être valablement, comme
l'on fait, qu'autant qu'ils font homologués par l'Evêque
ou par le Pape, afin dè les réalifer, & qu'ils lient les
fucceffeurs fuivant la difpofition du droit canon.

16. A l'égard des Arrêts, il faut auffi qu'ils foient contradictoires pour établir les droits de Curé primitif. S'ils
avoient été rendus en défaut ou par collufion, ils ne
feroient pas authentiques, ni par conféquent de la qualité requife par la Déclaration de 1731 ; & ne pourroient
pas acquérir l'autorité néceffaire pour les faire confidérer
comme des titres fuffifans ; ce qui a fon fondement dans
le droit Romain, 17 car la chofe jugée avec l'héritier
qui ne s'eft pas défendu ou qui a colludé, ne nuit pas
aux Légataires, quoiqu'il en fut autrement, s'il s'étoit
défendu.

18. Il en eft de même lorfque les Arrêts font rendus
contre le Tuteur d'un pupille, ou le Curateur d'un im-
bécille ou furieux, fi fa caufe a été défendue par le Tuteur ou Curateur, mais non pas fi le Tuteur ou Curateur ont fait défaut ou colludé.

19. Et pour nous approcher de notre efpèce, il en eft
encore de même des Sentences ou Arrêts rendus contre
les Prélats ou autres Bénéficiers ; car comme l'enfeigne
M. le Préfident Faber, dans fon Codè, la chofe jugée
contradictoirement avec le Prélat ou autre Bénéficier, nuit
au fucceffeur au Bénéficè ; 20 mais fi l'Arrêt a été rendu
par défaut au par collufion, le droit du fucceffeur demeure dans fon entier, fans même qu'il ait befoin d'im-

pétrer Requête civile envers l'Arrêt collufoire ou par défaut : *fed hoc ità*, dit cet Auteur, *fi non per Prælati contumaciam, aut collufionem judicatum fit ; his enìm cafi-bus falvam fuccefsori defenfionem effe convenit, adeò ut etiamfi Senatus - Confulto decifa res fuerit, non indigeat fuccessor civili fupplicatione, nimirùm favore Ecclefiæ cui nocere improbi Prælati contumaciam aut collufionem, non oportet, quominùs ex integro de partium jure cognofcatur.*

20. La raifon de tout cela eft, parce que les Jugemens & Arrêts font à la vérité exempts de fufpicion quand la caufe a été défendue légitimément, mais s'ils font ren-dus par défaut ou fur une défenfe collufoire, ils ne font plus regardés comme l'ouvrage des Juges qui font pré-fumés tenir toujours la balance à la main ; pour rendre la juftice due aux parties, mais comme une fuite du confentement exprès ou tacite des parties ; ce qui fait qu'ils ne font pas plus authentique que les actes qui pro-cèdent de la feule volonté des parties, fans y avoir ob-fervé les formalités prefcrites par les Loix & les Canons.

21. Il faut remarquer que la Déclaration de 1731 n'ad-met, pour établir le titre de Curé primitif que les Arrêts qui doivent être contradictoires, comme nous venons de dire, & non les Sentences qui étoient réputées valables par la Déclaration de 1726, en quoi il a été dérogé.

22. Il nous refte à obferver que les Eglifes, qui pré-tendent le droit de Curé primitif, font obligées indiftincte-ment fuivant l'art. 2 de la Déclaration de 1731, de re-mettre le titre fpécial fur lequel elles fe fondent, & que cette remife peut être demandée en tout état de caufe, & toutes les fois que le Curé titulaire la demandera, foit en première inftance, ou en caufe d'appel, fans que celui qui fe prétend Curé primitif, lui puiffe oppofer des fins de non-recevoir pour n'avoir pas demandé cette remife *in li-mine litis* comme l'a remarqué M. Duperray dans fes notes fur cet article.

Duperray, fur l'art. 4, de la Déclaration de 1726.

23.

24. Nous avons peu de chose à dire pour l'éclairciffement de la deuxième question qui fait le sujet de ce Chapitre, car elle se trouve décidée par les observations que
nous avons faites ci-deffus. En effet si les Eglises qui
prétendent le titre de Curés primitifs doivent rapporter
un titre spécial, & de la qualité que nous avons expliquée, ou prouver pas actes une poffeffion de cent ans ;
pour établir le droit de Curé primitif, & que la Déclaration de 1736, ait exclu toute autre voie, comme il eſt inconteſtable, n'eſt-il pas évident qu'il ne fuffiroit pas de
prouver, que les prédéceſſeurs du Bénéficier ou du
Monaſtère, (qui prétendent le droit de Curé primitif,
avoient anciennement ſervi la Paroiſſe; parce que la Déclaration du Roi n'a pas mis ce moyen au nombre de ceux
qui ſont recevables pour établir le titre de Curé primitif ; qu'ainſi il a été formellement exclus par la diſpoſition
négative, dont l'art. 1 de cette Déclaration eſt conçue.

25. Pour ce qui eſt des Egliſes Cathédrales ou Collégiales, la preuve comme les Chanoines avoient fait autrefois le ſervice de la Paroiſſe, ſeroit un argument très-
fort du Droit de Curé primitif, pourvu qu'elle fut poſtérieure à l'établiſſement général des Paroiſſes ; car cela
prouveroit qu'il n'avoit point été établi un Curé en titre,
lors de la diſtinction des Paroiſſes, & que la Cure avoit
été laiſſée ſous l'adminiſtration des Chanoines, leſquels s'en
étoient déchargés dans la ſuite ſur la tête d'un Vicaire
perpétuel, lequel argument équipolleroit à une preuve
complète, s'il étoit prouvé à même-temps que le Chapitre étoit en poſſeſſion de quelque marque de ſupériorité
ſur la Cure ou de partie des fonctions Curiales ; car cela
ne laiſſeroit aucun lieu de douter de l'établiſſement du Vicaire
perpétuel, comme nous l'avons remarqué ſur la fin du ch. 5.

Il ne faut pas perdre de vue qu'il n'y a plus de diſtinctions à faire entre les Egliſes Cathédrales & Collégiales, & celles qui ſont d'une autre nature ; puiſqu'elles

M

font toutes à préfent d'une même nature & que felon les expreſſions de l'art. 2 de la Déclaration du 15 Janvier 1731, ne pourront prendre le titre de Curé primitif, que ceux dont les droits feront établis , foit par des titres Canoniques , Actes ou Tranſactions valablement autoriſés ou Arrêts contradictoires, foit fur des actes de poſſeſſion centenaire , toutefois Sa Majeſté n'entend point exclure les moyens & voies de Droit qui pourroient avoir lieu contre leſdits Actes & Arrêts, leſquels feront cependant exécutés juſqu'à ce qu'il en ait été autrement ordonné, foit définitivement ou par proviſion par les Juges qui en doivent connoître.

CHAPITRE XII.

Quels font les droits des Curés primitifs.

SOMMAIRES.

M 2

1. ANCIENNEMENT on a diſtingué les droits des Curés primitifs en deux claſſes ; les uns étoient honorifiques, les autres utiles ; & comme les Paroiſſes avoient été données ou unies aux Monaſtères & aux autres Egliſes, tant pour le ſpirituel que pour le temporel, ainſi que nous l'avons remarqué, 2 les Curés primitifs prenoient tout le temporel & les droits utiles, & ſe contentoient de laiſſer une médiocre portion des fruits ou un certain revenu annuel pour la ſubſiſtance des Prêtres auxquels le ſoin des ames étoit confié, laquelle étoit ſi modique qu'elle étoit inſuffiſante pour entretenir les Prêtres ; enforte que pour remédier à cet abus, les Conciles, 3 & particulièrement celui de Latran, tenu ſous le Pape Innocent III, dont le Décret eſt rapporté aux Décrétales de Grégoire IX, ordonnèrent de laiſſer aux Prêtres, ſervans les Paroiſſes, une portion ſuffiſante pour leur entretien ; ſtatuimus (ut conſuetudine qualibet Epiſcopi, vel patroni ; ſeu cujuſlibet alterius non obſtante.) portio Præsbiteris ipſis ſufficiens aſſignetur.

Cap. 30. extr. de præbendis.

4. Malgré les précautions & les ſages règlemens faits en divers temps par les Conciles dont nous avons parlé au chapitre 2, les Monaſtères & les autres Egliſes ſe

maintinrent dans l'ufage, ou plutôt dans l'abus de faire
administrer les Paroiffes, qui leur avoient été données ou
unies par des Prêtres amovibles, auxquels elles ne don-
noient qu'un certain revenu, & prenoient tout le refte. 5 Le
Roi Louis XIII voulant remédier à cet abus, ordonna

Ordonnance
de 1629, art.
12.

que les Cures qui étoient unies aux Abbayes, Prieurés,
Eglifes cathédrales ou collégiales, *feroient dorénavant te-*
nues à part, à titre de Vicariat perpétuel, fans qu'à l'a-
venir lefdites Eglifes puffent prendre fur icelles Cures au-
tres droits qu'honoraires, fi mieux lefdites Eglifes & au-
tres Bénéfices dont dépendent lefdites Cures, n'aiment four-
nir auxdits Curés la fomme de 300 liv. par an, dont fera
fait inftance envers notre Saint Père le Pape.

6. Cette Ordonnance réduit donc les Curés primitifs
aux feuls droits honoraires, & veut qu'ils abandonnent
aux Curés-Vicaires perpétuels tous les droits utiles, fi
mieux ils n'aiment leur fournir la fomme de 300 liv. par
une efpèce d'abonnement des droits utiles.

7. Cette Ordonnance ne fut exécutée qu'en partie, &
l'on en éluda l'exécution par une diftinction que l'on
avoit imaginée auparavant ; 8 car toutes les fois que la

Voyez Re-
buffe, in praxi
de Vicar. per-
pet. n. 6. Ca-
tellan, liv. 1,
ch. 67, Gon-
zales fur la rè-
gle de menfi-
bus & alterna-
tiva Gloff. §.
3, n. 49. Tho-
maffin, part.
4, liv. 1, ch.
29, n. 11, &
fuprà, ch. 2.

Cure étoit fervie fous le même toît, on croyoit qu'il
n'étoit pas néceffaire qu'elle fut tenue à part & à titre
de Vicariat perpétuel, quoique l'Ordonnance de 1629
l'eut prefcrit fans diftinction, & l'on ne croyoit néceffaire l'établiffement du Vicaire perpétuel que quand le
Service ne fe faifoit pas fous le même toît.

9. Depuis eft furvenue la Déclaration du Roi du 29
Janvier 1686, qui veut que *toutes les Cures unies à des*
chapitres ou autres Communautés Eccléfiaftiques, & celles
où il y a des Curés primitifs, foient defservies par des Cu-
rés ou Vicaires perpétuels, qui feront pourvus en titre,
fans que l'on y puiffe mettre à l'avenir des Prêtres amo-
vibles fous quelque prétexte que ce puiffe être.

10. Elle enjoint à tous ceux qui ont commis des Vi-

caires amovibles de *préfenter aux Ordinaires des lieux dans trois mois des Prêtres capables d'être pourvus en titre, & durant leur vie defdites Cures ou Vicairies perpétuelles, & à faute de ce faire, Sa Majefté ordonne qu'il y fera pourvu par les Archevêques & Evêques chacun dans leur Diocèfe de perfonnes qu'ils eftimeront dignes par leur probité & par leur fuffifance.*

11. Cette Déclaration qui a été exécutée par toutes les Eglifes, à l'exception de certaines Communautés régulières, 12 qui en ont obtenu la difpenfe par des Arrêts du Confeil privé, a procuré l'exécution des Canons, qui avoient ordonné l'établiffement des Vicaires perpétuels qu'on avoit éludé jufqu'alors fous divers prétextes.

Quelles font ces Communautés qui ont obtenu difpenfe. Voyez Duperray, des portions congrues, ch. 25. Gibert, inftit. Ecclef. & Benef. part. 1, tit. 35, p. 152, & fuprà ch. 2. V. Thomaffin, part. 4, liv. 1, ch. 29.

13. L'Ordonnance de 1629 n'ayant pas expliqué en quoi devoient confifter les droits honoraires qu'elle réferve aux Eglifes auxquelles les cures font unies, les Députés du Clergé dans la conférence qu'ils eurent avec Monfieur le Chancelier, affifté de MM. de Roiffy, Bullion, Aubry & Fouquet, Confeillers d'Etat, pour l'éclairciffement des difficultés propofées par l'Affemblée contre plufieurs chefs de cette Ordonnance, réfolurent fur l'art. 12 ; comme le remarque Fevret, que fous ces mots *de droits honoraires* feroient compris ; favoir 1°. *de fe pouvoir dire Curés primitifs ; 2°. d'avoir droit de préfentation à la cure ; 3°. de pouvoir dire la Meffe les quatre principales Fêtes de l'année & le jour du Patron de l'Eglife, fans y pouvoir adminiftrer les Sacremens.*

Fevret, de l'abus, liv. 2, ch. 4, n. 38.

14. Nonobftant ce règlement, les Monaftères & autres Eglifes qui avoient le titre de Curé primitif, s'étoient fait maintenir dans plufieurs autres droits par les Arrêts des Cours Souveraines qui font rapportés dans nos livres, & particulièrement par Néron, dans le Journal des Audiences en plufieurs endroits, & dans le Livre qui a pour titre, *le Droit écrit & jugé entre les Curés primitifs & leurs Vicaires perpétuels,* imprimé à Paris chez

Nicolas Beffin en 1655. Ils font rappellés en abrégé dans le Traité des *Droits honorifiques de Maréchal*, tom. 1, *pag.* 491 *& fuivantes*; on pourra les voir dans les originaux qui y font indiqués.

15. Et comme la Jurifprudence de ces Arrêts n'étoit pas uniforme, & que les uns adjugeoient de plus grands droits & les autres en accordoient des moindres, felon la diverfité des ufages, pour concilier cette diverfité, 16 les Auteurs avoient établi pour maxime que les titres, la poffeffion, l'ufage ou la Coutume, devoient être les règles de ces droits, ajoutant néanmoins, 17 que le droit ordinaire des Curés primitifs eft la célébration du Service divin les quatre grandes Fêtes de l'année & le jour du Patron.

Dubois, maximes canoniques, part. 1, ch. 4. Simon, des Droits honorifiques, tit. 14 de Héricourt dans fes Loix Eccléfiaftiques part. 3 ch. 9 max. 21. Duperray, des Droits honorifiques, liv. 2, ch. 2.

18. Quoique MM. Simon, Duperray &, Héricourt ayent écrit depuis la Déclaration du 30 Juin 1690, ils ont pourtant fuivi la maxime établie par les Arrêts précédens, que c'étoit la poffeffion & l'ufage qui devoit régler ces droits à défaut de titre, & n'ont pas examiné fi la Déclaration de 1690 n'avoit pas porté quelque changement ou reftriction à l'ufage fuivi par les Arrêts précédens, lorfqu'elle dit : *Pourront néanmoins les Curés primitifs, s'ils ont titre ou poffeffion valable, continuer de faire le Service divin aux quatre Fêtes folemnelles & le jour du Patron* ; cependant c'étoit une queftion affez importante pour mériter d'être difcutée ; & il ne femble pas même douteux que cette Déclaration n'eut dérogé à l'ancienne Jurifprudence des Arrêts, en ce qu'ils ont attribué le droit de faire le Service divin à certaines autres Fêtes, que celles qui font exprimées dans la Déclaration de 1690.

Gibert, inftit, Ecclef. & Benef. part. 1, tit. 37, §. 2, P. 160.

19. M. Gibert examine cette difficulté, fi après la Déclaration de 1690, les Curés primitifs peuvent prétendre d'autres droits honorifiques, que celui de faire le Service divin aux quatre Fêtes folemnelles, & au jour

du Patron. Il dit que pour résoudre cette difficulté, il faut
savoir qu'il y a trois sortes de droits honorifiques, 20
qui peuvent appartenir au Curé primitif ; les uns s'exercent sur la Cure même, ce sont les droits de conférer ou
de présenter, & ces droits sont expressément attribués
aux Curés primitifs par la Déclaration du 29 Janvier
1686, qui ordonne l'établissement des Vicaires perpétuels
à la place des Vicaires amovibles ; mais ceci mérite une
explication particulière que nous ferons dans la suite.

21 La seconde sorte de droits qui peuvent apparte-
nir aux Curés primitifs, sont ceux qui s'exercent dans   Gibert, *ibid.*
l'Eglise Curiale : tels sont, 1°. la célébration du Service
divin aux quatre Fêtes solemnelles, & au jour du Patron. 2°. La bénédiction solemnelle des Fonts-Baptismaux
à Pâques, & à la Pentecôte ; celle des Cierges, à la
Purification ; celle des Cendres, le premier jour du Carême ; celle des Rameaux, le premier jour de la quinzaine de Pâques.

22. Enfin la troisième sorte de droits qui peuvent appartenir aux Curés primitifs, est de ceux qui s'exercent dans   Gibert, *ibid.*
le district de la Paroisse, comme la levée des corps des
défunts, & les Processions ; tous lesquels droits sont ad-
jugés par certains Arrêts.

23. Il faut encore savoir, ajoute cet Auteur, qu'il
paroît par l'exposé de la Déclaration dont il s'agit, que   Gibert, *ibid.*
les contestations qu'il y avoit entre les Curés primitifs
& les Vicaires perpétuels, ne regardoient d'autres choses que les portions congrues, les offrandes & les
autres droits casuels, & par le dispositif, que la clause dé-
rogatoire aux transactions, abonnemens, possessions, Sentences & Arrêts, ne regarde que la perception des offrandes, des rétributions casuelles & des obits, & fondations,
& nullement les Droits honorifiques prétendus par les
Curés primitifs ; ainsi les Arrêts cités touchant ces droits
subsistent encore.

24. D'où le même Auteur conclut, que les Curés primitifs ne peuvent prétendre d'autres droits honorifiques concernant le Service divin, que ceux nommément exprimés dans la Déclaration de 1690; mais il dit à même-temps; que cette Déclaration n'a pas dérogé aux autres droits attribués par les Arrêts précédens, & qui ne regardent pas le Service divin, tels que font les bénédictions, la levée des corps des perfonnes décédées, la collation ou la préfentation.

25. Il importe peu, ajoute encore le même Auteur, qu'il y ait des Arrêts qui donnent plus de jours de fervice divin à certains Monaftères, ou chapitres Curés primitifs, & que la Déclaration ne déroge pas expreffément à ces Arrêts; car comme la matière eft favorable, puifqu'il s'agit de réduire les chofes au droit commun, la dérogation expreffe n'a pas été néceffaire; mais il a fuffi d'y déroger tacitement, en déterminant & en bornant les jours auxquels il feroit permis de faire le Service divin; à quoi le Roi a été porté pour établir l'uniformité dans un point fi important; car les Arrêts avoient donné plus aux uns qu'aux autres, y étant contraints par l'inégalité, & la diverfité de la poffeffion.

Gibert, ibid.

Gibert, ibid. §. 3. p. 162.

26. La même Déclaration de 1690 avoit encore dérogé à l'ufage & aux anciens Arrêts touchant les oblations; car elle ne permet aux Curés primitifs, indiftinctement, 27 & fans excepter les Eglifes Cathédrales ou collégiales, de prendre que la moitié des oblations les jours qu'ils feront le Service divin aux quatre Fêtes folemnelles, & le jour du Patron, & non autrement; elle porte même une dérogation expreffe à cet égard à toutes tranfactions, abonnemens, poffeffions, Sentences & Arrêts; cependant les Arrêts précédens avoient adjugé à certains Monaftères ou chapitres, toutes les oblations; c'étoit encore un point à obferver par les Auteurs modernes, en établiffant pour maxime que les titres, la poffeffion

l'ufage ou la coutume devoient régler les droits utiles des Curés primitifs.

28. La Déclaration du 5 Octobre 1716 a porté la dérogation beaucoup plus loin que celle de 1690 , puifqu'elle a réduit toutes les fonctions , prééminences , droits honorifiques, ou utiles des Curés primitifs , à la feule faculté de faire le Service divin les quatre Fêtes folemnelles , & le jour du Patron , & à percevoir la moitié des oblations & offrandes , tant en argent qu'en cire , quand ils officieront , & non autrement , elle porte à l'art. 3 : *que toutes fonctions , prééminences , droits honorifiques , ou utiles prétendus par les Curés primitifs de quelque nature qu'ils puiffent être , foient à l'avenir , & pour toujours , réduits comme nous les réduifons par ces préfentes , à la feule faculté de faire le Service divin les quatre Fêtes folemnelles & le jour du Patron , s'ils ont titre & poffeffion valables à cet effet , ainfi qu'il fera expliqué par l'article fuivant , fans qu'ils puiffent lefdits jours prétendre adminiftrer les Sacremens , ou prêcher fans une miffion fpéciale des Evêques : pourront cependant lefdits jours feulement , & quand ils officieront , & non autrement , percevoir la moitié des oblations & offrandes , tant en argent qu'en cire , l'autre moitié demeurant auxdits Curés Vicaires perpétuels , & ce , nonobftant tous ufages , abonnemens , Tranfactions , Jugemens & autres titres à ce contraires , que nous déclarons à cet effet nuls & de nul effet.*

Pour faire connoître le véritable efprit de cet article, & réfoudre les difficultés qui peuvent être formées touchant fa difpofition , nous obferverons , 1°. 29 que tous les droits , tant honorifiques qu'utiles , qui pouvoient être prétendus par les Curés primitifs fous quelque caufe , ou prétexte que ce foit , font fixés & réduits à ceux qui font exprimés dans l'art. 5 de la Déclaration du 15 Janvier 1731 , qui porte : *les droits utiles defdits Curés primitifs demeureront fixés à la moitié des oblations & offran-*

des, tant en cire qu'en argent, l'autre moitié demeurant au Vicaire perpétuel, lesquels droits ils ne pourront percevoir que lorsqu'ils feront le Service divin en personne, aux jours ci-dessus marqués, le tout à moins que lesdits droits n'ayent été autrement réglés en faveur des Curés primitifs ou des Vicaires perpétuels, par des tiires Canoniques, actes ou transactions valablement autorisés, Arréts contradictoires ou actes de possession centenaire. Tous autres droits sont emportés & anéantis nonobstant tous usages, abonnemens, Transactions, Jugemens & autres titres, ce qui comprend en général même la fondation ; ainsi il ne faut plus recourir à la distinction que l'on faisoit aupa-

Mémoires du Clergé imprimés en 1716, tom. 3, p. 786, n. 6. ravant, & que les Compilateurs des Mémoires du Clergé ont remarquée, entre les prétentions qui ne regardent que la distinction que les Curés primitifs se sont attribués ou qu'on a voulu leur donner, avec certains usages qui ont été introduits & conservés, plus pour l'édification des Fidelles, & pour entretenir la piété des peuples, qu'en considération des Curés primitifs, & tous ces droits ; d'où qu'ils procèdent, & quelle qu'en puisse être la source, sont abrogés & anéantis par la disposition de cette Déclaration qui exclut formellement tous les autres droits honorifiques ou utiles, fonctions & prééminences, ce qui ne laisse rien à excepter sans violer la Loi.

30. 2°. Que les Eglises cathédrales ou collégiales sont exceptées par l'article 14. de la même Déclaration qui les maintient dans les usages, honneurs & distinction dont elles sont en possession même de prêcher avec la permission de l'Evêque certains jours de l'année : elles ont donc conservé tous leurs droits honoriques, 31 que les titres ou les usages & la possession leur attribuent, à l'exception néanmoins des

Voyez l'art. 4, de la Déclaration du 15 Janvier 1731. deux points auxquels nous avons remarqué plus haut que la Déclaration de 1690 avoit dérogé ; savoir de faire le Service divin à un plus grand nombre de Fêtes que les quatre solemnelles & le jour du Patron, & de percevoir les entières

oblations ; car puifque l'art. 1 de la Déclaration de 1726,
confirme expreffément celle de 1690, pour tous les chefs,
où il n'y eft pas dérogé; la réfervation contenue dans l'art. 7
de la Déclaration de 1726, ne peut pas avoir fait revivre
des droits qui avoient été fupprimés auparavant, n'ayant
fait que confirmer ceux qui fubfiftoient lors de cette Déclaration ; on doit dire la même chofe à l'égard de celle
du 15 Janvier 1731.

32. De-là vient qu'il eft affez indifférent de favoir fi
la Déclaration de 1726, a décidé ou non, que les Eglifes Cathédrales ou Collégiales ne pouvoient prétendre
comme Curés primitifs d'autres droits que ceux qui font
fpécifiés dans l'art. 3 parce que les autres leur étant expreffément réfervés, conformément aux ufages ou à la
poffeffion centenaire, prouvée par actes fuivant la Déclaration du 15 Janvier 1731, qui a corrigé celle de 1726.
Il importe peu de favoir à quel titre ils leur appartiennent, pourvu qu'ils leur appartiennent véritablement par
les titres ou par la poffeffion.

La Déclara- tion du 15 Janvier 1731, met les Egli- fes Cathédra- les & Collégia- les au niveau des autres, & ne leur réferve que les prée- minences, ho- neurs & dif- tinctions dont elles font en poffeffion. V. infr. le chap. 24.

33. 3°. Il s'enfuit de la première réflexion que nous
avons faite ci-deffus, que les Curés primitifs autres que les *Voyez le ch. 24. infr.*
Eglifes Cathédrales ou Collégiales, font privés d'une in-
finité de droits dont ils jouiffoient avant la Déclaration de
1726, tels font la Bénédiction folemnelle des Fonts-Bap-
tifmaux à Pâques, & à la Pentecôte ; celle des Cendres, le
premier jour de Carême ; celle des cierges, à la Purification ; celle des Rameaux, le premier jour de la quinzaine de Pâques, & celle des Cimetières qui fe fait le
jour des Trépaffés ; le droit de faire quitter l'Etole au Curé
Vicaire perpétuel, ou d'être reçu avec l'Etole, lorfqu'ils
viendront faire le fervice ; le droit de faire l'office pour
es Confréries, & de permettre d'appliquer des plaques,
ou des épitaphes ; d'arrêter & ordonner l'ordre des proceffions des Jubilés, ou autres occafions publiques, &
d'exiger que les Curés Vicaires perpétuels viennent pren-

dre ces ordres des Curés primitifs, & autres chofes qui en font une fuite, d'obliger les Curés-Vicaires perpétuels d'affifter aux premières Vêpres, & aux grandes Meffes des Monaftères & de recevoir en chape les Curés primitifs avec la Croix, les cierges allumés, & encenfement, le droit d'exiger le ferment des Curés-Vicaires perpé-tuels, & tous autres de quelque nature qu'ils puiffent être, mais il en eft autrement des Eglifes Cathédrales ou Collégiales, lefquelles doivent être maintenues dans tous ces droits, comme nous avons dit lorfqu'elles ont titre ou poffeffion valable, & non autrement.

Voyez l'art. 14 de la Dé-claration du 15 Janvier 1731.

34, 4°. Mais lorfque la Déclaration de 1731 dit, que les droits utiles font réduits à la feule faculté de pren-dre la moitié des offrandes & oblations les jours feule-ment que les Curés primitifs feront le Service divin, & non autrement, elle n'entend pas les exclure de la per-ception des dixmes, prémices, rentes ou redevances dont ils jouiffent dans la Paroiffe ; car ces fruits & revenus peuvent leur appartenir à autre titre que celui de Curé primitif : voilà pourquoi il ne faut pas les confondre avec ceux qui pouvoient être confidérés comme une fuite du droit de Curé primitif comme étoient les oblations, & autres droits cafuels.

L'art. 5, de la Déclaration du 15 Janvier 1731, réferve à tous les Cu-rés primitifs les droits uti-les réglés par des titres ca-noniques, Ac-tes ou Tran-factions autori-fés, Arrêts contradictoi-res, ou Actes de poffeffion contenaire. Duperray, fur l'art. 3, de la Déclaration de 1726, V. infr. n. 103.

35. 5°. Que fi les offrandes faites les jours des quatre Fêtes annuelles ou du Patron, confiftent en autres cho-fes qu'en argent ou en cire, les Curés primitifs n'y peu-vent prétendre aucune part, ce qui a lieu même à l'é-gard des Eglifes Cathédrales ou Collégiales, parce que la Déclaration de 1690, n'accorde aux Curés primitifs in-diftinctement, fans excepter les Cathédrales ou Collégia-les, que le droit de prendre les oblations tant en argent qu'en cire, par où elle les exclut de prendre part aux autres oblations, 36 & cela eft confirmé par la Décla-ration de 1726, à plus forte raifon les Curés primitifs quels qu'ils foient peuvent-ils moins prétendre aux obla-tions

tions de quelque efpèce quelles folent qui font faites pendant le courant de l'année felon *M. Gibert, dans fes Inftitutions Eccléfiaftiques & Bénéficiales, part. 1, tit. 37, §. 3, pag. 161.*

37. 6°. Les quatre Fêtes folemnelles, dont parlent les Déclarations de 1690, 1726 & 1731, font celles de Noel, de Pâques, de la Pentecôte, & de tous les Saints, comme l'a remarqué M. Gibert dans le même endroit.

38. 7°. Suffit-il d'être Curé primitif pour pouvoir être reçu à faire le Service divin aux Fêtes marquées par les Déclarations du Roi, quoiqu'on n'ait point de titre ni de poffeffion du Service divin : cette queftion a été agitée & décidée à l'avantage des Curés titulaires. M. Fuet, dans fon traité des matières Bénéficiales, rapporte trois Arrêts du Grand Confeil ou du Parlement de Paris, des 7 Juillet 1673, 20 Septembre 1678, & 16 Mars 1691, qu'il foutient avoir adjugé le titre de Curé primitif fans aucune fonction, ou du moins en accordant les droits dont les Curés primitifs étoient en poffeffion. On leur a refufé celui de faire le Service divin aux quatre Fêtes folemnelles & le jour du Patron, ce qui paroît avoir été jugé de même par l'Arrêt du 18 Mars 1730, rendu entre le Chapitre & le Sacriftain de l'Eglife Métropolitaine de Ste. Marie d'Auch, ci-deffus rapporté, puifque le Chapitre n'a été maintenu qu'à la feule qualité de Curé primitif fans autres droits, quoiqu'il les eut demandés expreffément, comme on le trouve dans la qualité de cet Arrêt.

40. M. Gibert a cru de même, que les Curés primitifs, ne pouvoient prétendre le droit de faire le Service divin, s'ils n'avoient un titre provenant de la réfervation faite dans l'érection de la Vicaire perpétuelle, ou de quelque Tranfaction ou Concordat, ou de quelque Arrêt, ou bien une poffeffion valable, ce qu'il fonde fur la

Gibert, inf. tit. Ecclef. & Benef. part. 1. tit. 37. §. 2. p. 161.

Fuet, liv. 2. ch. 10.

N

Déclaration de 1690 qui, felon lui, eft une preuve, que l'honneur qui eft attribué par cette Déclaration aux Curés primitifs, ne leur eft pas dû de droit commun, puifqu'ils ont befoin du droit particulier, naiffant de quelque titre propre ou de poffeffion valable.

Duperray, des Droits honorifiques, liv. 2. ch. 2. n. 3.

41. M. Duperray eft encore du même avis, fa raifon, outre la Déclaration de 1690, eft que les priviléges des Curés primitifs confiftent dans une poffeffion & non pas en droit, fuivant l'autorité d'Innocent IV, qui dit qu'il faut fuivre la coutume.

42. Cela peut être confirmé par l'art. 3 de la Déclaration de 1726, qui après avoir réglé & réduit les droits des Curés primitifs à la feule faculté de faire le Service divin les quatre Fêtes annuelles & le jour du Patron, ajoute : *s'ils ont titre & poffeffion valables à cet effet, ainfi qu'il fera expliqué par l'article fuivant : il paroît même que cet article* a voulu réduire les droits établis ; mais il n'a pas voulu en introduire des nouveaux, non établis par titre & poffeffion valables.

43. On peut tirer encore un argument très-fort de l'article 4 de la même Déclaration de 1726, qui porte, *le titre & les droits de Curés primitifs, ne pouvant être acquis légitimément qu'en vertu, &c.* On voit que ces termes diftinguent le titre, c'eft-à-dire la qualité d'avec les droits des Curés primitifs, & que les uns & les autres doivent être établis fur un titre fpécial ou fur une poffeffion de cent ans : qu'ainfi il ne fuffit pas d'avoir établi le titre ou la qualité de Curé primitif ; mais il faut pour pouvoir être reçu à faire le Service divin, que ce droit foit établi fur un titre fpécial ou fur la poffeffion, & même à fuivre littéralement la difpofition de l'art. 3 ; il faudroit rapporter un titre, & prouver une poffeffion valable.

44. Au contraire, on peut dire en faveur des Curés primitifs, que s'ils n'ont pas le droit de faire le Service

divin aux quatre Fêtes annuelles , & le jour du Patron ,
ayant été dépouillés de tous les autres droits dont ils pouvoient jouir auparavant en vertu de leurs titres , ou de
la poffeffion , le titre & la qualité de Curé primitif leur
fera abfolument inutile & infructueufe , puifqu'il ne leur
refte plus aucun autre droit , que celui de faire le Service
divin , & de prendre la moitié des oblations en argent
ou en cire , ce n'eft même que pour les jours qu'ils·feront
le Service & non autrement , lequel droit étant retranché , il ne leur reftera qu'un vain fantôme , & une fumée
d'honneur fans aucun attribut ni effet.

45. Or on comprend bien que l'intention de Sa Majefté a été de dépouiller de tous les droits , & même
du titre de Curé primitif , ceux qui pourroient l'avoir
ufurpé , & qui n'auroient pas des titres fuffifans pour
faire comprendre qu'il avoit été légitimément établi ;
mais on ne peut pas raifonnablement penfer qu'après
avoir pris tant de précautions pour diftinguer les bons
d'avec les mauvais titres , les Curés primitifs qui feroient
fondés légitimément d'avec ceux dont les titres feroient
fufpects d'ufurpation , Sa Majefté n'ait voulu laiffer aux
Curés primitifs , ainfi mis à l'épreuve , qu'un vain titre fans honneur , fonction ni exercice ; mais il faut
croire que la preuve du titre de Curé primitif doit attirer après foi le droit de faire le Service divin aux quatre Fêtes annuelles & le jour du Patron , comme un
attribut & une fuite du titre ; & c'eft fans doute par
cette raifon que Sa Majefté a retranché tous les autres
droits , & leur a laiffé , par une efpèce d'échange ou
de dédommagement , celui de faire le Service divin aux
quatre Fêtes annuelles & le jour du Patron , fans qu'il
foit néceffaire ni de rapporter un titre attributif du Service divin , ni de prouver la poffeffion.

46. Cela paroît d'autant plus vraifemblable que l'art.

5 de la même Déclaration, & l'art. 3 de celle de 1751,
induifent à le penfer ainfi. En effet, le dernier article
porte que *les Abbés, Prieurs ou autres pourvus, foit en
titre ou en commende du Bénéfice auquel la qualité de Curé
primitif fera attachée, pourront feuls & à l'exclufion des
Communautés établies dans leurs Abbayes, Prieurés ou autres Bénéfices, prendre ledit titre de Curés primitifs & en
exercer les fonctions, ce qu'ils ne pourront faire qu'en perfonne, & ainfi qu'elles ont été réglées par l'art. 3 du préfent règlement*: le même article ajoute, *le tout fans qu'aucunes prefcriptions puiffent être ci-après alléguées contre les
Abbés, Prieurs & autres Bénéficiers*, &c.

Pour peu qu'on réfléchiffe, on s'apperçoit que quand
cet article dit *que ceux qui auroient droit de Curés primitifs, pourront en prendre le titre & en exercer les fonctions, il fait comprendre que les* Curés primitifs, qui rapportent des preuves de leur titre ou de leur droit qui
font fynonimes dans cet endroit, pourront non-feulement en prendre le titre ou la qualité, mais encore en
exercer les fonctions réglées & réduites par l'art. 4; car
c'eft en cela feul que l'art. 5 s'y rapporte, & nullement
quant à la forme de la preuve, c'eft-à-dire, qu'ils pourront faire le Service divin les quatre Fêtes annuelles &
le jour du Patron, & percevoir la moitié des oblations
en argent & en cire les jours qu'ils officieront & non
autrement; & fi l'intention de Sa Majefté n'avoit pas
été telle, elle fe feroit expliquée différemment, & auroit
parlé de manière à faire comprendre qu'il étoit néceffaire de prouver, non-feulement le titre de Curé primitif, mais encore les droits qui y font attribués: &
d'ailleurs, puifqu'on ne peut oppofer aucune prefcription aux Curés primitifs qui auront négligé de faire le
Service, comment peut-on prétendre qu'ils ayent befoin
de prouver la poffeffion.

47. On peut répondre aux autorités ramenées pour soutenir l'opinion contraire. Premièrement, que depuis les Arrêts qui ont décidé qu'il falloit titre ou possession pour pouvoir faire le Service divin, les choses ont changé, puisque les Curés primitifs étoient maintenus aux droits établis par titres ou possession ; on tenoit même pour maxime que c'étoit la possession qui les régloit, au lieu que présentement toute sorte de droits, excepté le Service divin ont été abrogés, & que la possession n'est plus un titre, du moins pour les droits abrogés ; de-là vient que le fond & les principes de la Jurisprudence, suivie par les anciens Arrêts, ayant changé, leur décision devient inutile.

48. En second lieu, on peut appliquer la même réponse à la Déclaration de 1690, lors de laquelle les autres droits subsistant encore, le titre de Curé primitif n'étoit pas infructueux, quoique le droit de faire le Service divin, peut être refusé faute de titre ou de possession.

49. D'ailleurs, les mots que l'on trouve dans la Déclaration de 1690, *s'ils ont titre ou possession valable*, doivent être rapportés, non à la fonction & au Service divin, mais bien au titre de Curé primitif, & que la Déclaration veut dire que quand on rapportera des titres, ou qu'on prouvera une possession valable pour établir la qualité de Curés primitifs, ils pourront continuer de faire le Service divin ; & c'est l'explication la plus naturelle qu'on puisse lui donner.

L'art. 4. de la Déclaration du 15 Janvier 1731, semble autoriser cette réflexion.

50. En troisième lieu, l'art. 3, de la Déclaration de 1726, est susceptible de la même explication qu'on vient de donner à celle de 1690, c'est-à-dire, que les mots *s'ils ont titre & possession valables à cet effet*, doivent se rapporter au titre de Curé primitif, & non au Service divin ; ce qui paroît si vrai, que la preuve en résulte clairement du même article, lorsqu'il dit : *ainsi qu'il sera expliqué par l'article*

ſuivant ; or l'article 4 , qui ſuit immédiatement , & auquel
le troiſième ſe' référe , ne coñtient aucune explication au
ſujet des titres ou de la poſſeſſion néceſſaire pour établir le
droit de faire le Service Divin , mais ſeulement pour ce
qui concerne la preuve du titre de Curé primitif , ce qui
fournit une preuve très-forte qu'il ne s'agit pas dans l'art.
3 , de la preuve ou de la poſſeſſion de faire le Service
divin ; mais ſeulement du titre de Curé primitif.

51. D'autant mieux qu'il ne ſemble pas raiſonnable de
penſer que l'art. 3 ait requis une preuve plus forte du droit
de faire le Service divin , que pour établir le titre de Curé
primitif ; cependant en entendant cet article autrement
que nous l'expliquons , cela arriveroit , parce que l'art.
3 exige le titre , & la poſſeſſion *cumulative* ; & l'exige de
la manière expliquée dans l'art. 4 ; cependant cet article
4 n'exige pour la preuve de la qualité de Curé primitif ,
qu'un titre ſpécial ou une poſſeſſion de cent ans , prouvée
par actes ; & comme il n'eſt pas raiſonnable de penſer que
Sa Majeſté ait voulu exiger une preuve plus forte du droit
de faire le Service divin , 52 que de la qualité de Curé
primitif , que même il n'y a pas apparence que l'intention
de la Loi ſoit d'obliger celui qui prouve la qualité de Curé
primitif , rapporte encore une preuve du droit de faire le
Service divin , toute ſemblable à celle qu'on exige de celui
qui ne prouve pas le titre de Curé primitif ; car le premier eſt bien plus favorable que l'autre : il eſt indiſpen-
ſable pour éviter cet inconvénient , que l'on faſſe rapporter à la qualité de Curé primitif les mots *s'ils ont titre & poſſeſſion valables* , & non au droit de faire le Service divin ,
& en donnant cette explication à l'art. 3 , il s'enſuit que le
droit de faire le Service Divin eſt une ſuite & un attribut
du titre de Curé primitif , ſans qu'il ſoit beſoin de l'établir
par titre ou poſſeſſion.

53. En quatrième lieu , à l'égard de l'art. 4 , de la Dé-

claration de 1716, les mots *le titre & les droits de Curé primitif*, qu'on y lit, font employés pour fignifier la même chofe ; c'eft-à-dire la qualité de Curé primitif, ce que le même article fait comprendre d'une manière à ne laiffer aucun doute, lorfqu'il dit *faute de quoi ils ne pourront être reçus à le prétendre* ; car les mots, *le prétendre*, ne peuvent s'appliquer qu'au titre de Curé primitif, autrement il auroit fallu dire, *les prétendre* pour pouvoir fe rapporter au titre & aux droits pris féparément : il eft donc vrai que le titre & les droits font ici des termes fynonimes ; ainfi le titre de Curé primitif étant une fois établi, le Service Divin vient comme un attribut & une dépendance naturelle du titre , fans autre preuve ni poffeffion.

54. Après cela, il eft inutile de dire que l'intention du Roi a été de réduire les droits déjà établis, & non pas d'en introduire de nouveaux non établis ; car comme prefque tous les Auteurs avoient remarqué que le Service Divin étoit le droit ordinaire, ou du moins le plus ordinaire du titre de Curé primitif : pour faire ceffer la diverfité fur cette matière, tant dans la Jurifprudence que dans les ufages des Eglifes, 55 le Roi a attribué comme une fuite & une dépendance naturelle du titre de Curé primitif, le droit de faire le Service Divin, comme le plus généralement reçu, & qui étoit même accordé par le règlement fait entre les Commiffaires du Roi & les députés de l'Affemblée du Clergé, dont nous avons fait mention au nomb. 13, 46, & l'a attribué à tous ceux qui établiront leur qualité pour les dédommager de tous les autres droits fupprimés, & pour fervir en quelque manière de remplacement. Après avoir pefé toutes les raifons que nous venons de toucher, nous fommes fi embarraffés, que nous n'ofons prendre aucun parti : il feroit à fouhaiter que Sa Majefté levât ce doute par une Déclaration claire & précife. Nous obferverons néanmoins que la première opinion qui a les

Arrêts & la Lettre de la Déclaration de 1726 pour fon‑
dement, doit prévaloir, quoique le fentiment contraire ne
manque pas de raifons plaufibles, & fe trouve fondé fur
le règlement dont nous venons de parler, qui déclare le
Service divin être une fuite de la qualité de Curé pri‑
mitif,

58. Mais à fuppofer que la première opinion foit
reçue, faudra-t-il que les Curés primitifs, pour pouvoir
être reçus à faire le Service divin rapportent des titres, &
qu'ils juftifient encore de la poffeffion ? La feule poffeffion
de faire le Service divin, jointe avec le titre de Curé pri‑
mitif, feroit-elle fuffifante ? & quelle devroit être la durée
de cette poffeffion jointe avec le titre de Curé primitif? En
examinant ces trois difficultés, on trouve des inconvéniens,
& même des contradiƈtions apparentes dans les différentes
difpofitions de la Déclaration de 1726, qui s'évanouiffent
néanmoins en l'expliquant en faveur des Curés primitifs,
& contre la première opinion.

59. L'article 3 exige titre & poffeffion valables *cumu‑*
lative, & l'un fans l'autre ne fuffit pas à fuivre littéralement
la difpofition de cet article ; mais la Déclaration de 1731
n'exige que l'un ou l'autre, le titre ou la poffeffion va‑
lables.

L'art. 4. de la Déclaration du 15 Janvier 1731, n'exige que le titre ou la poffeffion valable.

60. L'article 4 fe contente d'un titre fpécial ou d'une
poffeffion de cent ans prouvée par aƈtes. 61. Il y a donc
une contradiƈtion apparente dans ces deux articles, parce
que l'un demande le titre & la poffeffion tout enfemble,
& l'autre ne demande que le titre ou la poffeffion féparé‑
ment.

62. L'art. 4 n'admet pas même toute forte de titres,
car il porte, *ne feront réputés valables à cet effet autres titres*
que les Bulles des Papes, Décrets des Archevêques ou Evé‑
ques, Lettres‑Patentes des Rois nos Prédéceffeurs, ou Aƈtes
d'une poffeffion juftifiée avant cent ans, & non interrompue

que fi on le rapporte, de même que l'art. 3, au droit de faire le Service divin, de même qu'au titre de Curé primitif, 63 il faudra que le Curé primitif pour être reçu à faire le Service divin rapporte, 1°. un titre fpécial de la qualité de Curé primitif, lequel titre doit être du nombre de ceux qui font exprimés dans l'art. 4, car tous les autres font rejetés.

2°. Un titre fpécial & de la même qualité, du droit de faire le Service divin. 3°. Il faut encore qu'il juftifie par Actes d'une poffeffion avant cent ans & non interrompue : tout cela eft requis conjointement & cumulativement, felon la lettre de l'art. 3. 64. Il y aura donc plus de difficulté de prouver le droit de faire le Service divin, qui dans tous les temps a été confidéré comme un droit ordinaire du titre & de la qualité de Curé primitif, que s'il s'agit de prouver le titre de Curé primitif qui eft le principal, & qui fait la divifion & féparation de la Cure ; car il pourra être prouvé par un titre fpécial feulement, ou par une poffeffion de cent ans, juftifiée par actes & non interrompue, par où la Loi fera moins tendue pour la preuve du principal, que fur la preuve de l'acceffoire. Mais felon l'art. 4, de la Déclaration du 15 Janvier 1731, tous les Curés primitifs indiftinctement, n'ont befoin que de la poffeffion valable pour avoir droit de continuer de faire le Service divin.

65. Il eft vrai que l'antinomie que l'on découvre dans ces deux articles fe réfout, en convertiffant en disjonctive la copulative employée dans l'art. 3, mais il reftera encore cet autre inconvénient ; favoir, 66 que celui qui aura établi fon titre de Curé primitif, ne fera pas traité plus favorablement que celui qui ne l'aura pas juftifié, puifqu'il devra également rapporter un titre fpécial, du nombre de ceux qui font mentionnés dans l'art. 4, pour établir le droit de faire le Service divin, ou prouver par actes une poffeffion centenaire & non interrompue, ce qui ne peut

pas être vraifemblablement l'intention de la Loi ; 67 car
celui qui rapporte un titre du droit principal , n'eft pas
obligé de rapporter un nouveau titre pour les acceffoires ou
attributs de ce droit , mais de faire valoir qu'il en jouit actuellement ; 68 car la feule poffeffion actuelle fuffit pour
les faire confidérer comme un acceffoire & une dépendance , d'autant mieux que fuivant le règlement rapporté
ci-deffus au nomb. 13 , le Service Divin a été déclaré un
attribut du titre de Curé primitif ; 69 & quand le droit
de faire le Service Divin ne feroit pas un acceffoire du titre
de Curé primitif , du moins une poffeffion quarantenaire
fuffiroit , parce qu'une telle poffeffion équipolle à un titre ,
fuivant la difpofition des textes canoniques , & que c'eft
la poffeffion valable dont parle la Déclaration de 1690 ,
& celle de 1731 , art. 4.

70. Que fi le Curé primitif rapporte un titre du droit
de faire le Service divin , il n'a pas befoin de prouver
la poffeffion centenaire , ni même aucune poffeffion ,
parce que l'art. 4 doit fervir d'interprétation à l'art. 3 ,
& qu'en rapportant même , au droit de faire le Service
divin , la difpofition de l'art. 4 , il n'exige qu'un titre
fpécial fans qu'il foit accompagné de la poffeffion , d'autant mieux que l'art. 4 de la Déclaration de 1731 , laiffe
le choix du titre ou de la poffeffion.

71. Et pour nous réduire en peu de paroles fur ces
difficultés , notre avis eft , 1°. que celui qui a établi le
titre de Curé primitif n'eft pas obligé de rapporter un
titre du droit de faire le Service divin ou de prouver
la poffeffion. 2°. Que s'il rapporte un titre fpécial du
droit de faire le Service divin , ce titre fans poffeffion
fuffira. 3°. Que s'il ne rapporte pas de titre pour prouver le droit de faire le Service divin , il lui fuffit d'établir la qualité de Curé primitif par un titre fpécial , &
du nombre de ceux qui font énoncés dans l'art. 4 , &

qu'il prouve fa poffeffion de 40 ans, 72 de faire le Service divin aux quatre Fêtes annuelles & le jour du Patron, pour que ce droit doive lui être adjugé. 4°. Nous eftimons encore qu'il fuffit que le Curé primitif rapporte un titre ou qu'il juftifie de la poffeffion pour établir le droit de faire le Service divin, afin qu'il foit fondé à prendre la moitié des Offrandes, tant en argent qu'en cire, quand il fera le Service, quoiqu'il n'eut point de poffeffion à cet égard avant la Déclaration de 1726, parce que cette Déclaration attribue la moitié des oblations comme une fuite & un acceffoire naturel du Service divin.

73. 5°. De cela feul, que l'art. 4 de la Déclaration de 1731, réduit toutes les fonctions, prééminences, droits honorifiques ou utiles à la feule faculté de faire le Service divin les quatre Fêtes annuelles & le jour du Patron; il s'enfuit clairement que toute adminiftration des Sacremens, & toutes autres fonctions curiales font interdites aux Curés primitifs, autres que les Eglifes cathédrales ou collégiales, même les Eglifes cathédrales ou collégiales ne font maintenues qu'aux fonctions, droits & prééminences, dans lefquelles elles fe font confervées par leurs titres ou la poffeffion.

74. Ceci n'eft qu'une confirmation du Droit commun, des anciennes Ordonnances & du fentiment des Auteurs dans l'établiffement originaire des Vicaires perpétuels; toutes les fonctions curiales 75 & l'adminiftration des Sacremens, ont été attribuées aux Vicaires perpétuels, & les Curés originaires ou primitifs en ont été déchargés ou dépouillés, ne s'étant réfervé que les revenus de la cure & certains droits honoraires, cela s'eft encore pratiqué, lorfque les cures ont été unies aux Monaftères ou autres Eglifes; 76 enforte qu'il n'y a aucune différence que du nom feulement entre les Vicaires perpétuels &

V. Cap. extirpandæ 30. §. quid verò extr. de Præbendis cap. 1 de Capell. Monach. Rebuffe, in praxi, tit. de Vicariis perpetuis n. 1. Van-Efpen, juris Ecclef.

univerf. tit.
34. cap. 1 n.
28. Chabanel,
de l'antiquité
des Eglifes
Paroiffiales
ch. 8.
Rebuffe, ibid.
n. 14. Van-
Efpen, ibid.
n. 27. Gonza-
les fur la rè-
gle de menfi-
bus & altern.
glolf. 5, §. 3,
n. 19 & feqq.
Van-Efpen,
ibid. n. 29,31.

les Curés en titre ; 77 car la Vicairie perpétuelle eſt un vrai Bénéfice en titre, de la même nature que les autres Curés en titre ; & ce qui eſt dit de celle-ci a lieu à l'égard des Vicairies perpétuelles, comme le prouve la *Clementine unique, de officio Vicarii* ; 78 & les Curés primitifs n'ont confervé que le feul nom de Pafteurs, *Paf- tores non re fed nomine funt*, dit *Van-Efpen*, & plus bas il ajoute, *jus igitur primitivorum Paſtorum nequaquam fpeɕtat curam animarum, imò nequidem eo titulo, admi- niſtrationi Sacramentorum, aut alteri fonɕtioni Paſtorali ; fe immifcere poſſunt.*

79. Le Concile de Bordeaux, tenu en 1624, par M. le Cardinal de Sourdis Primat d'Aquitaine, en a fait un Décret particulier, qui porte : *ac præterea cum ad nos relatum fit plures Sacerdotes feculares, & regulares, in- dulta fæpè obtinere, ut confeſſiones audiant, & hæreſi, irregularitatibus, & aliis caſibus fanɕtæ fedi refervatis ab- folvant, eaque poteſtate utantur fine liçentia ordinariorum, ac etiam non deeſſe, qui eo folo nomine, quod fint Par- rochi eccleſiarum primitivi Sacramenta adminiſtrare præfu- munt, prohibemus nequis virtute cujuſlibet indulti (excep- tis indultis pænitentiariæ fecretis) aut cujufvis tituli pri- mitivi Parrochi, præpofiti, aut alterius qualitatis prætex- tu, quælibet Sacramenta adminiſtrare poſſit abſque previa approbatione ordinarii, & licentiâ obtentâ : ſècus contrave- nientes omnes interdiɕto feriantur.*

Ordonnance
de 1729. art.
12.

80. L'Ordonnance de Louis XIII l'avoit réglé de mê- me, en réduifant les Curés primitifs aux feuls droits ho- noraires, 81 & l'art. 3 de la Déclaration de 1726 leur défend encore d'adminiſtrer les Sacremens, ou de prê- cher les jours qu'ils feront l'Office, fans une Miffion fpéciale de l'Evêque ; mais le même article le leur per- met à ces jours feulement par une difpofition tacite, pourvu qu'ils ayent une Miffion fpéciale de l'Evêque,

82 ce qui fait ceſſer la difficulté agitée par M. Gibert, *Gibert, inſtit. Ecclef. & Be- nef. part. 1, tit. 37, §. 4.*
ſi ſous le nom de Service divin que la Déclaration de
1690 permettoit aux Curés primitifs l'adminiſtration
des Sacremens & la Prédication étoient compriſes. 83,
& quoique cet Auteur ait diſtingué l'adminiſtration des
Sacremens, qu'il a cru n'appartenir pas aux Curés primitifs, les jours qu'il leur eſt permis de faire le Service divin, d'avec la Prédication, qu'il a décidé leur
être permiſe, il n'y a plus aucune diſtinction à faire ;
84 car ils ne peuvent ni prêcher, ni adminiſtrer les
Sacremens, à moins qu'ils n'en ayent obtenu une Miſſion ſpéciale & particulière pour cela de l'Evêque ; mais
la Miſſion ſpéciale leur donne ce droit aux jours ſeulement qu'ils font le Service, tant en vertu du Décret du
Concile de Bordeaux, que nous avons rapporté plus haut,
que de la Déclaration de 1726.

. 85. Il nous reſte à déterminer en quoi conſiſte le Service divin que les Déclarations de 1690 & de 1726 permettent aux Curés primitifs de faire les quatre Fêtes ſolemnelles & le jour du Patron : les mots *Service divin*
dont parlent les Déclarations, ſont ſynonimes avec les *Gibert, inſtit. Ecclef. & Be- nef. part. 1, tit. 37, §. 4, p. 163.*
mots *Office divin*, ſelon la remarque de M. Gibert, &
par Office divin on entend communément la Meſſe, &
les heures canoniales, ainſi il n'y a point de doute que
les Curés primitifs ne puiſſent Officier à la Meſſe, à
Vêpres & autres heures canoniales qui ſont célébrées
dans les Paroiſſes de leur dépendance ; 86 les Procef-
ſions & aſſemblées publiques de dévotion qui font en- *Art. 5 de la Déclaration de 1726.*
core une partie du Service divin, & ſi l'uſage eſt d'en
faire dans les Paroiſſes les jours des Fêtes annuelles ou
du Patron, les Curés primitifs en faiſant le Service divin pourront préſider & officier à ces Proceſſions & af-
ſemblées publiques ; 87 mais ils ne pourront pas faire
le Prône, parce qu'encore qu'on le faſſe pendant le Ser-

vice divin, c'eſt plutôt une fonction curiale qui n'appartient point aux Curés primitifs, qu'une ſuite & une dépendance du Service divin, de même que la prédication ; & comme les Curés primitifs n'ont pas la liberté
de prêcher ſans une Miſſion ſpéciale de l'Evêque, il ne
doit pas leur être permis de faire le Prône ſans une
pareille Miſſion ſpéciale ; 88 ils ne peuvent pas non plus
publier des Monitoires, à moins qu'ils n'en ayent une
commiſſion expreſſe des Juges qui en ont permis la publication, parce que la publication des Monitoires eſt
un droit curial, & ne fait pas partie du Service divin ;
89 ce n'eſt même qu'à leur refus ou quand ils ſont
ſuſpects, que la commiſſion peut en être donnée à d'au-

Gibert, part. tres Prêtres, comme le remarque M. Gibert dans ſon
3, ch. 21, p. traité des uſages de l'Egliſe gallicane concernant les cen-
378. ſures.

90. Pour ce qui eſt de la Bénédiction du pain & autres cérémonies pratiquées dans les Paroiſſes les jours des
Voyez le trai- Fêtes ſolemnelles & le jour du Patron, on peut les con-
té de la tradi- ſidérer comme faiſant partie du Service divin, & par
tion de l'Egli-
ſe ſur les Bé- conſéquent il n'y a pas lieu de les refuſer aux Curés
nédictions, primitifs qui font le Service, 91 non plus que la béné-
ch. 1, art. 2,
p. 25 & 26. diction des Cierges qui ſont offerts.

91. Il y a des Paroiſſes où le Prieur Curé primitif
faiſoit le Service, nous en trouvons des exemples dans
Voyez Bar- les Livres avant & après la Déclaration de 1690. On
det, tom. 2,
liv. 5, ch. 30. demande ſi la Déclaration de 1726 a retranché au Curé
Simon, des primitif le droit qu'il avoit auparavant de ſervir la Pa-
droits honori-
fiques, tit. 14. roiſſe conjointement avec le Vicaire perpétuel, 93 il
Duperray, ſemble d'abord que cette Déclaration ne comprend pas
des droits ho-
norifiques, ce cas particulier qui avoit beſoin d'une diſpoſition ex-
liv. 3, ch. 8. preſſe ; car il paroît de l'expoſé de la Déclaration de 1726,
Gibert, inſtit.
Eccleſ. & Be- que les abus auxquels Sa Majeſté ſe propoſe de remédier,
nef. part. 1,
tit. 38. ne regardent que les Communautés régulières, établies

dans les Abbayes, Prieurés & autres Bénéfices, & non les simples particuliers Curés primitifs, encore moins ceux qui avoient retenu toutes les fonctions Curiales qu'ils exerçoient en concours avec les Vicaires perpétuels; 94 car cette espèce de Curés primitifs sont beaucoup plus favorables que les Communautés régulières, auxquelles la plupart des Cures sont parvenues par des voies peu légitimes, au lieu que les autres ont toujours été vrais Pasteurs, qu'originairement ils étoient les seuls, & que dans la suite, ils avoient associé au Ministère, & à la charge des Ames, un Vicaire perpétuel sans dépouiller du titre, & de la fonction de Pasteur, comme avoient fait les autres Curés primitifs qui n'avoient retenu que le temporel, & s'étoient déchargés du soin spirituel, en le confiant en entier à un Vicaire perpétuel pour remplir leur place, 95 ce qui fait voir qu'il y a une grande différence entre la première sorte des Curés primitifs qui se sont entièrement dépouillés du spirituel, & les autres qui n'ont fait qu'associer un Vicaire perpétuel, en retenant les fonctions Curiales, & que la disposition de la Déclaration de 1726 ne pouvoit regarder que les Curés primitifs qui s'étoient tout-à-fait dépouillés du spirituel, & non pas ceux qui l'avoient toujours conservé, en le communiquant au Vicaire perpétuel comme à un aide sur lequel ils pussent compter, afin que le peuple en fut mieux servi.

96. Mais il ne faut pas dissimuler qu'un tel partage ne soit tout-à-fait irrégulier, puisque les Canons défendent la multiplicité des Pasteurs & le partage des Eglises; car il y a une espèce de mariage mistique & spirituel entre le Curé & son Eglise; & comme dans le mariage réel la femme ne peut pas avoir plusieurs maris, la même Eglise ne peut pas non plus avoir deux Curés à la fois, c'est une espèce de poligamie condamnée par les Canons, tout comme ils la condamnent dans le Mariage réel.

v. sup. ch. 4, n. 3, 4, 5.

97. D'ailleurs , quoique l'expofé de la Déclaration de 1726 ne faffe mention que des Communautés rég uliér les termes du difpofitif font trop clairs, pour qu'on ne doive point douter que le règlement qu'elle fait regarde toute forte de Curés primitifs, & la précaution que l'on a pris d'excepter dans l'art. 7 , les Eglifes Cathédrales ou Collégiales le prouve avec évidence ; car dès là qu'il n'y a que les Eglifes Cathédrales ou Collégiales, qui font exceptées du règlement, il doit donc comprendre toutes les autres Eglifes & Monaftères, qui ont la qualité de Curé primitif, parce que l'exception confirme la règle pour tous les cas non exceptés ; 98 ainfi il y a lieu de décider que le droit de faire les fonctions Curiales conjointement avec le Vicaire perpétuel, eft retranché au Curé primitif, qui doit fe contenter des droits attribués par la Déclaration de 1726.

99. Il y a encore une autre difficulté dans la même hypothèfe que nous venons d'examiner , qui confifte à favoir , fi le Curé primitif, qui avoit retenu les fonctions Curiales pour les exercer avec le Vicaire perpétuel, do t avoir part aux oblations faites dans le courant de l'année. M. Duperray dans fon traité des Droits honorifiques , raporte un Arrêt du 17 Août 1689 qui les adjuge en entier au Curé primitif ; 100 mais la Déclaration de 1690 étant furvenue , & le même Vicaire perpétuel qui les avoit perdues par l'Arrêt de 1689 ayant formé une nouvelle inftance pour demander les mêmes oblations fur le fondement de la Déclaration du Roi, qui avoit introduit un nouveau droit, elles lui furent adjugées en entier , & le Curé primitif en fut privé par Arrêt du 3 Septembre 1691 ; 101 enforte que la queftion fe trouvant jugée en faveur du Vicaire perpétuel fur le feul fondement de la Déclaration de 1690 il y a encore moins lieu de douter de cette décifion depuis les Déclarations de 1726 & 1731. 102 dont

les

les difpofitions font plus fortes & plus étendues ; & qui d'ailleurs confirment la Déclaration de 1690 , enforte que ces fortes de Curés primitifs ne peuvent prendre part aux oblations tout de même que les autres Curés primitifs , que conformément à l'art. 4 de la Déclaration de 1726 , que nous avons fuffifamment expliqué ci-deffus.

103. Nous ajouterons en finiffant ce chapitre , que la Déclaration de 1726 n'a pas retranché les cens , redevan- V. fup. n. 36 ces ou penfions ftipulés en faveur de l'Eglife principale , par les raifons que nous avons touchées au chapitre 9 , n. 36 , 37 , 38.

CHAPITRE XIII.

Si la seule qualité de Curé primitif suffit pour établir le droit de présenter à la Cure.

SOMMAIRES.

Chabanel, de l'antiquité des Eglifes Paroiffiales, ch. 7. V. Gibert, inftit. Eccleſ. & Benef. part. 1 , tit. 37 , §. 2. Roderic , qnæſt. regularium & canonicarnm, tom 1 quæſt. . 36 , art. 1.

SI nous confultons nos Auteurs , nous y trouverons, quelques éclairciffemens fur cette queftion ; mais ils ne nous en fourniffent pas affez pour la décider dans toutes les hypothèfes qui peuvent fe préfenter.

1. Les uns difent qu'il eſt certain que tout Curé primitif eſt auffi Patron , c'eſt-à-dire , qu'il a droit de préfenter à la Cure dont il perçoit le revenu ; 2 mais que tout Patron n'eſt pas pourtant Curé primitif , parce que le droit de préfenter au Bénéfice peut lui appartenir , non-feulement à caufe de l'union , mais de plufieurs autres manières , comme par la conftruction , dotation , fondation , &c.

3. D'autres ont été d'un fentiment un peu différent , M.

Duperray des droits honorifiques , liv. 2 , ch. 2.

Duperray dit que les Curés primitifs font prefque toujours Patrons ; mais il ajoute qu'il y en a qui ne font pas Patrons. M. de Héricourt dans fes Loix Eccléfiaftiques eſt du même avis , 4 & il ajoute qu'il peut y avoir dans la même Paroiffe un Patron , un Curé primitif , & un gros Décimateur , qui font trois perfonnes différentes ; mais ces deux Auteurs conviennent avec Chabanel qu'on peut être Patron fans être Curé primitif.

5. Pour déterminer quel de ces deux avis eſt le plus conforme aux règles , il faut avoir recours aux principes établis par les Canons ; & par les Loix particulières du Royaume , nous découvrirons après une difcuffion exacte , que tous ces Auteurs , quoique contraires en apparence , ont pourtant raifon en quelque fens , & pour cet effet on n'a béfoin que de diftinguer les différentes hypothèfes.

6. Nous ne faurions difcuter exactement cette queftion fans la confidérer fous les différens rapports des caufes , qui ont donné lieu à l'établiffement des Curés primitifs , pour favoir fi dans quelqu'une des caufes qui ont donné la naiffance au droit de Curé primitif , on en a détaché le Patronage pour l'attribuer à quelqu'autre , qu'au Curé primitif.

7. Nous avons obfervé dans les chapitres précédens, que le titre de Curé primitif pouvoit être fondé. 1°. Sur l'établiffement du Vicaire perpétuel. 2°. Sur les donations ou conceffions des Paroiffes, faites en faveur des Monaftères & des autres Eglifes. 3°. Sur l'union. 4°. Sur l'érection des Paroiffes en Cathédrales ou Collégiales, ou en y établiffant des Monaftères, & fur le démembrement; 5°. Sur la poffeffion de faire le Service divin. 6°. La poffeffion de certains droits de Supériorité, & de la Juridiction fur le Vicaire perpétuel. Il faut donc examiner le droit de Patronage fur la Cure par rapport à chacun de ces moyens en particulier.

8. Commençons par l'établiffement du Vicaire perpétuel : dans quelque temps qu'on le confidère, il a été toujours un titre, non-feulement de Curé primitif, comme nous l'avons établi ci-deffus, mais encore du Patronage ou du droit de préfenter à la Vicairie perpétuelle, comme nous l'enfeignent les Conftitutions canoniques, les Déclarations de nos Rois, & les règlemens du Royaume.

9. En effet, le 4me. Concile de Latran, d'où l'on a tiré le Chap. 30, *extrà de præbendis* en permettant à ceux qui avoient une Prébende dans l'Eglife cathédrale de faire fervir la Cure dont ils étoient pourvus par un Vicaire perpétuel, a permis au Curé Prébendé de nommer le Vicaire perpétuel, & lui a enjoint de lui affigner une portion des revenus fuffifante pour fon entretien : on trouve la même difpofition dans le Chap. *de Monachis* 11, du même titre.

10. Le Chapitre 1, *extr. de Capellis Monach.* en défendant aux Moines de fervir eux-mêmes les Paroiffes qui leur font foumifes, ordonne qu'il y fera établi des Prêtres par l'Evêque, du confentement des Moines, *per Concilium Monachorum* ; c'eft-à-dire, que le Prêtre qui doit être prépofé pour l'adminiftration du fpirituel de la Paroiffe, doit

être inftitué par l'Evêque fur la préfentation des Moines.

11. Après que l'Ordonnance de 1629 eut ordonné que les Paroiffes, qui étoient régies par des Prêtres amovibles, feroient tenues à part à titre de Vicariat perpétuel, & qu'elle eut réduit les Curés primitifs aux feuls droits honoraires, il fut fait un règlement entre Meffieurs les Commiffaires du Roi & les Députés de l'affemblée du Clergé, par lequel il fut déclaré que la préfentation à la Cure ou Vicairie perpétuelle, feroit un de ces droits honoraires, par où l'on décida qu'il fuffifoit d'être Curé primitif pour avoir droit de préfenter à la Cure.

Voyez Fevret de l'abus, liv. 2, ch. 1, n. 38.

12. Enfin la Déclaration du 29 Janvier 1686, en ordonnant qu'il feroit établi des Vicaires perpétuels à la place des amovibles, attribue la nomination ou préfentation des Vicaires perpétuels, à ceux qui avoient droit auparavant de nommer les Vicaires amovibles ; il paroît de toutes ces autorités que la préfentation à la Cure eft une fuite & une dépendance du titre de Curé primitif, provenant de l'établiffement du Vicaire perpétuel, à moins qu'il ne paroiffe que le Patronage ait été réfervé à quelqu'autre.

13. Il en eft de même lorfqu'on érige une nouvelle Paroiffe par un démembrement de l'ancienne, auquel cas le droit de préfenter à la nouvelle Cure eft réfervé au Curé de l'Eglife matrice avec le confentement du Fondateur, *in ea Sacerdotem fublato appellationis obftaculo, ad præfentationem rectoris Ecclefiæ majoris cum Canonico Fundatoris affenfu inftituas,* dit le Chapitre 3, *extr. de Ecclef. ædificandis.*

14. Nous découvrons la même chofe dans les cas des conceffions des Eglifes Paroiffiales en faveur des Monaftères ou autres Eglifes, foit que ces conceffions ayent été faites par des Laïques, ou par l'Evêque, & autres perfonnes Eccléfiaftiques ayant droit de donner le fpirituel & le temporel tout enfemble.

15. En effet, les Hiſtoriens & les autres Auteurs remarquent que les grandes Guerres que les Rois de la ſeconde Race eurent à ſoutenir contre les Sarraſins, les obligerent à demander du ſecours aux gens d'Egliſe, qui poſſédoient dès ce temps-là des biens très-conſidérables. Ce fut alors que ſe firent les inféodations, non-ſeulement des dixmes, mais encore des Egliſes, que ceux qui en étoient inveſtis tenoient en fief de l'Evêque ou du Prince. Or en vertu de ces inféodations les Gentilshommes ne recevoient pas ſeulement l'inveſtiture des dixmes, mais celle des Egliſes; c'eſt-à-dire ſelon la manière de parler des Capitulaires, de tous les revenus Eccléſiaſtiques conſiſtant en fruits, oblations & autres menus devoirs appellés pied de l'Autel, & encore au droit d'établir le Prêtre dans l'Egliſe de la Paroiſſe, comme le prouvent pluſieurs chartes rapportées dans la Bibliothèque de Cluni, & entr'autres celle de l'Année 1126, de Reynaud Archevêque de Rheins pag. 1389; de ſorte que les Laïques auxquels les Egliſes avoient été inféodées jouiſſoient du droit de Patronage, 16 des oblations, des prémices & des dixmes, en fourniſſant au Prêtre de quoi s'entretenir, & en réparant l'Egliſe, & ils faiſoient ſi hautement valoir ce droit de propriété, qu'ils s'attribuoient la terre, qui étoit aux environs de l'Egliſe, interdiſant quand il leur plaiſoit, l'entrée ou l'iſſue de l'Egliſe par leur terre.

17. Depuis ces Laïques ayant été forcés par les Décrets des Conciles de ſe démettre de ces Egliſes & des droits qu'ils poſſédoient, lorſqu'ils les ont données ou concédées aux Monaſtères ou autres Egliſes, ils leur ont tranſporté tous les droits dont ils jouiſſoient, & par conſéquent le droit de Patronage eſt paſſé aux Egliſes auxquelles les Paroiſſes ont été données.

Et quoique nous ayons obſervé ci-devant que ces conceſſions faites par les Laïques ne ſont pas des titres légi-

Marca, Hiſtoire de Béarn, liv. 1, ch. 28, n. 12, & ſeqq. & liv. 5, ch. 30, n. 6. Baſnage, ſur les art. 69 & 142, de la Coutume de Normandie. Voyez Ducperray, des Dixmes, liv. 1, ch. 4.

times de la qualité de Curé primitif, elles fourniffent néanmoins un argument très-fort du droit de Patronage, 18 en faveur de ceux qui font devenus Curés primitifs par les conceffions faites par les Evêques, tant du fpirituel que du temporel; car fi l'inféodation des Eglifes en faveur des Laïques leur avoit tranfporté le droit de Patronage, à plus forte raifon la conceffion de la Paroiffe tant pour le fpirituel que pour le temporel, 19 devoit-elle avoir attribué le Patronage, puifqu'elle tranfportoit tout droit de propriété fur les Eglifes, de manière qu'elles

Van-Efpen,
de priſtinis al:
tatin cerborat,
cap, 3, §. 3. étoient appellées *appropriatæ*, comme l'obferve Van-Effpen, & que d'ailleurs elle donnoit le droit à ceux auxquels elle avoit été faite, d'adminiftrer les Sacremens & de régir la Paroiffe comme vrais Pafteurs; & comme ils n'ont ceffé ces fonctions que par l'établiffement des Vicaires perpétuels, les conftitutions Canoniques que nous avons rapportées plus haut pour prouver que le Patronage étoit une fuite de l'établiffement des Vicaires perpétuels, prouvent également le Patronage en faveur de ceux qui rapportent des conceffions des Paroiffes pour le fpirituel, 20 & pour le temporel *cumulativè*, ou pour le fpirituel feulement; car nous avons prouvé dans le chap. 6, n. 12, que l'union ou la conceffion du feul fpirituel, étoit un titre fuffifant pour établir la qualité de Curé primitif.

21. Venons préfentement à l'union des Paroiffes, aux Monaftères & autres Eglifes. Comme en faifant l'union on doit ordonner que la Cure fera deffervie par un Vicaire perpétuel, ainfi que l'enfeigne *Fevret, de l'abus, liv. 2, chap. 4, n. 19*, on peut y appliquer non-feulement les chap. 12 & 30, *extrà de Præbendis*; 22 mais encore le Règlement fait en conféquence de l'Ordonnance de 1629,

Fevret, liv,
2, ch. 4, n.
38. rapporté par Fevret, & la Déclaration de 1686, qui par le nommément des Eglifes auxquelles l'union a été faite

& qui leur attribue le droit de préfenter à la Vicairie perpétuelle : enforte que toutes ces autorités concourent
pour établir, que le droit de Curé primitif, fondé fur
l'union, donne le Patronage & le droit de préfentation.

23. Nous pouvons ajouter la difpofition du Concile de
Trente, les Déclarations des Cardinaux, les nouvelles
Conftitutions des Papes, & le fentiment des Auteurs qui
décident que la nomination des Vicaires perpétuels, appartient aux Eglifes, auxquelles les Cures ont été
unies, & que les Evêques n'en ont pas la collation libre,
mais la confirmation feulement. *Epifcopi & ordinarii*, dit
Gonzales, *non habent liberam collationem in his Vicariis,
fed dumtaxat illis conceditur confirmatio, ad nominationem
Ecclefiarum feu locorum quibus dictæ Parochiales funt unitæ,
prout ex dictâ Bullâ dicit Sacra Concilii Tridentini congre-
gatio.* Seff. 7 de re-
form. cap. 7,
la Bulle du
Pape Pie V,
du mois de
Novembre
1567. Gonza-
les, fur la rè-
gle *de menfi-
bus & alter-
nat.* Gloff. 5,
§. 3, *n. 49*,
50, 60.

24. A l'égard de l'érection des Paroiffes ou Eglifes cathédrales, collégiales ou Monaftères ; comme ces érections
font toujours accompagnées de l'union de la Cure, nous
pouvons appliquer à ce cas les autorités qui regardent
l'union. Nous en trouvons encore une expreffe & formelle
dans le cas de l'érection ; 25 dans les Déclarations des Cardinaux, rapportées fur le Concile de Trente, feffion 25,
de regularibus cap. 11, *petentibus Jefuitis an Parochia to-
letana in Monafterium erecta, & unita eorum collegio, gu-
bernari poffit à deputato ab ipfis, modo fit approbatus ab ordinario, cenfuerunt poffe, ficut etiam Monachi poffunt fi ad
id approbarentur.*

26. Dans le même endroit on rapporte une autre décifion de la même Congrégation des Cardinaux, par laquelle
il eft déclaré, que les Evêques ne peuvent pas nommer
des Vicaires perpétuels dans les Monaftères auxquels la
Cure appartient d'origine *vel ratione annexionis* ; mais la
nomination doit être faite par les Supérieurs des Monaftè-

res, & l'examen en est réservé aux ordinaires, ce qui prouve que le Patronage est une suite du droit de Curé primitif dans ce cas, comme dans les autres, que nous avons expliqués, 27 ce qui a lieu non-seulement en faveur des Monastères érigés dans la Cure, mais encore en faveur des chapitres qui sont bien plus favorables, & la congrégation des Cardinaux dans le même endroit, parle nommément des chapitres, & leur attribue la nomination des Vicaires ; *sed electio spectat ad rectorem sivè Abbatem & approbatio ad Episcopum*.

28. Il faut néanmoins remarquer, que quoique dans tous les cas que nous venons d'examiner, le Patronage soit une suite du droit de Curé primitif, qui est fondé de Droit commun à présenter le Vicaire perpétuel, selon le sentiment de Chabanel, il peut arriver qu'il n'aura pas la présentation à la Vicairie perpétuelle, ce qui peut être fondé sur deux causes exclusives. 29 La première, parce que le Patronage aura été réservé ou attribué à quelqu'autre Eglise, qu'à celle qui a le titre de Curé primitif ; 30 & la seconde, si le Curé primitif l'a perdu depuis, & qu'une autre Eglise ou l'Evêque ou un Bénéficier l'ait acquis par le moyen de la prescription; 31 car la prescription peut faire perdre le Patronage au véritable Patron, & peut l'acquérir à celui qui n'en a pas le droit originaire, comme le remarque M. de Ferrieres, dans son traité du Droit de Patronage.

Ferrieres, du droit du Patronage, part. 1, ch. 3, n. 56.
Can. omnes Basilicæ 16, quæst. 7.
Ferrieres, Ibid. q. 57,58.
Concil. Trident. sess. 25 de reform. cap. 9.
Duperray, sur l'art. 3 de la Déclaration de 1726.

32. Pour prescrire le Droit de Patronage contre l'Evêque, qui selon le Droit commun est le Patron né de toutes les Eglises de son Diocèse, il faut une possession immémoriale avec plusieurs titres de présentation suivant le *Concile de Trente & les Déclarations des Cardinaux, sess.* 25, de reformat. cap. 9, la raison est qu'on vient contre le Droit commun, & que dans ce cas il faut une possession immémoriale selon M. Duperray.

33. Mais s'il s'agit de prescrire ce droit contre un au-tre Patron, la possession de quarante ans avec trois pré-sentations consécutives suffisent selon M. de Catellan, &
c'est dans ce sens qu'il est vrai que le Curé primitif n'est
pas toujours Patron selon M. Duperray, 34 & qu'il peut
y avoir un Curé primitif & un Patron, qui soient des
personnes différentes, comme l'a soutenu M. de Héri-court, cela peut se vérifier encore dans les deux autres cas
qui nous restent à examiner pour un entier éclaircissement
de notre question.

Catellan, liv. 1, ch. 48, V. Ferrieres, ibid. n. 59.

35. Lorsque le droit de Curé primitif n'est fondé que
sur la possession de faire le Service divin, conjointement
avec le Vicaire perpétuel, ou à certaines Fêtes de l'année
seulement, la difficulté peut être résolue par une distinc-tion. 36 Car ou le Curé primitif a possédé le droit de
présenter à la Vicairie perpétuelle, de même que celui de
faire le Service divin, dans ce cas le Patronage lui est
incontestable, soit par la raison qu'il doit être considéré
comme une dépendance du droit de Curé primitif, soit
à cause de sa possession qui doit être regardée comme un
titre légitime, pourvu qu'elle soit de la qualité marquée
par l'art. 2 de la Déclaration du 15 Janvier 1731, c'est-à-dire qu'elle soit établie sur des actes avant cent ans.

37. Et quoique nous ayons dit dans le chapitre 10,
qu'on ne pouvoit prescrire le Patronage contre l'Evêque,
que par une possession immémoriale, il semble que cette
règle ne devroit pas avoir lieu si une Eglise Cathédrale
ou Collégiale avoit possédé le droit de faire le Service di-vin, avec celui de présenter à la Cure pendant 40 ans;
mais depuis que la Déclaration de 1731 a rétabli les cho-ses sur le même pied qu'elles étoient avant la Déclara-tion de 1726, & qu'elle a mis les Eglises cathédrales au
même niveau que les autres, cette possession de 40 ans,
étant devenue insuffisante pour faire présumer un éta-

bliffement légitime de la qualité de Curé primitif, elle
l'eft pareillement pour établir le Patronage qui eft comme une fuite du droit de Curé primitif, & pour faire
préfumer l'attribution du Patronage à même-temps ; de
forte que pour que la poffeffion foit utile, il faut comme
nous venons de le dire, qu'elle foit centenaire & établie fur des actes, pour établir le droit de Patronage,
comme pour établir le droit de Curé primitif.

38. Que fi le Curé primitif n'avoit poffédé que le droit
de faire le Service divin, & n'avoit pas préfenté à la Curé, il ne pourroit pas prétendre au droit de Patronage,
foit à caufe de la maxime *tantùm præfcriptum quantùm poffeffum*, qui devroit faire borner fon droit au feul titre de
Curé primitif; foit parce que celui qui auroit conféré la
Cure, ou y auroit préfenté dans l'intervalle requis pour
la prefcription du droit de Curé primitif, auroit acquis le Patronage par la prefcription, & quand on
voudroit le confidérer dans ce cas, ainfi que dans les
autres comme une fuite du titre de Curé primitif, le droit
en feroit perdu par la féparation qui en auroit été faite par
la poffeffion qui feroit demeurée fur la tête de deux perfonnes, ou de deux Eglifes différentes.

39. Nous devons fuivre la même diftinction avec les
mêmes explications & modifications, lorfque le titre de
Curé primitif eft fondé fur la poffeffion de prendre la qualité de Curé primitif, & de donner au Prêtre titulaire
celle de Vicaire perpétuel, ou fur la poffeffion de certains droits de fupériorité ou de la Juridiction fur le Vicaire perpétuel, & autres cas femblables, parce que
les mêmes raifons peuvent s'y appliquer.

40. Du refte, nous n'avons pas mis au rang des cas
qui peuvent produire quelque difficulté fur notre queftion, la poffeffion du droit de Patronage avec les autres
marques qui défignent le titre de Curé primitif, & dont

nous avons fait un examen particulier au Chap. 9 , parce que le Patronage, qui eſt employé comme un argument ou une circonſtance pour prouver ou faire préſumer le droit de Curé primitif , ne peut pas être un ſujet particulier de conteſtation , d'autant que s'il n'étoit pas établi ou par titre ou par une poſſeſſion ſuffiſante juridiquement prouvée , il ne pourroit pas être employé comme une des marques qui peuvent établir la qualité de Curé primitif.

CHAPITRE XIV.

Si les Communautés Laïques & les Monaſ-
tères des Filles , peuvent avoir le titre
de Curé primitif.

SOMMAIRES.

1. NOUS avons obſervé au commencement du Chapitre 4, que les Canoniſtes pour adoucir l'inconvénient qui naît du partage des Cures, par l'exiſtence du Curé primitif, en concours avec le Vicaire perpétuel, avoient ſoutenu que le Curé primitif n'avoit que la Cure habituelle, & que la Cure actuelle demeuroit ſur la tête du Vicaire perpétuel. 2 Si cela étoit exactement vrai, il s'enſuivroit que les Communautés Laïques, les Chevaliers, les Monaſtères des filles, ſeroient incapables du titre de Curé primitif, parce que le Curé primitif doit avoir la Cure habituelle. 3 Cependant on n'eſt pas capable de l'avoir, à moins qu'on n'ait les qualités néceſſaires pour avoir la Cure actuelle, 4 pour laquelle il faut être Prêtre, ou du moins ſe faire promouvoir à la Prêtriſe dans l'an ſuivant les Conſtitutions canoniques, & l'uſage du Royaume, atteſté par les Auteurs & entr'autres par M. Héricourt, dans ſon Analyſe des Décrétales.

Cap. 7. §. inferiora extr. de electione, Héricourt, dans ſon Analyſe des Décrétales, p. 71 & 75, de l'édition de 1719. Chabanel, de l'antiquité des Egliſes Paroiſſiales, ch. 6. M. Le maître Plaid. 9. p. 227. Gilet, Plaid. 17. Van-Eſpen juris.

5. Cependant il n'y a point de diſpute parmi les Auteurs, que les Communautés Laïques ou mixtes, les Collèges, les Chevaliers, qui ſont des perſonnes purement Laïques, & les Monaſtères des filles ne ſoient capables d'avoir & de poſſéder le titre, & la qualité de Curé pri-

Ecclef. uni-
verf. part. 2.
tit. 34. cap. 1.
n. 31.
Concil. Tri-
dent. feffion.
25. de regul.
cap. 11.

mitif ; & cela ne peut pas fouffrir de difficulté, foit par
ce que le Concile de Trente le décide, 6 ou du moins
le fuppofe ainfi, lorfqu'il dit : *in Monafteriis, feu domi-*
bus virorum, feu mulierum quibus imminet animarum cura
perfonarum fecularium, præter illas quæ funt de illorum
Monafteriorum, feu domorum familiâ, perfonæ tàm regu-
lares quàm fæculares hujufmodi curam exercentes, fubfit im-
mediatè in iis quæ ad dictam curam & facramentorum ad-
miniftrationem pertinent, juridictioni, vifitationi, & correc-
tioni Epifcopi, in cujus Diæcefi funt cita : nec aliqui etiam
ad nutum amovibiles deputentur, nifi de ejufdem concenfu ac
prævio examine per eum, aut ejus Vicarium faciendo, ce
qui fuppofe bien formellement une capacité dans les Monaftères des filles pour poffeder la qualité de Curé primitif, de laquelle les autres Communautés, Colléges ou
Chevaliers, quoique perfonnes Laïques, ne font pas moins
capables, d'autant qu'il n'y a point diverfité de raifons,
7 & que les Cours Souveraines l'ont jugé de même, &

Gilet, Plaid
17.

M. Gillet fur la fin de fon dix-feptième plaidoyer rapporte
un Arrêt du Parlement de Paris du 16 Août 1699, qui
adjuge la qualité & les droits de Curé primitif à l'Abbeffe
& aux Religieufes de St. Pierre de Lyon, fur la Paroiffe
de St. Pierre & de St. Saturnin de la même Ville.

8. Il femble néanmoins que la Déclaration de 1731 ait
retranché le titre & les droits de Curé primitif, qui pouvoient appartenir auparavant aux Monaftères des Filles,
aux Colléges ou Communautés Laïques, & aux Chevaliers, parce que l'article 1 de cette Déclaration ne permet qu'aux Abbés & Supérieurs des Monaftères, & aux
Prieurs, d'en exercer les droits & les fonctions, & leur
retranche la faculté de les faire exercer par des perfonnes commifes ou fubftituées à cet effet ; & comme
les Communautés Laïques, les Colléges, les Monaftères des Filles & les Chevaliers, ne font pas capables
d'en

d'en exercer les droits & les fonctions, il paroît vrai-semblable qu'ils ne peuvent plus être considérés comme Curés primitifs.

9. Mais il y a lieu de décider le contraire par deux raisons tirées de la Déclaration de 1731. La première, qu'il paroît de sa teneur, que l'intention du Roi a été de retrancher le titre & la qualité de Curé primitif à toutes les Eglises, & Bénéficiers qui ne seroient pas fondés en titre légitime, ou qui n'auroient pas une possession telle que celle qui est marquée dans l'article 2, & de réduire les droits prétendus par les Curés primitifs à ceux qui sont énoncés dans l'article 4; mais ce n'est pas l'esprit du Législateur d'en priver ceux qui justifieroient de leur qualité par des titres légitimes; & puisque cette Déclaration ne parle pas des Communautés des Filles, ni des Laïques, elle ne leur fait aucun préjudice, & les laisse dans leur ancien droit & titre; car une Loi nouvelle ne déroge aux anciens usages qu'autant que ses dispositions l'induisent nécessairement.

10. La deuxième, que l'article 3 ne fait autre chose que régler à qui le titre & les droits de Curé primitif doit appartenir, & déclarer que les Abbés, Prieurs & autres Bénéficiers soit titulaires ou Commendataires, qui auront droit de Curés primitifs, pourront seuls, & à l'exclusion des Communautés établies dans leurs Abbayes, Prieurés & autres Bénéfices, prendre le titre de Curé primitif, & en exercer les fonctions, ce qu'ils ne pourront faire qu'en personne; ainsi la disposition de cet article ne regarde que les chefs des Communautés dont il parle, & ne peut point faire conséquence pour les Monastères des Filles, ni pour les autres Communautés Laïques, Colléges ou Chevaliers, dont il n'est fait aucune mention.

11. Il ne peut donc y avoir du doute que dans la

P

queſtion de ſavoir de quelle manière la qualité & les droits de Curé primitif peuvent appartenir aux Communautés laïques , aux Colléges , aux Chevaliers & aux ·Monaſtères des Filles , ſur quoi les Auteurs ne ſont pas d'accord.

Chabanel, de l'antiquité des Eglifes Paroiſſiales, ch. 6.

12. Les uns croyent que c'eſt à raiſon de l'union faite anciennement de la cure à la Communauté , collége ou Monaſtère , & prétendent que c'eſt à fauſſes enſeignes & improprement qu'ils ſont appellés Curés , attendu qu'ils ne furent jamais Curés en effet , ni primitifs ni dérivatifs , ni ſimples , ni compoſés.

Lemaître , Plaid. 9. P. 227.

13. D'autres ont penſé que leur qualité tire ſon origine de ce qu'ils poſsèdent un Bénéfice *quod primitus Curatum erat.*

Gilet, Plaid. 17. P. 347.

14. Enfin les autres ſe ſont figurés que s'il ſe trouve quelques Monaſtères de Filles qui ayent les droits de Curé primitif, ce ne peut être que pour avoir ſuccédé à des Moines qui avoient deſſervi la cure originairement , & qui avoient conſervé les droits de Curés primitifs lors de l'établiſſement des Vicaires perpétuels.

15. La première & la troiſième opinion que nous venons de rapporter ſont imparfaites ; celle de M. Lemaître approche plus de la vérité , mais elle mérite d'être expliquée.

16. Nous diſons donc que les Monaſtères des Filles , les Colléges ou Communautés laïques & les Chevaliers, peuvent avoir le titre de Curé primitif, preſque par les mêmes voies, que les Monaſtères d'hommes & les autres Egliſes. Pour le prouver , nous n'avons beſoin que de prendre la même voie que nous avons ſuivie dans le chapitre précédent ; c'eſt-à-dire , d'examiner ſuccintement les titres ſur leſquels la qualité de Curé primitif eſt fondée , pour ſavoir s'ils peuvent s'appliquer aux Monaſ-

tères des Filles , aux colléges ou Communautés laïques , & aux Chevaliers.

17. Suppofé que. l'établiffement du Vicaire perpétuel foit rapporté, ne fera-t-il pas un titre valable de la qualité de Curé primitif pour les Monaftères des filles & autres qui ne font pas Prêtres? 18 On ne voit aucune raifon de différence, dès qu'il eft reçu dans l'ufage fondé fur un Concile univerfel, que les Monaftères des filles ou les Communautés laïques font capables de poffédet la qualité de Curé primitif ; & ce titre fera également bon , foit que l'établiffement du Vicaire perpétuel ait été fait , tandis que le Monaftère des filles poffédoit la Paroiffe, foit qu'il ait été fait auparavant en faveur de quelqu'autre Monaftère ou Congrégation Eccléfiaftique , auxquels les Monaftères des filles ont fuccédé , parce qu'en leur fuccédant , elles font entrées dans tous les droits qui appartenoient aux prédéceffeurs.

19. Nous pouvons dire la même chofe des conceffions des Eglifes Paroiffiales, fi elles font de la qualité que nous avons expliquée ci-devant, parce que ces conceffions faites par une puiffance légitime, ont tranfporté toute forte de droit fur la Paroiffe, tant pour le fpirituel que pour le temporel , & le droit de faire deffervir la Paroiffe par un Vicaire perpétuel ou amovible ; 20 ce que le Concile de Trente fuppofe en permettant aux Monaftères des filles d'établir des Vicaires perpétuels ou amovibles, pourvu que ce foit avec le confentement de l'Evêque Diocéfain , après un examen fait par lui ou fon Vicaire général de la perfonne du Vicaire , & à la charge que le Monaftère fera fujet immédiatement à la Juridiction , à la vifite & à la correction de l'Evêque , à caufe de la Cure.

Concil. Trident. feff. 25. de regular. cap. 11.

21. Il n'y a non plus aucune différence à faire entre l'union faite en faveur des Monaftères d'hommes &

des autres Eglifes , avec l'union faite en faveur des Monaftères des filles , des Communautés ou Colléges laïques , & des Chevaliers ; & tous les Auteurs qui ont
traité la queftion , conviennent que l'union eft un bon
titre pour les Monaftères des filles & autres laïques , de
même que pour les Eccléfiaftiques.

Chabanel, de
l'antiquité des
Eglifes Pa-
roiffiales , ch.
6. Gilet,
Plaid. 17 , p.
347.

22. Pour ce qui eft de l'érection des Paroiffes en Monaftères , il eft vrai que ce moyen ne peut pas convenir aux Colléges & Communautés laïques , ni aux Chevaliers ; mais il peut être appliqué aux Monaftères des
filles.

23. La poffeffion de faire le Service divin ne peut
pas convenir proprement aux Monaftères des filles , ni
aux perfonnes laïques ; mais s'ils avoient fait faire ce
fervice par un Prêtre par eux commis , qu'ils euffent
une poffeffion telle que la Déclaration de 1731 exige ,
& que la preuve en fut rapportée par actes , elle feroit
un bon titre , parce que cette Déclaration ne diftingue
pas les Monaftères des filles & les autres perfonnes laïques capables de la qualité de Curé primitif , avec les
autres Curés primitifs ; mais elle prefcrit une même forme de prouver cette qualité pour toute forte de Curés
primitifs indiftinctement.

24. Il en eft de même de la poffeffion de prendre
la qualité de Curé primitif , & de donner au Prêtre
qui fert la Paroiffe , celle de Vicaire perpétuel , pourvu
qu'elle foit du temps marqué par la Déclaration de 1731 ,
& qu'elle foit prouvée par actes.

25. Pour ce qui eft de la Juridiction , il n'eft guère
poffible que les Monaftères des filles , les Communautés
ou Colléges laïques , & les Chevaliers l'ayent exercée
fur le Curé titulaire , ainfi ce moyen d'établir le droit
de Curé primitif ne fauroit leur convenir.

26. Si nous avons dit que le fentiment de M. Le-

maître qui a cru que les Curés primitifs en avoient le titre , parce qu'ils poſsèdent un Bénéfice *quod primitùs Curatum erat* , approchoit le plus de la vérité , c'eſt parce que cette expreſſion générale comprend preſque toutes les eſpèces des titres attributifs de la qualité de Curé primitif ; car ſoit que la cure ait été donnée ou unie de quelque manière que ce ſoit , ou que le titre procède de l'établiſſement du Vicaire perpétuel , il eſt toujours vrai dans ces cas que le droit de Curé primitif vient de la poſſeſſion d'un Bénéfice *quod primitùs Curatum erat.* 27 Mais comme cela ne peut pas comprendre le cas où le droit de Curé primitif eſt fondé ſur le démembrement d'une partie de l'ancienne Paroiſſe , pour en ériger une nouvelle en faveur du Curé de l'Egliſe matrice , quoiqu'elle fut dépendante d'un Patron , ce qui ne peut pas convenir aux Monaſtéres des filles ni aux laïques , qui font incapables d'avoir la cure actuelle , nous avons cru qu'il convenoit pour l'exactitude de ne pas donner au ſentiment de M. Lemaître plus d'étendue qu'il ne pouvoit en recevoir , & de dire , comme nous avons fait au nombre 16 , que le titre de Curé primitif pouvoit être établi en faveur des Monaſtères des filles & des laïques , *preſque* par les mêmes voies qu'en faveur des Egliſes & des Monaſtères d'hommes , parce qu'il y a des voies qui ne peuvent pas avoir lieu à l'égard des Monaſtères des filles ou des laïques , comme nous l'avons obſervé ci-deſſus.

28. Au ſurplus , il ne ſera pas indifférent de remarquer que la poſſeſſion de certains droits ne peut pas être conſidérée comme un véritable moyen d'acquérir le titre de Curé primitif , mais ſeulement pour faire préſumer un établiſſement originaire ; 29 car l'article 2 de la Déclaration de 1731 , porte par exprès que le titre de Curé primitif ne peut être acquis légitimément qu'en vertu

d'un titre fpécial ; & quand le même article met la poffeffion au nombre des titres fuffifans., ce n'eft que pour
faire comprendre que la poffeffion fait préfumer le titre , 30 ce qui eft conforme à la difpofition du droit

L. hoc jure, qui décide que la poffeffion très-ancienne *habet vim ti-*
§. *duAus* *tuli* ; de-là vient que fi cette poffeffion étoit combat-
aquæ , ff. de
aqua quotid. tue par quelque titre plus ancien & authentique , 31
& æftiva. qui fut favorable au Curé titulaire , la poffeffion du

Argentré, Curé primitif feroit inutile , comme le décide dans nn
art. 266. *cap.*
22. *de decimis* cas femblable *M. d'Argentré , fur la coutume de Bretagne ,*
& carum præf- en parlant des dixmes , ce qui doit néanmoins être en-
cript. tendu de la manière que nous l'expliquerons au chapitre 22.

CHAPITRE XV.

Si le droit de Curé primitif appartient aux Abbés, Prieurs & autres Supérieurs, ou bien aux Monastères, & Communautés.

SOMMAIRES.

20. *Argument pris du Droit de' préfentation.*

21. *Quid s'il y a un Prieur conventuel.*

22. *Cas auxquels l'Abbé a l'exercice du Droit de Curé*

primitif.

23. *L'Abbé exerce les droits de Curé primitif, nonobſtant le partage des Menſes, s'il s'eſt réſervé l'honorifique.*

1. **P** O U R éclaircir la queſtion que nous venons de propoſer, nous avons trois difficultés à examiner. 2 La première, ſi lorſque les Abbés, Prieurs & autres Bénéficiers titulaires ou commendataires ont le droit de Curés primitifs, les Communautés établies dans leurs Abbayes, Prieurés & autres Bénéfices, ont part à ce droit & peuvent l'exercer en l'abſence des Abbés ou Prieurs, ou pendant la vacance des Bénéfices.

3. La ſeconde, par qui le droit de Curé primitif peut-il être exercé, lorſque les Communautés auxquelles ce droit appartient, n'ont point d'Abbés ni des Prieurs en titre ou commende ?

4. La troiſième, ſi lorſque l'Abbé a ſa Menſe ſéparée & ſes droits diſtingués, le droit de Curé primitif doit lui appartenir ſur les Paroiſſes de la Menſe des Religieux.

5. La première difficulté ſe trouve nettement décidée par la Déclaration de 1731, qui porte, art. 3 : *Les Abbés, Prieurs ou autres pourvus, ſoit en titre ou en commende, du Bénéfice auquel la qualité de Curé primitif ſera attachée, pourront ſeuls & à l'excluſion des Communautés établies dans leurs Abbayes, Prieurés ou autres Bénéfices, prendre ledit titre de Curés primitifs, 6 & en exercer les fonctions, leſquelles ils ne pourront remplir qu'en perſonne, ſans qu'en leur abſence, ni même pendant la vacance deſdits Abbayes, Prieurés ou autres Bénéfices, leſdites Communautés puiſſent faire leſdites fonctions, qui ne pourront*

être exercées dans ledit cas que par les Curés Vicaires per-pétuels.

7. Il eſt remarquable que dans cette partie la Décla-ration du Roi parle du droit de Curé primitif, qui appar-tient aux Abbés, Prieurs & autres Bénéficiers, & non du droit qui appartient aux Communautés, dont les Abbés, Prieurs ou autres Bénéficiers, ſont les chefs; voilà pourquoi M. Duperray dit fort à propos que cela eſt ainſi ordonné, parce qu'il n'y a jamais de dévolution du Supérieur à l'inférieur, 8 ni de l'égal à l'égal; mais il ſemble que ce n'étoit pas le cas de dire qu'il n'y a pas de fantôme de co-propriété à oppoſer de la part des reli-gieux, puiſque cette co-propriété ne pourroit être al-léguée que dans le cas que le droit de Curé primitif appar-tînt au monaſtère.

Duperray, ſur l'art. 5 de la Déclara-tion du 5 Oc-tobre 1726.

9. Il ſemble d'abord qu'on doive décider la 2ᵉ. diffi-culté à l'avantage des Moines, car le *P. Thomaſſin de la diſcipline de l'Egliſe, part. 3, liv. 4, chap. 14, n. 5,* re-marque, que quand on obligea le Clergé de la Cathé-drale de vivre en commun, on fit auſſi la réforme des Monaſtères, & qu'on aſſigna aux Chanoines & aux Moines certains fonds pour leur ſubſiſtance & certaines Paroiſſes ſur leſquelles ils avoient le droit de Curé pri-mitif, auſſi voit-on que les Religieux ont exercé ce droit par eux-mêmes juſques à préſent; mais le contraire eſt décidé par l'article 3, de la même Déclaration; *& à l'égard des Communautés*, dit l'article *qui n'ayant point d'Abbés, ni de Prieurs en titre ou en commende, auront les droits de Curés primitifs, ſoit par union de bénéfice ou autrement, les Supérieurs deſdites communautés pourront ſeuls en faire les fonctions.* Ce qui exclut bien clairement tous les autres membres de la Communauté de l'exercice & des fonc-tions des droits de Curé primitif, & décide que le Su-périeur ou le chef en eſt le ſeul capable; nonobſtant la

co-propriété , & cela abroge la décifion des Aūteurs , qui tenoient auparavant que le droit refidoit fur le Monaftère en corps , & l'exercice fur la tête des particuliers qui le compofent : *jus penès corpus exercitium ad fingulos* , puifqu'il n'y a que l'Abbé , Prieur , ou autre Supérieur , qui puiffent exercer ce droit : en quoi l'on a fuivi le fentiment de M. Duperray qui remarque , que quoiqu'originairement les biens ayent été donnés pour la fondation des Monaftères , 11 & que par cette raifon le patrimoine compofé de la dot de l'Abbaye fut commun à l'Abbé , & à fes religieux , foit pour les droits honorifiques ou utiles , foit pour les privilèges; les droits d'honneur qui appartenoient à l'Abbé étoient folidaires à l'Abbé & aux Religieux ; toutefois il eft naturel de prendre l'Abbé pour en faire l'exercice.

Duperray , moyens d'acquérir les Bénéfices, tom. 1 , ch. 23, n, 5 , p. 629.

12. A l'égard de la troifième difficulté , on ne la trouve pas décidée dans la Déclaration de 1726 ; ni par celle du 15 janvier 1731. On n'y voit pas non plus une décifion expreffe & littérale , du cas auquel le Monaftère , à qui appartient le droit de Curé primitif , 13 a un Abbé Commendataire & un Prieur Clauftral , pour le gouvernement des Religieux , fi ce fera l'Abbé ou le Prieur Clauftral qui exercent le droit de Curé primitif ? 14 Car la première difpofition de la Déclaration de 1726 ne parle que du droit de Curé primitif appartenant à l'Abbé , & non au Monaftère ; & la feconde , de la Déclaration de 1731, ne parle que des Communautés qui n'ont point d'Abbé ou de Prieur titulaire , ou Commendataire.

15. Cependant il eft facile de comprendre , pour peu qu'on réfléchiffe fur les termes dont *l'art.* 3 , *de la Déclaration de* 1731 eft conçue ; & fi l'on en veut pénétrer l'efprit , que l'intention du Légiflateur a été d'accorder dans ce cas l'exercice du droit de Curé primitif à l'Abbé , à l'exclufion du Prieur Clauftral & des Religieux , parce que l'on voit d'un côté que par ces termes : *& à l'égard des commu-*

nautés qui n'ayant point d'Abbés ni de Prieurs en titre ou en commende, auront les droits de Curé primitif, les superieurs desdites communautés pourront seuls en faire les fonctions. La loi fait comprendre que s'il y a un Abbé, ou un Prieur titulaire ou Commendataire, ce sera lui qui exercera les droits de Curé primitif, quoiqu'ils appartiennent à la communauté. D'autre part, il est clair que Sa Majesté a voulu attribuer l'exercice de ce droit au Supérieur plus éminent, puisque ce n'est qu'en défaut de l'Abbé, ou du Prieur titulaire ou commendataire, que l'art. 3, par sa 2e. disposition a accordé au Supérieur du Monastère le droit de faire les fonctions de Curé primitif dont le droit appartient au Monastère ; d'où il s'enfuit que s'il y a un Abbé, c'est lui qui doit être reçu à faire ces fonctions à l'exclusion du Prieur Claustral, 16 qui est prépofé pour gouverner le Monastère tant que la commende de l'Abbaye dure, parce que les fonctions de Curé primitif font attribuées au Supérieur plus éminent, & ne font accordées au Supérieur immédiat, que quand il n'y a ni Abbé, ni Prieur Titulaire, ou Commendataire.

Revenons à notre troisième difficulté, qui approche fort de la question que nous venons d'examiner ; elle est pourtant différente, à cause de la circonstance de la séparation des Menses, & de l'assignat particulier qu'il faut nécessairement supposer de certaines Eglifes, & de certains biens en faveur du Monastère dont il jouit séparément, de ceux qui font demeurés à l'Abbé.

Voyez Thomassin, part. 3, liv. 4, ch. 14, n. 5, ver-*sic*. 7.

17. Pour rendre la chose plus claire, & la décision plus aisée, établissons une hypothèse particulière, & supposons qu'une Abbaye est pourvue d'un Abbé Commendataire, & d'un Prieur Claustral, que la Mense de l'Abbé foit séparée de celle du Monastère, tant pour le spirituel que pour le temporel, & que certaines Eglifes foient affignées dans le lot du Monastère, pour y exercer les

Droits honorifiques, comme la collation ou préfentation,
& autres; la Déclaration de 1731 aura-t-elle dérogé à
ce partage pour déférer à l'Abbé l'exercice & les fonctions de Curé primitif, dans les Eglifes dépendantes du lot
du Monaftère?

18. Il femble d'abord qu'il faut décider en faveur de
l'Abbé, parce que comme nous l'avons remarqué, l'intention de Sa Majefté a été de déférer cet honneur & ce
droit à l'Abbé, comme Supérieur plus éminent, fans que
le partage puiffe être d'aucune confidération, d'autant que
la Déclaration a prononcé une exclufion formelle des
Religieux qui compofent la Communauté, toutes les fois
qu'il y a un Abbé titulaire ou Commendataire.

19. Cependant il y a lieu de décider le contraire;
car il paroit de l'article 3 de la Déclaration de 1731,
que l'intention de Sa Majefté a été de déférer l'exercice
du droit de Curé primitif à l'Abbé ou autre chef titulaire
ou commendataire à l'exclufion des Communautés, lorfque ce droit appartient à l'Abbé ou autre chef, ou lorfque
le droit eft commun par indivis entre l'Abbé & la Communauté, mais elle n'a pas entendu déroger au droit acquis à la Communauté par le partage, 20 & l'on peut
raifonner à cet égard tout comme au fujet de la préfentation aux Bénéfices qui dépendent des Religieux, auxquels
ils ont droit de préfenter fi le droit leur en eft acquis par

Cap. nn. de
Capell. Mo-
nach. in 6°.
de Roye, in
prologomen.
ad tit. de jure
Patronat. cap.
33, p. 113.
Bafnage, fur
l'article 69,
de la Coutu-
me de Nor-
mandie, p.
156 de la pre-
mière édition.

le partage ou par la Coutume, fuivant la difpofition du
Droit Canonique, & le fentiment de la *Glofe fur la
Clémentine unique* verb. *prælati de fupplendâ negligentiâ
prælat. de Roye & de Bafnage*, fur la Coutume de Normandie, qui tiennent que les Religieux peuvent préfenter,
foit pendant la vie, ou après la mort de l'Abbé. Si-bien
que le partage doit faire confidérer la Communauté à cet
égard, comme fi elle n'avoit point d'Abbé, & par conféquent le Prieur Clauftral doit, felon l'efprit de la Dé-

claration du Roi, être reçu à exercer les droits de Curé
primitif.

21. Nous eftimons auffi qu'il en doit être de même
lorfque dans quelqu'un des membres ou des dépendances
de l'Abbaye, il y a un Prieur Conventuel prépofé pour le
gouvernement du Monaftère, fi ce Monaftère a des
Eglifes fur lefquelles il exerce les droits de préfentation
& autres honorifiques, à l'exclufion de l'Abbé, parce
que la même raifon milite, & encore plus fortement
que dans le cas précédent; il faut donc fuivant l'efprit de
la même Déclaration, que le Prieur Conventuel exerce
les droits de Curé primitif à l'exclufion de fes Religieux,
& encore à l'exclufion de l'Abbé; parce que le Monaftère poffédant les Eglifes comme fon propre patrimoine,
fans que l'Abbé y prenne aucune part, ni pour l'utile,
ni pour l'honorifique, c'eft tout de même que s'il n'y
avoit point d'Abbé. 22 En un mot l'Abbé ne doit avoir
l'exercice des droits du Curé primitif, que quand ils lui
appartiennent de fon propre chef, ou lorfqu'ils font com-
muns par indivis, entre lui & le Monaftère; que s'il y a
un partage qui règle ces droits, n'y ayant plus de co-propriété, & les droits étant diftingués, ce n'eft plus le cas
d'appliquer la Déclaration de 1731, mais il faut exécuter
les titres de partage.

(marginal note: Duperray, traité fur le partage des fruits, liv. 2, ch. 26.)*

23. De-là vient, que fi nonobftant le partage & la
divifion des Menfes, l'Abbé a retenu dans fon Lot les
droits honorifiques, comme le droit de préfenter aux
Bénéfices dépendans du Lot échu aux Religieux, ce
qui arrive le plus fouvent, & dont M. Duperray rapporte un exemple dans l'Arrêt du 8 Avril 1702, rendu entre
l'Abbé du Monaftère du grand Ordre de Cîteaux, & les
Religieux du même Monaftère; le partage n'ayant lieu
que pour le temporel, les Religieux ni leur Prieur n'auroient aucun droit fur le titre de Curé primitif, mais les

fonctions n'en pourroient être exercées, que par l'Abbé titulaire, ou Commendataire, suivant la Déclaration de 1731.

CHAPITRE XVI.

De quelle manière le droit de Curé primitif doit-il être exercé ?

SOMMAIRES.

1. L A déciſion de cette queſtion dépend de la diſtinc̣tion de pluſieurs cas. Le premier regarde les Egliſes Cathédrales ou Collégiales. Le ſecond, les Monaſtères d'hommes, & les Prieurs ſimples. Le troiſième, les Monaſtères des Filles, & les Communautés Laïques qui ne peuvent pas exercer par eux-mêmes les fonctions de Curés primitifs.

2. Commençons par les Egliſes Cathédrales ou Collégiales.

3. Avant la Déclaration de 1731, on décidoit la queſtion à leur égard par les principes & les uſages établis avant la Déclaration de 1726, parce que les Egliſes Cathédrales ou Collégiales étoient nommément exceptées des diſpoſitions contenues dans cette Déclaration, comme il paroît clairement de l'article 7 ; 4 mais il peut s'élever une difficulté qui conſiſte à ſavoir ſi aujourd'hui on ne doit pas ſuivre les mêmes principes qu'on ſuivoit alors. La raiſon de douter ſe tire de la diſpoſition de l'article 3 de la Déclaration de 1731, car tout comme la Déclaration veut que les fonctions de Curé primitif ne puiſſent être exercées que par les Abbés, Prieurs ou autres Chefs, & Supérieurs des Communautés, auxquelles le droit de Curé primitif appartient ; il ſemble tout de même que ces fonctions ne peuvent être exercées que par la première dignité du Chapitre, ou par celui qui a droit de préſider aux Actes capitulaires & non par les Chanoines.

Mais cet argument n'eſt pas bon, par la raiſon que l'article 3 de la Déclaration de 1731, ne comprenant point dans ſa diſpoſition les Egliſes Cathédrales ou Collégiales, il n'y a point d'application à faire à leur égard ; parce que les Loix doivent toujours être priſes *in formâ ſpecificâ* & non autrement, & qu'il n'eſt pas permis en les appliquant d'en faire l'extenſion d'un cas à l'autre.

5. On doit donc décider que cette Déclaration n'ayant

pas

pas introduit un droit nouveau, à leur égard elle a laiffé
fubfifter le droit obfervé auparavant, felon lequel on fuivoit ce principe reçu parmi tous les Canoniftes, que le
droit réfide fur le corps, & l'exercice fur les particuliers
qui le compofent *actus funt fingulorum, jus verò eft penès*
ipfum corpus collegii, comme le dit l'Abbé de Palerme ;
d'où il s'enfuit que le droit de Curé primitif qui appartient
à une Eglife Cathédrale ou Collégiale, peut être exercé
par celui de fes Chanoines qui eft député pour en faire
les fonctions, 6 & que le droit n'en eft pas dévolu à la
première dignité ou au Préfident à l'exclufion des autres ;
& comme c'eft le corps qui difpofe des Droits qui lui appartiennent, & non la première dignité ni le Préfident,
auffi eft-il jufte que le droit de Curé primitif, qui appartient à l'Eglife Cathédrale ou Collégiale, foit exercé
par celui auquel le Chapitre en donne le pouvoir : 7 mais
auffi femble-t-il raifonnable que les Chanoines ne puiffent
exercer ce Droit qu'en vertu d'une délibération du Chapitre, 8 & non de leur propre chef, parce que ce qui
appartient à un Corps n'appartient pas à chacun des membres qui le compofent, comme le décident les Loix &
les Auteurs.

Panormita-
nus ad cap.
capitulum
fancta, in
principio extr.
de refcriptis.

9. D'autre part, on avoit encore reçu dans l'ufage de
permettre aux Communautés, auxquelles ce Droit eft
attaché, d'en faire les fonctions par le Miniftère du Prieur
ou autre Religieux à fa place, comme le remarque M.
Dupèrray, & par conféquent cela fubfiftoit en faveur des
Eglifes Cathédrales ou Collégiales, puifque la Déclaration
de 1731 n'a porté aucun changement au droit & à l'ufage
ancien à cet égard.

L. 6, §. 1 ;
ff. de rerum
divifione Lo-
fæus de jure
univerfit.part.
1, cap. 1, n.
15 & feqq.

10. Toutefois quoique les Chapitres des Eglifes Cathédrales ou Collégiales puiffent commettre à un de leurs
Chanoines les fonctions de Curé primitif, il ne feroit
pas jufte qu'il leur fut permis d'en commettre l'exercice

Q

à une perſonne étrangère, & qui ne fut pas *de gremio Capituli*. 11 La raiſon en eſt, parce que ce droit tient beaucoup de la perſonalité, ce que la Déclaration de 1726 établit bien clairement, comme nous le dirons dans la ſuite, & ſi le Chapitre peut en commettre l'exercice à un de ſes membres, c'eſt parce que celui auquel la commiſſion en eſt donnée, a une portion de ce droit comme membre, ainſi la commiſſion ne bleſſe pas la perſonalité, au lieu qu'elle ſeroit bleſſée par la commiſſion donnée à une perſonne étrangère, & que pour cela il faudroit que le droit fut réel, ce qu'il ſeroit impoſſible d'établir dans les bonnes règles.

12. Voyons préſentement le cas où le droit de Curé primitif appartient aux Abbés, Prieurs & autres Bénéficiers, ou aux Communautés de Religieux. Avant la Déclaration du Roi de 1726, 13 'on jugeoit que le droit de Curé primitif, attaché aux Prélatures ou Bénéfices, étoit très-perſonnel, & que les Prélats & autres Bénéficiers ne pouvoient pas ſubſtituer d'autres perſonnes à leur place pour en faire l'exercice, M. Duperray rapporte un Arrêt de l'Année 1691 qui l'a jugé ainſi.

Duperray des droits honorifiques, liv. 2, ch. 1, n. 3.

14. L'article 3 de la Déclaration de 1731 l'a décidé de même ; car elle veut que *les Abbés, Prieurs, ou autres pourvus, ſoit en titre ou en commende du Bénéfice auquel la qualité de Curé primitif ſera attachée, pourront ſeuls & à l'excluſion des communautés établies dans leurs Abbayes, Prieurés ou autres Bénéfices, prendre ledit titre de Curé primitif & en exercer les fonctions, leſquelles ils ne pourront remplir qu'en perſonne*, ce qui exclut formellement tout pouvoir de commettre & de ſubſtituer.

15. La Déclaration du Roi ajoute : *ſans qu'en leur abſence ni même pendant la Vacance deſd. Abbayes, Prieurés & autres Bénéfices, leſd. Communautés puiſſent faire leſd. fonctions, qui ne pourront être exercées dans leſd. cas que par*

les Curés Vicaires perpétuels. Ce qui leve abſolument toute
ſorte de difficulté, & fait comprendre qu'il n'y a que
l'Abbé, Prieur ou autre Bénéficier auquel le Droit appartient, qui puiſſe en exercer les fonctions, ſans que
ni l'abſence, ni la vacance de l'Abbaye puiſſent ſervir
de fondement aux Communautés pour prétendre l'exercice
de ce droit à la place de l'Abbé ou du Prieur, & ſi
l'Abbé ou Prieur ne ſont pas Prêtres, quoiqu'ils ne puiſſent pas l'exercer eux-mêmes, ils ne ſont pas fondés à
ſubſtituer une perſonne, comme le décide fort bien *M. Duperray, ſur l'art.* 5 *de la Déclaration de* 1726, & dans tous
ces cas d'abſence, de vacance ou de défaut de Prêtriſe, le droit en eſt dévolu au Curé Vicaire perpétuel,
par la diſpoſition expreſſe de la Déclaration du Roi.

16. A l'égard des Communautés qui auront droit de
Curé primitif, la Déclaration de 1731 abroge l'uſage obſervé auparavant, qui leur permettoit de commettre un
Religieux pour l'exercice de ce droit, & veut que les
Supérieurs des Communautés puiſſent ſeuls en faire les
fonctions. Voilà donc tous les autres Religieux exclus, &
il n'eſt plus libre aux Communautés de choiſir un de
leurs Religieux pour l'exercice des droits de Curé primitif; 17 mais il eſt dévolu au Supérieur ſeul excluſivement à
tous les autres membres de la Communauté, & par conſéquent ſi tout autre que le Supérieur ſe préſentoit pour
faire les fonctions, le Curé Vicaire perpétuel ne ſeroit
pas tenu de le recevoir, ni de l'admettre aux fonctions de
Curé primitif, quand même il ſeroit porteur d'une délibération du Monaſtère, 18 qui l'auroit ſubſtitué à la
place du Supérieur; la raiſon en eſt, parce que la Déclaration du Roi en a tranſporté le droit au Supérieur
ſeul & l'a attaché à ſa perſonne, ſans pouvoir le com-
muniquer, 19 ni en donner la commiſſion à quelqu'autre,
par où Sa Majeſté à confirmé la règle que le droit de

Q 2

Curé primitif eſt très-perſonnel & incommunicable, laquelle étoit en vigueur avant même la Déclaration de 1726.

20. Pour ce qui eſt du troiſième cas qui regarde les Colléges, les Monaſtères des filles, les Chevaliers, les Communautés Laïques ou mixtes, nous avons établi au chapitre 14 que ces perſonnes ou Communautés étoient capables d'avoir & de poſſéder le titre & la qualité de Curé primitif, nous avons même expliqué de quelle manière les droits peuvent leur appartenir.

21. Mais ne pouvant pas eux-mêmes en faire les fonctions, peuvent-ils les commettre & ſubſtituer un Prêtre pour les faire à leur nom? 22 Il ſemble d'abord que cela ne ſe peut point, ſuivant le principe fondé ſur la Juriſprudence ancienne & ſur la Déclaration de 1731, que ce droit eſt très-perſonnel & incommunicable, & qu'il ne peut point être exercé par commiſſion, ni par une perſonne ſubſtituée; mais qu'il faut dire comme dans le cas de l'abſence du Prélat ou Bénéficier, à qui ce droit appartient, de la vacance de l'Abbaye ou Bénéfice, ou du défaut de Prêtriſe, auxquels cas l'exercice en eſt ſuſpendu pour l'Abbé ou autre Bénéficier, 23 & les fonctions en ſont dévolués de plein droit au Curé Vicaire perpétuel. Ceci n'a rien de contraire à ce que nous avons dit au chapitre 14; car rien n'empêche que le titre de la qualité de Curé primitif ne puiſſe appartenir aux Colléges ou Monaſtères des filles, aux Chevaliers & aux Communautés Laïques, ſans qu'ils puiſſent néanmoins en commettre l'exercice; lequel demeurera ſuſpendu pour le Curé primitif, & dévolu au Curé Vicaire perpétuel, juſqu'à ce que le droit ſoit parvenu à une perſonne ou à une Communauté capable d'en faire les fonctions elle-même, ou par le miniſtère de ſon Supérieur, comme il demeure ſuſpendu, & eſt dévolu au Curé Vicaire

perpétuel en cas d'abfence ou de vacance, ou à caufe de l'incapacité de l'Abbé, Prieur ou autre Bénéficier, qui n'eft point Prêtre.

24. Quoique ces raifons paroiffent très-fortes, elles ne doivent pas empêcher de décider le contraire. 25 Premièrement, elles ne font rien contre les Communautés mixtes, & qui font compofées de Prêtres & de Laïques, comme font les Colléges & les Univerfités qui peuvent exercer les droits de Curé primitif par un Prêtre de leur Corps, & comme nous avons obfervé ci-deffus en parlant des Eglifes Cathédrales ou Collégiales, que felon l'ufage pratiqué avant la Déclaration de 1726, les Corps & Communautés avoient la faculté de députer un de leurs membres, pour faire les fonctions de Curés primitifs, les Communautés mixtes le peuvent encore, nonobftant la Déclaration de 1731, parce que cette Déclaration n'a point parlé des Communautés mixtes, & par conféquent elle ne peut pas avoir établi un droit nouveau à leur égard ; mais elle a laiffé fubfifter le droit obfervé auparavant.

26. En fecond lieu, à l'égard des Monaftères des filles & des Chevaliers, qui ont le titre & la qualité de Curé primitif, il faut également décider qu'elles peuvent en commettre les fonctions par plufieurs raifons. 27 La première, parce que le droit de Curé primitif feroit inutile & infructueux en leurs mains, s'il ne pouvoient pas en faire les fonctions par une perfonne fubftituée à leur place, tous ces droits & attributs fe trouvant préfentement réduits à la feule faculté de faire le Service divin les quatre Fêtes folemnelles, & le jour du Patron, & de percevoir la moitié des Offrandes & des Oblations, les jours que les Curés primitifs officieront : enforte que s'il n'étoit pas permis aux perfonnes ou Communautés incapables par leur état de faire le Service, d'en com-

mettre l'exercice, le droit en feroit anéanti contre l'intention du Légiſlateur, ainſi que nous l'avons expliqué
dans le chapitre 14.

28. La feconde, qu'il ne faut pas raiſonner dans ce cas,
comme dans ceux de l'abſence des Abbés, de la vacance
de l'Abbaye ou de leur incapacité par le défaut de Prêtriſe, ſoit parce que la Déclaration du Roi n'a point
parlé des Communautés des filles dans l'article 3, où elle
règle la forme & la manière d'exercer les droits de Curé
primitif, ſoit parce que ſi l'Abbé n'eſt pas Prêtre, c'eſt
ſa faute, pouvant ſe faire promouvoir, d'autant qu'il
n'a point d'incapacité perſonnelle, au lieu que le ſexe
pour les filles, & la qualité de Chevalier pour les hommes produiſent une incapacité qu'il ne dépend pas d'eux
de lever.

29. La troiſième, qu'avant les Déclarations de 1746
& 1731, il étoit permis aux Monaſtères des filles & aux
Chevaliers de faire faire les fonctions de Curé primitif
par commiſſion, cela ſe prouve par l'Arrêt du Parlement
de Paris du 16 Août 1699, rapporté par Gillet qui a
permis à l'Abbeſſe & Religieuſes du Monaſtère de St.
Pierre de Lyon, de commettre des Prêtres pour faire le
Service & les fonctions de Curé primitif dont la qualité leur eſt adjugée par le même Arrêt : enſorte que
l'article 3 de la Déclaration de 1731, ne parlant point
des Religieuſes ni des Chevaliers, quand il règle la manière d'exercer les droits de Curé primitif, il laiſſe ſubſiſter à leur égard la Juriſprudence obſervée auparavant,
parce qu'une Loi nouvelle ne déroge aux anciens uſages, qu'autant que ſes diſpoſitions l'induiſent néceſſai-
rement.

Gillet, ſur la fin du 17 Plaid.

30. La quatrième, que les Monaſtères des filles, ne
pouvant pas ſubſiſter ſelon les règles de l'Egliſe, ſans
avoir des Prêtres pour leur adminiſtrer les Sacremens,

& diriger leurs confciences, elles font obligées d'avoir des Chapelains qui peuvent en quelque manière être confidérés comme membres de leurs Monaftères par choix, & par une efpèce d'adoption, ou à mieux dire, comme leurs Chefs fpirituels & leurs Curés ; on ne bleffe pas le principe qui établit la perfonnalité du droit de Curé primitif, en permettant aux Monaftères des filles de faire exercer les fonctions de Curé primitif par leurs Chapelains ou Curés ; 31 & tout ce qu'on pourroit dire, c'eft qu'elles n'en peuvent pas donner la commiffion à des Prêtres étrangers, ce qui nous paroît très - raifonnable pour ne pas s'écarter des véritables règles.

32. Pour ce qui regarde les Chevaliers, tout le monde fait que dans prefque tous les Ordres de Chevalerie qui pofsèdent des Cures primitives, & fur-tout dans celui de Malthe, il y a des Prêtres de l'Ordre ; il n'y aura donc point d'inconvénient, qu'il foit permis aux Chevaliers de commettre l'exercice & les fonctions de Curé primitif aux Prêtres de leur Ordre, qui comme membres de l'Ordre, participent aux droits appartenans à l'Ordre, & par conféquent la règle qui établit la perfonnalité des droits de Curé primitif, ne peut pas empêcher que les Chevaliers ne commettent des Prêtres de leur Ordre, par les raifons que nous avons expliquées plus haut, en parlant des Eglifes Cathédrales ou Collégiales ; 33 & tout au plus, elle empêcheroit qu'ils ne puffent fubftituer des Prêtres étrangers, ce qui paroît jufte & conforme à l'efprit de la Déclaration de 1731.

34. Après avoir vu quelles font les perfonnes qui peuvent faire les fonctions de Curé primitif, il nous refte à voir de quelle manière les Curés primitifs doivent fe comporter dans l'exercice actuel ; & comme tout cela fe trouve réglé par les Déclarations du Roi, il nous fuffira d'en rapporter les difpofitions. 35 Premièrement, les

Q 4

Curés primitifs qui voudront aller faire le Service à la Paroiffe les quatre Fêtes annuelles, & le jour du Patron, doivent faire avertir les Curés Vicaires perpétuels, la furveille de la Fête ; 36 & cela fuivant M. Duperray, afin que le Curé Vicaire perpétuel puiffe fe préparer avec fon Clergé à faire la cérémonie, & recevoir le primitif avec la décence & la dignité de la perfonne & du lieu. 37 Le défaut d'avertiffement fourniroit une jufte excufe au Curé Vicaire perpétuel, de refufer le Curé primitif, & de ne pas l'admettre aux fonctions.

38. 2°. Ceux qui font les fonctions de Curés primitifs doivent fe conformer aux rits & chants du Diocèfe ; cela a été ainfi ordonné pour éviter la confufion & l'indécence : il peut y avoir des Religieux qui fuivent d'autres rits & chants que ceux du Diocèfe où la Paroiffe eft fituée ; & comme ils viennent dans les Eglifes pour y faire le fervice, ils ne doivent point apporter d'autres rits & chants que ceux du Diocèfe, dans les Paroiffes duquel ils vont faire le Service.

Art. 5 de la Déclaration de 1726.

39. 3°. Dans toutes les Proceffions, Cérémonies ou Affemblées publiques de quelque nature quelles puiffent être, ils feront tenus fuivant la Déclaration du 30 Juillet 1710, de fe foumettre aux Ordres & Mandemens des Archevêques, Evêques, ou grands Vicaires du Diocèfe, nonobftant tous ufages, poffeffions, ou titres à ce contraires.

Recueil d'Edits, imprimés à Pau, tom. 5, p. 755.

40. L'article 1 de la Déclaration du 30 Juillet 1710, porte, que *les Mandemens des Archevéques, Evéques, ou leurs Vicaires Généraux qui feront purement de Police extérieure Eccléfiaftique, comme pour les Sonneries générales, Stations du Jubilé, Proceffions & Prières pour les néceffités publiques, Actions de graces, & autres femblables fujets, tant pour les jours & heures, que pour la manière de les faire, foient exécutées par toutes les Eglifes & Communautés Ecclé-*

fiaftiques, Séculières & Régulières, exempts & non exempts;
fans préjudice de l'exemption de celles qui fe prétendent
exemptes en autres chofes.

41. Il n'y a donc point de titre ni de poffeffion contraire , ni de privilége d'exemption , qui puiffe difpenfer
les Curés primitifs qui vont faire le Service Divin dans
les Paroiffes fur lefquelles ils ont le droit de primitifs , de
fuivre les Mandemens des Archevêques , Evêques ou
leurs grands Vicaires : pour ce qui regarde les Proceffions,
Cérémonies ou Affemblées publiques , de quelque nature
qu'elles foient , ni de fe conformer aux rits & chants du
Diocèfe d'où dépend la Paroiffe , où le Service Divin
eft fait par les Curés primitifs.

CHAPITRE XVII.

Si le Vicaire perpétuel peut prendre la qualité de Curé , même en contractant avec le Curé primitif.

SOMMAIRES.

1. CETTE question avoit reçu une résolution certaine avant la Déclaration de 1726. On la décidoit par une distinction qui étoit observée à l'égard de toute sorte de Curés primitifs , & qui étoit autorisée par la Jurisprudence des Arrêts des Cours Souveraines.

Journal du Palais , tom. I , pag. 194. Duperray , des Droits honorifiques, liv. 2 , ch. 1 ,

2. Cette distinction consistoit à permettre aux Curés Vicaires perpétuels , de prendre la qualité de Curé dans toutes les occasions avec les étrangers ; mais dans les Contrats & autres affaires qu'ils avoient à démêler avec

le Curé primitif, il étoit défendu aux Vicaires perpétuels de prendre la qualité de Curé.

3. La Déclaration du Roi du 5 Octobre 1726, a été plus favorable aux Vicaires perpétuels : elle dit *que pour* Art. 3 de la Déclaration de 1726. *inspirer à nos peuples le respect & la juste confiance qu'ils doivent avoir à leurs Pasteurs, les Vicaires perpétuels puissent en tous Actes & en toutes occasions, prendre la qualité de Curés de leurs Paroisses, & qu'ils soient reconnus en cette qualité par tous les fidelles confiés à leurs soins.* Ce qui a été renouvellé par l'article premier de la Déclaration de 1731.

4. Aux termes de cet article, les Vicaires perpétuels sont en droit de prendre la qualité de Curés de leurs Paroisses, dans toute sorte d'Actes, en toutes occasions, & avec toute sorte de personnes, 5 même avec les Curés primitifs ; car cette disposition nouvelle n'a été faite que pour abroger la distinction que l'on faisoit entre les Curés primitifs & les étrangers, 6 qui contractoient ou plaidoient avec les Curés Vicaires perpétuels : 7 ainsi la qualité de Curé a été rendue au véritable Pasteur, *veluti quodam jure post liminii*, comme le remarque M. Duperray, sur cet article : car il y a plusieurs textes Canoniques rapportés par Chabanel, de l'Antiquité des Eglises Paroissiales, chap. 6, qui ont donné le nom de Recteur ou de Curé *Parochus* à celui qui étoit pourvu d'une Vicairie perpétuelle.

8. La disposition générale de cette Loi nouvelle peut donner lieu à un doute qui consiste à savoir si les Curés Vicaires perpétuels peuvent prendre la qualité de Curés de leur Paroisse, ou seulement celle de Vicaire perpétuel dans les Contrats ou Procès avec les Chapitres des Eglises Cathédrales ou Collégiales qui ont le droit de Curé primitif, 9 A ne consulter que l'article dont nous avons transcrit les paroles, la chose paroît sans difficulté en faveur des Curés Vicaires perpétuels : il semble même

Duperray, fur les art. 2 & 7 de la Déclaration de 1726. que M. Duperray l'ait penſé ainſi ; 10 cependant on déci-doit le contraire avant la Déclaration de 1731 , & que les Curés Vicaires perpétuels ne pouvoient pas prendre la qualité de Curés lorſqu'ils contractoient ou plaidoient avec les Chapitres des Egliſes Cathédrales ou Collégiales Curés primitifs : la raiſon étoit priſe , de ce que par l'art. 7 de la même Déclaration, les Egliſes Cathédrales ou Collégiales avoient été exceptées de toutes les diſpoſitions contenues dans la Déclaration de 1726 , à l'exception de ce qui eſt ordonné pour les portions congrues dans l'article 6.

L'article 7 laiſſoit donc les Egliſes Cathédrales & Collégiales dans les droits qu'elles avoient avant cette Déclaration , & par conſéquent elle confirme le droit qu'elles avoient d'empêcher les Curés Vicaires perpétuels de prendre la qualité de Curés dans les Contrats ou Procès où ces Egliſes feroient parties.

Cet Arrêt eſt rapporté au chap. 4. 11. Cette queſtion fut ainſi jugée par un Arrêt du Parlement de Toulouſe, rendu en la troiſième Chambre des Enquêtes, au rapport de M. Pujol, le 18 Mars 1730, en faveur du Chapitre de l'Egliſe Métropolitaine de Sainte Marie d'Auch, contre Meſſire Hiacinthe de Labaune Baſcous, Chanoine, Sacriſtain de la même Egliſe, par lequel Arrêt après que le chapitre a été maintenu en la qualité de Curé primitif de Sainte Marie d'Auch, il eſt dit; *ce faiſant , fait notred. Cour inhibitions & défenſes audit Labaune , Sacriſtain , de prendre la qualité de Curé dans les Actes qu'il paſſera avec ledit chapitre , mais ſeulement celle de Sacriſtain , ou celle de Sacriſtain Vicaire perpétuel , lui permettant néanmoins de prendre la qualité de Curé de Sainte Marie d'Auch , dans les Actes qu'il paſſera avec les autres qu'avec ledit chapitre.*

12. Mais cette Loi , & la Juriſprudence qui s'y étoit conformée ont été corrigées par la Déclaration de 1731 ,

qui en fupprimant l'exception que la Déclaration de 1726 faifoit en faveur des Eglifes Cathédrales ou Collégiales, a rétabli la première uniformité entre toutes les Eglifes, & les a affujetties aux mêmes Loix, de forte qu'il faut décider que les Eglifes Cathédrales ou Collégiales Curés primitifs, tout comme les autres Curés primitifs, qui font auffi Patrons, doivent donner dans les Actes de collation ou de préfentation, le titre de Cûre aux Vicairies perpétuelles dont elles ont le patronage ou la collation avec le droit de Curé primitif, ce qui revient à la difpofition de l'article 1 de la Déclaration de 1731, qui veut indiftinctement que les Vicaires perpétuels puiffent prendre la qualité de Curés Vicaires perpétuels en tous Actes & en toutes occafions.

CHAPITRE XVIII.

Des Charges des Curés primitifs, & s'ils en font quittes en abandonnant les Dixmes aux Vicaires perpétuels pour leur portion Congrue ?

SOMMAIRES.

1. **N**OU s avons vu plus haut, en recherchant les cauſes qui ont donné lieu à l'établiſſement des Vicaires perpétuels, & à la retention des droits de Curé primitif, que les Vicaires perpétuels avoient pris la place
des Paſteurs chargés du ſoin des Ames & du gouvernement des Paroiſſes, ce qui nous fait connoître les devoirs
des uns, & les charges des autres.

2. Les Vicaires perpétuels en ſuccédant aux Paſteurs,
ſe ſont ſoumis aux mêmes obligations, dont les Curés
originaires étoient tenus par les devoirs de leur état ;
c'eſt-à-dire, qu'ils ſe ſont aſſujettis à départir le pain de
la parole, à adminiſtrer les Sacremens & à gouverner
les Paroiſſes, tout comme vrais & légitimes Paſteurs.

3. Et au contraire, les Curés primitifs en ſe déchargeant du ſoin des Paroiſſes & du gouvernement ſpirituel
des peuples, qui leur avoient été confiés, 4 ont contracté une obligation naturelle de fournir à la nourriture
& entretien des Vicaires perpétuels ; car il eſt bien juſte
que ceux qui ſupportent la peine & le travail pour en ſou-
lager les Curés originaires & primitifs, reçoivent d'eux
les ſecours néceſſaires & les biens temporels, qui par leur
deſtination ne doivent être employés que pour la récom-
penſe du travail & de la peine.

5. Nous voyons par-là que la principale charge du
Curé primitif, eſt de pourvoir à la ſubſiſtance du Vicaire
perpétuel qui travaille pour lui : cette charge eſt née à
même-temps que les Vicaires ont été établis pour tenir la
place des Curés, on en trouve des preuves dans le Canon
12 du Concile de Mérida, tenu en 666, dont nous avons
Concil. E- parlé au chap. 3, n. 8, 9, 10. *Pontificali electione*, dit ce
mericenſe, Canon, *Presbyteri ipſius ordinatione, Presbyter alius inſti-*
Can. 12. *tuatur, qui ſanctum officium peragat, & diſcretione Prioris*
Presbyteri, victum & veſtitum rationabiliter ipſi miniſtretur,
ut non egeat, aut ſi quæſierit qui ordinatur, ſtipendium à ſuo

Presbytero

Presbytero accipiat , quantum dignitas Officii expetat.

· 6. Mais cette obligation de fournir à la fubfiftance du Vicaire perpétuel, eft-elle propre & particulière au Curé primitif, & ne lui eft-elle pas commune avec tous les Décimateurs ? M. Gibert qui examine cette difficulté, remarque qu'il n'y a que le Curé primitif qui jouiffe des droits honorifiques, & non les autres Décimateurs ; 7 ainfi felon la règle : *qui fentit commodum debet fentire incommodum*, le Curé primitif devroit feul pourvoir à la fubfiftance du Vicaire perpétuel, d'autant mieux qu'il travaille pour le Curé primitif, & non pour les autres gros Décimateurs, 8 qui n'ont pas le même droit ; néanmoins le même Auteur, M. de Héricourt & M. Duperray, décident fur le fondement de la Déclaration du 29 Janvier 1686, & de l'art. 21 de l'Edit de 1695, que la portion congrue, qui eft accordée au Vicaire perpétuel pour lui tenir lieu des alimens à lui donnés par les Canons, eft une charge de tous les Décimateurs qui doivent y contribuer à proportion de ce qu'ils poffèdent des dixmes ; & que tant qu'il y a des dixmes Eccléfiaftiques, les autres biens du Curé primitif ne doivent pas y contribuer. 9 La raifon en eft, parce que felon le fentiment de *Van-Efpen*, & de tous les Canoniftes, les dixmes · Eccléfiaftiques doivent fervir par leur deftination primitive, à la fubfiftance des Miniftres de l'Eglife, 10 de-là vient que l'on tient pour maxime certaine que les Eglifes Paroiffiales font fondées de droit commun à prétendre les dixmes des fruits, qui fe levent dans toute l'étendue de leur Paroiffe ; 11 *indubitatum eft , decimas Ecclefiaſticas , primitus ordinatas ac inſtitutas effe in fuſtentationem Miniſtrorum Ecclefiæ , atquè hinc profluxit commune Canoniſtarum affertum, quod Ecclefiæ Parochiales habeant de jure communi , intentionem fundatam ad decimas , infrà fuos limites excrefcentes ;* c'eft ainfi que s'explique Van-Efpen : & par con-

Gibert , infti- titut. Eéclef & Benef. part. 1 , tit. 37 , § 6 , p. 166. V. Duperray des portions con- grues, ch. 16 & des droits honorifiques , liv. 4 , ch. 4 L. 10 , ff. de reg. juris.

Héricourt , Loix Ecclé- fiaftiq. part. 4, ch. 2 , max. 13. Duperray, des portions congrues, ch. 16. Gibert , ibid.

Van-Efpen ; de priſtinis altarium in- corporatione , cap. 3 , § 7.

féquent tous ceux qui pofsèdent des dixmes Ëccléfiaftiques
dans la Paroiffe , doivent contribuer *prorata* au payement
de la portion congrue du Vicaire perpétuel , qui fert la
Paroiffe : la décifion de M. Gibert & des autres Auteurs,
eft donc très-bien fondée fur les Loix du Royaume, &
fur la raifon prife de la deftination des dixmes Eccléfiaftiques ; il faut pourtant convenir que fi le Curé primitif,

V. Fevret de l'abus , liv. 6, ch. 1 , n. 10.
12 outre fa portion des dixmes , poffédoit encore des
fonds dans la Paroiffe qui font du Domaine ancien de la
Cure , à examiner la difficulté aux termes du Droit Canonique , les autres Décimateurs non Curés primitifs, feroient fondés à prétendre que tous les biens du Domaine
de la Cure fuffent épuifés avant de les faire contribuer à
la portion congrue , parce que cette portion n'eft affignée
que pour la récompenfe du foin & du travail que le Vicaire perpétuel fait pour le Curé primitif ; & comme le
Domaine ancien des Cures doit fervir par fa deftination
pour le payement du fervice, c'eft au Curé primitif qui
eft obligé originairement au fervice, à en payer la rétribution , & à employer pour cela les fonds de la Cure
deftinés à cet effet ; mais tout cela eft inutile préfentement, parce que la Loi du Prince y a pourvu, & qu'il
faut l'exécuter.

13. Ceci nous conduit à la deuxième difficulté que nous
nous fommes propofé d'éclarcir, qui confifte à favoir fi
le Curé primitif, qui outre les dixmes pofsède des fonds
dans la Paroiffe , en eft quitte en abandonnant les dixmes ,
& s'il ne doit pas fournir la portion congrue au moyen
des revenus des autres biens.

14. La Déclaration du 19 Janvier 1686, eft ce qui forme
la première raifon de douter : cette Déclaration affecte
par exprès les dixmes Eccléfiaftiques pour le payement de
la portion congrue due au Vicaire perpétuel ; elle veut que
tous les Décimateurs foient tenus d'y contribuer *prorata* ,

& qu'ils puissent même être contraints solidairement ; sauf
à celui qui sera obligé de payer le tout, son recours contre les autres co-Décimateurs, & puisque cette Déclaration n'a pas affecté les autres biens possédés dans la Paroisse par le Curé primitif ; il semble que le Curé primitif doive en être quitte en abandonnant les dixmes, &
que le Curé Vicaire perpétuel n'a aucune action sur les autres biens du Curé primitif, d'autant mieux que la même
Déclaration prend la précaution d'affecter subsidiairement
les dixmes inféodées, en cas d'insuffisance des autres dixmes, ce qui produit une exclusion formelle des autres biens
du Curé primitif, que Sa Majesté ne comprend dans aucun degré d'affectation.

15. On peut tirer une raison encore plus forte de la
Déclaration du 30 Juin 1690, qui porte : *voulons & nous*
plaît, que suivant notredite Déclaration du mois de Janvier
1686, les Curés & Vicaires perpétuels jouissent de la por-
tion congrue de 300. liv. par chacun an, qui seront payées
par les gros Décimateurs, si mieux ils n'aiment leur aban-
donner toutes les dixmes qu'ils perçoivent dans lesdites Pa-
roisses, auquel cas ils seront & demeureront déchargés desdi-
portions congrues. La disposition de cette Déclaration est
expresse, elle veut que tous les Décimateurs, sans distinguer les Curés primitifs Décimateurs d'avec les autres, ni
s'ils possèdent d'autres biens dans la Paroisse, dépendans
de l'ancien Domaine de la Cure, puissent abandonner toutes les dixmes, & qu'ils soient déchargés de la portion congrue au moyen de cet abandon.

16. Nonobstant ces autorités, il y a eu des Auteurs qui
ont décidé, & des Arrêts qui ont jugé, que les Curés primitifs qui sont en même-temps gros Décimateurs, ne devoient pas être déchargés du supplément de la portion
congrue, en abandonnant toutes les dixmes ; mais qu'il
falloit abandonner tous les revenus des Bénéfices, ayant

Duperray
des portions
congrues, ch.
16, & des
Droits hono-
rifiques, liv.
4, ch. 2. Hé-
ricourt, Loix
Ecclésiast.

le titre de Curé primitif; c'est-à-dire qu'ils devoient abandonner tous les revenus des biens qu'ils possèdent dans
la Paroisse, comme présumés être de l'ancien Domaine
de la Cure selon M. Duperray, & par conséquent desti-
nés pour faire faire le service de la Paroisse, & affectés
pour le payement de la portion congrue, adjugée aux
Curés Vicaires perpétuels.

17. Cette décision étoit incontestablement bien fondée
selon l'esprit des constitutions canoniques ; puisque ceux
auxquels les Eglises Paroissiales ont été concédées ou
unies pour jouir du temporel, & pour le convertir à leurs
usages ne pouvoient s'approprier que les fruits & revenus superflus suivant les Canonistes, 18 car quand les
Evêques ou les Souverains Pontifes ont concédé ou uni
les Paroisses aux Abbayes *ad sublevandam paupertatem*, ils
n'ont entendu leur donner que ce qui resteroit des fruits &
revenus, déduction faite de ce qui est nécessaire pour
l'entretien des Curés Vicaires perpétuels, & ce qui leur
faut pour payer les droits Episcopaux, & supporter les
autres charges, *ut commodè sustentari, & Episcopalia jura
persolvere, hospitalitatem impertiri ac alia incumbentia eis
onera supportare possint.* On voit même que dans le commencement, les Vicaires perpétuels prenoient tous les revenus & rendoient compte aux Curés primitifs du résidu,
distraction faite des frais nécessaires pour leur entretien
& autres charges ; il a été même ordonné, avant l'union
& la concession des Eglises Paroissiales, quand les Curés
titulaires étoient retirés de leurs Paroisses, pour être
placés à la Cathédrale, qu'ils pourvoiroient à la subsistance, & à l'entretien honnête des Prêtres employés
pour faire le Service des Paroisses, comme il est prouvé
par le Canon 12 du Concile de Mérida, dont nous avons
parlé ci-dessus.

En un mot, tous les Canonistes sont demeurés d'ac-

part. 4, ch. 2, max. 13. Bretonnier, sur Henris, tom. 1, liv. 1, ch. 3, quest. 41. Duperray, des droits honorifiques, liv. 4, ch. 1, n. 7, & ch. 2, n. 3.

Innocentius Panormitanus & alii Doctores in cap. Pastorales de privil. & in cap. de Monachis extr. de Præbendis Panormit. ad cap. 7, extr. de donat. Cap. de Monachis 12, & ibi Glossa cap. extirpandæ 30, de extr. Præb. Cap. 1, de Præb. in 6º. Clementina 1, de jure Patron. & ibi Gloss. cap. 12, extr. de Præbend. cap. 2, extr. de suplend. neg. Prælat.

cord, comme le remarque fort bien *Van-Efpen*, que les conceffions ne font cenfées faites *nifi priùs deductâ portione congruâ eorum qui curam animarum fuftinent, & Ecclefiæ Minifterio funt addicti* ; & par conféquent tous les fruits & revenus de la Cure, font affectés originairement & primitivement pour le payement de la portion congrue. Voilà pourquoi il ne fuffit pas que le Curé primitif abandonne toutes les dixmes, 19 il faut encore qu'il abandonne tous les fonds qui font de l'ancien patrimoine de la Cure, comme deftinés fpécialement à la nourriture, & entretien de celui qui eft chargé du foin des Ames, & du gouvernement fpirituel de la Paroiffe.

Cap. 3, §. in Ecclefiis extr. de privil. Concil. Emeritenf. Can. 12. Van-Efpen de priftinis altarium in corporatione cap. 3, §. 3.

20. C'eft fur le fondement de ces raifons que M. Duperray a remarqué que quand les Curés primitifs ont abandonné les Dixmes, ils ont fatisfait aux Déclarations de 1686 & 1690, mais ils n'ont pas fatisfait au Droit commun, qui veut que ceux qui ont les anciens fonds des Cures, comme les Curés primitifs, foient obligés de faire le fupplément, 21 parce que les Déclarations & le Droit commun ne fe détruifent pas l'un l'autre, ce qui eft bien vrai, par rapport à la Déclaration de 1686 qui ne parle qu'en termes démonftratifs, & non pas limitatifs, ni reftrictifs ; mais la Déclaration de 1690 paroît trop formelle pour pouvoir être éludée par une telle réponfe.

Duperray, fur l'art. 6, de la Déclaration de 1726.

22. C'eft pourquoi Sa Majefté voulant tirer tous les doutes, & faire revenir les chofes aux termes du Droit commun duquel la Déclaration de 1690 s'étoit éloignée, ordonna par l'art. 6 de la Déclaration de 1726 que les Curés primitifs ne puffent être déchargés du fupplément de la portion congrue, fous prétexte de l'abandon des dixmes, mais qu'ils feroient tenus d'en faire le fupplément fur les autres biens & revenus qu'ils pofsèdent dans les Paroiffes, & qui feront de l'ancien Patrimoine des Curés, fi mieux ils n'aiment abandonner le titre &

R 3

les droits de Curés primitifs dans les Paroiſſes. Mais la Déclaration de 1731, outre qu'elle a confirmé cette diſ-poſition, elle l'a auſſi étendue en ordonnant à l'art. 11 que nul Curé primitif ne pourra être déchargé du paye-ment des portions congrues des Curés Vicaires perpé-tuels & de leurs Vicairies, ſous prétexte de l'abandon qu'ils pourroient faire des dixmes à eux appartenantes, *à moins qu'ils n'abandonnent auſſi tous les biens & revenus qu'ils poſsèdent dans leſdites paroiſſes & qui ſont de l'ancien patrimoine des Curés, enſuite le titre & droits de Curés pri-mitifs.*

23. Des derniers termes de l'art. 6 de la Déclaration de 1726, naiſſent deux difficultés importantes. La pre-mière conſiſte à ſavoir ſi le Curé primitif qui a aban-donné toutes les dixmes, peut être obligé de fournir le ſupplément de la portion congrue ſur les autres biens de l'ancien Patrimoine de la Cure, lorſqu'il abandonne le titre & les droits de Curé primitif; & la deuxième, ſi les biens que le Curé primitif poſsède dans l'étendue de la Paroiſſe, ſont préſumés de droit être de l'ancien Patri-moine de la Cure, ou ſi c'eſt au Curé Vicaire perpétuel à prouver ce fait.

24. Sur la première difficulté, on peut dire d'un côté que la Déclaration du Roi voulant que les Curés primi-tifs ne puiſſent ſe décharger du ſupplément de la portion congrue en abandonnant toutes les dixmes, & que ce ſupplément puiſſe être pris ſur les autres biens qui ſeront de l'ancien patrimoine des Curés, & ajouta enſuite : *Si mieux ils n'aiment abandonner ledit titre, & les droits de Curés primitifs dans leſdites Paroiſſes,* donne l'option aux Curés primitifs, laquelle roule entre le ſupplément ſur les autres fonds de la Cure, & l'abandon du titre & des droits de Curé primitif; & comme ſuivant les règles en matière d'alternatives, celui qui a l'option peut choiſir

celle de deux chofes qui lui convient, fi le Curé primitif aime mieux abandonner le titre & les Droits de Curé
primitif, qui ne confiftent qu'en la faculté d'en prendre
la qualité ; & à la fixation des droits faite par l'art. 3
de la même Déclaration, il peut fe difpenfer de payer le
fupplément de la portion congrue, fur les autres biens
qui font du patrimoine de la Cure, & peut les retenir
exempts de ce fupplément.

25. Au contraire, on peut dire, 1°. que les dixmes &
les autres fonds étant du Patrimoine ancien de l'Eglife,
étoient originairement deftinés pour la nourriture & entretien du Pafteur prépofé pour le gouvernement de la
Paroiffe, ceux qui font à préfent Curés primitifs, étoient
autrefois les vrais Curés, & ils en faifoient les fonctions
& en avoient la charge comme le profit, & ceux qui font
à préfent les vrais Curés, n'étoient que des Vicaires *ad
tempus* qui font devenus Vicaires perpétuels; que fi l'on
a fouffert la féparation de ce qui étoit naturellement infé- V. les textes
parable, favoir le titre d'avec le revenu, de la peine d'a- & les autori-
vec la récompenfe, de l'office d'avec le Bénéfice, ce tés rappor-
                                                       tées ci-deffus
n'a été qu'après que les Canons ont fait les règlemens dans ce chap.
néceffaires pour pourvoir à la nourriture & entretien
des Vicaires perpétuels, & en leur affectant fpécialement,
non-feulement les dixmes, mais encore tous les autres
revenus de la Cure qui font compris fous le mot *proventibus* que l'on trouve dans le chap. 12, *extr. de præbendis*,
& fuivant les Canoniftes, les Curés primitifs ne peuvent
pas s'approprier les revenus des Eglifes, mais feulement *Panormit.*
ceux qui refteroient après le payement de la portion con- *ad cap. de*
                                                          Monachis,
grue du Vicaire perpétuel, *non poffunt fibi appropriare* *extr. de Præ-*
omnes redditus Ecclefiæ; fed redditus dumtaxat fuperfluos, *bendis.*
detractâ priùs congruâ portione pro Vicario, feu rectore ibi-
dem inftituendo. D'où il s'enfuit clairement que le Curé
primitif ne peut pas fe difpenfer de faire le fupplément

de la portion congrue fur les autres fonds de la Cure, en abandonnant le titre & les droits de Curé primitif, & qu'il n'y a qu'un abandon de tous les fruits & revenus qui puiffent le difpenfer de cette charge.

26. 2°. Lorfque la Déclaration donne l'option au Curé primitif de fuppléer par les autres revenus de la Cure, à ce qui manque à la portion congrue, après l'abandon des dixmes, fi mieux il n'aime abandonner le titre & les droits de Curé primitif, l'intention du Légiſlateur n'a pas été de permettre feulement l'abandon du titre & des droits honorifiques ou utiles fixés par l'art. 3 de la même Déclaration, mais il a voulu que l'abandon fut de tous les droits & revenus qui étoient de l'ancien patrimoine de la Cure, autrement cette Déclaration feroit contraire au Droit commun & à la difpofition des Conftitutions canoniques.

27. 3°. Cela paroît d'autant plus vraifemblable, que le Curé primitif abandonnant le titre & les droits de Curé primitif, il ne lui reſtera aucun titre, ni droit pour retenir les autres revenus de la Cure.

28. 4°. La queſtion a été ainſi jugée par les Arrêts du Grand Confeil, rapportés par Henris, tom. 1, liv. 1, chap. 3, queſt. 41, & par Duperray, des portions congrues, chap. 16; & quoique le Curé primitif eut abandonné les dixmes & les droits de Curé primitif, il fut néanmoins obligé de fournir le fupplément de la portion congrue fur les autres biens du Prieuré.

Quoique le premier avis nous femble fondé fur la Lettre de la Déclaration de 1726, néanmoins nous croyons le fentiment favorable au Curé Vicaire perpétuel plus équitable, & mieux fondé fur la difpofition des Canons, & l'efprit de la Déclaration de 1726, 29 qui ne peut pas avoir entendu qu'il fut permis de rien retenir du Bénéfice, tandis que la portion du Curé Vicaire perpétuel

ne feroit pas remplie ; d'ailleurs il fuffiroit qu'il y eut
du doute pour qu'on dût faire pencher la balance en
faveur du Vicaire perpétuel , comme l'a fort judicieu-
fement remarqué *Henris* , *tom.* 1 , *liv.* 1 , *chap.* 3 , *quest.*
41. Ainfi nous n'héfiterons pas de nous ranger à ce
dernier avis , nous moulant fur l'exemple des Auteurs
& des Arrêts qui n'ont pas fait difficulté d'expliquer les
Déclarations de 1686 & 1690 , en faveur des Vicaires
perpétuels , & de décider que les Curés primitifs devoient
fournir le fupplément de la portion congrue fur les biens
de l'ancien patrimoine de la Cure , quoique les Déclarations n'exigeaffent que l'abandon des dixmes , & cela a
été décidé de même par la Déclaration de 1731 , art. 11 ,
qui donne fimplement l'option aux Curés primitifs , ou
de payer la portion congrue des Curés Vicaires perpétuels & de leurs Vicairies , ou d'abandonner en leur faveur , non-feulement le titre & droits de Curés primitifs , conformément à la Déclaration de 1726 , mais encore tous les biens & revenus qu'ils poffèdent dans lefdites Paroiffes , & qui font de l'ancien patrimoine des
Curés.

30. A l'égard de la feconde difficulté qui confifte à
favoir fi les fonds poffédés dans la Paroiffe par le Curé
primitif , font préfumés être de l'ancien patrimoine de
la Cure , ou fi le Curé Vicaire perpétuel doit prouver
ce fait , le Curé primitif peut dire , 31 1°. que le Curé
Vicaire perpétuel eft obligé à la preuve , foit parce qu'il
fonde fa demande fur ce fait ; qu'ainfi , faute par lui de
le juftifier , le Curé primitif doit être renvoyé abfous ,
32 *actore non probante , reus etfi nihil præstiterit , abfolvi
debet* , foit parce que c'eft à celui qui affirme , à faire la
preuve , & non à celui qui nie , *ei incumbit probatio qui
dicit , non qui negat.*

*L. 4 , Cod.
de edendo.
L. 2 , ff. de
probat.*

33. 2°. Que la Déclaration de 1726 , ne déterminant

rien fur cette queſtion, elle l'a laiſſée aux termes du Droit commun, qui veut que tout demandeur, & celui qui affirme ſoit tenu de faire la preuve, le défendeur, n'ayant beſoin que de la ſimple négative.

34. 3°. Que dans le doute, les biens ſont préſumés acquêts, ſi celui qui prétend qu'ils ſont propres ne le prouve, ſuivant ces paroles de l'Ecriture, *nudus egreſſus ſum de utero matris meæ & nudus revertar illùc* ; & c'eſt ainſi que les Auteurs le décident, & entr'autres Dumou-lin, Mornac & Bacquet. Il faut donc préſumer que les fonds ſont des acquêts ou des libéralités faites au Béné-fice depuis l'érection de la Vicairie perpétuelle, & non du patrimoine ancien de la Cure.

Job, *cap. 1*, ✝. 21.
Dumoulin, §. 20. *Gloſſ.* 6, *n.* 3. Mor-nac, *ad L. 8*, ff. *proſo-cio.* Bacquet, du Droit de déshérence 2, ch. 4, n. 16.

35. A quoi le Curé Vicaire perpétuel peut répondre : en premier lieu, que le Curé primitif n'ayant acquis ce titre que par l'union ou conceſſion de l'Egliſe Paroiſſiale avec les dixmes & autres revenus de la Cure, tout ce qu'il poſsède à cauſe de ſon Bénéfice, doit être cenſé procéder de la conceſſion & de l'union, & être de l'an-cien patrimoine, 36 ce qui eſt fondé ſur cette raiſon de Droit, que celui qui poſsède actuellement eſt réputé avoir toujours poſsédé ſi le contraire n'eſt prouvé, laquelle maxime a lieu, particulièrement quand il s'agit de juger à qui la propriété d'une choſe appartient, laquelle on pré-ſume avoir paſſé du prédéceſſeur au ſucceſſeur, ſur-tout en matière des biens Eccléſiaſtiques, dont un Bénéficier eſt en poſſeſſion à cauſe du Bénéfice, autrement il arri-veroit que le dernier Bénéficier, ou ſes héritiers, s'ap-proprieroient les biens de l'Egliſe faute d'en pouvoir prou-ver l'origine, qui eſt preſque toujours inconnue, parce que la fondation & la dotation de la plupart des Egli-ſes ſont fort anciennes.

37. En ſecond lieu, de-là vient que le Curé Vicaire perpétuel étant fondé en préſomption, il n'a beſoin d'au-

cune autre preuve, parce que *præfumptio juris relevat ab onere probandi*, & fait rejeter la preuve fur fon adverfaire.

En troifième lieu, la Déclaration de 1716 ne décidant pas la queftion, elle laiffe donc en fon entier la préfomption de droit, qui eft en faveur du Curé Vicaire perpétuel.

38. En quatrième lieu, il eft vrai que certains Auteurs ont décidé que les biens font préfumés acquêts; mais ce n'eft qu'en matière de retrait, qui eft extrêmement rigoureufe, car dans toute autre matière, on préfume que les biens font propres & non acquêts, & cette opinion a prévalu, comme le témoignent *Boiceau, de la preuve par témoins, Danty & Lapeirere.* D'ailleurs, on ne peut pas raifonner fur les biens d'Eglife, 39 comme fur les biens des particuliers; parce que les biens d'Eglife font préfumés procéder de la fondation & dotation originaire de l'Eglife, fi on ne prouve le contraire.

40. Enfin, que la queftion a été ainfi jugée par un Arrêt du Parlement de Paris du 27 Janvier 1690; rapporté par M. Duperray, dans fon traité des Droits honorifiques, & nous croyons ce dernier avis très-jufte & très-bien fondé.

41. Nous devons ajouter, en finiffant ce chapitre, que tout ce que nous avons dit doit s'entendre des Eglifes Cathédrales ou Collégiales, qui ont le droit de Curé primitif, de même que des Monaftères, Abbés, Prieurs & autres Bénéficiers Curés primitifs, non-feulement parce que la Déclaration de 1731 a fupprimé l'exception que la Déclaration de 1716 faifoit en faveur de ces fortes d'Eglifes, mais encore parce que l'article 7 de la Déclaration de 1716, qui excepte les Eglifes Cathédrales ou Collégiales des difpofitions contenues dans la même Déclaration, veut néanmoins que ces Eglifes foient tenues de fe conformer à ce qui eft ordonné par l'article 6. Ainfi, il n'y a aucune diftinction à faire à cet égard,

Godefroy, ad L. 7. Cod. de in integ. reftit. cap. ult. extr. de præfumpt. Mantica de conjectur. ult. lib. 2, tit. 1, n. 14.

Boiceau, de la preuve par témoins, part. 1, ch. 17, n. 3. Danty, ibid. Lapeirere, verb. acquêt, n. 1.

Duperray, des droits honorifiques, liv. 4, ch. 2.

entre les Eglifes Cathédrales ou Collégiales , & les autres
Curés primitifs , les uns & les autres devant aujoud'hui
être traités également pour ce qui concerne la portion
congrue , & toutes les autres queftions relatives à la matière des Curés primitifs.

CHAPITRE XIX.

Si les Evêques font Curés primitifs de toutes les Paroiffes de leurs Diocèfes.

SOMMAIRES.

vent répondre de leurs Diocéfains.

41. Réponfe à l'autorité de
Piafecius.

42. Explication de la propofition foutenue par Ricard.

43. Réponfe au chap. 3, extr.
de Ecclef. ædificandis.

44. De quelle manière les
Evêques peuvent devenir
Curés primitifs.

45. 1°. Lorfqu'ils pofsèdent
des Eglifes in proprios
ufus.

46. 2°. Lorfqu'ils pofsèdent
des Cures unies à leur
Croffe.

47. 3°. Lorfqu'un Bénéfice
Curé primitif eft uni à la
Croffe.

48. Que les Evêques qui ont
été érigés après l'établiffement des Curés, font en-
core plus mal fondés que
les autres.

49. Si les Evêques peuvent
faire les fonctions curiales
dans toutes les Paroiffes
de leur Diocèfe.

50. Que les Curés n'ont pas
une fimple adminiftration
& une commiffion.

1. LEs différentes propofitions que les Auteurs ont
foutenues touchant les droits des Evêques dans leurs
Diocèfes, font que cette queftion paroît d'abord difficile
à réfoudre; mais fi l'on prend la chofe dans fa fource,
& fi on l'examine dans fon progrès, les doutes & les
difficultés s'évanouiffent, & la réfolution eft aifée, parce
qu'on difcerne les propofitions qui font vraies, d'avec
celles qui ne le font pas.

Paul Piafe-
cius, in praxi
Epifcopali,
part. 2, cap.
4, art. 9, n.
8. Alzedo, de
Præcellentia
Epifc. digni-
matis, part. 1,
cap. 9, n. 41.

2. Les uns ont dit que l'Evêque eft le Curé univerfel de tout fon Diocèfe, ille enim cum fit univerfalis Parochus Diæcefis fuæ, Abbas in cap. Apoftolica n. 2, de
donat, &c. concurrit in emolumentis cum Parochis, & eft
difpenfator decimarum, d'où on peut tirer cette conféquence, que l'Evêque eft le véritable Curé primitif de
toutes les Eglifes de fon Diocèfe, & qu'il y a même
de plus grands droits que les Curés primitifs ordinaires,
puifqu'il a le concours avec les Curés.

b

3. D'autres fe font expliqués plus ouvertement fur notre queftion , & ont formellement décidé que l'Evêque eft le véritable Curé primitif de toutes les Cures de fon Diocèfe.

Ricard , des donations tom. 1 , part. 1 , ch. 5, fect. 8 , n. 1588 , p. 360.

4. Cela paroît fondé fur la miffion donnée aux Apôtres , dont les Evêques font les fucceffeurs , comme le *Concile de Trente l'a déclaré après S. Auguftin , S. Cyprien , S. Jérôme , & tous les autres Peres de l'Eglife.*

5. En effet, lorfque JESUS-CHRIST étoit fur le point de monter au Ciel, donnant la miffion à fes Apôtres , il leur dit : *euntes in mundum univerfum, prædicate Evangelium omni creaturæ.* Ce qui prouve que le pouvoir de chacun des Apôtres , s'étendoit fur toute la terre , & n'étoit point borné à une certaine partie.

Concil Trid: feff. 23 , de Sacramento ordinis,cap.4. V. Van - Efpen , jur. ecclef. univerf. part.1 ,tit.16 , cap. 1. Thomaffin,part.1,

6. Mais comme chaque Apôtre ne pouvoit pas prêcher l'Evangile dans tout l'Univers , ils fe difperfèrent pour remplir le Miniftère de l'Apoftolat dans les contrées, où ils feroient préfens , ce qui fe fit par un confentement mutuel , & par l'infpiration du S. Efprit.

liv. 1 , ch. 13 , n. 5. S. Marc, cap. 16 , y. 15: Van - Efpen , jur. ecclef. univerfi, part. 1 , tit. 16, c. 3.

7. Dans tous les endroits où les Apôtres alloient après avoir converti & inftruit les Peuples , ils y fondoient des Eglifes & ils y établiffoient des Evêques pour les gouverner , avec pouvoir d'établir de nouveaux Evêques quand la néceffité l'exigeroit.

Voyez Mainbourg . hiftoire du Pontificat de S. Grégoire - le - Grand,liv. 4. Van-Efpen , ibid , n. 2. Van-Efpen ,

8. L'Apôtre S. Paul nous en fournit un exemple dans fon Epître à Tite , lorfqu'il lui dit : *hujus rei gratia reliqui te cretæ , ut ea quæ defunt corrigas , & conftituas per civitates Presbyteros , ficut & ego difpofui tibi.* Enforte qu'on ne peut pas douter que du temps des Apôtres , il n'y eût des Evêques qui parcouroient indiftinctement les régions & les contrées pour prêcher l'Evangile.

ibid. n. 3 , V. Thomaffin , part. 1 , liv. 1 , ch. 14 , n. 1. Cap. 1 , y. 5. Van-Efpen , ibid. n. 4.

9. Après la mort des Apôtres , l'Eglife s'étant appperçue que le Gouvernement indivis caufoit du trouble & de la confufion , elle affigna à chaque Evêque une cer-

Van-Efpen ; ibid. n. 5.

taine portion du troupeau de Jesus-Christ dans l'étendue de certaines limites, ou comme le dit S. Cyprien, *fingulis Pastoribus portio gregis fuit adscripta, quam regat unusquisque & gubernet.*

Can. 21. tom. 2, Concil. col. 571.

10. Voilà pourquoi il fut défendu aux Evêques, par le Concile de Nicée, & enfuite par celui d'Antioche, tenu en 341, de quitter leur Diocèfe (que le Concile d'Antioche appelle Paroiffe) pour paffer dans une autre.

Can. 22. Ibid.

11. Il leur fut encore défendu par le même Concile, de rien faire hors de leur Diocèfe, & d'empiéter fur les droits des autres Evêques, *Epifcopus in alienam civitatem quæ ei fubjecta non eſt non afcendat, nec in regionem, quæ ad eum non pertinet ad alicujus ordinationem, nec Presbyterum vel Diaconum conſtituat in locis alii Epifcopo fubjectis, nifi cum voluntate proprii illius regionis Epifcopi.* Ce même Canon eſt rapporté au Décret de Gratien, en des termes un peu différens, parce qu'on a fuivi la verſion d'Iſidore, au lieu que nous l'avons rapporté fuivant celle de Gentien Herver.

9. quæſt. 2, Can. Epifcopum 7.

12. Cependant il n'y a pas lieu de douter que la diſtinction des Diocèfes n'eut laiffé aux Evêques dans leur Diocèfe particulier, le même pouvoir qu'ils avoient auparavant dans toute la terre, ils étoient les feuls Paſteurs dans tout leur Diocèfe. Les Prêtres & les Diacres ne pouvoient rien faire fans leur permiffion ; c'étoit à eux que le troupeau étoit confié, & ils devoient en rendre compte, fuivant les Canons attribués aux Apôtres, & le Concile d'Antioche, dont nous avons parlé, enfeigne que c'eſt à l'Evêque que le Peuple eſt confié, *cui eſt omnis Populus creditus & eorum animæ quæ in Ecclefiam conveniunt.*

Can. 38, Apoſtol.

Can. 24, tom. 2, Concil. col. 571. Thomaffin, part. 1, liv. 1, ch. 21, n. 4, Can. regenda 4, Can. quæcumque 5, caufa 10, q. 1.

13. Et ce qui confirme cette vérité, c'eſt que les Prêtres qui font ordonnés, ne le font que pour être les aides de l'Evêque, qui eſt le Chef particulier & le premier

mier Miniftre de tout le Diocèfe , ce qui paroît de la
forme de l'ordination marquée dans le Pontifical Romain.

14. Les mêmes droits & le même pouvoir des Evêques fe font confervés jufqu'à notre temps ; enforte qu'ils
ont toute la plénitude du Sacerdoce & de la puiffance
Sacerdotale dans leur Diocèfe , en gardant néanmoins la
fubordination , felon l'ordre établi dans la Hiérarchie ,
comme l'obferve Maimbourg , & que nous l'apprenons
du Concile de Trente , lorfqu'il dit", en parlant des Archevêques , Evêques , Primats & autres de la même
qualité , *ut attendentes fibi , & univerfo gregi , in quo Spi-
ritus Sanctus pofuit eos regere Ecclefiam Dei , quam ac-
quifivit fanguine , vigilent ficut Apoftolus præcipit.*

15. Or , fi les Evêques font les feuls vrais Pafteurs
de tout leur Diocèfe , fi tout le troupeau a été confié
à eux feuls , qui doivent en rendre compte , fi les autres Prêtres ne font que leurs aides , il s'enfuit qu'ils
font les Curés primitifs de tout leur Diocèfe.

16. A quoi l'on peut ajouter que toutes les Paroiffes
ayant été démembrées de la cathédrale , ce démembrement fuffit pour établir en faveur de l'Evêque le titre
de Curé primitif fur toutes les cures du Diocèfe , fuivant la décifion du Pape Alexandre III.

17. Au contraire , une foule d'Auteurs fe font expliqués de manière à faire comprendre que les Evêques
n'étoient pas les Curés de tout leur Diocèfe , ni les Curés primitifs des Paroiffes qui en dépendènt.

18. *La Glofe , fur les Décrétales de Grégoire IX* voulant concilier le chapitre *cum contingat* 29 , *extr. de decimis* , qui dit que les dixmes appartiennent de Droit
commun aux Eglifes Paroiffiales , avec le chapitre *du-
dum* 31 du même titre , qui infinue que l'Evêque eft
fondé felon le Droit commun à prétendre les dixmes

Van-Efpen ; *juris ecclef. univerfi, part. 1, tit. 16, cap. 4, n. 3 & 4,* Fleury, *inftit. ecclef. part. 1,* ch. 9. Maimbourg, hiftoire du Pontificat de S. Grégoire le Grand, liv. 4.

Concil. Trid. feff. 6, de re- form. cap. 1.

Cap. 3, extr. de ecclef. adi- ficand.

Gloff. cap. cum contingat 29 & cap. du- dum 31, extr. de decimis.

dans fon Diocèfe, dit que le chapitre 31 ne doit pas s'entendre des dixmes qui fe lèvent fur les terres qui font dans la Paroiffe de quelque Curé particulier, mais bien dans des Paroiffes dont l'Evêque eft feul Curé, & qu'il fait deffervir par des Vicaires qui font fes coadju-teurs, comme le remarque *Gonzalés, fur la règle* 8, *de*

Gloff. 6, n. 67, 68.

menfibus & alternativa.

Grimaudet, des Dixmes, liv. 2, ch. 2, n. 6.

19. Grimaudet, dans fon traité des Dixmes, fait la même diftinction entre les Paroiffes qui ont leur pro-pre Curé, & fur lefquelles l'Evêque n'a que la fur-In-tendance & le droit de fupériorité, d'avec celles dont l'Evêque eft propre Curé ; ce qui prouve que l'Evêque ne peut pas être confidéré comme Curé de celles qui ont leur Pafteur particulier & leur Curé.

Oldradus, Confil. 63, n. 3. Gonzalés de menfib. & alternat.gloff. 6, n. 68, 69.

20. Oldradus, & après lui Gonzalés, enfeignent que l'Evêque eft le Prélat immédiat ou le Curé de toutes les Paroiffes où il n'y a point de Curé établi : il ne l'eft donc pas de celles qui ont un Curé propre & parti-culier.

Thomaffin, part. 4, liv. 1, ch. 29, n. 4.

21. Le P. Thomaffin remarque que ce n'étoit pas les Moines feuls, mais auffi les Evêques qui avoient des Eglifes Paroiffiales, dont ils retiroient les revenus, en affignant une portion congrue aux Curés ou Vicaires perpétuels, & que le Concile de Londres, tenu en 1268, obligea les Evêques d'entretenir les Maifons pour recevoir les Hôtes, 22 *ftatuimus quoque ut Epifcopi, qui*

Can. 23. Con-cil.Londinen-fis, tom. 11. Concil. part. 1. col. 888. Thomaffin, ibid. n. 6.

Ecclefias in proprios ufus habent, domos in ipfarum Eccle-fiarum Parochiis conftruant, vel olim conftructas reædifi-cent, & confervent, in quibus honeftè poffint recipi vifitan-tes ; & plus bas le même Auteur ajoute que les Evê-ques inftituoient des Vicaires au lieu des Curés dans les Paroiffes, 23 qui étoient plus particulièrement affectées à leur Croffe, d'où nous pouvons conclure que les Evê-ques ne peuvent être confidérés comme Curés que dans les Paroiſſes qui leur appartiennent , ou qui ſont plus particulièrement affectées à leur Croſſe & non dans les autres.

24. Enfin , M. Duperray dit que ce ſeroit impropre- ment qu'on appelleroit un Evêque Patron & Curé pri- mitif , à moins que ce ne fut pour quelque Abbaye ou Prieuré uni à ſa Croſſe ; à raiſon duquel Bénéfice uni , il eut un ſemblable droit que les précédens Abbés ou Prieurs.

Duperray , des droits ho- norifiques , liv. 2 , ch. 2 , n. 5.

25. Malgré les raiſons que nous avons expliquées ci- deſſus en faveur des Evêques , nous ne croyons pas qu'ils ſoient les Cures primitifs de toutes les Paroiſſes de leur Diocèſe , & cela par une raiſon déciſive qui eſt priſe de ce que lors de la diſtinction des Paroiſſes qui fut ordonnée & exécutée de la manière que nous l'a- vons expliqué au chap. 4 , n. 56 , 57 , 58 , 59 , 60 , les Curés furent établis chacun dans ſa Paroiſſe *ut per ſe eam tenere poſſit* , ſuivant le Concile d'Aix-la-Chapelle , avec une Juridiction propre immédiate , le pouvoir d'ad- miniſtrer les Sacremens & de conduire le troupeau dont ils doivent rendre compte , comme le déclare le Con- cile de Toulouſe , tenu en l'année 1590 , & comme le dit *Loterius* : *ex illa partitione creatus eſt titulus no- vus , & novum ac proprium jus , ab omni alio titulo , & jure ſejunctum pro Sacerdote , qui illius curam particula- rem ſubiturus eſt* , enſorte que le Curé eſt à la place de l'Evêque qui en étoit auparavant le Paſteur immédiat , & qui ceſſa dès-lors de l'être , ſauf les droits Epiſco- paux , la ſur-Intendance & la Juridiction dans tout le Diocèſe.

V. Fileſac de Parœciarum origine, c. 4. Concil. aquis granenſe.Can. 16 , tom. 7. Concil. col. 1714. Conc.Toloſ. cap. 3. §. 1 , tom. 15. Con- cil. col. 1385. can. 1 , cauſa 13 , quæſt. 1. Loterius,de re Benéf.lib. 1 , quæſt. 20 , n. 67 , 68 , 69. Quels ſont les Droits E- piſcopaux, V. Barboſa , de officio & po- teſtate Epiſco- pi , part. 2 in compendio eo- rum quæ curæ & officio E- piſcoporum

27. En effet , il eſt bien vrai , comme nous l'avons dit ci-deſſus , & que le P. Thomaſſin l'obſerve , que les Prêtres ne pouvoient rien faire ſans le conſentement de l'Evêque *ut Presbyteri ſine conſcientia Epiſcoporum nihil*

S 2

de mandan-
tur, p. 166,
167 & feq.
Thomaffin,
part. 1, liv.
1, ch. 23, n.
2.

faciant, dit le Canon 19 du Concile d'Arles ; mais le même Auteur obferve à même-temps que cela doit s'entendre des temps & des lieux où il n'y avoit point d'autre Eglife Paroiffiale que la cathédrale ; car quand il y eut des Paroiffes à la campagne, les Curés y célébrerént la Meffe & adminiftrerent les Sacremens, & quand il y en eut dans la Ville, ils y adminiftrerent le Baptême & la Pénitence.

Cap. 3, extr.
de off. jud.
ordinarii.
Thomaffin,
part. 1, liv.
1, ch. 23, n.
10, part. 4,
liv. 1, ch. 28,
n. 6, & part.
3, liv. 1, ch.
13, n. 8.
Can. 16. Con-
cil. Carthagi-
nenfi. tom. 2.
Concil. col.
1200.
Can. 18. Con-
cil. Emeri-
tenf. tom. 6.
Concil. col.
507.
Gelafius 1,
epiftol. 9, cap.
6, tome 4.
Concilior. col.
1189, 1190.
Thomaffin,
cap. 23, n.
11.
Saint Luc,
cap. 10. Cha-
banel, de l'an-
tiquité des
Eglifes Pa-
roiffiales, ch.
1. Filefac, *de*
Paræciarum
origine, *cap.*
4. Thomaffin,
part, 3, liv.
1, ch. 13, n.

28. Nous trouvons même que le pouvoir des Curés étoit fort étendu, puifqu'ils avoient le droit d'excommunier leurs Paroiffiens & de donner la confirmation. Que le quatrième Concile de Carthage 29 leur donna le pouvoir de créer des Pfalmiftes ou des chantres ; que le Concile de Mérida leur permit d'augmenter le nombre des Clercs, felon leurs befoins & felon leurs revenùs, & que le Pape Gélafe I qui commença de tenir la Chaire de S. Pierre en 492 dans fon Epitre 9, faifant une énumération des chofes que les Curés ne pouvoient pas faire, 30 ne leur défendit que de faire des Acolytes & des Diacres fans l'Evêque ; & par conféquent, il leur permit de faire les Clercs inférieurs aux Acolytes, comme le remarque le P. Thomaffin. Il y a même des Auteurs qui ont enfeigné, 31 que comme les foixante-douze Difciples furent joints aux Apôtres, *in partem follicitudinis*, de même les Curés ont été joints aux Evêques pour les aider dans le Miniftère de la Prédication & à procurer le falut des ames, comme leurs co-adjuteurs & coopérateurs, d'où ils concluent que l'établiffement des Curés & leur pouvoir n'eft pas moins d'inftitution divine que celui des Evêques, & par conféquent les Evêques ne peuvent pas être confidérés comme les Curés primitifs de toutes les Paroiffes de leur Diocèfe ; 32 mais ils y ont les droits de fur-Intendance, de Supériorité & de Juridiction, en laquelle ils font

fondés de Droit commun , comme l'a décidé le Pape Grégoire X dans le Concile de Lyon.

33. A tout cela nous pouvons ajouter que lors de la diftinction des Paroifles & de l'établiffement des Curés, le foin de leur troupeau leur a été confié dans l'étendue de leurs Paroifles , *ut per fe eos tenere poffint*, felon les expreffions du deuxième Concile d'Aix-la-Chapelle , & de la même manière qu'on le confia aux Evêques qui furent nouvellement créés dans la primitive Eglife ; c'eft-à-dire , que tout comme l'Evêque d'un Royaume ou d'une Province ceffa de l'être , à l'égard des pays qui étoient démembrées pour y créer un nouvel Evêque , 34 de même l'Evêque a ceffé d'être Curé des Paroifles qui ont été démembrées de l'Eglife cathédrale pour y établir des Curés , 35 puifqu'ils font appellés par le Canon *proprii Sacerdotes*, que ce font eux qui font chargés du foin de leur peuple , & qui doivent en rendre compte à Dieu , *& plebem fibi commiffam cuftodiat , ut ante Tribunal æterni judicis ex omnibus fibi commiffis rationem reddat.*

36. De-là vient que plufieurs Auteurs ont foutenu que les Curés font confidérés comme des Prélats dans leurs Paroifles , & qu'ils y ont autant de pouvoir qu'un Prélat en a dans fa collégiale avec fon chapitre.

37. Enfin , felon Gonzalés dans les lieux où les Paroifles font diftinguées, & où il y a un Curé, l'Evêque n'eft pas le Curé de tout fon Diocèfe , mais feulement de fa cathédrale : *quando Parochiæ funt diftinctæ , & in quálibet Parochiá adeft proprius rector , tunc Epifcopus non eft rector totius Diœcefis , fed folius Ecclefiæ cathedralis , & Prælatus fuper omnes fuæ Diœcefis rectores ,* dit cet Auteur , autrement il auroit plufieurs Bénéfices incompatibles contre la difpofition des Canons , comme le remarque Loterius.

1 , & part. 4 , liv. 1, ch. 28 , n. 1. Henri Kalteifen , dans un difcours inféré au 12 tom. des Conciles , col. 1264 & 1335.

Cap. cum Epifcopus 7 , de off. ordinarii in 6°. Concil. aquis granenfe, Can. 16 , tom. 7. Concil. col. 1714

Cap. 12. extr. de pænit. & remiff. Can. Ecclefias 1 , causâ 13 , quæft. 1. Concil. Tolofanum , tom. 15. Concilior. col. 1385. Filefac , de Paræciar. origine cap. 4. Gonzalés , ad reg. de menfibus & altern. Gloff. 6 , n. 100 , 101. Gonzalés , ibid. n. 82 , 83. Loterius , de re Benef. lib. 1 , q. 20 , n. 61 , 63 , 64.

S 3

Loterius ,
Ibid. n. 64.

38. On répond facilement aux raifons oppofées pour appuyer l'opinion contraire. 39 1°. Il eft vrai que les Evêques étoient originairement les feuls vrais Pafteurs de tout leur Diocèfe, qu'ils étoient chargés de tout le Troupeau, & qu'ils devoient en rendre compte ; mais depuis que les Curés ont été établis, ils en ont été chargés eux-mêmes immédiatement : ce font eux qui en doivent répondre devant Dieu, & les Evêques ne font plus comptables que de leur négligence, s'ils ne veillent pas fur la conduite des Curés, & s'ils ne font pas attentifs à les obliger de faire leur devoir : il n'y a donc qu'à diftinguer les temps pour concilier les Canons, qui femblent contraires dans cette matière, & pour connoître les droits & les obligations des uns & des autres.

40. 2°. Lorfque le Concile de Trente parle des Evêques, comme étant prépofés pour veiller à la conduite de leur Troupeau, ce n'eft que par rapport au foin qu'ils font obligés de prendre, afin que les Curés qui font dans leur Diocèfe rempliffent leurs obligations, & à caufe de la Sur-Intendance, la Supériorité & la Juridiction qu'ils ont dans tout le Diocèfe.

41. 3°. Lorfque Paul Piafecius parle des Evêques comme étant les Curés de tout leur Diocèfe, il ne dit cela que pour leur attribuer la dixme des terres qui ne font dans la Paroiffe d'aucun Curé : c'eft dans ce fens que la propofition eft vraie, parce que l'Evêque étant le Pafteur originaire de tout fon Diocèfe, s'il y a des terres qui n'ayent pas été démembrées de la Cathédrale, elles font demeurées au pouvoir de l'Evêque, & fon droit originaire s'eft confervé, parce qu'il n'a pu fouffrir d'atteinte que par un démembrement qui n'a point été fait.

42. A l'égard de Ricard, quoique la propofition par lui avancée ne foit pas vraie à la prendre dans toute

fon étendue , il eft vrai néanmoins que l'Evêque comme Pafteur originaire de tout fon Diocèfe , & à caufe de fa Supériorité , & de fa Juridiction , a droit d'établir des Prêtres aux Cures , dont les Titulaires font interdits ou décédés ou pendant le litige , pour faire le fervice durant la vacance , lefquels Prêtres ont une Miffion fuffifante pour être confidérés comme Vicaires pour pouvoir en cette qualité recevoir les Teftamens de ceux qui réfident dans la Paroiffe qui leur a été commife ; & c'eft ce pouvoir de l'Evêque qui a été réglé par la Déclaration du 29 Janvier 1686 , & par celle du 30 Juillet 1710.

43. A l'égard du chap. 3. *Extr. de Ecclef. ædific.* nous l'avons expliqué dans les précédens Chapitres , de manière qu'il ne peut pas être utilement oppofé au cas préfent.

44. Cependant les Evêques peuvent être véritablement Curés primitifs dans certaines Paroiffes de leur Diocèfe. 45 Premièrement , lorfqu'ils les ont *in proprios ufus* , qu'ils en tirent les revenus en affignant une portion congrue aux Vicaires perpétuels , comme nous l'avons remarqué ci-deffus aux nn. 21 & 22.

46. En fecond lieu , lorfqu'ils poffèdent des Cures qui ont été affectées ou unies à leur Croffe , ou à la Menfe Epifcopale. Thomaffin , part. 4, liv. 1, ch. 29 , n. 6.

47. En troifième lieu , lorfqu'une Abbaye , un Prieuré , ou autre Bénéfice auquel le titre de Curé primitif eft attaché , a été uni à la Croffe de l'Evêque , auquel cas l'Evêque a le même droit que l'Abbé , Prieur , ou autre Bénéficier avoit avant l'union. Duperray , des droits honorifiques , liv. 2 , ch. 2, n. 5.

48. Enfin nous obferverons que fi on pouvoit faire quelque difficulté touchant notre décifion , comme les Evêques ne font pas fondés de droit commun à fe prétendre Curés primitifs de toutes les Cures de leur Diocèfe , la difficulté ne pourroit être de quelque confidération

qu'en faveur des Evêchés dont l'érection est antérieure à la distinction des Paroisses ; car à l'égard de ceux qui ont été érigés depuis l'établissement des Curés, les raisons que nous avons touchées ci-dessus en faveur des Evêques, ne peuvent pas leur servir.

49. Mais quoique les Evêques n'ayent pas le titre de Curés primitifs, la prééminence de leur dignité leur donne des droits bien plus grands, puisqu'en commettant le soin des ames aux Curés, ils ne s'en font pas exclus eux-mêmes, comme le remarque Saint Thomas dans sa somme, & après lui Loterius ; mais ils ont la liberté d'exercer les fonctions Curiales dans toutes les Paroisses de leur Diocèse, de quoi on ne voit pourtant pas des exemples : cela fait qu'il ne semble pas possible que la question se présente dans les Tribunaux, & l'examen n'en peut guère servir que dans la spéculation.

S. Thomas secunda secon-dæ, quest. 184, art. 6. Loterius, de re Benef. lib. 1, quæst. 20. n. 53. 69.

50. Ce n'est pas que nous croyons avec S. Thomas, que les Curés n'ont qu'une simple administration par la commission de l'Evêque, & que les Curés soient par rapport à l'Evêque, ce que les Magistrats & les Officiers sont par rapport à leur Roi ; car cette opinion est pleinement réfutée par une foule de raisons & d'autorités, par plusieurs Auteurs qui ont approfondi la matière, & l'on ne peut pas contester que les Curés n'ayent une Juridiction propre, particulière & immédiate pour le For-Pénitentiel, le droit de gouverner & de conduire leur Troupeau, & qu'ils ne soient obligés tout comme les Evêques de sacrifier leur vie pour leurs brébis, *animam suam ponere pro ovibus suis*, suivant les expressions de l'Evangile, ce que nous avons remarqué ci-dessus le prouve suffisamment.

S. Thomas ibid.

V. Can. 2. distinct. 21. Filezac de Pa-ræciar. origine cap. 4. Cha-banel, de l'antiquité des EglisesParoissiales, ch. 6. Zechius, de republ. Eccle-siastica cap. 38 n. 21. après Panormie. & autres Auteurs.

CHAPITRE XX.

Si le titre de Curé primitif de la Paroiſſe , deſſervie dans la Cathédrale & des autres Egliſes , appartient à l'Evêque ou au Chapitre.

Quid des Egliſes Collégiales qui ont un Abbé pour chef.

SOMMAIRES.

1. **L**A queſtion que nous nous propoſons d'examiner ici à l'égard de l'Evêque, eſt de la même nature que celle que nous avons traitée dans le Chapitre précédent; c'eſt-à-dire, qu'elle eſt de pure ſpéculation, & qu'il eſt difficile qu'elle ſe rencontre dans l'uſage & la pratique, à cauſe de la ſublimité de la dignité des Evêques, qui fait qu'ils ne conteſtent point à leur Cathédrale un droit & un titre, tandis qu'ils en poſsèdent eux-mêmes de plus éminens ; 2 cependant la diſcuſſion n'eſt pas indifférente, parce que ſi le titre en appartenoit à l'Evêque excluſivement au Chapitre, ce ſeroit une raiſon à oppoſer par les Curés Vicaires perpétuels, pour exclure les Chapitres, & pour s'exempter de cette eſpèce de ſervitude.

3. Nous pouvons la conſidérer ſous deux différens rapports. 4 Le premier, lorſque l'Evêque & le chapitre, ne compoſent qu'un ſeul & même corps, dont l'Evêque eſt le chef. 5. Et le deuxième, lorſque le chapitre compoſe un corps différent de l'Evêque, duquel il eſt exempt,

& qui n'eft point le chef du chapitre , de quoi on voit plufieurs exemples en France.

6. Commençons par le premier. Quoique la Cure
foit deffervie dans une Eglife Cathédrale ou Collégiale ,
il peut arriver felon la remarque *de Loterius* , & nous l'a-
vons prouvé ci-deffus au chap. 4, que la Cure n'appartient
point à l'Eglife Cathédrale ou Collégiale , 7 & il peut
fe faire que la Cathédrale ou la Collégiale font auffi
Cures.

*Loterius de
re Benef. lib.
1. q. 20. n.
131.*

8. Comme auffi il peut fe faire , felon le même
Auteur , que la Cure n'appartienne pas , ni à la première
dignité , ni au chapitre , mais à un autre par privilége
fpécial.

*Loterius
ibid. n. 132.*

9. Enfin Il peut arriver que l'Eglife foit cathédrale ,
& cure tout enfemble , & que néanmoins la Cure n'appartienne , ni au chapitre , ni à aucun des chanoines , mais
bien à l'Evêque.

*Loterius
ibid. n. 133.*

10. Ces chofes ainfi pofées , fi la cathédrale eft à
même-temps cure , & qu'il ne paroiffe pas par les titres
ou la poffeffion à qui appartient la cure primitive, la préfomption fera-t-elle pour l'Evêque ou pour le chapitre ?
ou bien tous les deux enfemble en auront-ils le droit ?
C'eft notre queftion ; car nous ne prétendons pas fuppofer
que toutes les Eglifes cathédrales foient fondées de droit
commun pour le titre de Curé primitif , ni rien corriger
de ce que nous avons dit fur cette matière au chap. 4 de
ce Traité.

11. S'il y a titre ou poffeffion pour déterminer la chofe
en faveur du chapitre , comme il arrive le plus communément , alors la difficulté ceffe , & le droit ne peut pas
lui être contefté , c'eft l'efprit des Déclarations du Roi.

12. Que s'il n'y a point de titre clair, ni de poffeffion ,
qui leve la difficulté , il femble d'abord qu'il faut diftinguer ; car s'il y a lieu de croire , que la cure n'a jamais été

démembrée de la cathédrale, & qu'elle se soit conservée & maintenue depuis l'érection de l'Evêché, antérieure à la distinction des Paroisses, 13 la présomption doit être pour l'Evêque ; parce que dès l'origine, les Evêques ont été les seuls Pasteurs de leur Diocèse, & les Prêtres ni les Diacres n'ont pu rien faire sans sa permission, comme nous l'avons remarqué au chap. précédent n. 12, 13, 14, & n'ayant pas été fait de démembrement de la Cure de la cathédrale, mais l'exercice en ayant été commis à un Vicaire perpétuel, l'Evêque est toujours demeuré le vrai Curé primitif de cette Cure, d'autant mieux que selon Gonsalés, après la distinction des Paroisses, l'Evêque n'est pas à la vérité le Curé de tout son Diocèse, mais il l'est de sa cathédrale.

V. sup. ch. 19, n. 12 & seq.

Gonsalés ad reg. de mensib. & alternat. n. 82, 83.

14. Mais s'il n'y avoit pas des circonstances suffisantes pour induire que la cure s'étoit conservée dans la cathédrale sans aucun démembrement, dans ce cas le démembrement devant être présumé avoir été fait lors de la distinction des Paroisses, comme la Cure ne pourroit être revenue à la cathédrale que par union ou concession, il faudroit présumer que la concession ou l'union avoient été faites en faveur du chapitre, plutôt qu'en faveur de l'Evêque, par les raisons qui sont expliquées par M. de Catellan.

Catellan, liv. 1, ch. 67.

15. Cependant cette distinction ne nous semble pas avoir des fondemens assez solides, pour que nous nous croyons obligés de la suivre, 16 il nous paroît plus naturel de croire que la cathédrale ayant été originairement gouvernée par l'Evêque & son Clergé sans division & sans partage, que cette forme de gouvernement s'étant continuée après que les chapitres ont été érigés à la place de l'ancien Clergé pour être le conseil de l'Evêque, 17 que la direction des ames ayant été laissée au chapitre, sans doute afin que l'Evêque peut vaquer avec

V. sup. ch. 4, n. 27 & seq.

Thomassin, part. 3. liv. 4. ch. 14. n. 5.

plus de liberté aux autres fonctions de l'Epifcopat , & au gouvernement du refte du Diocèfe ; lorfque les fonctions cnriales ont été commifes à un Prêtre particulier pour gouverner la Paroiffe de la cathédrale , le chapitre a retenu la cure habituelle, dont il avoit auparavant l'exercice.

18. Voilà pourquoi encore qu'il femble que la cure primitive appartienne fans divifion & fans partage à l'Evêque & à fon chapitre , néanmoins l'exercice des dtoits de Curé primitif doit appartenir au chapitre , qui comme nous venons de l'obferver , avoit l'exercice actuel de la cure & des fonctions Paftorales , avant l'établiffement du Vicaire perpétuel dans la cathédrale , & par conféquent la cure habituelle ou le titre de Curé primitif doit lui demeurer pour remplacer la cure actuelle qu'il avoit auparavant , & dont il s'eft déchargé fur la tête du Vicaire perpétuel. *Thomaffin, ibid.*

19. La réflexion que nous venons de faire fert de réponfe à la raifon employée pour appuyer le premier membre de la diftinction que nous avons faite ci-deffus ; car s'il eft vrai, comme on ne peut pas le contefter , que l'Evêque étoit originairement l'unique Pafteur de tout le Diocèfe, il eft également certain, felon le témoignage du P. Thomaffin, que quand l'Evêque affigna à fon chapitre fa portion des biens temporels , il donna ou confirma aux chanoines le droit d'adminiftrer les Sacremens , & de faire toutes les fonctions Curiales dans la Paroiffe de la cathédrale ; ainfi puifque les chanoines avoient l'exercice actuel de la Cure de la cathédrale , lorfque le Vicaire perpétuel y a été établi, la Cure primitive ne peut appartenir qu'au chapitre, & non à l'Evêque, qui s'en étoit dépouillé auparavant en faveur de fon chapitre. *Thomaffin, de loco.*

20. Paffons préfentement au deuxième rapport , fous lequel nous avons dit que notre queftion pouvoit être confidérée ; c'eft-à-dire , à qui doit appartenir le droit

de Curé primitif de la cure de la cathédrale lorſque le
chapitre fait un corps ſéparé , & indépendant de l'E-
vêque.

21. La raiſon déciſive que nous avons touchée ci-deſſus , & qui nous a déterminé en faveur du chapitre uni
avec l'Evêque , milite , à notre avis , avec plus de force
en faveur des Chapitres ſéparés & indépendans de l'Evêque ; car il eſt toujours vrai que lors du partage du
temporel fait entre l'Evêque & le chapitre , l'Evêque ac-
corda ou confirma aux chanoines le droit de faire les fonctions curiales dans l'Egliſe cathédrale , & par conſéquent
lorſqu'on y a établi un Vicaire perpétuel , c'eſt le chapitre qui a retenu la cure habituelle , parce qu'il avoit auparavant la cure actuelle ; il n'y a donc point de différence
à faire d'un cas à l'autre , & la déciſion doit être la
même , ainſi le droit de Curé primitif doit appartenir au
chapitre.

22. D'autant mieux que quand les chapitres ont obtenu des priviléges d'exemption de la Juridiction de l'E-
vêque , tous les droits que l'Evêque pouvoit avoir ſur la
cathédrale ont été réſolus , & depuis la cathédrale a été
poſſédée avec tous ſes droits par le chapitre indépen-
damment de l'Evêque ; de-là vient que quand l'Evêque
auroit eu en propre le droit de Curé primitif avant
l'exemption , il l'auroit perdu par le privilége accordé au
chapitre.

23. Mais que dirons nous du titre de Curé primitif ,
qui appartient à l'Egliſe cathédrale ſur les Paroiſſes qui
ſont deſſervies hors de la cathédrale , appartiendra-t-il à
l'Evêque ou au chapitre ? 24 Le Pere Thomaſſin décide

Thomaſſin, nettement cette difficulté en faveur du chapitre , lorſqu'il
part. 3, liv. 4
ch. 14, n. 5. dit que *les Evêques en donnant à la communauté des cha-*
noines une partie des fonds de leur Egliſe , leur don-
noient à même-temps les Egliſes qui ſe trouvoient dans ces

Villages, ou Bourgades de la Campagne, ou par confé-
quent il y a bien de l'apparence que les chanoines commen-
çoient à être Curés primitifs. Ainsi il ne paroît pas douteux
que le titre de Curé primitif qui appartient à la cathédrale, ne foit propre au chapitre à l'exclufion de l'E-
vêque.

25. Nous pouvons dire la même chofe du titre de Curé
primitif, qui appartient à l'Eglife collégiale, qui a un
Abbé pour chef; car c'eft au chapitre collégial, à l'exclufion de l'Abbé, d'en exercer les droits, 26 parce que
fuivant le Pere Thomaffin, ce qui a été dit *des congré-* Thomaffin,
gations des chanoines dans les cathédrales, fe doit entendre à ibid.
proportion de celles qui étoient établies fous un Abbé dans
les Eglifes collégiales, les chanoines y faifoient les fonc-
tions de Curés, & poffédoient d'autres Eglifes dans les terres
qui leur avoient été affignées, où ils étoient auffi Curés pri-
mitifs; ce qui fait que le titre de Curé primitif doit appartenir aux chapitres des Eglifes collégiales exclufivement
à leurs Abbés, tant fur la cure deffervie dans la Collégiale, que fur les autres Paroiffes qui dépendent de la
même Eglife, quant à la cure primitive.

27. Du refte, l'art. 3 de la Déclaration du Roi du 5
Octobre 1731, n'eft pas contraire à notre décifion, parce
qu'il ne parle que des Abbés auxquels le titre & le droit
de Curé primitif appartient, auquel cas ce font eux
qui doivent l'exercer feuls exclufivement à leur communauté.

28. Nous croyons encore, que fi la Déclaration de
1731 n'en avoit pas autrement difpofé, les Monaftères
devroient exercer à l'exclufion de leur Abbé, le droit de
Curé primitif fur les Paroiffes dépendantes du Monaftère, parce que le Pere Thomaffin remarque qu'il en fut Thomaffin,
ufé entre l'Abbé & les Moines, de la même manière ibid.
qu'entre l'Evêque & fon chapitre, ou entre l'Abbé & le

chapitre collégial, & par conféquent il faudroit fuivre
la même décifion, fi la loi du Prince n'y avoit pas
dérogé.

CHAPITRE XXI.

De quelle manière les titres de Curé primitif
& de Vicaire perpétuel, peuvent prendre fin.

SOMMAIRES.

1. *Les chofes féodales ou em-*
   phytéotiques, perdent leur
   qualité par la confolida-
   tion.
2. *Les titres de Curé primitif*
   & de Vicaire perpétuel,
   prennent fin par la réunion.
3. *La confufion de l'un avec*
   l'autre, efface la divifion
   de la cure.
4. *Que la réunion eft le feul*
   moyen de faire finir les ti-
   tres de Curé primitif & de
   Vicaire perpétuel.
5. *Cinq efpèces différentes de*
   confufion.
6. *Première efpèce par le dé-*
   cès du Curé primitif ou du
   Vicaire perpétuel.
7. *Décret du Concile de Cler-*
   mont.

8. *Inexécution de ce Décret.*
9. *Décret du Synode de*
   Baïeux.
10. *Que ce Décret n'a pas été*
    exécuté.
11. *Du concile de Trente.*
12. *Que ce concile n'a pas été*
    exécuté quant à la réunion.
13. *Que la première vacance*
    devoit faire réunir la cure à
    la Vicairie perpétuelle vice
    verfâ.
14. *Deuxième efpèce de con-*
    fufion, renonciation du Vi-
    caire perpétuel.
15. *Quelles formalités doivent*
    accompagner cette renon-
    ciation.
16. *Raifons pour établir*
    qu'aucune formalité n'eft
    requife.

T

Laroche, des Droits Seigneuriaux, ch. 13, art. 10. Mornac, ad L. ut i frui, ff. si ususfruct. petat. Olive, liv. 2, ch. 19, & autres.

L. 5. Cod. de hæred. action. L. 7. Cod. de pactis, L. 14. Cod. ad L. Falcid. & L. 95, §. 2 & §. 3, ff. de solutione.

1. COMME la chose féodale ou emphytéotique, perd sa qualité par la consolidation du Domaine utile avec la Seigneurie Directe, c'est-à-dire, lorsque le Seigneur Direct acquiert la propriété, ou que le propriétaire acquiert la Seigneurie Directe, suivant les Fécistes ; 2 de même le titre de Curé primitif, & la qualité de Vicaire perpétuel, prennent fin lorsque la Cure primitive est unie & consolidée avec la Vicairie perpétuelle, & vice versâ, 3 & il se fait une confusion, qui remet les choses dans leur premier état, & qui efface, pour ainsi dire, la division de la Cure qui avoit été faite auparavant. Ce principe est certain, & est appuyé sur plusieurs textes du Droit Romain, qui parlent des effets de la confusion; 4 c'est le moyen général, ou à mieux dire, l'uni-

que qui fait ceſſer les qualités de Curé primitif & de Vicaire perpétuel en conſervant la Cure ; car ſi elle étoit
éteinte ou ſupprimée, ce ne ſeroit plus faire ceſſer les titres de Curé primitif ou de Vicaire perpétuel ſeulement,
mais bien le titre de la Cure même, ce qui n'eſt pas de
notre matière.

5. On trouve dans les Conciles, dans les Déclarations
du Roi & dans les Auteurs, de quelle manière cette
union & cette confuſion peuvent ſe faire, nous en remarquerons ici les différentes eſpèces. La première, qui devoit ſe faire par la vacance arrivée par le décès ou la ré-
ſignation du Vicaire, qui étoit appellé *perſona* dans certains Conciles, ou du Curé primitif. La ſeconde, par la
renonciation du même Vicaire. La troiſième, par l'abandon ou renonciation du Curé primitif. La quatrième,
par la ſuppreſſion du titre de Curé primitif ou de celui du
Vicaire perpétuel, auquel cas la diviſion ſe trouve anéantie de plein droit. La cinquième, lorſque les revenus de
la Cure ne ſuffiſent pas pour payer la portion congrue
du Vicaire perpétuel, le Curé primitif eſt reçu à faire lui-
même le Service de la Cure à l'excluſion du Vicaire perpétuel.

6. Commençons par la première de ces cinq eſpèces,
ſuivant le Canon 7 du Concile de Clermont tenu en 1095.
Lorſque le Vicaire venoit à mourir, l'Autel qui lui étoit
confié, révenoit avec toute liberté entre les mains de l'E-
vêque, comme à ſa ſource, à moins que les Chanoines ou *Can. 7 Concil.*
les Moines n'en euſſent obtenu de l'Evêque la Confirma- *Claramont.*
tion, 7 *ut altaria Congregationibus Canonicorum, vel Mo-* *tom. 10. Con-*
cilior. col.
nachorum per perſonas data, mortuis perſonis libera redeant *507.*
in manus Epiſcoporum, niſi fuerint illis per eorum ſcripta
vel privilegia confirmata.

8. Le Décret de ce Concile ne fut point exécuté ;
mais les Chanoines & les Moines retinrent les Autels ;

au moyen de certaine redevance appellée *redemptio altarium* qu'ils payoient aux Evêques, comme nous l'avons remarqué au chapitre 2 de ce traité : & quoique cette redevance fut supprimée dans la suite comme Simoniaque, ils ne laisserent pas de conserver les Autels comme auparavant.

Synodus Bayocensis, can. 101, tom. 11. Concilior. part. 2, col. 1465. Thomassin, part. 4, liv. 1, ch. 29, n. 5.

9. Le Synode de Bayeux tenu en l'année 1300, ordonna par le Canon 101 qu'après la mort du Vicaire perpétuel, la Vicairie fut unie à la cure primitive par une espèce de Droit d'accroissement *statuimus quod Vicario perpetuo cedente, Vicaria accrescat personatui : & ex tunc persona illius Ecclesiæ non per Vicarium sed per seipsum ibi deserviat, in ordine quem ipsius Ecclesiæ cura requirit.*

10. Nous pouvons conjecturer par le grand nombre de Vicairies perpétuelles qui subsistent encore que ce Décret ne fut pas mieux exécuté que celui du Concile de Clermont.

11. Les Peres du Concile de Trente prévoyant bien ne pouvoir pas déraciner cet abus, & voulant rapprocher autant qu'il leur étoit possible les choses à la Discipline des premiers temps, ordonnerent que dans les lieux où il n'avoit pas été assigné une portion compétente des fruits aux Vicaires perpétuels, préposés pour le Service des Paroisses, on fut tenu de le faire incessamment & pour le plus tard dans l'an, après la fin du Concile, en la forme prescrite par le Décret du même Concile, fait sous le Pontificat du Pape Paul III ; & si cela ne pouvoit pas se faire commodément, ou si on négligeoit d'y obéir pendant ce délai, que la Vicairie & la Cure primitive cesseroient par la première vacance arrivée par la mort ou résignation de l'un ou

Concil. Trid. ess. 25, de eformat. cap. 16.

de l'autre, & que les choses seroient mises dans leur premier état, *in iis verò in quibus contra eorum institutionem, cura animarum in Vicarium perpetuum translata eſt, etiamſi in hoc ſtatu ab immemoriali tempore, reperiantur; ſi congrua portio fructuum Vicario quocumque nomine is appelletur, non fuerit aſſignata, eâ quàm primum, & ad minùs intrà annum à fine præſentis Concilii arbitrio ordinarii, juxtà formam decreti, ſub felicis recordationis Paulo III aſſignetur. Quod ſi id commodè fieri non poſſit, aut intrà dictum terminum factum non erit, cùm primùm perceſſum vel deceſſum Vicarii ſeu Rectoris, aut quomodolibet alterum eorum vacaverit Beneficium curam animarum recipiat, ac Vicariæ nomen ceſſet & in antiquum ſtatum reſtituatur.*

Ce décret eſt à la ſeſſ. 7, de reformat. cap. 7.

12. Ce Concile ordonne donc l'extinction des titres de Curé primitif & de Vicaire perpétuel, & rétablit la cure dans le premier état où elle étoit avant la diviſion & la diſtinction de ces deux qualités; mais il n'a point été exécuté à cet égard, & ſon Décret, de même que celui des autres Conciles, eſt demeuré ſans effet.

13. De ce que nous venons de dire, nous pouvons conclure que l'Egliſe a propoſé la première vacance de la cure primitive ou de la Vicairie perpétuelle, comme un moyen de réunion des deux titres, qui devoit ſe faire de plein droit *Beneficium curam animarum recipiat ac Vicariæ nomen ceſſet;* mais elle n'a pas paſſé les bornes d'un ſimple projet par le défaut d'exécution.

14. La deuxième eſpèce de confuſion dont nous avons parlé ci-deſſus, eſt la renonciation ou l'abandon de la Vicairie perpétuelle faite par le Vicaire qui en eſt pourvu, il ne peut pas y avoir du doute que cette renonciation ne ſoit un moyen légitime pour faire revenir les choſes dans leur premier état, puiſqu'elle eſt conforme à l'eſprit de l'Egliſe & aux Décrets des Conciles que nous venons de rapporter, 15 & il ne peut y avoir de la difficulté que ſur la forme qui doit être obſervée pour la validité de cette renonciation. Faudra-t-il donc

obferver les formalités néceffaires pour l'aliénation des
biens de l'Eglife ; c'eft-à-dire , une information *de com-*
modo & incommodo , le Décret de l'Evêque ou du Pape , & prouver la néceffité ou utilité que l'Eglife doit
en recevoir ?

16. Il femble d'abord qu'aucune de ces formalités ne
foit requife , & que la fimple renonciation du Vicaire
perpétuel fuffit ; 17 car premièrement, l'information *de*
commodo & incommodo paroit inutile , parce que l'Eglife
ayant ordonné la réunion comme néceffaire pour faire
ceffer les abus & remettre les chofes dans l'état de pureté d'où elles étoient déchues , n'a-t-elle pas nettement
décidé que de quelque manière que la réunion fut faite,
elle auroit pour fondement la commodité ? Et par conféquent elle eft fuffifamment prouvée par les Conciles
mêmes , & toute autre preuve feroit inutile.

18. En fecond lieu , le Décret de l'Evêque ou du
Pape paroît également inutile , parce que l'efprit de l'E-
glife qui a ordonné la réunion , a été qu'elle fut faite
de plein droit , & par conféquent la confirmation de
l'Evêque ou du Pape ne femble pas néceffaire.

19. En troifième lieu , la preuve de la néceffité ou
de l'utilité évidente réfulte des Conciles mêmes , puifqu'ils ont ordonné de leur propre mouvement la réunion
de la Vicairie perpétuelle à la cure primitive , & ne
l'ont ordonné que parce que la chofe a paru néceffaire
& utile pour retrancher les abus & faire revivre l'efprit des anciens Canons qui ont défendu le partage des
cures.

20. Quoique ces raifons paroiffent plaufibles , nous ne
croyons pas pouvoir embraffer ce parti. 1°. 21 Parce
que d'une fois que l'état des Bénéfices eft affuré , il ne
dépend pas de la feule volonté des Bénéficiers de le
changer ni d'y déroger ; mais il faut que le changement

fe faffe en obfervant les formalités prefcrites pour la validité des aliénations des biens Eccléfiaftiques ; 22 car la réunion de la Vicairie perpétuelle eft une véritable aliénation ; & comme le Vicaire perpétuel n'eft que fimple adminiftrateur de fa Vicairie, il ne peut pas en difpofer de la même manière que s'il en avoit la libre propriété : il faut donc obferver les mêmes formalités *L. 35, ff. de reg. jur.* qui feroient néceffaires pour la féparation des deux titres, parce que *nihil tàm naturale eft, quàm eo genere quidve diffolvere quo colligatum eft.*

23. 2°. Selon la difpofition du Droit canonique, les *Cap. veniens 8, extr. de tranfaΔ.* traités faits par le Bénéficier, touchant les biens de fon Eglife, ne lient pas leurs fucceffeurs, & ne font regardés que comme perfonnels, à moins qu'ils n'ayent été confirmés & homologués par le Supérieur, c'eft-à-dire, par l'Evêque ou par le Pape ; & par conféquent le décret eft néceffaire pour lui donner de la force & de l'efficace, afin que les fucceffeurs foient liés.

3°. Comme les Conciles n'ont eu que des vues générales en ordonnant la réunion de la Vicairie perpétuelle à la cure primitive, on peut fe rencontrer dans des circonftances où cette réunion ne feroit ni néceffaire, ni utile : il faut donc examiner fi dans le cas particulier il y a néceffité ou utilité évidente ; & c'eft ainfi que le décide M. Duperray, dans fon traité des Droits *Duperray, des Droits honorifiques, liv. 2, ch. 3, n. 6.* honorifiques, où il dit 25 que quand l'état des Bénéfices eft une fois affuré, on ne le peut régulièrement changer, qu'en obfervant trois chofes. La première, il faut voir s'il y a néceffité ou utilité évidente. La feconde, que les procès-verbaux & informations *fuper commodo & incommodo*, ayent été faits, & les parties intéreffées appellées. La troifième, que l'Ordinaire y ait interpofé fon autorité.

26. La troifième efpèce de confufion eft la renoncia-

ſion faite par le Curé primitif au titre & aux droits de
Curé primitif : ce moyen eſt favorable , puiſqu'il eſt
fondé ſur l'eſprit du Concile de Trente & ſur la diſpoſition de la Déclaration du 5 Octobre 1726 , art. 6 , &
ſur celle de 1731 , art. 11 , qui le propoſent comme une
reſſource au Curé primitif, pour ſe diſpenſer de payer la
portion congrue du Vicaire perpétuel.

27. Mais afin que cette renonciation ſoit valable , faut-
il obſerver les trois formalités que nous venons d'expliquer en parlant de la renonciation faite par le Vicaire
perpétuel ? 28 Il ſemble d'abord qu'il ne faut point s'enquérir de la néceſſité ou utilité , ni dreſſer des procès-
verbaux & des informations *ſuper commodo & incommo-*
do , & que pour rendre la renonciation irrévocable , afin
qu'elle lie les ſucceſſeurs du Curé primitif renonçant ,
29 il ſuffit que le décret de l'Ordinaire intervienne, parce
que la Déclaration de 1731 , en donnant au Curé primitif la faculté de renoncer , couvre toutes les autres formalités & les rend ſuperflues.

30. Cependant il y a lieu de décider le contraire ,
parce que la Déclaration de 1726 , de même que celle
de 1731 , ne faiſant autre choſe qu'accorder une ſimple
faculté au Curé primitif de faire la renonciation pour ſe
décharger d'une obligation qui lui eſt impoſée , de fournir le ſupplément de la portion congrue due au Vicaire
perpétuel , & n'en preſcrivant pas les formalités , elle laiſſe
à cet égard les choſes aux termes du Droit commun ,
qui doit lui ſervir d'interprétation : ainſi les formalités
qui ſont néceſſaires pour rendre valide la renonciation
du Vicaire perpétuel , ſont également néceſſaires pour la
validité de celle qui eſt faite par le Curé primitif.

31. La quatrième eſpèce de confuſion eſt la ſuppreſſion du titre de Curé primitif ou de celui de Vicaire
perpétuel.

32. Lorfque l'un ou l'autre de ces deux titres font fupprimés, les chofes reviennent en leur premier état, la divifion de la cure ceffe, & le titre fupprimé eft réuni par droit d'accroiffement à celui qui fubfifte ; c'eft-à-dire, que fi le titre de Curé primitif eft fupprimé, la Vicairie perpétuelle reprend fa qualité originaire de cure abfolue de la même manière qu'elle étoit avant la divifion, & *vice verfâ* lorfque la Vicairie perpétuelle eft fupprimée, il fe fait un retour au Droit commun qui unit la cure actuelle qui réfidoit fur la tête du Vicaire perpétuel, à la cure habituelle, qui, felon les Auteurs, avoit été retenue par le Curé primitif lors de la divifion de la cure.

33. Quelles font donc les formalités néceffaires pour la validité de cette fuppreffion? Selon les règles du Droit canonique, 34 & du Droit civil pour fupprimer un Bénéfice, il faut obferver les mêmes formalités, que pour l'établir *omnis res per quafcumque caufas nafcitur, per eafdem diffolvitur* dit le chap. 1, extr. de reg. jur. mais cela ne doit pas être entendu à la Lettre : 35 car il y a des formalités qui doivent être obfervées dans l'érection des Bénéfices, qu'on n'eft pas obligé de fuivre dans la fuppreffion & *vice verfâ*. On peut voir dans le traité des moyens canoniques pour acquérir & conferver les Bénéfices, quelles font les conditions & les formalités requifes pour l'érection des Bénéfices : du refte, la règle que nous venons de propofer ne doit s'entendre que par rapport à l'autorité ; car il eft certain que la fuppreffion des Bénéfices doit être faite de la même autorité qu'il a été établi.

L. 35, ff. de reg. jur. cap. 1, extr. cod. tit.

Duperray, moyens canoniques d'acquérir & conferver les Bénéfices, tom. 1, ch. 1.

36. Mais quoiqu'il en puiffe être de l'érection, il nous fuffit de remarquer qu'il faut obferver quatre formalités effentielles pour la validité de la fuppreffion. La première, qu'il y ait néceffité ou utilité évidente. La deuxiè-

me , qu'il paroiſſe juridiquement *de commodo & incommo-*
do. La troiſième , que les Parties intéreſſées ſoient appellées , & particulièrement le titulaire du Bénéfice qu'on
veut ſupprimer. Et la quatrième , que la ſuppreſſion ne
ſoit pas faite pendant la vacance du Bénéfice , 37 comme
on l'obſerve en matière d'union , qui eſt une eſpèce de
ſuppreſſion ſelon les Auteurs , & qui par conſéquent
doit être réglée de la même manière , comme le remarque M. de Héricourt dans ſon analyſe ſur les Décrétales.

Gregorius Tolofan. inſtit. rei Benef. cap. 20.
Héricourt , Analyfe fur les Décréta-les , liv. 1, tit. 2 , des Conſtitutions.

38. Or , ſuivant le même Auteur dans ſes Loix Eccléſiaſtiques , on ne peut pas unir un Bénéfice qui eſt
vacant , parce que pendant la vacance il n'y a perſonne
qui puiſſe légitimément ſoutenir les droits du Bénéfice &
examiner s'il y a néceſſité ou utilité.

Héricourt , part. 2, ch. 21. max. 16, con-tre la Clé-mentine 2. de reb. Ecclef. non alien.

39. Le même Auteur enſeigne encore , qu'on ne peut
pas unir un Bénéfice rempli qui dépend de la collation
d'un autre Bénéfice vacant , parce que le Collateur ,
qui eſt perſonne intéreſſée à l'union , ne peut pas être
appellée.

On doit donc dire la même choſe du Bénéfice pour
la ſuppreſſion par les mêmes raiſons.

40. La cinquième eſpèce de confuſion arrive , lorſque
les revenus de la cure ne ſuffiſant pas pour le payement de la portion congrue , le Curé primitif offre &
eſt reçu à faire le ſervice de la cure à l'excluſion du
Vicaire perpétuel.

Catellan , liv. 1 , ch. 37.

Elle eſt fondée ſur la déciſion expreſſe d'un Arrêt du
Parlement de Touloufe , rapporté par M. de Catellan ,
qui a jugé qu'un Prieur attaqué ſur la portion congrue
par un Vicaire perpétuel , qui avoit impétré la Vicairie
en Cour de Rome , après avoir établi que tous les revenus du Prieuré ne ſuffiſoient pas pour la payer , devoit
être reçu à remplir lui-même la Vicairie perpétuelle en

fervant la Paroiffe & en y faifant toutes les fonctions curiales, les Juges crurent qu'on ne pouvoit pas refufer cette préférence au Prieur-Curé primitif qui perdoit fon Bénéfice, par l'établiffement de la Vicairie perpétuelle, & que celle-ci émanée originairement du Prieuré, ne devoit point, lorfqu'on pouvoit l'empêcher fans nuire au foin des ames, détruire un Bénéfice à qui elle devoit fon origine & fa naiffance.

42. La décifion de cet Arrêt paroît d'abord pleine d'équité; mais pour favoir fi elle eft régulière, & fi on devroit la fuivre en pareil cas, il faut examiner deux diffi- Déclaration de 1726, art. 6. cultés. La première, fi la Déclaration de 1726 qui a ordonné le payement entier de la portion congrue, fi mieux le Curé primitif n'aime abandonner le titre & les droits de Curé primitif n'a pas porté quelque changement. Et la deuxième, fi le Parlement a un pouvoir fuffifant pour cela, & fi en accordant une telle préférence, il ne met pas la main à l'encenfoir, en fupprimant un Bénéfice érigé légitimément, ce qui ne peut être fait que par l'Eglife.

43. Sur la première difficulté, nous croyons que les Déclarations de 1726 & 1731 n'ont pas introduit un droit nouveau à cet égard, & qu'elles n'ont décidé que la queftion fi le Curé primitif en étoit quitte en abandonnant les dixmes au Vicaire perpétuel pour fa portion congrue, & fi nonobftant cet abandon, le Curé primitif ne devoit pas fournir le fupplément de la portion congrue au moyen des fruits des autres biens dépendans de l'ancien patrimoine de la Cure, ce qui paroît par le préambule de la Déclaration de 1726; ainfi que par les termes dont eft conçu l'art. 6, & par ceux de l'art. 11 de la Déclaration de 1731.

44. Aux termes du Droit commun, la queftion étoit fans difficulté en faveur du Vicaire perpétuel, parce que

l'ancien fonds du Patrimoine de la Cure étoit pour le
moins auſſi ſpécialement affecté pour la nourriture & entretien du Vicaire perpétuel, que les dixmes comme
nous l'avons fait voir ci-deſſus.

45. La Déclaration du 30 Juin 1690, ayant ordonné
que les Gros Décimateurs feroient déchargés du payement de la portion congrue, en abandonnant les entières
dixmes aux Vicaires perpétuels, avoit en quelque façon
donné atteinte à la diſpoſition du Droit commun.

46. Et quoique certains Auteurs euſſent ſoutenu que
la Déclaration de 1690, & le Droit commun n'avoient
rien de contraire ni d'incompatible, & que rien n'em-
pêchoit que les Curés primitifs, après avoir ſatisfait à la
Déclaration du Roi, en abandonnant toutes les dixmes,
ne duſſent encore ſatisfaire au Droit commun, en fourniſſant le ſupplément de la portion congrue, au moyen
des fruits des autres biens qui étoient de l'ancien patrimoine de la Cure, & que cette diſtinction eut été adoptée par quelques Arrêts du Parlement de Paris.

47. Cependant la Déclaration de 1690 laiſſoit beaucoup de difficultés & ſembloit même détruire cette diſtinction, qui étoit plus ſubtile que ſolide; voilà pourquoi la
Déclaration de 1731, conformément à celle de 1726, a levé
la difficulté, en décidant nettement que l'abandon des
dixmes ne ſuffit pas, à moins que les Curés primitifs n'a-
bandonnent auſſi les biens dépendans de l'ancien patrimoine de la Cure, de même que le titre & les droits de
Curés primitifs; d'où il réſulte que cette Déclaration n'a
pas décidé le cas de la préférence lorſque le Curé primitif offre de faire lui-même le ſervice; enſorte que la
queſtion étant encore entière, il eſt juſte & équitable de
ſe déterminer en faveur du Curé primitif, parce que
ſon titre eſt plus ancien que celui du Vicaire perpétuel;
puiſque c'eſt de la Cure originaire & primitive, que la

Vicairie perpétuelle a pris naiſſance, & cela eſt encore
fondé ſur le Synode de Bayeux, rapporté ci-devant dans *Cap. 101. Sy-*
ce Chapitre, qui ordonne que par le décès du Vicaire *nodi Bayo-*
cenſis, tom.
perpétuel, la Vicairie accroîtra au Curé primitif qui ſera *11. Concil.*
tenu de ſervir la Cure par lui-même, & n'ordonne pas *part. 2, col.*
1465. v. cap.
que par le décès du Curé primitif la Cure primitive ac- *30, §. quiverò*
extr. de Præ-
croîtra à la Vicairie perpétuelle, ce qui montre clairement *bendis.*
que dans le concours la préférence doit être donnée au
Curé primitif à l'excluſion du Vicaire perpétuel. On peut
néanmoins faire une objection très-forte; car, dira-t-on,
ſi le Vicaire perpétuel eſt le vrai Paſteur, comme nous
le montrerons au Chapitre 23, ſi les fonctions ſpirituelles
lui appartiennent *jure proprio*, ſi elles ſont interdites par
les Conciles & les Ordonnances au Curé primitif, &
ſi celui-ci n'a retenu que le ſeul nom de Paſteur, avec
cette qualification de *primitif* pour marquer ſon origine;
n'eſt-ce pas contre les Conciles & les Ordonnances que
la préférence lui ſera donnée pour exclure le Vicaire
perpétuel? A cela nous répondons, que le Bénéfice n'a-
yant pas aſſez de revenu pour entretenir à même-temps
le Curé primitif & le Vicaire perpétuel, il faut néceſſai-
rement ſupprimer l'un ou l'autre, & dans le concours,
il eſt juſte de laiſſer ſubſiſter celui qui eſt plus ancien,
& qui a même donné l'état & la naiſſance à l'autre, que
ſi le Curé primitif a perdu les fonctions & la Cure actuelle, il a retenu la Cure habituelle, & que les Conciles & les Ordonnances qui excluent le Curé primitif des
fonctions, ne parlent de cette excluſion, que tandis que
le titre de l'un & de l'autre peut ſubſiſter à même-temps,
& non lorſqu'il y a néceſſité d'en ſupprimer un par l'in-
ſuffiſance du revenu.

48. Mais cette préférence n'excède-t-elle pas les bornes
du pouvoir des Parlemens : ce qui fait le ſujet de la
deuxième difficulté que nous avons propoſée; nous pou-

vons le connoître en examinant les effets que produit cette préférence.

49. S'il s'agissoit de la maintenue aux droits de Curé primitif, ou de décider de la validité du titre pour le possessoire de la Vicairie perpétuelle, il n'y a point de doute que le Parlement ne fut compétent ; mais la préférence accordée au Curé primitif, porte une exclusion formelle du Vicaire perpétuel, elle tend donc en effet à supprimer le titre de la Vicairie perpétuelle, & à la réunir à la Cure primitive, en anéantissant la division de la Cure ; puisque le Curé primitif étant reçu à faire lui-même le service de la Paroisse, le titre du Vicaire perpétuel se trouve évacué, sans fonction, sans Paroisse, & sans portion congrue. 50 Il nous semble que si le Parlement pouvoit être le Juge de la préférence, il ne pouvoit pas le dispenser de renvoyer les Parties devant l'Evêque, afin qu'il pourvut à la suppression du titre de Vicaire perpétuel, & à la réunion de la Vicairie perpétuelle à la Cure primitive, comme il a accoutumé de le faire dans tous les cas où le ministère de l'Evêque est requis, & lorsque la matière est de la Juridiction Ecclésiastique, 51 comme lorsqu'il est nécessaire de déterminer, s'il faut un nouveau Vicaire pour le service d'une Paroisse, lorsque le nombre des habitans s'est fort augmenté, & autres cas semblables ; il y a même apparence qu'on prit cette précaution, & que si M. de Catellan qui a rapporté cet Arrêt n'en parle pas, c'est parce qu'il ne s'est attaché qu'à la décision de la question de droit, & qu'il a supposé le renvoi à l'Evêque, comme une chose qui devoit nécessairement être sous-entendue.

52. Dans l'espèce de l'Arrêt rapporté par M. de Catellan, le Vicaire perpétuel venoit d'impétrer en Cour de Rome la Vicairie, ce qui fait comprendre qu'il n'étoit pas encore entré en exercice ; & cela peut avoir facilité

la préférence accordée au Curé primitif ; mais en auroit-
il été de même, fi le Vicaire perpétuel avoit été en
place & en exercice depuis long-temps, & s'il n'avoit
pas attaqué le Prieur Curé primitif, pour lui faire demande de la portion congrue, ou fi elle n'avoit pas ab-
forbé les revenus de la Cure ?

53. Cela forme trois différentes queftions à réfoudre.
Nous eftimons donc qu'il n'y a point de différence à faire,
entre l'impétration en Cour de Rome, de la Vicairie perpétuelle, fuivie du *Vifa* & de la mife de poffeffion,
quand même le Vicaire perpétuel n'auroit pas encore fait
les fonctions Curiales, avec celle qui auroit été poffédée
depuis long-temps, parce que l'exercice n'ajoute rien au
titre légitime à cet égard, d'autant qu'il n'étoit pas queftion dans l'efpèce de l'Arrêt rapporté par M. de Catellan,
de la validité ou invalidité du titre ; voilà pourquoi on
ne pouvoit pas faire une jufte application de la règle *de
pacificis poffefforibus* ; mais feulement de favoir fi la préférence devoit être accordée au Curé primitif, qui offroit
de fervir la Paroiffe, & d'y faire toutes les fonctions
curiales, la même raifon fondamentale de la décifion fe
rencontrant dans l'un & dans l'autre cas ; c'eft-à-dire,
que la Vicairie perpétuelle qui avoit pris fon origine &
la naiffance de la Cure primitive, ne devoit pas la détruire, ce qui feroit arrivé fi la portion congrue qui abfor-
boit tous les revenus de la Cure avoit été payée au Vicaire perpétuel ; ainfi il eft indifférent à cet égard, que
le Vicaire perpétuel foit en exercice depuis long-temps,
ou qu'il n'y foit pas, il y a même apparence, quoique
M. de Catellan ne l'exprime pas, que le Vicaire perpétuel faifoit les fonctions Curiales ; car autrement il n'auroit
pas demandé la portion congrue : or la longueur du temps
ne fait point de différence fpécifique, parce que comme
nous l'avons déjà dit, il n'eft pas queftion d'affurer par

ce moyen, la validité du titre du Vicaire perpétuel, qu'on fuppofoit bon & valable, puifqu'il n'étoit pas attaqué.

54. Sur la deuxième quéftion, nous ne croyons pas que le Curé primitif ait la liberté d'offrir de faire le fervice de la Paroiffe, & de demander la préférence fur le Vicaire perpétuel dans toute forte de cas; mais feulement lorfqu'il eft attaqué fur la portion congrue, & qu'elle abforbe tous les revenus de la Cure, parce que hors de ces deux circonftances, on ne peut pas donner atteinte à la Vicairie perpétuelle dont l'état eft affuré: voilà pourquoi lorfque la raifon fondamentale, prife de ce que la Vicairie perpétuelle ne doit pas détruire la Cure primitive en abforbant tous les revenus manque; la préférence doit être refufée au Curé primitif.

55. De-là vient que la troifième queftion doit être décidée contre le Curé primitif, qui doit néceffairement payer la portion congrue du Vicaire perpétuel, quand elle n'abforbe pas les entiers revenus de la Cure fans pouvoir demander la préférence fur le Vicaire perpétuel.

56. Du refte, quoique la Glofe Canonique femble requérir que la réunion ou la fuppreffion des Cures ou Vicairies perpétuelles doive être confirmée par le Pape, on obferve en France que la feule autorité de l'Evêque fuffit, comme le remarque Dumoulin fur le même Chapitre, ce qui eft conforme aux Ordonnances qui attribuent aux Evêques le pouvoir d'unir & défunir les Cures, & autres petits Bénéfices, & à l'ufage conftamment reçu dans le Royaume.

Gloff. cap, cum acceffif- fent S, & extr, de conftitutio- nib.
Dumoulin, fur le ch. cum acceffiffent.
Ordonnance de Blois, art. 22 & 23.

CHAPITRE

CHAPITRE XXII.

De la prescription , & si c'est un moyen pour acquérir ou pour perdre le titre de Curé primitif.

SOMMAIRES.

V

1. **N**Ous avons éclairci dans les chapitres 9, 10 & 14 les difficultés qui pouvoient fe rencontrer fur la poffeffion des droits de Curé primitif. Si la poffeffion pouvoit être confidérée comme un titre valable, quels étoient les droits dont la poffeffion fervoit à prouver le titre de Curé primitif ? 2 De quel temps devoit être la durée de cette poffeffion ? De qu'elle manière cette poffeffion devoit être prouvée ? Enfin nous avons remarqué fur la fin du chap. 14, que la poffeffion ne devoit pas

être confidérée comme un véritable moyen d'acquérir di-
rectement, 3 & par élle-même le titre de Curé primitif,
mais feulement qu'elle faifoit préfumer un établiffement
originaire ; ce qui réfout prefque toutes les difficultés
qui peuvent être agitées fur la matière de la prefcription
du titre de Curé primitif, laquelle prefcription ne peut
être fondée que fur la poffeffion ; & par conféquent il
faut avoir recours fur cette matière à ce que nous avons
dit touchant la poffeffion, qui eft la caufe de la prefcription.

4. Mais la prefcription fondée fur une poffeffion fuffifante, fait-elle préfumer un titre de la qualité de Curé primitif, 5 lorfqu'il paroît, qu'avant l'origine de la prefcription, l'Eglife étoit libre, & avoit le titre de cure abfolue?
Le conflit des raifons & des autorités, & les différentes
difpofitions de la Déclaration de 1726 qui femblent favorifer l'affirmative & la négative, rendent cette queftion
problématique.

6. Pour l'affirmative, on peut dire premièrement que *Andréas Vala-*
la prefcription accompagnée de toutes les conditions re- *lenfis in pa-*
ratit. juris
quifes, afin qu'elle ait lieu, eft felon les Canoniftes un *canonici tit.*
de præfcript.
moyen d'acquérir, non-feulement les chofes corporelles *§. 8, n. 1 &*
§. 1, n. 4.
& les immeubles, mais encore les chofes incorporel- *L. hoc jure 3 §*
les, & les droits, & l'on n'en excepte que les biens & *§. ductus a-*
qua 4, ff. id
droits que les Loix ou les Canons ont déclarés impref- *aqua quot. &*
criptibles, ainfi il ne faut pas s'enquérir de l'état de la *æftiva.*
cure avant le commencement de la poffeffion; parce que
la prefcription eft un titre bon & valable, autorifé par
les Loix & les Canons, & comme le dit la Loi *conftituti*
loco habetur.

7. En fecond lieu, cela paroît d'autant plus certain, que
la Déclaration du 30 Juin 1690 n'exige point de titre *Auth. quas*
fpécial ; mais elle déclare que la poffeffion valable (qui *actiones aud,*
de Sacrofanct.
felon les Loix & les Canons eft de 40 ans) fuffit pour *Ecclef. cap.*

4 , extr. de
præscriptioni-
bus.
l'acquifition du titre & des droits de Curé primitif. La
difpofition de cette Déclaration qui avoit été confirmée
par celle de 1726, à l'égard des Eglifes cathédrales ou
collégiales, fe trouvant corrigée par celle de la Déclaration de 1731 qui a fupprimé toute diftinction entre les
Eglifes cathédrales ou collégiales & les autres, & qui exige
une poffeffion centenaire indiftinctement, la prefcription
a été mife au nombre des titres capables d'établir la qualité & les droits de Curé primitif, tout de même que
les titres canoniques, fans diftinguer s'il y a titre précédent, ou non, pour prouver la liberté de l'Eglife,
& par conféquent, on ne doit pas diftinguer fuivant
cette règle *ubi lex non diftinguit , nec nos diftinguere de-
bemus.*

8. En troifième lieu, quoiqu'il foit établi que la Paroiffe
étoit exempte de la fervitude provenant de la qualité de
Curé primitif, avant le commencement de la poffeffion,
cela n'empêche pas que la prefcription ne doive être confidérée comme un titre légitime, parce qu'il peut fe faire
que le titre de Curé primitif a un fondement légitime,
foit par la conceffion, ou l'union de l'Eglife faite poftérieurement aux titres qui prouvent qu'elle étoit tenue à
titre de cure abfolue, & indépendante d'aucun Curé primitif, ce qui doit être préfumé fi la poffeffion eft immémoriale comme le décident les Canoniftes.

Rebuffe , in
praxi de unio-
nib. n. 35.
Garcias , de
Benef. part.
12 , cap. 2. n.
229. Fevret,
de l'abus , liv.
2 , ch. 4 , n.
33. Catellan ,
liv. 1 , ch. 67.
Duperray ,
fur le préam-
bule de la Dé-
9. Cependant la négative nous femble mieux fondée
fur l'efprit des Conftitutions Eccléfiaftiques, & de la Déclaration de 1726. 10 En effet, les cures ont été libres
dans leur origine felon la remarque de M. Duperray,
11 il a été même défendu de les affujettir à des fervitudes, & de les foumettre aux autres Eglifes ; cela fe
prouve par le chap. 7 des Capitulaires d'Hincmar Archevêque de Reims de l'année 874 felon le P. Labbe, ou
de l'année 877 felon le P. Sirmond ; où il eft dit *expreffé*

vobis in nomine Chrifti præcipio , ut rufticanas Parochias , claration de
pro alicujus amicitiâ , vel petitione , aut pro aliquo præmio , 1726, n. 4.
non præfumatis confundere , nec dividere : neque Ecclefias cilior. col.
illas , quæ ex antiquo , Presbyteros habere folitæ fuerunt , 592, cap. 7.
aliis Ecclefiis quafi loco capellarum non fubjiciatis. 12.
Ainfi tout affujettiffement direct étant défendu , celui qui
peut fe faire indirectement n'eft pas moins prohibé : voilà
pourquoi la prefcription qui eft un moyen direct ne peut
pas être un titre légitime , lorfqu'il y a des preuves de la
liberté de l'Eglife avant l'origine de la prefcription : d'autant mieux qu'il ne peut pas y avoir de la bonne foi au
commencement de la prefcription , fans laquelle bonne foi
la prefcription ne peut pas avoir lieu , *cap. quoniam* 20 ,
extr. de præfcript.

13. D'un autre côté , les Déclarations de 1726 & de
1731 , donnent pour règle , que le titre & les droits de
Curé primitif , ne peuvent être acquis légitimément qu'en
vertu d'un titre fpécial , 14 & fi les mêmes Déclarations
mettent la poffeffion ou la prefcription au nombre des
titres légitimes , ce n'eft pas pour donner atteinte à la
règle établie au commencement de l'art. 2 de la Déclaration de 1731 , mais pour faire comprendre que la poffeffion ou la prefcription font préfumer un titre légitime ,
qui lui fert de fondement , autrement il y auroit une contradiction vifible entre la difpofition de l'art. 2 qui déclare que la qualité de Curé primitif ne peut être acquife
légitimément , que par un titre fpécial , & celle ou la poffeffion eft mife au rang des titres légitimes.

15. Et comme la préfomption doit toujours céder à la *Can. veritati*
vérité , dès qu'il paroît que la cure étoit libre avant la 4. *diftinct.*
poffeffion de la fervitude , la prefcription ne peut pas
opérer fon effet , parce qu'elle ne peut pas faire préfumer un titre légitime pour fervir de fondement à la
poffeffion.

16. Il faut pourtant convenir, que si depuis les titres qui établissent la liberté de la cure, jusqu'à l'origine de la possession, il y avoit un espace de temps considérable ; les titres de la liberté ne seroient pas capables d'empêcher qu'on ne pût présumer, 17 que la cure avoit été unie ou érigée en Bénéfice simple avec l'établissement d'un Vicaire perpétuel dans l'intervalle intermédiaire : ainsi la possession ou la prescription devroient dans ce cas faire présumer un titre légitime, & par ce tempérament on concilie fort bien les autorités & les règles qui paroissent se contredire.

18. La question paroit plus difficile, quand celui qui prétend être Curé primitif, a non-seulement la possession suffisante, mais encore que cette possession est précédée d'une contradiction judiciaire, après laquelle la possession s'est continuée, & accomplie sans trouble ; car outre les raisons que nous avons rapportées ci-dessus en faveur du Curé primitif, il en a encore une autre ; 19 c'est-à-dire, la contradiction judiciaire qui rend prescriptibles toute sorte de droits, quoiqu'ils soient imprescriptibles de leur nature, comme sont les servitudes négatives, le droit de corvée, l'affranchissement d'un fonds emphytéotique, & autres semblables.

Capolla servitut. urb. præd. cap. 20, n. 7, Graverol, sur Laroche des Droits Seigneuriaux, ch. 20, art. 1. d'Olive, liv. 2, ch. 32. Castellan, liv. 3, ch. 29.

20. Toutefois la raison particulière prise de la contradiction suivie de l'accomplissement de la prescription, ne nous paroit pas suffisante pour faire changer la décision que nous venons de donner sur la question précédente avec la distinction que nous avons observée, parce que s'il faut un titre vrai ou présumé pour établir le titre, & les droits de Curé primitif, 21 la contradiction suivie du silence du Curé, ne pouvant pas faire présumer le titre, tandis que le contraire est prouvé par des actes à-peu-près contemporains de la contradiction & de l'origine de la possession, n'ajoute rien dans ce cas à la possession, d'au-

tant mieux que la connivence ou la négligence des Curés, ne peut pas avoir fait changer l'état de la cure, & porté du préjudice à leurs fucceffeurs ; mais il faut toujours en revenir à cette diftinction s'il y a des titres légitimes ou préfumés, que s'il n'y en a pas, & qu'on ne puiffe pas les préfumer, la poffeffion & la prefcription ne peuvent être d'aucun fecours à ceux qui prétendent être Curés primitifs : 22 ce qui doit avoir lieu, tant à l'égard des Eglifes cathédrales ou collégiales, qu'à l'égard des autres ; car la condition des premières a été entièrement affimilée à celle des autres Eglifes, ce qui fait qu'à leur égard le titre & les droits de Curé primitif ne peuvent être légitimément acquis qu'en vertu d'un titre qui doit être rapporté ou préfumé à caufe de la poffeffion.

23. Voyons préfentement fi la qualité de Curé primitif légitimément établie, peut fe perdre par la prefcription. Il femble d'abord que la décifion pour l'affirmative ne fouffre aucune difficulté, 24 parce que la liberté eft fi favorable, qu'elle rend prefcriptiblés prefque tous les droits qui font imprefcriptibles de leur nature, quand il eft queftion de les acquérir, comme font les fervitudes que la coutume de Paris déclare ne pouvoir être acquifes par la prefcription fans titre, quand même on en auroit joui cent ans ; mais la liberté en peut être acquife contre le titre par trente ans entre âgés & non privilégiés, ce qui eft fondé fur ce qu'on juge toujours en faveur de la liberté, *indubiis favendum eft libertati.* *Coutume de Paris, art. 186.*

L. 20, ff. de reg. jur.

25. Et la prefcription doit être d'autant plus favorable qu'elle fait revenir les chofes au Droit commun, qu'elle anéantit la divifion de la Cure, que les Canons ont regardée comme odieufe & fi contraire à la pureté des règles, qu'on a fait divers règlemens, & fur-tout dans le Concile de Trente, pour faire ceffer les qualités de Curé primitif & de Vicaire perpétuel, *per ceffum vel deceffum ;* *Concil. Trid. feff. 25. de reformat. cap. 16.*

V 4

qu'enfin elle anéantit une servitude qui avilit & dégrade l'Eglise & le Ministère sacré du Pasteur, qui est préposé pour la conduite des ames.

26. Il seroit à souhaiter que cette opinion fut suivie, comme étant conforme à l'esprit de l'Eglise & des Déclarations de 1726 & 1731, qui n'ont si fort retranché les droits des Curés primitifs, & ne leur ont imposé des conditions si difficiles pour en établir la qualité, que pour procurer un retou r au Droit commun. Elle est d'ailleurs fondée sur une équité évidente.

27. Cependant la Jurisprudence des Arrêts des Cours Souveraines en a décidé autrement, & a déclaré imprescriptibles la qualité & les droits des Curés primitifs quand ils sont une fois bien établis. Lapeirere en rapporte un du Parlement de Bordeaux, du 20 Février 1714. M. Duperray en rapporte un autre du Parlement de Paris, du 8 Juillet 1715, qui l'ont jugé de même ; nous voyons aussi que l'Arrêt du Parlement de Toulouse, du 18 Mars 1730, rendu entre le Chapitre de l'Eglise Métropolitaine d'Auch, & M. Labaune, que nous avons rapporté au chap. 4, ne s'est point arrêté à la raison alléguée par M. Labaune que le chapitre d'Auch n'avoit jamais fait les fonctions ni pris la qualité de Curé primitif.

Lapeirere, verb. Curé primitif, p. 73.

Duperray, des Droits honorifiques, liv. 2, ch. 7.

28. Ils se sont fondés sur deux raisons. La première, que la qualité & les droits de Curé primitif sont de la nature de ceux qu'on appelle 29 *meræ facultatis à jure, non ex conventione hominis*, qui sont essentiellement imprescriptibles, & ne peuvent pas se perdre quoiqu'on n'en use pas.

Henris, tom. 1, liv. 4, ch. 6, quest. 91. Ranchin & Bornier, tit. præscriptio, art. 1.

30. La deuxième, que les droits appartiennent au Curé primitif *in signum Superioritatis & Dominii*, & par conséquent ils sont imprescriptibles, suivant la décision des Loix & des Auteurs.

31. Il femble même que la Déclaration de 1731 l'a
décidé ainfi, lorfqu'elle dit à l'art. 3, *le tout fans qu'au-*
cune prefcription puiffe être alléguée contre les Abbés, Prieurs L. 6 Cod. de
& autres Bénéficiers ou contre les Supérieurs des Commu- *præfcript. 30*
nautés qui négligeroient de faire lefdites fonctions de Curés *vel 40. annor.*
primitifs, par quelque laps de temps que ce foit. 32 D'ail- *Gloff. cap. 10,*
verb. fubjec-
leurs comme cette Déclaration parle tant de l'avenir que *tione extr. de*
du paffé, il ne refte plus de doute à ce fujet, & toute *Tranfactio-*
nib.
prefcription eft exclue.

33. Mais la prefcription devroit-elle fuffire pour faire
perdre la qualité & les droits de Curé primitif, fi elle
étoit précédée d'une contradiction expreffe faite en jugement, & que le Curé primitif y eut acquiefcé par fon
filence ? Il femble qu'elle ne fuffiroit pas. 1°. 34 Parce
que nous avons dit ci-deffus que la contradiction judiciaire, fuivie d'une poffeffion fuffifante pour prefcrire,
ne pouvoit pas fervir pour acquérir la qualité de Curé
primitif lorfqu'il y a des titres qui établiffent la liberté de
l'Eglife avant la contradiction & l'origine de la poffeffion ; & comme ces deux chofes font réciproques, elles
doivent être décidées de la même manière, & la qualité de Curé primitif établie par titres ne peut pas fe
perdre par la prefcription, nonobftant la contradiction
judiciaire.

2°. Que les droits qui font de pure faculté font toujours imprefcriptibles, de même que ceux qui font dus
in fignum Superioritatis & Dominii, comme nous l'avons dit
plus haut.

3°. Que l'art. 3 de la Déclaration de 1731 empêche
cette prefcription, puifqu'elle veut qu'on ne puiffe oppofer
aucunes prefcriptions aux Curés primitifs, qui ont négligé
d'en faire les fonctions en perfonne par quelque laps de
temps que ce foit.

35. Nonobftant ces raifons, il y a lieu de décider le

contraire, parce que les droits quelque imprefcriptibles qu'ils foient, 36 peuvent néanmoins fe perdre par la prefcription, lorfqu'il y a eu contradiction expreffe ou jugement, & qu'elle a été fuivie de la poffeffion de la liberté pendant un intervalle fuffifant pour accomplir la prefcription. 37 Les Fiefs & les Emphytéotes nous en fourniffent des exemples : car quoique le Vaffal ou l'Emphytéote ne puiffent pas prefcrire la foi & l'hommage, ou le Domaine direct par quelque laps de temps que ce foit, toutefois la prefcription de la liberté commence à courir utilement en faveur du Vaffal ou de l'Emphytéote, du jour de la dénégation, ou contradiction judiciaire, quoique le Domaine direct & les Droits Féodaux appartiennent au Seigneur *in fignum Superioritatis & Dominii.*

Ferriere, fur la Coutume de Paris, art. 12. Glofe 2, n. 1. Maynard, liv. 4, ch. 48, liv. 6, ch. 36. Catellan, liv. 3, ch. 26.
Ferrieres, *Ibid*, n. 6.
Henris, tom. 2, liv. 3, queft. 2. Catellan, *ibid.*
Laroche & Graverol, des Droits Seigneuriaux, ch. 20, art. 1.

38. La première raifon de l'opinion contraire fe réfout en obfervant la différence qu'il y a entre l'acquifition d'un droit qui impofe une fervitude, & l'acquifition de la liberté ; l'un eft toujours odieux, & l'autre eft infiniment favorable : & d'ailleurs il n'eft pas établi qu'on ne puiffe pas acquérir la liberté, contre la qualité de Curé primitif, comme il l'eft, que cette qualité ne peut être acquife que par un titre légitime rapporté, ou préfumé par le fecours de la prefcription.

*Andreas Vallenfis in *paratit. jur. Can. tit. de prafcript. §. 8, n. 7.

39. La feconde raifon ne paroîtra pas confidérable, fi l'on réfléchit d'un côté, que les chofes qui font de pure faculté fe prefcrivent depuis qu'il y a contradiction ; parce que la poffeffion de la liberté commence dès lors : d'un autre côté les chofes qui font dues *in fignum Superioritatis & Dominii* deviennent prefcriptibles par la contradiction, comme on le voit par l'exemple des Fiefs, quand la Supériorité ne procède pas du Droit public, comme eft celle de l'Evêque, ou d'un autre Supérieur *cum non liceat à capite membra recedere* : or la Supériorité du Curé primitif eft bien différente, puifque bien-loin

Cap. 12, extr. de prafcriptionib.

d'être favorable, elle eſt au contraire odieuſe, & ne procède que d'un titre particulier, où le droit public ſe trouve
en quelque manière bleſſé.

40. A l'égard des Déclarations de 1726 & 1731, elles
ne parlent que de la ſimple négligence du Curé primitif,
& nullement du cas où il y a une contradiction judiciaire,
ſur le fondement de laquelle la preſcription a eu ſon cours
& s'eſt accomplie.

CHAPITRE XXIII.

Où l'on examine diverses questions particulières.

1. *Question. Qui est le vrai Pasteur ou le Curé primitif? ou le Curé Vicaire perpétuel?*

2. *Question. S'il suffit qu'une Paroisse soit desservie dans l'Eglise d'un Prieuré, dont le Titulaire présente à la Cure, afin que le Prieur soit censé Curé primitif? Quid d'une Eglise conventuelle?*

3. *Question. Si les Chanoines réguliers & les autres communautés Eccléfiastiques qui ont établi autrefois, ou établiffent encore des Vicaires amovibles, font Curés primitifs de ces Paroiffes?*

4. *Question. Si les abonnemens des dixmes faits par les Vicaires perpétuels, tandis qu'ils jouiffent de partie de la dixme, nuifent au Curé primitif après l'abandon des dixmes?*

5. *Question. Si les Cures peuvent être érigées en Bénéfices simples, & si on peut y établir des Vicaires perpétuels? En quel temps a-t-il été défendu d'unir, ou de simplifier les Eglifes Paroiffiales, & depuis quel temps les unions ou les éreétions en Bénéfices simples peuvent-elles être attaquées par appel comme d'abus?*

SOMMAIRES.

1. *Première Question. Quel est le vrai Pasteur ou le Curé primitif, ou le Vicaire perpétuel.*

2. *Le Curé primitif étoit originairement le vrai Pasteur.*

3. *Les Evêques retirerent les Curés de leurs Paroiffes.*

NOus avons rassemblé toutes ces questions dans un seul chapitre, parce que nous en avons agité la plupart ci-dessus, & qu'il nous reste peu de chose à dire pour l'entier éclaircissement de celles que nous avons touchées.

QUESTION I.

1. Commençons par la première, qui consiste à savoir quel des deux, ou du Curé primitif, ou du Vicaire perpétuel, est le vrai Pasteur de la Paroisse ? Voyez le Ch. 12, n. 74 & suivans.

2. Si l'on considère les choses dans leur origine, on trouve que celui qui est présentement appellé Curé primitif, étoit le vrai Pasteur de la Paroisse, & qu'il avoit l'administration du spirituel, de même que du temporel.

3. Dans la suite les chose ont changé ; on a permis dans le septième siècle aux Evêques, de retirer les Curés de leurs Paroisses, pour les placer à la cathédrale ; & ces Curés ne laissèrent pas de retenir le titre de Curés, de même que le revenu de leurs Cures, en donnant aux Prêtres employés au service de la Paroisse de quoi fournir à leur entretien honnête.

4. La plupart des Cures ayant été données par les Evêques, aux Eglises cathédrales, ou aux Monastères,

les Chanoines , ou les Moines prirent eux-mêmes le
gouvernement des Paroisses , qui leur appartenoient; mais
cela changea encore , car les chanoines se démirent volontairement du soin des Paroisses , 5 & s'en décharge-
rent sur des Prêtres qu'ils établirent à leur place pour faire
les fonctions Curiales , 6 & il fut défendu aux Moines
de diriger leurs Paroisses ; on leur enjoignit d'y établir des
Vicaires perpétuels qui devoient prendre l'institution , &
la mission de l'Evêque.

7. A l'exemple des Chanoines & des Moines , plusieurs Curés trouvoient à propos de se décharger du soin
de leurs Paroisses , & ils en confièrent le gouvernement
à des Prêtres qu'ils destituoient *ad nutum.*

8. Plusieurs Paroisses ayant été unies à des Eglises
Cathédrales ou Collégiales , à des Monastères , & autres
lieux pieux , comme il falloit à même-temps pourvoir à
l'administration des Sacremens , on y établit des Prêtres ,
qui tantôt étoient amovibles , tantôt perpétuels.

9. Enfin , en érigeant de nouvelles Paroisses pour la
commodité des habitans , par le démembrement des anciennes , comme l'on réserva au Curé de l'Eglise matrice
les Droits honoraires , selon les apparences on n'établit
pas dans ces nouvelles Paroisses des Curés en titre , mais
bien des Vicaires perpétuels.

10. Dans les différens cas que nous venons de rapporter , les choses n'étoient pas toujours uniformes : car tantôt
on confioit le gouvernement de la Paroisse à un Prêtre
destituable à volonté , tantôt on y établissoit un Vicaire
perpétuel. Nous avons expliqué au chap. 2 , de quelle
manière on en usa anciennement à cet égard.

11. L'Eglise s'étant apperçue que l'amovibilité des Vicaires causoit plusieurs inconvéniens , elle fit divers règlemens , par lesquels elle ordonna que les Paroisses seroient servies par des Prêtres , dont le titre fut perpétuel ,

& qui ne puſſent pas être révoqués à la volonté des Curés primitifs. Nous avons remarqué en faiſant le détail de ces règlemens, quel a été leur ſuccès.

11. Selon la remarque du P. Thomaſſin, la cupidité infatiable d'entaſſer des Bénéfices les uns ſur les autres, ſuggéra des artificieux déguiſemens, pour éluder la vigueur des Canons contre un abus ſi déplorable. 13 Le premier, fut de faire donner le Vicariat d'un Bénéfice, en ayant déjà un autre avec la même charge d'ames : les titres de ces deux Bénéfices étoient incompatibles ; mais on prétendoit qu'il n'y avoit nulle incompatibilité, entre le titre de l'un, & le Vicariat de l'autre. Nous n'avons pas beſoin de parler des autres déguiſemens, pratiqués pour poſſéder à même temps pluſieurs Bénéfices ; parce qu'ils ne font rien à notre ſujet.

Thomaſſin, part. 4, liv. 1 ch. 29, n. 12.

14. Pour remédier à cet abus, on ordonna non-ſeulement de ne point admettre de Vicaire qui ne fut Prêtre, ou qui ne peut être ordonné Prêtre aux premiers Quatre-Temps ; qu'il ne renonçât à tous les autres Bénéfices à charge d'ames, & qu'il ne promit de faire une réſidence continuelle ; mais encore qu'il ſeroit établi des Vicaires perpétuels en titre dans toutes les Paroiſſes, où le Paſteur originaire ne pourroit pas faire lui-même le ſervice, & l'on mit les Vicaires perpétuels au même rang que les Curés ; enſorte que ce qui avoit été ordonné pour les Curés, devoit être obſervé à l'égard des Vicaires perpétuels, 15 & dès-lors les Curés primitifs perdirent le titre de Paſteurs, du moins n'en retinrent-ils que le ſeul nom, avec la qualification de primitif ; car toutes les fonctions Spirituelles, & le titre de Paſteur, fut attribué aux Vicaires perpétuels *jure proprio*, enſorte que les Curés primitifs n'ont plus la liberté de s'intimiſcer au ſoin des ames, ni dans l'adminiſtration des Sacremens, ni à quelqu'autre fonction Paſtorale.

Thomaſſin ibid. n. 2.

*Van-Eſpen juris Eccleſ. univerſi, part. 2, tit. 34, cap. 1, n. 18.
Clement uni- ca de off. Vicarii.*

Van-Eſpen ibid. n. 28, 29, 30.

Van-Eſpen ibid. n. 31.

X 2

16. Nous avons rapporté au chap. 12, n. 79, le Décret du Concile de Bordeaux, qui défend aux Curés primitifs l'administration des Sacremens, sans l'approbation de l'Evêque.

17. Enfin nous avons remarqué au même chap. 12, que par les Ordonnances & Déclarations de nos Rois, les droits des Curés primitifs avoient été fixés & réduits à la seule faculté de faire le Service divin, les quatre fêtes annuelles & le jour du Patron, & qu'il leur a été défendu même aux jours qu'ils feront le Service, d'administrer les Sacremens, & de prêcher sans une mission spéciale de l'Evêque.

18. De tout ce que nous venons d'observer, il est aisé de conclure que le Vicaire perpétuel est le vrai Pasteur, que le Curé primitif n'en a ni les fonctions, ni la qualité, & qu'il ne lui reste que le seul titre de Curé *primitif* pour marque de son origine & de son ancien droit.

QUESTION II.

19. Nous n'avons pas besoin d'entrer dans une longue discussion pour décider la seconde question, qui consiste à savoir, s'il suffit qu'une Paroisse soit desservie dans l'Eglise d'un Prieuré ou d'un Monastère, auxquels la présentation à la Cure appartient, afin que le Prieur, ou l'Eglise conventuelle soient présumés Curés primitifs,

Chap. 4, n. *96, ch. 9, n.* *29, 30, 31,* *32, 33, 34.* parce que nous en avons déjà parlé ci-dessus dans plusieurs occasions; ainsi il nous suffira de rassembler ce que nous avons dit dans ces endroits.

20. M. Simon est d'avis que les deux circonstances ti-

Simon, des *Droits hono-* *rifiques, tit.* *14.* rées du Service fait dans la même Eglise, & la présentation à la Cure, suffisent pour établir la qualité de Curé primitif, en faveur du Prieur Titulaire de l'Eglise où la Paroisse est desservie.

21. M. Duperray a décidé la même chofe en faveur des Monaftères ou des Eglifes Conventuelles ; & felon cet Auteur, lorfque la Cure eft deffervie dans leurs Eglifes, que les Moines y ont les honneurs, & préfentent à la Cure, cela fuffit pour faire préfumer qu'ils ont les droits de Curés primitifs.

Duperray, des droits ho- norifiques, liv. 2, ch. 2, n. 17.

22. Mais nous avons remarqué au chap. 4 depuis le nombre 1 jufques au nombre 13, que la qualité de Curé primitif ne fe préfume point, & qu'il faut l'établir, autrement on préfume pour la liberté de l'Eglife, & que le Prêtre prépofé pour le fervice de la Paroiffe, eft le vrai Curé.

23. Nous avons encore établi au chap. 9, n. 32 & 33, que la Déclaration de 1731 exigeant un titre fpécial pour établir le titre & les droits de Curé primitif en faveur des Monaftères, & de toutes les autres Eglifes, 24 il n'eft pas permis de fonder la qualité de Curé primitif fur les préfomptions tirées de l'état de l'Eglife Paroiffiale, nous avons même ajouté que quand la Paroiffe feroit deffervie dans l'Eglife du Prieuré ou du Monaftère, 25 que le Prieur, ou le Monaftère auroient la préfentation, les dixmes, les oblations, & percevroient un certain cens fur la Paroiffe, toutes ces circonftances jointes enfemble ne fuffiroient pas pour établir en leur faveur la qualité de Curé primitif, parce que nous avons fait voir dans le même chap. 12, que la préfentation à la Cure, la perception des dixmes & des offrandes, le payement des redevances, n'avoient aucune liaifon néceffaire avec la qualité de Curé primitif ; & que d'ailleurs dès le moment que la Déclaration de 1731 exige un titre fpécial de la qualité marquée à l'article 2, toutes les préfomptions que l'on pourroit tirer de ces circonftances particulières font infuffifantes & inutiles.

QUESTION III.

26. Paſſons préſentement à la diſcuſſion de la troiſième queſtion ; ſi les Chanoines réguliers , & autres Communautés Eccléſiaſtiques , qui ont établi autrefois , ou qui établiſſent encore dans les Paroiſſes des Vicaires amovibles , ſont Curés primitifs de ces Paroiſſes. Nous l'examinerons premièrement par rapport aux Moines , enſuite par rapport aux Chanoines réguliers , & autres Communautés.

27. Dans tous les temps on a diſtingué les Moines d'avec les Chanoines réguliers, quoiqu'il y ait entr'eux une grande affinité ſuivant les Canons *non enim puta-* *Cap. præſens* *mus* (*quod abſit*) *Canonicos Religioſos à Sanctorum Mona-* *Clericus 20* *chorum conſortio ſejunctos.* *quæſt. 3 , cap.* *5 , extr. de* *ſtatu Monach.*

28. La ſolitude ou la retraite a été le premier objet des Moines ; lorſqu'ils ſe ſéparerent du commerce du monde , ce ne fut que pour s'unir plus intimément à Dieu par la contemplation & la prière , par la méditation des choſes céleſtes, des bienfaits de Dieu, de ſa grandeur & de ſa ſainte Loi, 29 & ſelon les expreſſions des Canons, le genre de vie qu'ils avoient choiſi étoit en quelque manière *Can. 2, cauſa* incompatible avec les fonctions Sacerdotales. *Nemo po-* *16 , quæſt, 3.* *teſt Eccleſiaſticis officiis deſervire & in Monaſticâ regulâ or-* *dinatè perſiſtere,* & S. Jérôme en parlant de lui-même *Can, 6, ibid.* qui avoit embraſſé la vie Monaſtique , dit : 30 *alia eſt* *cauſa Monachi, alia Clerici. Clerici oves paſcunt , ego paſ-* *cor ;* & ailleurs il dit : 31 *Monachus non docentis ſed plan-* *Can, 4, ibid,* *gentis habet officium , qui vel ſe vel mundum lugeat , & Do-* *mini pavidus præſtoletur adventum,*

Thomaſſin , Mais comme la charité eſt la ſouveraine diſpenſatrice *de la Diſci-* *pline de l'E-* de toutes les Loix ſelon la remarque du P. Thomaſſin , *gliſe , part. 1 ,* *iv. 1 , ch. 47,* 32 ce fut elle qui contraignit les Evêques d'appeller les *n. 14.*

folitaires dans les Villes , de les engager dans les fonctions & dans les dignités Ecclésiastiques , & de les obliger par ce moyen à répandre fur tous les Fidelles ces tréfors fpirituels dont ils s'étoient enrichis dans la folitude.

32. Ils furent donc employés aux fonctions Paftorales & au gouvernement des Paroiffes ; mais ayant dégénéré de la fainteté de leur état, 34 l'Eglife fut obligée de leur interdire les fonctions Curiales , & de les faire revenir dans leurs Monaftères , elle leur enjoignit à même temps d'établir des Prêtres pour le fervice des Paroiffes qui leur appartenoient , & quoique les Décrets des Conciles euffent ordonné que les Prêtres prépofés par les Moines pour le gouvernement de leurs Paroiffes fuffent perpétuels , ils ne furent pas exécutés à cet égard, la plupart des Monaftères s'étant maintenus dans l'abus de ne préfenter que des Prêtres amovibles & deftituables *ad nutum* , comme nous l'avons remarqué au chap. 1 & ailleurs.

Can. Doctus 21. Can. in Parochia 31. Mezeray , abrégé Chronologique de l'hiftoire de France , en la vie de Philippe Augufte , tom. 2, pag. 677 de l'édit. de 1688, cap. 2 , cap. 5 , extr. de ftatu Monach. cap. 1 , extr. de capellis Monach. can. 9. Concilii. Pictavenfis , tom. 10. Conciliort col. 725.

35. Cependant la faculté de préfenter des Prêtres amovibles ou perpétuels fous le titre de Vicaires , fait affez comprendre que les Paroiffes leur appartenoient *jure proprio* , qu'ils en étoient les vrais Curés avant que les fonctions Curiales leur fuffent interdites , & qu'ils ont retenu le titre & les droits de Curés primitifs.

36. Le droit des Chanoines réguliers paroît encore plus indubitable. 37 La première & la principale fin, qui a donné lieu à l'inftitution des Chanoines réguliers , a été afin de les prépofer au gouvernement des Paroiffes , & de prendre foin des ames. Nous en trouvons plufieurs autorités tirées de S. Auguftin , d'Yves de Chartres , de S. Thomas , de Pierre Comeftor, & plufieurs autres qui font rapportées par Nicolas Defnos , Prieur Conventuel des Chanoines réguliers de S. Auguftin de Provins , & dans la differtation fur le pécule des Religieux Curés.

Tractat. Canonicus ficularis & regularis, cap. 43, 44. Differtation fur le pécule des Religieux Curés

38. Suivant l'objet de leur première inftitution , plu-

fieurs Eglifes Paroiffiales leur furent données ou confiées;
V. Epiftolam 18. Urbain II. ad Rotgerium Sueffionenfem Epifcopum, tom. 10. Confilior. col. 454.
& malgré les contradictions de quelques Evêques, ils s'y
font toujours maintenus, en quoi ils ont été aidés & fe-
courus par l'autorité des Papes & de l'Eglife; on en voit
la preuve par une infinité de Décrets des Conciles, & des
Lettres des Papes dans la differtation fur le pécule des Religieux Curés.

39. Lorfque le Concile de Latran eut fait le Décret
général pour interdire aux Moines les fonctions Paftorales,
on douta d'abord fi l'interdiction ne regardoit pas les Chanoines réguliers comme devant être mis au rang des Moines; 40 mais le Pape Innocent III leva cette difficulté
Cap. 5, extr. de ftatu Monach.
par une Lettre inférée aux Décrétales, où il dit : *licet,
autem in Lateranenfi Concilio de Monachis caveatur, ne finguli per villas, & oppida per quafcumque Parochiales ponantur Ecclefias, &c. quia tamen iftud de Canonicis regularibus fpecialiter non cavetur, qui & fi à Sanctorum Monachorum confortio non putentur fejuncti, regulæ tamen inferviunt laxiori .... fic anuendum duximus poftulatis, ut exercens plebani officium fi commodè fieri poterit unum Canonicum regularem tecum habeas ad cautelam* : celui auquel la Lettre
eft adreffée étoit Chanoine régulier de S. Victor, le Pa-
pe le déclare capable de tenir une Eglife Paroiffiale, &
lui ordonne de prendre avec lui un autre Chanoine régulier *ad cautelam*, & pour lui fervir de compagnon.

41. Les congrégations des Chanoines réguliers fe font
encore maintenues, nonobftant les différens règlemens
faits par l'Eglife, & par nos Rois, pour l'établiffement des
Vicaires perpétuels, en la faculté de n'établir aux Paroiffes qui leur appartiennent, que des Vicaires amovibles,
comme nous l'avons remarqué au chap. 2. 42 Ainfi elles
ont non-feulement les droits & le titre de Curés primitifs, mais encore ils font eux-mêmes les vrais Curés, &

la Cure leur appartient en propre, ne faifant qu'en commettre l'exercice à un de leurs membres.

43. Nous pouvons dire la même chofe des autres Communautés qui ont été difpenfées de l'obfervation des Loix Eccléfiaftiques & Séculières fur l'établiffément des Vicaires perpétuels ; 44 car on ne peut pas douter que les Paroiffes où elles ne commettent que des Vicaires amovibles, ne leur appartiennent en propre, tant pour le fpirituel, que pour le temporel : 45 qu'ainfi elles ont le titre & les droits de vrai Pafteur qui réfident fur leur Communauté, & comme difent les Canoniftes *jus penès Collegium exercitium penès fingulos*, c'eft-à-dire, au pouvoir de celui qui eft commis pour les fonctions Curiales,

QUESTION IV,

46. Pour éclaircir exactement la quatrième queftion, touchant les abonnemens des dixmes, faits par les Curés Vicaires perpétuels, & fi après l'abandon des dixmes, les Curés primitifs font recevables à attaquer ces abonnemens. 47. Nous avons befoin d'examiner quatre difficultés. La première, fi ces abonnemens font valables, & dans quel cas. La feconde, quelles formalités doivent être obfervées pour leur validité. La troifième, fi les abonnemens faits dans les formes & qui feroient valables contre les Curés Vicaires perpétuels, péuvent être impugnés par les Curés primitifs fur le fondement de l'abandon des dixmes, & la réduction à la portion congruë, & à caufe de la règle *refoluto jure dantis, refolvitur jus accipientis*. Et la quatrième, fi du moins les Curés primitifs ne font pas fondés à faire imputer aux Vicaires perpétuels, les dixmes fur le pied de leur valeur, dans l'état où elles étoient avant les abonnemens.

48. Sur la première difficulté, les Textes Canoniques,

& les Ordonnances de Charles IX & d'Henri III, rapportées par Theveneau , ont expreſſément autoriſé &
confirmé les compoſitions & tranſaɛtions faites ſur les dixmes & les prémices , *n'entendons en ce comprendre , ceux*
qui ont par ci-devant tranſigé & compoſé pour leſdites dix-
mes & prémices , leſquelles tranſaɛtions ou compoſitions de-
meurerent en leur force & vertu , en payant ledit Droit & de-
voir ſelon icelles Compoſitions.

49. Ces Ordonnances ont ſouffert trois exceptions ou
limitations , par la Juriſprudence des Arrêts & la Doctrine des Auteurs du Parlement de Paris. La première ,
que les tranſaɛtions ou compoſitions ſur les dixmes , ne
ſeroient bonnes & valables , que quand elles auroient été
faites avec l'univerſalité des Habitans , & non ſi elles
avoient été conſenties en faveur de quelque particulier,

comme il a été jugé par l'Arrêt rapporté par M. Bardet ,
& ſelon la remarque de M. Berruyer ſur cet Auteur ,
l'Arrêt rapporté au tom. 1 du Journal des Audiences, eſt
dans la même eſpèce , quoique Dufreſne l'ait rapporté
dans un autre ſens.

50. Ces Auteurs ſe fondent , ſur ce que ces ſortes d'a-
bonnemens ſe trouvent faits , ſans cauſe & ſans formalité , & devant être conſidérés comme une aliénation des
biens Eccléſiaſtiques , ſi ils ſont eſſentiellement nuls :
voilà pourquoi ils ne peuvent pas être confirmés par l'exécution , quelque longue qu'elle ſoit.

51. Mais il n'y a pas apparence que le Parlement de
Touloſe ſuivit cette Juriſprudence , ſi l'abonnement fait
même en faveur d'un Particulier, ſi étoit fortifié de la
preſcription de 40 ans, déduɛtion faite du temps que le
Curé qui a fait l'abonnement a vécu ; parce qu'on y tient
pour maxime que l'aliénation des biens d'Egliſe, quoique
nulle , & faite ſans cauſe ni formalité , eſt confirmée par
les laps de 40 années utiles , & c'eſt la Juriſprudence

des nouveaux Arrêts conformes à ceux qui font rapportés par Graverol fur M. Laroche, quoiqu'en dife M. de Catellan.

54. La feconde, que ces abonnemens foient fuivis de l'exécution pendant longues années : car fans le fecours de la poffeffion, ils pourroient être attaqués ; mais ceci a befoin d'explication : car où l'abonnement a été fait pour caufe légitime, & avec les formalités prefcrites, il n'a pas befoin du fecours du temps, & de l'exécution pour être valable, puifqu'il fubfifte par lui-même, & eft autorifé par les Ordonnances : toutefois on pourroit l'attaquer, non par nullité, mais par la voie de la reftitution en entier, fi l'Eglife étoit léfée, & cela pendant que les actions refcifoires durent, comme nous l'avons expliqué ci-devant au chap. 11.

Graverol fur Laroche, verb. aliénation des chofes Eccléfiaftiques. Berruyer fur Bardet, ibid. V. Mornac ad L. 8. cod. de ufuris, Henris, tom. 1, liv. 1, queft. 39.

56. La troifième exception ou limitation, eft lorqu'il ne refte pas un fonds fuffifant dans les revenus de la Cure pour remplir la portion congrue du Curé, 57 parce qu'alors la tranfaction regarderoit les alimens futurs, 58 & que d'ailleurs les Paroiffiens devant fournir la nourriture à leur Curé lorfque les fonds de la Cure ne fuffifent pas, ils ne pourroient pas lui oppofer les abonnemens, & quand ils le pourroient, ils feroient toujours tenus de parfournir ce qui feroit néceffaire pour remplir la portion congrue ; mais ce cas ne peut guère fe rencontrer quand il y a un Curé primitif, qui jouit des dixmes & des fonds qui font de l'ancien patrimoine de la Cure ; 59 parce qu'ils devroient être épuifés, avant de pouvoir recourir fur les Paroiffiens, d'autant que ces fonds font fpécialement affectés pour la nourriture du Pafteur, comme nous l'avons remarqué dans plufieurs endroits de ce traité.

Theveneau, liv. 1, tit. 13, art. 6, verb. tranfigé. S. Thomas, fecunda fecundæ, q. 86, art. 1, Charondas en fes Pandectes, liv. 1, ch. 13. Grimaudet des dixmes, liv. 2, ch. 8, n. 31.

60. Quoiqu'il y ait des Auteurs, qui ont cru que les abonnemens des dixmes n'étoient pas valables, lorf-

Mornac ad L. 10, §. 1, ff. quemadmod. fervitutes amitt.

qu'ils étoient faits en argent , & qu'ils ne devoient être exécutés que quand le produit de l'abonnement devoit être payé en efpèce de grains , ou autres denrées : il ne nous femble pas que cette reftriction doive être fuivie , parce qu'elle eft contraire à la difpofition des Ordonnances de Charles IX & d'Henry III , qui autorifent toute forte de Tranfactions & compofitions , faites fur les dixmes indiftinctement , & c'eft ainfi que le décide M. de Héricourt dans fes Loix Eccléfiaftiques.

Héricourt, Loix Ecclé-fiaftiques , part. 4 , ch. 1, max. 13 , p. 546 , de l'édition de 1719.

61. Sur la feconde difficulté , concernant les formalités qui doivent être obfervées pour la validité des abonnemens , Héricourt, ibid. 62 il y a des Auteurs qui ont cru qu'il étoit néceffaire qu'ils fuffent accompagnés de toutes les formalités néceffaires , pour les aliénations des biens Eccléfiaftiques , parce que ces fortes d'abonnemens font confidérés comme des aliénations , & les Ordonnances de Charles IX & d'Henry III n'en prefcrivant point les formalités , elles s'en rapportent au Droit commun.

Cap. ftatui-mus 2 , extr. de Tranfact.

63. Cependant les conftitutions canoniques , qui parlent nommément de ces fortes d'abonnemens , ou Tranfactions paffées entre des laïques & des perfonnes Eccléfiaftiques , n'exigent d'autre formalité que le confentement de l'Evêque, *ftatuimus & fi fuper decimis , inter vos & aliquam perfonam Ecclefiafticam , de affenfu Epifcopi , vel Archiepifcopi fui compofitio facta fuerit rata & in inconcuffa perfiftat.* 64 Et par conféquent , il ne faut point d'autre formalité , que le confentement de l'Evêque , fur-tout lorfque l'abonnement a été fait enfuite d'un procès , qui eft terminé par un tel traité.

65. Il faudroit néanmoins excepter les cas , que le confentement de l'Evêque auroit été obtenu par furprife & collufion , ou que l'Eglife fut confidérablement léfée par l'abonnement ; 66 , mais après 40 années de poffeffion & d'exécution , il ne pourroit pas être attaqué ,

fous prétexte de nullité , ni de. léfion, du moins fuivant la Jurifprudence du Parlement de Touloufe , comme nous l'avons remarqué ci-deffus.

67. Touchant la troifième difficulté , qui confifte à favoir , fi le Curé primitif, auquel le Curé Vicaire perpétuel a abandonné les dixmes , peut demander la révocation des abonnemens : nous difons , 68 que fi les abonnemens font nuls , & qu'ils puffent être attaqués par le Curé Vicaire perpétuel , s'il avoit confervé les dixmes , le Curé primitif peut auffi les faire caffer , parce qu'il entre dans les droits du Vicaire perpétuel.

69. Mais fi les abonnemens font valables , & que la prefcription des actions · refcifoires foit accomplie , ils doivent valoir contre le Curé primitif , de même que contre le Vicaire perpétuel. Nous nous difpenferons de difcuter les raifons de part & d'autre felon notre méthode ; parce que la difficulté a été traitée avec beaucoup d'exactitude par M. Claude Henrys , ainfi il nous fuffit d'y renvoyer le Lecteur.

Henris , tom. 2 , liv. 1 , queft. 12.

70. A l'égard de la quatrième difficulté , fi du moins les Curés primitifs ne font pas fondés à faire imputer aux Vicaires perpétuels les dixmes fur le pied de leur valeur , dans l'état où elles étoient avant les abonnemens , nous devons d'abord obferver , 71 1°. que par la Déclaration du 29 Janvier 1686, qui fixe à 300 livres la portion congrue des Curés ou Vicaires perpétuels , il leur eft permis d'abandonner les dixmes par eux poffédées auparavant , & de demander la portion congrue. 72 2°. Que par la Déclaration du 30 Juin 1690, il eft porté que les Curés ou Vicaires perpétuels , qui auront fait l'option de la portion congrue , pour faciliter le payement de la fomme de 300 livres, *foient tenus de garder & de continuer la jouiffance des fonds , domaines & portions des dixmes qu'ils poffédoient lors de la Déclaration*

de 1686, en déduction de la somme de 300 liv. suivant l'es-

V. les art. 10,
11 & 12 de l'é-
dit de 1768,
concernant
les portions
congrues, à
la fin.
timation qui en sera faite à l'amiable, ou par des Experts accordés, ou faute d'en convenir, qui seront nommés d'office par les Juges compétens, & si les fonds, domaines & portions des dixmes ne suffisent pas pour remplir la somme de 300 liv. ce surplus soit payé en argent, par les gros Décimateurs.

73. Ces choses ainsi posées ou les abonnemens ont été faits par le Curé Vicaire perpétuel, qui a fait l'option de la portion congrue, ou bien ils ont été faits par son pré-décesseur; dans ce dernier cas il faut décider indistincte-ment que le Curé Vicaire perpétuel, n'est pas tenu d'im-puter les abonnemens par deux raisons. La première, parce que le successeur n'est pas tenu personnellement du fait de son prédécesseur. La deuxième, parce que selon l'esprit de la Déclaration de 1690, le Curé Vicaire perpétuel ne

Héricourt,
part. 4, ch. 2,
max. 8.
doit imputer que les fonds, domaines & portions des dixmes, dont il jouissoit lors de l'option par lui faite : or ne jouissant que conformément aux abonnemens faits par son prédécesseur, il est évident qu'il ne doit pas imputer les dixmes dans l'état où elles étoient avant ces abon-nemens.

74. Au premier cas, c'est-à-dire, lorsque les abon-nemens ont été faits par celui qui a fait l'option de la portion congrue, il faut distinguer; car où les abonnemens ont été faits pour juste cause, & avec le consentement de l'Evêque, il ne paroît pas juste qu'on puisse rien im-puter au Curé Vicaire perpétuel qui n'a rien fait contre les règles, que s'il n'a pas observé les formalités dont on vient de parler, & que les abonnemens n'ayent point de cause légitime, alors n'étant pas dans la bonne foi, il feroit juste de lui faire imputer le montant des abonnemens, & de lui faire prendre les dixmes sur le pied de leur va-leur dans l'état où elles étoient avant les abonnemens :

parce que l'aliénation étant purement volontaire de fa part , & fans caufe , le dol dont il a ufé au préjudice de l'Eglife doit le faire confidérer comme poffeffeur des dixmes , tout comme avant les abonnemens ; 75 parce que *dolus pro poffeffione eft* , & que d'ailleurs il a la liberté de faire révoquer ces abonnemens mal-faits.

L. 131 , ff. de reg. juris.

QUESTION V.

76. Il ne nous refte préfentement que la 5ᵉ. queftion , fi les Cures peuvent être érigées en Bénéfices fimples , & fi l'on peut établir des Vicaires perpétuels ? En quel temps a-t-il été défendu d'unir ou de fimplifier les Eglifes Paroiffiales ? & depuis quel temps les unions ou les éreftions en Bénéfices fimples , peuvent-elles être attaquées par appel comme d'abus.

Il eft facile de réfoudre la première partie de la queftion , puifque nous avons des Loix expreffes qui font conftamment obfervées dans l'ufage à cet égard.

77. Le Concile de Trente défend de convertir en Bénéfices fimples , les Bénéfices féculiers de quelque nom qu'ils foient appellés, qui ont charge d'ames par leur première inftitution , même en affignant une portion congrue au Vicaire perpétuel , nonobftant toute forte de graces ou de priviléges qui n'ont pas forti leur plein & entier effet. *Statuit fancta-Synodus , ut Ecclefiaftica Beneficia fecularia , quocumque nomine appellentur , quæ curam animarum ex primævâ eorum inftitutione , aut aliter quomodocumque retinent , illa deinceps in fimplex Beneficium , etiam affignatâ Vicario perpetuo congruâ portione , non convertantur : non obftantibus quibufcumque gratiis , quæ fuum plenarium effectum non funt confecutæ.* 78 Il eft remarquable que la défenfe ne porte que fur l'avenir *deinceps* , & que les converfions déjà faites & exécutées , doivent demeurer dans

Concil. Trid. feff. 25 , de reform. cap. 16.

leur entier , fuivant l'efprit de ce Concile , qui ne défend l'éxécution , que des graces qui n'avoient pas eu
leur entier effet , *quæ fuum plenarium effeĉtum non funt
confecuta.*

79. Les Ordonnances de nos Rois , bien-loin de
permettre la converfion des Cures en Bénéfices fimples , ont propofé divers moyens pour en augmenter les
revenus , l'Ordonnance d'Orléans porte : *Et afin que les
Curés puiffent fans aucune excufe vaquer à leurs charges :
enjoignons aux Prélats de procéder à l'union des Bénéfices,
diftributions des dixmes ; & autre revenu Eccléfiaftique , fuivant la forme des Saints Décrets.* 80 Et l'Ordonnance
de Blois veut que : *ès lieux où des Cures ou Eglifes Paroiffiales , le revenu eft fi petit , qu'il n'eft pas fuffifant pour
entretenir le Curé , les Evêques avec due connoiffance de
caufe , & felon les formes prefcrites par les Conciles , y
pourront unir autres Bénéfices , cures ou non cures , & procéder à la diftribution des dixmes & autre revenu Eccléfiaftique ;* d'où l'on peut inférer que la converfion des Cures en Bénéfices fimples eft défendue , non-feulement
par le Concile de Trente , mais encore par l'efprit de nos
Ordonnances.

81. Les Auteurs même étrangers ; & entr'autres
Gonzalés & Lotérius , & ceux qui ont écrit felon nos
maximes , l'ont décidé de même : ils ont obfervé que la
converfion des Cures en Bénéfices fimples , étoit perni-
cieufe à l'Eglife , 82 faifant paffer la plus grande partie
des revenus à des perfonnes qui ne rendent aucun fervice à l'Eglife du Bénéfice , & fouvent même à aucune
autre , & ne laiffant ordinairement à celui qui eft
chargé du foin des ames , qu'une portion fi petite qu'à
peine fuffit-elle pour fon entretien : d'où vient que les
pauvres font privés des fecours qui leur font dus , & on
eft obligé de confier le foin des ames à des perfonnes

peu

Marginal notes

Ordonnance d'Orléans , art. 16.

Ordonnance de Blois , art. 22.

Gonzalés, *ad reg. 8 , de menfibus & alter. Glof. 6 , n. 96.* Lotérius , *de re Benef. lib. 11, quæft. 20 , n. 159.* Gibert , *inftit. Ecclef. & Benef. tit. 35 , part. 1 , p. 155.* Duperray , des moyens Canoniques , tom. 2 , ch. 15.

péu capables , 83 & M. Duperray rapporte plusieurs Arrêts du Parlement de Paris ; qui ont déclaré abusives ces sortes de conversions.

Duperray ꝑ
ibid.

Simon ; des Droits hono-
riques , etc.
14 . pag. 183
184.

84. Passons présentement à la deuxième partie de la cinquième question, qui mérite une discussion particulière, 85 parce que certains Auteurs se sont figurés sans fonde-ment que le Concile de Clermont tenu en 1095 avoit défendu l'union des Cures aux Monastères, d'où ils ont conclu , que ceux qui ont obtenu des unions dans des temps de prohibition , n'ont pu se réserver une partie des droits Curiaux ; qui ne leur ont jamais appartenu. C'est pourquoi , ajoutent-ils , il seroit besoin à la rigueur qu'on rapportât quelques preuves de possession avant le Concile ; mais on se contente d'une jouissance ancienne , qui fait présumer qu'il y a eu des titres antérieurs au Concile de Clermont : de même qu'en matière des dix-mes inféodées , la possession fait présumer qu'il y en a des titres auparavant le Concile de Latran : 86 mais si cela étoit vrai, il n'y a presque point de Curé primitif qui peut en établir la qualité juridiquement ; parce que la Déclaration de 1731 exige la représentation du titre spécial, ou la possession de cent ans justifiée par actes ; & non interrompue , ce qui est presque impossible : en-sorte qu'en rapportant le titre d'union, qui est la voie la plus facile , on s'exposeroit à une perte visible , parce qu'il suffiroit qu'elle fut postérieure au Concile de Cler-mont, pour être nulle & abusive.

87. Pour faire connoître la vérité sur cette matière , nous observerons , 1°. que M. Simon a confondu la redevance appellée *redemptio altarium*, qui étoit payée à l'Evêque à chaque mutation de Vicaire , laquelle a été défendue comme Simoniaque par le Concile de Clermont , avec la redevance annuelle qui fut conservée par le même Concile aux Evêques qui en étoient en pos-

338 **TRAITÉ**

seffion, & qui eft exempte de Simonie, comme l'a fort bien prouvé le P. Thomaffin, ainfi que nous l'avons remarqué au chap. 2, n. 22, 23, 25, 26.

Tom. 10. Concilior. col. 507.

88. 2°. Que le Concile de Clermont ne déclara pas les Monaftères incapables de poffèder des Eglifes Paroiffiales, comme le Concile de Latran avoit déclaré les Laïques incapables de poffèder des dixmes, 89 il leur défendit de faire les fonctions Curiales, & il ordonna feulement que les Autels donnés par des Laïques aux Congrégations des Chanoines ou des Moines, reviendroient à l'Evêque après la mort de ceux qui en étoient pourvus, à moins que l'Evêque n'en eut confirmé la con-

Can. 6, Concilii Picta-venfis, tom. 10. Concilior. col. 368.

ceffion ou donation, 90 ce qui fut fait en exécution du Concile de Poitiers tenu en 1078, qui défendit aux Abbés, aux Moines & aux Chanoines d'acheter ou d'acquérir de quelqu'autre manière que ce fut, les Eglifes qu'ils n'avoient jamais eues, fans le confentement de l'Evêque, *ut Abbates, Monachi, Canonici, Ecclefias, quas numquam habuerunt, non emant, nec alio modo fibi vindicent, nifi confentiente Epifcopo in cujus fuerint Diœcefi, in illis verò quas hactenùs abfque calumnià habuerunt, reditus Beneficiaque obtineant, Presbyter tamen de cura animarum, & de*

Can. 9, tom. 10. Concil. col. 725.

Chriftianitatis minifterio Epifcopo refpondeat, 91 & par un autre Concile tenu en la même Ville de Poitiers en l'année 1109, il leur fut abfolument défendu d'acheter à prix d'argent les Autels & les dixmes, non-feulement des Laïques, mais encore de toute autre perfonne, à peine d'excommunication. *Ut neque Clerici vel Monachi per pecuniam altaria, vel decimas, à Laïcis, vel quibuflibet perfonis fibi acquirant, fimiliter fub excommunicatione interdicimus.*

Thomaffin, part. 1, liv. 4, ch. 15, n. 5.

92. 3°. Que dans les premiers fiècles de l'Eglife, les Evêques faifoient la diftribution des revenus Eccléfiaftiques avec une autorité fouveraine, fans être liés par aucune

loi, que celle de la justice & de la charité. Qu'ils conser- Thomaffin, part. 2, liv. 4, ch. 13, n.
verent la même puissance & la même autorité, tandis
que les biens étoient possédés en Communauté. Que dans 2 & feq.
la suite, quoique les fonds & les revenus de l'Eglise Thomaffin, part. 3, liv.
fussent déjà partagés entre plusieurs Corps ou Colléges, 4, ch. 10, n. 1.
qu entre plusieurs Bénéficiers particuliers, l'Evêque ne
laissoit pas de conserver beaucoup de marques d'autorité,
qui étoient comme les restes de son ancienne Sur-Intendance sur tous les biens de l'Eglise. Qu'enfin on trouve
dans le Décret de Gratien plusieurs Canons qui ont
conservé à l'Evêque le droit de disposer des Eglifes, des Can. Decre-
dixmes, des prémices & des oblations; *decretum est, ut* tum 3, caufa 10, quæf. 1.
omnes Ecclefiæ cum dotibus fuis, & decimis, & omnibus
fuis juribus, in Epifcopi poteftate confiftant, atque ad ordi-
nationem fuam femper pertineant, & après que Gratien a
rapporté plusieurs Canons & Conftitutions des Papes, il
conclut en ces termes: *premiffis autoritatibus Ecclefiæ* Gratien 16, quæf. 1, in
cum omnibus rebus fuis, ad Epifcopi ordinationem perti- fine.
nere monftratur. On peut encore ajouter les autres autorités rapportées par le P. Thomaffin, & le Canon *omnes* Thomaffin,
Bafilicæ, qui eft du Concile d'Orléans, lequel attribue part. 4, liv. 4, ch. 20. Can.
pareillement à l'Evêque la difpofition de toutes les Egli- omnes Bafili-
fes qui font dans son Diocèse, & le Pape Céleftin III tæ 7, caufa 16, q. 7.
a déclaré nommément que le droit d'unir appartient à Cap. ficut.
l'Evêque dans son Diocèse exclufivement au Métropo- unire 8, extra de exceff.
litain. præl. Tho-

93. Nous avons cru néceffaire d'entrer dans ce grand maffin, part. 4, liv. 2, ch. 46.
détail pour mieux appuyer la conclufion que nous de-
vons en tirer, qui eft que l'Evêque ayant toujours été
le légitime & le fouverain difpenfateur des Eglifes de
son Diocèse, des dixmes & autres revenus, il n'eft point
vrai que les conceffions ou unions des Eglifes Paroiffiales,
faites en faveur des Monaftères & des autres Eglifes, soient
contraires à la difpofition du Concile de Clermont, 94

non plus que les érections des Cures en Bénéfices simples; & qu'au contraire ce même Concile, tout comme celui de Poitiers tenu en 1078, supposent comme certaine cette autorité ou puissance de l'Evêque, puisqu'en permettant aux Monastères & autres Eglises d'acquérir des Laïques, les Eglises & les dixmes avec le consentement de l'Evêque, ils regardent ce consentement comme un moyen suffisant pour rendre légitimes ces fortes d'acquisitions, 95 & ce même pouvoir a été renouvellé aux Evêques dans les derniers temps par le Concile de Paris, tenu sous Clement VI en l'année 1346, en leur ordonnant d'unir les Prieurés & les Eglises Paroissiales dont les revenus n'étoient pas suffisans; ou à mieux parler, ce Concile prouve que les Evêques étoient en possession de ce droit.

Concil. Parisiense. can. 8°, tom. 11. concilior. part. 2, col. 1913.

96. De-là nous tirons cette conséquence, que les concessions, les unions des Eglises Paroissiales faites par les Evêques Diocésains en faveur des Monastères & des autres Eglises, & les érections des Cures en Bénéfices simples, sont légitimes & Canoniques; quoiqu'on n'y ait point observé des formalités, jusqu'à ce que l'Eglise a fait des règlemens pour les défendre, ou pour en prescrire les formalités: ainsi on ne peut pas attaquer par appel comme d'abus celles qui précèdent ces règlemens, à moins qu'elles n'eussent été faites depuis les Décrétales, qui requièrent le consentement du Chapitre, & qu'il fut question des Eglises appartenant en propre à l'Evêque, ou à sa Cathédrale, auquel cas le défaut de consentement du Chapitre, pourroit être une nullité suffisante.

Cap. 8 & cap. 5, extr. de his quæ fiunt à Prælato sine consensu capituli Clement II. de reb. Ecclef. non alienand.

97. Après ces éclaircissemens, toute la difficulté consiste à connoître ces règlemens, & le temps auquel ils ont été faits. Le plus ancien, du moins de ceux que nous connoissons est le chap. *exposuisti* 33, *extr. de præb. & dignit.* qui est du Pape Honoré III, lequel tint le Siége

Apoſtolique depuis l'an 1216, juſqu'au 18 Mars 1227, qui exige une néceſſité ou utilité évidente , afin que l'union puiſſe être faite. Enſuite viennent la Clémentine 1 , *de rebus Ecclef. non alien.* La Clémentine *ne in agro* §. *ad hæc de ſtatu Monachor.* qui parle de l'union de deux Prieurés, pour laquelle le conſentement de l'Abbé eſt requis ; 98 & le Concile de Conſtance commencé en 1414. Ce Concile porte à la feſſion 43 tenue le 11 Mars 1418 , *unio-* Seſſ. 43. tom. 12. *Concil.* col. 234.
nes & incorporationes à tempore obitûs Gregorii XI , faſtas feú conceſſas, cum certa regula dari non poſſit , ad quærelas eorum, quorum intereſt , niſi fuerint impetrantes Beneficia ſic unita , ſi non ex rationabilibus cauſis , & verſis faſtæ fuerint, licet Apoſtolicæ ſedis autoritas intervenerit, revocabimus Juſtitiâ mediante. L'époque des unions qui peuvent être attaquées, eſt donc fixée au temps du décès du Pape Grégoire XI, arrivé le 27 Mars 1378 : ce n'eſt même ſelon ce Concile que par le défaut de cauſe ; car il ne marque point d'autre nullité , & par conſéquent toutes celles qui avoient été faites auparavant, ont été tacitement confirmées.

99. Le Concile de Trente veut que les unions perpé- Concil. Trid. tuelles faites depuis 40 ans ſoient examinées par les Ordi- ſeſſ. 7 , de re- naires, & ſi elles ſont trouvées obrepticés ou ſubreptices ; form. cap. 6. elles ſoient déclarées nulles. Il veut encore que celles qui avoient été faites depuis les 40 années & qui n'avoient pas été entièrement exécutées, & celles qui ſe feroient à l'avenir, ſeroient préſumées ſubreptices , ſi elles n'avoient été faites pour une juſte cauſe prouvée devant l'Ordinaire des lieux , les intéreſſés appellés, & déclarées nulles, à moins qu'elles n'euſſent été confirmées par le S. Siége Apoſtolique, *uniones perpetuæ à quadraginta annis citrâ faſtæ ; examinari ab Ordinariis ; tamquàm à ſedis Apoſtolicæ delegatis poſſint : & quæ per ſubreptionem, vel obreptionem obtenta fuerint, irritæ declarentur. Illæ verò quæ à diſto*

tempore citrà conceſſæ, nondùm in toto vel in parte fortitæ ſunt effeſtum, & quæ deinceps ad cujuſvis inſtantiam fient, niſi eas ex legitimis aut aliàs rationabilibus cauſis coram loci ordinario, vocatis quorum intereſt verificandis, faſtas fuiſſe conſtiterit per ſubreptionem obtentæ præſumantur : ac prop-tereà, niſi aliter à ſede Apoſtolica declaratum fuerit viribus omninò careant, le même Concile défend encore l'union des Egliſes Paroiſſiales, quoiqu'il permette l'union des au-tres Bénéfices.

Concil. Trid. ſeſſ. 24, cap. 13, de reform.

100. Il y a pluſieurs réflexions à faire touchant les Dé-crets des Conciles de Conſtance & de Trente. La pre-mière, qu'on obſerve en France le Concile de Conſtance, & non celui de Trente, pour la fixation de l'époque, afin qu'on ſoit recevable à attaquer les unions mal-faites. 101 La deuxième, qu'il y a des Arrêts du Parlement de Toulouſe qui ont jugé différemment la queſtion ; certains ſe ſont bornés aux unions faites après le Concile de Conſtance, on en trouve un du 16 Janvier 1620 qui eſt rapporté par M. d'Hauteſerre, dans ſon traité *de Juriſdiſtione Eccleſiaſtica*, & nous en avons vu rendre un ſemblable en l'année 1713.

Hauteſerre, de jur. ecclef. lib. 2, cap. 16.

Il y en a d'autres qui ont caſſé des unions, quoiqu'elles euſſent été faites avant le Concile de Conſtance ; 102 mais on peut concilier ces Arrêts, en obſervant les dates des unions ; car celles qui précèdent le Concile de Conſtance, peuvent être attaquées ſi elles ont été faites depuis le dé-cès de Grégoire XI, arrivé le 17 Mars 1378. 103 La troi-ſième, qu'en France les Ordinaires n'examinent pas les unions, ni comme délégués du S. Siége, ni même par le pouvoir que leur dignité leur donne ; mais l'uſage eſt de ſe pourvoir par appel comme d'abus, 104 La quatriè-me, que la déclaration ou la confirmation du Pape d'une union mal-faite, depuis l'époque fixée par le Concile de Conſtance, ne la rendroit pas valide, parce que ſelon Rebuffe, quand les formalités n'ont pas été obſervées,

Rebuffe, in reg. de unio-nibus, Gloſſ. ult.

la confirmation de l'union n'en couvre pas les nullités.

105. Du reste, nous ne marquerons pas en détail les formalités qui font nécessaires pour la validité de l'union ; cette difcuffion n'eft pas de notre matière, il nous fuffit de renvoyer à M. Févret, dans fon traité de l'abus, & à M. de Héricourt dans fes Loix Eccléfiaftiques, à Rebuffe & aux autres Auteurs qui en ont parlé.

106. Nous obferverons néanmoins qu'il femble probable que le Concile de Conftance n'ayant exigé d'autre formalité effentielle que l'expreffion & la preuve de la caufe légitime, c'eft-à-dire, les informations pour conftater la vérité de la caufe raifonnable, il faudroit fe borner aux feules nullités produites par le défaut de néceffité ou utilité, fuivant le chap. 33, *extr. de Præbend.*, & du défaut de preuve de la caufe légitime. A l'égard des unions des Cures, faites par les Evêques Diocéfains, depuis le décès de Grégoire XI, jufques au temps du Concile de Trente, qui a réglé plus particulièrement les formalités néceffaires aux unions, & que c'eft feulement depuis le temps marqué dans ce Concile, qu'on devroit exiger les formalités que nos Auteurs enfeignent être néceffaires pour la validité des unions. Nous obfervons ceci, parce que la plupart des Auteurs qui n'examinent pas les chofes dans leur fource, confondent les unions faites avant le Concile de Trente, avec celles qui ont été faites depuis ce Concile, & exigent dans les unes & dans les autres les mêmes formalités ; quoiqu'il n'y ait point de Loi Eccléfiaftique, ni Civile qui ait réglé les formalités des unions avant le Concile de Trente, fi ce n'eft la Décrétale d'Honoré III, dont nous venons de parler, & le Concile de Conftance, qui ne requiert que la néceffité ou utilité évidente, & l'expreffion & la preuve d'une caufe légitime.

107. Enfin nous ajouterons qu'on trouve dans une Lettre du Pape Innocent III, qui eft la 155 du livre 3, regift.

15, de celles qui ont été données au Public par M. Bouf-
quet, la forme pratiquée anciennement dans les unions
faites d'autorité du S, Siége Apoſtolique. Le Pape donne
un reſcrit, portant délégation de certains Commiſſaires
ſur les lieux, pour informer de la vérité des cauſes exprimées dans la ſupplique, *nos* dit le reſcrit du Pape Innocent III, *nos id tuæ diſcretionis prudentiæ committentes, per
Apoſtolicum tibi ſcriptum mandamus, quatenùs inquiſita ſuper iis omnibus diligentiùs veritate, quod utilitati Eccleſiæ
utriuſque ſecundùm Deum noveris expedire, noſtra fretus
autoritate, appellatione remota ſtatuas, & facias quod ſta-
tueris per cenſuram Eccleſiaſticam firmiter obſervari.* Ce qui
prouve que pour la validité des unions, on n'exigeoit que
l'utilité & la preuve des cauſes légitimes : voilà pour ce
qui concerne les unions.

108. A l'égard de la converſion des cures en Bénéfices
ſimples, comme le concile de Trente eſt le premier règlement qui l'ait défendu, & qu'auparavant les Evêques
avoient la libre diſpoſition des Egliſes Paroiſſiales & de
leurs revenus, comme nous l'avons prouvé ci-deſſus, il
y a lieu de croire qu'on ne peut attaquer que les érections des cures en Bénéfices ſimples faites depuis ce concile, & non pas celles qui avoient été faites auparavant :
car il n'y a pas lieu d'y appliquer le concile de Conſtance,
qui ne parle que des unions.

Journal du
Palais, tom. 2,
p. 869. 109. Toutefois on trouve dans le Journal du Palais,
un Arrêt du Grand Conſeil du 11 Août 1694 qui a déclaré n'y avoir point d'abus en l'érection d'une cure en
Prieuré ſimple qui fut uni par M. l'Evêque de Saintes en
l'Année 1616 au Collége des P.P. Jéſuites de la même
ville, quoiqu'il n'y eut point d'information *de commodo
& incommodo*, & qu'on relevât pluſieurs autres moyens ;
mais la faveur des colléges, & les circonſtances particulières, l'emporterent ſur la rigueur du Droit.

CHAPITRE XXIV.

1. *Quels font les Juges compétens pour connoître des conteftations entre les Curés primitifs & les Curés Vicaires perpétuels.*

2. *De plufieurs nouvelles difficultés , décidées par la Déclaration du Roi du 15 Janvier 1731 , & des chefs auxquels elle a dérogé à la Déclaration de 1726.*

SOMMAIRES.

1. *Diftinction des différentes conteftations entre les Curés primitifs , & les Vicaires perpétuels,*

2. *Les conteftations fur le fpirituel , doivent être portées devant l'Evêque.*

3. *Suite des conteftations dont l'Evêque doit connoître.*

4. *L'Evêque ne peut en connoître qu'en exerçant la Juridiction volontaire.*

5. *Exécution des Ordonnances des Evêques nonobftant l'appel fimple , ou comme d'abus,*

6. *Quelles font les conteftations dont les Juges Laïques connoiffent.*

7. *Teneur de l'art. 12 de la Déclaration de 1731.*

8. *Attribution aux Baillifs & Sénéchaux.*

9. *Appel aux Parlemens.*

10. *Nonobftant toutes évocations.*

11. *Dérogation aux Déclarations , & autres privilèges.*

12. *Dérogation à la Déclaration du 1 Août 1687.*

13. *Première obfervation.*

14. *Deuxième obfervation.*

15. *Troifième obfervation. Les Sentences & Jugemens des*

1. **L** E s conteſtations qui peuvent s'élever entre les Curés primitifs & les Curés Vicaires perpétuels, font de deux ſortes ; car où elles regardent purement le ſpirituel, comme les Offices ou Cérémonies Eccléſiaſtiques, le temps, le lieu, & la manière de les célébrer, ou bien elles regardent les titres & la qualité des Curés primitifs, les droits qui en peuvent dépendre, ou les diſtinctions & prérogatives de certaines Egliſes, les portions congrues, & autres demandes entre les Curés primitifs, les Vicaires perpétuels, & les gros Décimateurs.

Déclaration du 15 Janvier 1731, art. 7, 9 & 12.

2. La première eſpèce des conteſtations dont nous venons de parler roulant ſur le ſpirituel, elles doivent être portées devant l'Evêque, c'eſt ce qui eſt décidé par l'art. 9 de la Déclaration du 15 Janvier 1731, en ces termes : *les difficultés nées ou à naître ſur les heures auxquelles la Meſſe Paroiſſiale, ou d'autres parties de l'Office divin, doivent être célébrées à l'Autel, & lieux deſtinés à l'uſage de la Paroiſſe, ſeront réglées par l'Evêque Diocéſain, auquel ſeul appartiendra auſſi de preſcrire les jours & heures auxquels le S. Sacrement ſera ou pourra être expoſé, même celui des Religieux ou Chanoines réguliers de la même Egliſe, nonobſtant tous Priviléges & exemptions, même ſous prétexte de Juridiction quaſi-Epiſcopale prétendue par leſdites Abbayes, Prieurés & autres Bénéfices, leſdites exemptions & Juridictions ne devant avoir lieu en pareille matière.*

3. On doit également porter devant l'Evêque les conteſtations au ſujet des aſſemblées qui ſe font ſuivant les coutumes par le Clergé & le Peuple, dans les Egliſes des Abbayes, Prieurés ou autres Bénéfices, pour le *Te Deum*, ou pour les Proceſſions du S. Sacrement, de la Fête de l'Aſſomption ou de celle du Patron, & autres Proceſſions Générales qui ſe font ſuivant le rit du Dio-

Art. 6 & 7 de la Déclaration de 1731. V. Perard Caſtel, des matières Bénéficiales de la Juridiction Eccléſiaſtique, diviſion 5, ſect. 1 n. 74 & 75.

Art. 7, V.
Perard Castel,
ibid.
cèfe, ou les Ordonnances des Evêques, comme auffi celles qui naiffent au fujet de l'affiftance des Paroiffes, le
jour de la Fête du Patron, ou autres Fêtes folemneltes,
à l'Office divin dans les Eglifes des Abbayes, Prieurés
ou autres Bénéfices, pourvu toutefois qu'il ne s'agiffe que
des Offices ou Cérémonies Eccléfiaftiques.

4. Il eft remarquable qu'aux termes & felon l'efprit de
la Déclaration de 1731, l'Evêque doit connoître de ces
conteftations en exerçant par lui-même, ou par les Vicaires Généraux, la Juridiction volontaire. On ne peut
pas les porter devant les Officiaux qui exercent la Juri-

Art. 7 & 9 de
ladite Décla-
ration.
diction contentieufe, 5 & les Ordonnances des Archevêques ou Evêques doivent être exécutées par provifion
pendant l'appel fimple, ou comme d'abus, & fans y préjudicier.

6. A l'égard de toutes les autres conteftations, entre
les Curés primitifs, les Vicaires perpétuels & les gros
Décimateurs, elles doivent être portées devant les Juges
Laïques, 7 aux termes de l'art. 12 de la Déclaration
du 15 Janvier 1731, qui dit: *les conteftations qui concernent la qualité des Curés primitifs, & les droits qui en
peuvent dépendre, ou les diftinctions & prérogatives prétendues par certaines Eglifes principales, comme auffi celles
qui pourront naître au fujet des portions congrues, & en général toutes les demandes qui feront formées entre les Curés
primitifs, les Vicaires perpétuels, & les gros Décimateurs,
fur les droits par eux refpectivement prétendus, 8 feront por-
tés en première inftance devant nos Baillifs & Sénéchaux, &
autres Juges des cas Royaux, reffortiffant nuement en nos
Cours de Parlement, dans le Territoire defquels les cures
fe trouveront fituées, fans que l'appel des Sentences & Jugemens par eux rendus en cette matière, 9 puiffe être relevé
ailleurs qu'en nofdites Cours de Parlement chacune dans
fon reffort; 10 & ce nonobftant toutes évocations qui au-*

roient été accordées par le passé , ou qui pourroient l'être
par la suite , à tous Ordres , Congrégations , Corps , Com-
munautés ou Particuliers , Lettres-Patentes 11 ou Décla-
rations à ce contraires , auxquels nous avons dérogé & dé-
rogeons par ces présentes ; 12 notamment à celle du 1ᵉ
Août 1687 , portant que les appellations des Sentences ren-
dues par les Baillifs & Sénéchaux , au sujet des contestations
formées sur le payement des portions congrues , seront re-
levées en notre Grand Conseil lorsque les Ordres Religieux ,
les Communautés ou les Particuliers qui ont leurs évoca-
tions en ce Tribunal , se trouveront parties dans lesdites con-
testations.

13. Sur quoi il y a deux ou trois observations à faire.
La première , que généralement toutes les contestations
sur cette matière , doivent être portées en première instance devant les Baillifs & Sénéchaux , & par appel aux
Parlemens ; à moins qu'il ne fut question des Offices ou
Cérémonies Ecclésiastiques , dont la connoissance est attribuée aux Evêques : c'est aussi l'esprit de l'art. 7 de
la même Déclaration.

14. La deuxième , qu'il n'y a pas lieu d'excepter les
Eglises cathédrales ou collégiales , de la disposition de ces
articles , 7 & 12 , car l'art. 14 déclare seulement , que
ces Eglises ne sont comprises dans les dispositions de la
Déclaration de 1731 , que pour ce qui concerne les prééminences , honneurs & distinctions , dont elles sont en
possession.

15. La troisième , que les Sentences & Jugemens qui   Art. 13.
seront rendus par les Baillifs , Sénéchaux , & autres Juges des cas Royaux sur les contestations dont nous venons de parler , soit en faveur des Curés primitifs , soit
au profit des Curés Vicaires perpétuels , doivent être
exécutés par provision nonobstant l'appel & sans y préjudicier.

16. Comme nous avons fuivi les décifions marquées dans la Déclaration du Roi du 5 Octobre 1726 , en difcutant les queftions propofées dans les précédens chapitres , 17 & que la Déclaration du 15 Janvier 1731, y a dérogé en plufieurs points ; nous remarquerons ici fommairement en quoi confiftent ces dérogations , & nous y ajouterons les nouvelles difpofitions qui fe trouvent dans la Déclaration de 1731.

18. Premièrement , l'art. 14 de la Déclaration de 1731 veut que les difpofitions y contenues foient obfervées , tant pour ce qui regarde les Curés Vicaires perpétuels des villes , que pour ceux de la campagne , & qu'elles foient pareillement exécutées à l'égard de tous Ordres , Congrégations , Corps & Communautés , Séculières & Régulières , même à l'égard de l'Ordre de Malthe , & de celui de Fontevraut , & tous autres , & pour toutes les Abbayes , Prieurés & autres Bénéfices qui en dépendent, 19 ce qui comprend fans difficulté les chapitres des Eglifes cathédrales & collégiales.

Il eft vrai que , comme nous l'avons obfervé ci-deffus n. 14, ces chapitres n'y font pas compris , & en font exceptés, en ce qui concerne les prééminences , honneurs & diftinctions, dont ils font en poffeffion , même celle de prêcher avec la permiffion de l'Evêque certains jours de l'année , defquelles prérogatives ils pourront continuer de jouir , ainfi qu'ils ont bien & duement fait par le paffé.

20. D'où nous pouvons tirer une conféquence certaine ; favoir que les chapitres des Eglifes cathédrales ou collégiales qui font Curés primitifs , ne doivent être diftingués des autres Curés primitifs , que pour ce qui concerne les prééminences , honneurs , diftinctions & la faculté de prêcher certains jours de l'année , avec la permiffion de l'Evêque, dont ils font en poffeffion , & que

pour tout le refte ils ne font pas de meilleure condition que les autres Curés primitifs, 21 même pour ce qui concerne la préfomption de droit, pour le titre des Curés primitifs des Paroiffes deffervies dans leurs Eglifes cathédrales, plus anciennes que la diftinction des Paroiffes dont nous avons parlé au chap. 4; mais elles doivent rapporter un titre Canonique de la qualité marquée dans l'art. 2, 22 & encore à l'égard de la qualité de Curé Vicaire perpétuel que les Pafteurs ont droit de prendre, même en contractant & en plaidant avec les chapitres, & généralement dans tous les autres cas non exceptés; 23 enforte que ce que nous avons dit à l'égard des Curés primitifs, autres que les chapitres, doit avoir lieu à l'égard des chapitres des Eglifes cathédrales ou collégiales, quand il ne fera pas queftion des cas exceptés, au lieu que ces Eglifes avoient été exceptées de toutes les difpofitions contenues dans la Déclaration de 1726, à la réferve de celles qui font exprimées dans l'art. 6 concernant les portions congrues.

Art. 2 de la Déclaration de 1731.

Art. 1 de la Déclaration de 1731.

Art. 7 de la Déclaration de 1726.

24. En fecond lieu, nous avons expliqué ci-deffus au chap. 11, quels font les actes requis pour prouver le titre & le droit de Curé primitif, relativement à l'art. 4 de la Déclaration de 1726, qui n'admet qu'un certain genre d'actes, & rejete les Tranfactions, Sentences & Arrêts, fi ce n'eft que par leur authenticité, & l'exécution qui s'en feroit enfuivie, ils euffent acquis le degré d'autorité néceffaire pour les mettre hors d'atteinte, & nous avons encore obfervé que cette forme rigoureufe de prouver le titre de Curé primitif, ne regardoit pas les Eglifes cathédrales ou collégiales.

Art. 4 de la Déclaration de 1726.

25. Mais par l'art. 2 de la Déclaration de 1731, le titre de Curé primitif peut être prouvé par des titres Canoniques, ou Tranfactions valablement autorifées, Arrêts contradictoires, ou par une poffeffion centenaire juftifiée

Art. 2 de la Déclaration de 1731.

par actes, fans que Sa Majefté entende exclure les moyens
& voies de droit qui pourroient avoir lieu contre les actes
& Arrêts, lefquels feront cependant exécutés jufqu'à ce
qu'il en ait été autrement ordonné, définitivement ou par
provifion.

26. Il eft vrai que comme cet art. 2 eft conçu en termes négatifs, & qu'il contient une difpofition générale,
qui n'excepte pas même les chapitres des Eglifes cathédrales ou collégiales, elles doivent, comme nous l'avons
remarqué plus haut dans ce chapitre, établir leur droit fur
des actes de la qualité exprimée, fans pouvoir s'aider de
la préfomption de droit, & fi elles ne fe fondent que fur
la poffeffion, elle doit être centenaire, & juftifiée par
actes fans pouvoir la prouver par Témoins, ni que la poffeffion de 40 ans leur ferve de titre.

27. En troifième lieu, l'art. 3 de la Déclaration de
1726, en fixant les fonctions, prééminences, droits honorifiques, ou utiles des Curés primitifs, avoit dérogé
à tous ufages, abonnemens, Tranfactions, Jugemens &
autres titres contraires; mais l'art. 5 de la Déclaration
de 1731 conferve tous les titres canoniques, actes ou
Tranfactions valablement autorifées, Arrêts contradictoires ou actes de poffeffion centenaire, qui ont fixé &
réglé les droits utiles des Curés primitifs.

Art. 3 de la Déclaration de 1726.
Art. 5 de celle de 1731.

28. En quatrième lieu, Sa Majefté déclare dans l'art.
6 de la Déclaration de 1731, qu'elle n'entend point donner atteinte aux ufages des villes & autres lieux où le
Clergé & le Peuple ont accoutumé de s'affembler dans
les Eglifes des Abbayes, Prieurés ou autres Bénéfices,
pour les *Te Deum*, ou pour les Proceffions du S. Sacrement, de la Fête de l'Affomption ou de celle du Patron,
& autres Proceffions générales qui fe font fuivant le Rit
du Diocèfe, ou les Ordonnances des Evêques, lefquels
ufages feront entretenus comme par le paffé, comme

Art. 6 de la Déclaration de 1731.

auffi

auſſi n'entend rien innover ſur l'uſage où ſont pluſieurs Paroiſſes , d'aſſiſter le jour de la Fête du Patron , ou autres Fêtes ſolemnelles à l'Office divin dans les Egliſes des Abbayes , Prieurés ou autres Bénéfices , ou d'y faire le Service qu'ils ont accoutumé d'y célébrer.

Art. 7.

Art. 8.

29. En cinquième lieu , Sa Majeſté veut que dans les lieux où la Paroiſſe eſt deſſervie à un Autel particulier de l'Egliſe dont elle dépend , les Religieux ou Chanoines Réguliers des Abbayes , Prieurés ou autres Bénéfices , puiſſent continuer de chanter ſeuls l'Office canonial dans le Chœur , & de diſpoſer des Bancs ou Sépultures dans leurs Egliſes , s'ils ſont en poſſeſſion paiſible & immémoriale de ces prérogatives.

30. En ſixième lieu , les Curés primitifs ne peuvent ſous quelque prétexte que ce puiſſe être , préſider ou aſſiſter aux conférences ou aſſemblées que les Curés Vicaires perpétuels tiennent avec les Prêtres qui deſſervent leurs Paroiſſes , par rapport aux fonctions ou devoirs auxquels ils ſont obligés , ou autres matières ſemblables.

Art. 10 de la Déclaration de 1731.

31. Il leur eſt pareillement défendu de ſe trouver aux aſſemblées des Curés Vicaires perpétuels & Marguilliers , qui regardent la fabrique ou l'adminiſtration des biens de l'Egliſe Paroiſſiale , ni de s'attribuer la garde des Archives des titres de la cure ou fabrique , 32 ou le droit d'en conſerver les clefs entre leurs mains , & ce nonobſtant tous Actes , Sentences & Arrêts , ou uſages contraires.

Enfin Sa Majeſté veut au ſurplus que les Déclarations du 29 Janvier 1686 , celle du 30 Juin 1690 , & l'art. 1 de la Déclaration du 30 Juillet 1710 , ſoient exécutées ſelon leur forme & teneur , en ce qui n'eſt contraire à celle du 15 Janvier 1731 ; mais elle n'ordonne pas en même-temps l'exécution de la Déclaration de 1726 , en

Art. 15.

ce qu'elle n'est pas contraire à, sa dernière Loi.

33. Cela peut faire naître la difficulté, si toutes les dispositions de la Déclaration de 1726, ne sont pas anéanties, d'autant mieux que dans le préambule de la Déclaration de 1731, 34 il est dit que pour faire cesser les inconvéniens qui naissent des extensions & des mauvaises interprétations qu'on donnoit à la Déclaration de 1726, Sa Majesté a jugé à propos de réunir dans une seule Loi les dispositions de la Déclaration du 5 Octobre 1726, & celles des Loix précédentes, en y ajoutant tout ce qui pouvoit manquer à la perfection de ces Loix ; qu'ainsi la Déclaration de 1726 a été entièrement anéantie & abrogée.

35. Toutefois il y a lieu de décider le contraire ; c'est-à-dire, que les dispositions de la Déclaration de 1726, auxquelles il n'a pas été dérogé par la postérieure, subsistent, parce que les Loix nouvelles laissent toujours subsister les anciennes, à moins qu'elles ne renferment une abrogation expresse ou littérale.

Leg. præcipimus 31, §. 6. Cod. de appellat. Dumoulin, sur la Coutume de Paris, §. 78. Glos. 1, n. 161.

36. *Quidquid autem hâc lege specialiter non videtur expressum, id veterum legum, constitutionumque regulis, omnes relictum intelligant,* disent les Empereurs Théodose & Valentinien, ou selon les expressions de Dumoulin *præstat regula, quod vetus manet, quatenùs expresse non mutatur,* & puisque l'on ne trouve point dans la Déclaration de 1731 une abrogation expresse de la Déclaration de 1726, il faut donc que ses dispositions subsistent en ce qu'elles ne sont pas contraires à la Déclaration de 1731.

CHAPITRE DERNIER.

Où l'on indique divers exemples des concessions des Eglises, & où l'on rapporte les Ordonnances & Déclarations du Roi, qui parlent des Curés primitifs.

SOMMAIRES.

1. NOus avons fait mention dans plusieurs endroits de notre Traité, de plusieurs concessions des Eglises, faites par des Laïques ou par les Evêques en faveur des Monastères ou autres Eglises, qui sont rapportées par

Z 2

le P. Mabillon dans fon fameux Traité *de re Diplomatica* :
& comme ce Livre eft rare , & n'eft pas entre les mains de
tout le monde , nous avons cru qu'il ne feroit pas inutile
d'indiquer certaines de ces conceffions , & de remarquer
qu'on en trouve encore beaucoup d'autres dans le Livre
qui a pour titre , *Bibliotheca Cluniacenfis* , donné au public
en 1614 , par les foins de Dom Martin Marrier , Moine de
S. Martin des Champs , & d'André du Chefne ; les Chartes font indiquées à la Table qui eft mife à l'entrée du
Livre : les Curieux pourront y avoir recours , s'ils le trouvent à propos.

2. Nous trouvons dans le Traité *de re Diplomatica* du P.
Mabillon , liv. 6 , premièrement au chap. 124 , pag. 559 ,
une Charte du mois de Novembre 910 , par laquelle le Duc
Guillaume , & Imberge fon époufe , donnent divers biens ,
Ecclefiæ Celfinianæ , enfuite il eft dit , *Ecclefiam quoque in
honorem Sancti Juliani quæ eft in comitatu Talamitenfi , in
villa Gigniaco , cum omnibus ad eam pertinentibus quam de
Witardo acquifivi ; & manfum unum in villa Crifilionis quem
fimiliter de Witardo acquifivi , eidem Ecclefiæ in perpetuum dono.*

2°. Au Chapitre 126 , p. 560 , 561 , une Charte du 7
des Kalendes d'Août 917 , par laquelle Charles le fimple
donne à l'Eglife de Compiegne , entr'autres chofes *Ecclefiam
quoque in fifco noftro Compendio in honore fancti Germani dica-
tam , & in eodem fifco manfos duos , & in villa Venitta
Ecclefiam cùm duodecim manfis , &c.*

3°. Le Teftament de Pons Raymond , Comte de Touloufe de l'année 960 , où ce Comte difpofe des Eglifes
comme de fes autres biens , *ibid.* chap. 140 , pag. 572.

4°. Au Chapitre 148 , pag. 579 , une Charte de l'année
998 , par laquelle Etienne Vicomte de Gevaudan donne
*ad Monafterium conftruendum , ea tamen ratione , ut fub
honore fancti Petri fit , fancto Theofredo calmiliacenfis cænobii*

subjectum .... *hoc est Ecclesia quæ est constructa in honore & nomine Sanctorum Gervasii & Protasii Martyrum ipsa Ecclesia cum decimis, &c. . . . . hoc autem factum est cum Consilio Episcoporum Matfredi Ecclesiæ Mimatensis, & Clericorum ejus, Theotardi Episcopi Anicensis, & Petri Episcopi Vivariensis. Gregorio Papa hoc autoritate Apostolica confirmante, &c.*

5°. Au Chapitre 152, pag. 582, une donation du Roi Robert, & de Constance son épouse en l'année 1029, en faveur de l'Abbaye de Compiegne, *ea autem quæ respiciunt ad prædictum prædium sunt hæc, duæ Ecclesiæ cum quatuor molendinis quinquaginta tres habitatores, hospites cum quadraginta quatuor arpennis vinearum, & cum quadraginta & dimidio arpennis pratorum* : la même Charte dit que la Reine Constance avoit acheté ces mêmes biens *de auro & patris sui dono adsportato prædicta conjux mea emerat.*

6°. Au Chapitre 154, pag. 583, une concession faite en 1043, par Guy, Archevêque de Reims, en faveur de l'Abbé & des Moines, *Sanctæ Mariæ Mosomensis, concesserim quoddam altare in villa quæ dicitur Germercium, Abbatiæ Sanctæ Mariæ Mosomensis ob remedium animæ meæ, eo vero tenore, ut defuncta ipsius altaris persona ; alia ab Abbate quacumque voluerit præsentata, absque aliquo munere canonicè restituatur.* Cette Charte est souscrite par le Clergé de l'Eglise de Reims.

7°. Une Charte de l'année 1114, au Chapitre 173, pag. 596, par laquelle Adam Abbé de S. Denis donne à la Basilique de S. Paul, l'Eglise de S. Pierre qui étoit auprès, avec pouvoir d'y établir un Prêtre, & de le destituer ; *notum fieri volo omnium vestrum caritati ; quod ego & capitulum nostrum, scilicet ecclesia beati Dionisii communi decreto & favore, dedimus & manu nostra per clavem ecclesiæ super altare posuimus ad dotem quandoque dedicandæ : dedimus inquam Baſilicæ ſancti Pauli , eccleſiam ſancti Petri juxtà ſe poſitam , liberam & quietam. Dedimus quoque poteſtatem ponendi in ea Presbyterum & ejiciendi ſalvo honore eccleſiæ noſtræ.*

8°. Au Chapitre 203 , pag. 614 , une Charte de Jean, Evêque de Siſteron , *pro conditu Monaſterii de bacelis ,* portant Conceſſion de pluſieurs Egliſes , *cum baptiſterio antiquito , ... cum omnia & in omnibus ibidem pertinentibus, &c. .... cum Presbyterato & territoriis ſuis in poteſtate de Sacro Sancto Monaſterio , & rectores illius hoc jam Sacrato atque fundato venerabili loco regulariter & canonicè autoritate roboratum , ibidem conſtituimus cum omnibus ſibi pertinentibus , cum vineis , pratis .... quod à magnifico Karulo rege pro dei amore in eadem loco oblata ſunt , &c.*

9°. Au Chapitre 175 , pag. 597 , 598 , une Charte de l'année 1115 , par laquelle Godefroi, Evêque d'Amiens, confirme la reſtitution de certains Autels faits par un Laïque en faveur de l'Egliſe de Compiegne , il y eſt dit que le Donateur les tenoit en fief de la Comteſſe de Vermandois ; qu'ainſi il ne pouvoit pas les rendre ſans le conſentement de cette Comteſſe & de l'Evêque ; * il eſt encore énoncé

que la même Comteſſe avoit pris à fief ces Autels , de l'Evêque. *quoniam autem non niſi per viromandorum comitiſſam de cujus manu dicta altaria , tamquam per feodum tenebat , hoc efficere prævalebat , ut ipſa quoque idem concederet, multis exorando precibus , quia & illa ſoror erat Eccleſiæ , tandem obtinuit. Verumtamem quia & ſine aſſenſu ambianenſis Pontificis in cujus Parochia ſunt altaria , & à quo ea per feodum ſe quoque dicebat comitiſſa tenere res minimè procedebat, venit ad nos Elinandus* (qui étoit le Donateur) *venit & comitiſſa cum filiis ſuis ... dono & concedo ſanctæ compendienſi Eccleſiæ, altaria de metvillari atque pronaſtro , cum appendiciis eorum , & ut quietè eadem, in æternum poſſideat, per has memoriales litteras , per autoritatem ſigilli noſtri donata &*

*conceſſa confirmo . . . . Hanc tamen ambianenſi dignitatem ec-
cleſiæ reſervamus ut pro omnibus prædictis altaribus in Synodo
ambianenſi quilibet eccleſiæ fratrum ſe præſentet : cæteraque
Synodalia jura atque Epiſcopalia minimè relaxamus.*

10°. Au Chapitre 183, pag. 602, une Charte de l'année
1157, faite par Samſon, Archevêque de Reims, portant
confirmation en qualité de Métropolitain, d'une donation
faite par le Comte de Soiſſons, de deux Egliſes avec les
dixmes & autres biens, en faveur du Monaſtère de Saint
Crêpin de Soiſſons, qui avoit été autoriſé par l'Evêque
de Noyon : de manière que le Comte de Soiſſons en avoit
fait l'abandon à l'Evêque pour en faire la conceſſion au
Monaſtère de S. Crêpin de Soiſſons, & c'eſt cette conceſſion, qui eſt confirmée par le Métropolitain de Reims.
*Ea propter notum fieri volumus quod Yvo, vir nobilis Domi-
nus Nigellenſis & Comes ſueſſionenſis, eccleſiam de ſai eccleſiam quoque de ſtratis cum decimis utriuſque eccleſiæ Majori-
bus & Minoribus, terra arabili, hoſpitibus, & cum omnibus pertinentiis hoc ipſum concedentibus & laudantibus fra-
tribus ſuis Theodorico, &c. . . . ., in manus venerabilis fratris
noſtri bonæ memoriæ Symonis Epiſcopi Noviomenſis, reddidit,
idemque Epiſcopus rogatus ab eodem comite Monaſterio Sanctorum Cryſpini & Cryſpiniani ſueſſionenſis conceſſit & inveſti-
turam fecit . . . . Ut autem id ratum inconcuſſumque permaneat,
ſicut à prædicto Epiſcopo actum eſt, coramque nobis recog-
nitum, atque approbatum, autoritate Metropolitana confirmamus.*

On en trouve encore pluſieurs autres dans le même
Livre, & au tom. 1 de l'hiſtoire générale de Languedoc,
donné au public en 1730, par les RR. PP. Claude de
Vic & Joſeph Vaiſſette, Religieux Bénédictins, dans les
Diplomes ou Actes rapportés ſur la fin, mais celles que
nous venons d'indiquer nous paroiſſent ſuffiſantes pour
autoriſer les diſtinctions que nous avons faites dans le

Z 4

cours de ce traité ; nous avons pris cette précaution, afin qu'on ne puiſſe pas ſoupçonner que ce que nous avons dit ſur cette matière , & que les autres Auteurs, n'avoient pas obſervé , ne vient que de notre imagination.

Ordonnance de 1629 , art. 12.

3. Les cures qui ſont à préſent unies aux Abbayes, Prieurés , Egliſes Cathédrales ou Collégiales , ſeront dorénavant tenues à part & à titre de Vicariat perpétuel , ſans qu'à l'avenir leſdites Egliſes puiſſent prendre ſur icelles cures, autres droits qu'honoraires , tout le revenu demeurant au Titulaire, ſi mieux leſdites Egliſes , & autres Bénéfices , dont dépendent leſdites cures , n'aiment fournir auxdits Curés ladite ſomme de 300 liv. par an , dont ſera fait inſtance envers Notre Saint Pere le Pape.

Mémoires du Clergé , édition de 1716, Tom. 3 , p. 645.

4. Il paroît par l'Arrêt d'enregiſtrement de cette Ordonnance au Parlement de Touloufe , du 5 Juillet 1629 , que cet article eſt un de ceux à l'enregiſtrement deſquels le Syndic du Clergé de Languedoc forma oppoſition; & que ſans s'y arrêter , il fut ordonné qu'ils ſeroient lus , publiés & regiſtrés , pour être obſervés ſelon leur forme & teneur. Le Clergé aſſemblé en 1635 , fit ſes remontrances ſur ce même article , en ces termes : le Roi eſt très-humblement ſupplié d'expliquer ces mots *autres droits qu'honoraires* , & de les reſtreindre à trois chefs ; le premier , à ſe dire Curés primitifs ; le ſecond , à en être préſentateurs ; le troiſième , à pouvoir y dire la Meſſe les quatre Fêtes ſolemnelles de l'année , & le jour du Patron , ſans pouvoir y adminiſtrer les Sacremens , ni prêcher ſans miſſion particulière dés Evêques.

Mémoires du Clergé , ibid. p. 646 , & de l'ancienne édition, Tome I , p. 201.

5. Les Archevêques & Evêques ordonneront aux Abbayes , Prieurés , Chapitres , & autres Eccléſiaſtiques , qui jouiſſent des droits de Curés primitifs , ès Paroiſſes qui ſont deſſervies par Curés amovibles , de leur nommer dans

certains temps des Prêtres de la qualité requise , pour être par eux inftitués Vicaires perpétuels : & en défaut de ladite Nomination , & ledit temps paffé , inftitueront efdites Cures des Vicaires perpétuels , auxquels ils affigneront une portion congrue & convenable à ce qui peut être néceffaire pour leur entretien , eu égard à l'étendue de la Paroiffe & le fervice qu'il y faudra faire , dit l'art. 19 , de la Déclaration du mois de Février 1657 , qui n'a été enregiftrée en aucune Cour.

6. LOUIS., par la grace de Dieu , Roi de France & de Navarre : A tous ceux qui ces préfentes Lettres verront, SALUT. La bonté de Dieu ayant fait rentrer dans le fein de l'Eglife Catholique , Apoftolique & Romaine , plufieurs de nos fujets , qui en étoient malheureufement féparés , nous fommes encore plus obligés d'employer notre autorité pour procurer que les Curés qui ont foin de la conduite fpirituelle de nos fujets , foient dignes par leurs mœurs & par leur doctrine , de s'acquitter d'un miniftère fi faint & fi important. Et comme nous avons été informés que dans quelques-unes des Provinces de notre Royaume , dans lefquelles il y a un grand nombre de nos fujets convertis depuis peu de temps ; plufieurs Curés primitifs , & autres à qui la collation des Cures , & des Vicairies perpétuelles appartiennent , commettent des Prêtres pour deffervir pendant le temps qu'ils jugent à propos de les y employer , avec une rétribution médiocre ; nous avons eftimé néceffaire de remédier à un abus condamné tant de fois par les faints Canons , & qui empêche les Eccléfiaftiques qui feroient capables de s'acquitter utilement de ces emplois , de les pouvoir accepter. A CES CAUSES , & autres confidérations , à ce nous mouvans , après avoir fait mettre cette affaire en délibération en notre Confeil , de l'aveu d'icelui , & de notre

certaine science , pleine puissance. & autorité Royale ;
avons dit, déclaré, disons & ordonnons par ces présentes signées de. notre main ; Voulons & nous plaît, que
les cures qui sont unies à des chapitres ou autres communautés Ecclésiastiques , & celles où il y a des Curés
primitifs, soient desservies par des Curés ou des Vicaires.
perpétuels, qui seront pourvus en titre , sans que l'on y
puisse mettre à l'avenir des Prêtres amovibles , sous quelque prétexte que ce puisse être : enjoignons à ceux qui
en ont commis, de présenter aux Ordinaires des lieux ,
dans trois mois après la publication de notre présente
Déclaration, des Prêtres capables d'être pourvus en titre
& durant leur vie desdites Cures ou Vicairies perpétuelles ;
& à faute de ce faire, ordonnons qu'il y sera pourvu par
les Archevêques & Evêques , chacun dans leur Diocèse ,
de personnes qu'ils estimeront dignes par leur probité &
par leur suffisance. Si DONNONS EN MANDEMENT
à nos amés & féaux Conseillers , les Gens tenant notre
Cour de Parlement de Toulouse, que ces présentes ils
fassent lire , publier & enregistrer , & le contenu en icelles
observer, nonobstant toutes Déclarations à ce contraires ,
que nous avons révoqué & révoquons par ces présentes ,
abrogeant tous Arrêts, Règlemens, Transactions & Coutumes qui se trouveront contraires à notre présente Déclaration : CAR tel est notre plaisir ; en témoin de quoi nous
avons fait mettre notre scel à cesdites présentes. DONNÉ
à Versailles le 29 jour de Janvier , l'an de grace 1686 , &
de notre Règne le quarante-troisième. Signé , LOUIS :
Et sur le repli , Par le Roi , COLBERT. Et scellé du
grand Sceau de cire jaune.

7. LOUIS, par la grace de Dieu , Roi de France.
& de Navarre : A tous ceux qui ces présentes
Lettres verront, SALUT. Ayant pour les causes & considérations portées par notre Déclaration du mois de Jan-

vier 1686, ordonné que les Curés & Vicaires perpétuels
feroient payés par chacun an de la fomme de 300 liv. de
portion congrue, par ceux qui jouiffent des groffes dixmes,
il nous a été repréfenté par les Archevêques, Evêques &
autres Eccléfiaftiques repréfentans le Clergé de France,
affemblés par notre permiffion à Saint Germain-en-Laye,
qu'en exécution de notre Déclaration, lefdits Curés ont
prétendu pouvoir abandonner aux Gros Décimateurs les
fonds, domaines, & autres portions des dixmes qu'ils
poffédoient, & les obliger au moyen de cet abandonnement
de leur payer en argent la fomme de 300 liv. quoique lefdits fonds, domaines, & portions de dixmes, foient plus
à la bienféance & commodité defdits Curés, qui peuvent mieux les faire valoir que les Gros Décimateurs,
lefquels n'ayant aucuns autres fonds, & domaines èfdits
lieux, ils leur feront à charge fans en pouvoir tirer aucun profit. Il nous a auffi été repréfenté, que lefdits
Curés qui jouiffent de la portion congrue, fe prétendent exempts d'être impofés aux décimes, & de contribuer aux autres charges du Clergé dont ils font partie,
& qu'ils jouiffent de tous les priviléges d'icelui. Et
comme plufieurs Curés & Vicaires perpétuels nous ont
auffi fait plainte, qu'ils étoient troublés dans la perception des offrandes, oblations & autres droits cafuels,
par les Curés primitifs; ayant été informés que pour raifon de toutes lefdites prétentions, il y a plufieurs procès intentés pardevant nos Cours & Juges, & voulant y
pourvoir, pour empêcher la fuite defdits procès, qui
pourroient caufer des frais, & détourner les Curés de
l'affiduité qu'ils doivent à leurs Paroiffes, pour y continuer leurs fonctions fi néceffaires à l'édification & au falut de nos fujets, & à les confirmer dans l'exercice de
la feule & véritable Religion. A CES CAUSES, &
autres bonnes confidérations, à ce nous mouvans, de

notre certaine ſcience, pleine puiſſance & autorité Royale, nous avons dit, déclaré & ordonné ; diſons, déclarons, & ordonnons par ces préſentes ſignées de notre
main ; voulons & nous plait, que ſuivant notredite
Déclaration du mois de Janvier 1686, les Curés & Vicaires perpétuels jouiſſent de la portion congrue de 300 liv.
par chacun an, qui ſeront payées par les Gros Décimateurs, *ſi mieux ils n'aiment leur abandonner toutes les*
dixmes qu'ils perçoivent dans leſdites Paroiſſes, auquel cas
ils ſeront & demeureront déchargés deſdites portions con-
grues ; ſur laquelle ſomme de 300 liv. leſdits Curés &
Vicaires perpétuels, ſeront tenus de payer par chacun an
à l'avenir, leur part des Décimes qui ſeront impoſées ſur
les Bénéficiers de notre Royaume, à commencer ſeulement au premier département qui en ſera fait par les députés des chambres Eccléſiaſtiques, laquelle part des Décimes ſera impoſée modérément ſur leſdits Curés & Vicaires perpétuels, dont nous chargeons l'honneur & la
conſcience des députés, juſqu'à ce que par nous en
ait été autrement ordonné ; ſans que ladite part & portion puiſſe excéder la ſomme de 50 liv. pour les décimes ordinaires & extraordinaires, dons gratuits, & pour
toutes autres ſommes qui pourront à l'avenir être impoſées ſur le Clergé, ſous quelque prétexte que ce puiſſe
être, dont nous avons dès-à-préſent & pour lors déchargé, & déchargeons par ces préſentes leſdits Curés
& Vicaires perpétuels. *Voulons auſſi que pour faciliter le*
payement de 300 liv. des portions congrues, leſdits Curés
& Vicaires perpétuels ſoient tenus de garder & de continuer
la jouiſſance des fonds, domaines, & portions des dixmes ;
qu'ils poſſédoient lors de notre Déclaration du mois de Jan-
vier 1686, en déduction de ladite ſomme de 300 liv. ſui-
vant l'eſtimation qui en ſera faite à l'amiable, entre les
Gros Décimateurs & les Curés, & Vicaires perpétuels ; ſui-

vant la commune valeur, quinzaine après l'option defdits Curés ; & s'ils ne peuvent s'accommoder, l'eftimation en fera faite aux frais des Gros Décimateurs, fans répétition contre lefdits Curés & Vicaires perpétuels, par experts, dont les parties conviendront ; & à faute d'en convenir, ils feront nommés d'office par nos Juges du reffort, à qui la connoiffance eft attribuée par notredite Déclaration, & jufques à ce que l'eftimation foit faite à l'amiable, confentie par les Parties, ou ordonnée, foit en première inftance ou par appel, les Gros Décimateurs feront tenus de payer en argent les 300 liv. *Ordonnons qu'après ladite eftimation faite, en cas que les fonds, domaines, & portions des dixmes ne foient fuffifantes pour compofer le revenu defdites 300 liv. le furplus foit payé en argent par les Gros Décimateurs, de quartier en quartier, & par avance ; fauf après que l'eftimation aura été faite, la fomme à laquelle pourra par chacun an monter le revenu defdits fonds, domaines & portions des dixmes, pendant la jouiffance qu'en auront continué lefdits Curés, leur fera déduite fur le fupplément en argent, que les Gros Décimateurs auront à payer. Voulons pareillement que lefdits Curés & Vicaires perpétuels, jouiffent à l'avenir de toutes les oblations ou offrandes, tant en cire ou en argent, & autres rétributions qui compofent le cafuel de l'Eglife ; enfemble des fonds chargés d'Obits & Fondations pour le fervice divin, fans aucune diminution de leurs portions congrues ; & ce nonobftant toutes Tranfactions, abonnemens, poffeffions, Sentences & Arrêts, auxquels nous défendons à nos Cours & Juges, d'avoir aucun égard. Pourront néanmoins lefdits Curés primitifs, s'ils ont titre ou poffeffion valable, continuer de faire le fervice divin aux quatre Fêtes folemnelles, & le jour du Patron, auxquels jours feulement, lorfqu'ils feront actuellement le fervice & non autrement, ils* pourront recevoir la moitié des oblations & offrandes, tant en argent qu'en cire, & l'autre moitié demeurera audit Curé & Vicaire perpétuel. Et sera au surplus notre Déclaration du mois de Janvier 1686 ; exécutée. selon sa forme & teneur, en ce qu'il n'y est pas dérogé par ces présentes. Si DONNONS EN MANDEMENT à nos amés & féaux Conseillers, les gens tenans notre Cour de Parlement, &c. que ces présentes ils fassent lire, publier & regiſtrer, & le contenu en icelles, garder & obſerver de point en point selon leur forme & teneur : ceſſant & faiſant ceſſer tous troubles & empêchemens, :& autres choſes à ce contraires, auxquels nous avons dérogé & dérogeons par ces préſentes : CAR tel eſt notre plaiſir ; en témoin de quoi nous avons fait mettre notre ſcel à ceſdites préſentes. DONNÉ à Verſailles le 30. jour de Juin, l'an de grace 1690, & de notre règne le quarante-huitième. Signé, LOUIS : Et ſur le repli, Par le Roi, COLBERT. Et ſcellé du grand Sceau de cire jaune.

8. LOUIS, par la grace de Dieu, Roi de France & de Navarre : à tous ceux qui ces préſentes Lettres verront, SALUT. Les Archevêques, Evêques, & autres Bénéficiers, compoſans l'Aſſemblée générale du Clergé de France, tenue par notre permiſſion en notre bonne Ville de Paris, en la préſente année 1710. Nous ont fait pluſieurs remonſtrances dans le cahier qu'ils nous ont préſenté, concernant la Juridiction Eccléſiaſtique, & après les avoir fait examiner en notre Conſeil, nous avons bien voulu avoir égard à celles qui nous ont paru intéreſſer davantage, les droits & les priviléges du Clergé, & la police & diſcipline Eccléſiaſtique, dont nous ſommes les protecteurs ; nous avons de l'avis de notre Conſeil, & de notre certaine ſcience, pleine

puiffance, & autorité Royale, dit, déclaré & ordonné ; difons, déclarons & ordonnons, voulons, & nous
plaît.

ARTICLE PREMIER.

Que les Mandemens des Archevêques, Evêques ou
leurs Vicaires Généraux qui feront purement de police
extérieure Eccléfiaftique ; comme pour les fonneries générales, Stations du Jubilé, Proceffions & Prières pour
les néceffités publiques, Actions de graces & autres femblables fujets, tant pour les jours & heures, que pour
la manière de les faire, foient exécutés par toutes les
Eglifes & Communautés Eccléfiaftiques, féculières & régulières, exemptes & non exemptes, fans préjudice de
l'exemption de celles qui fe prétendent exemptes en autres
chofes.

II.

Et en interprétant en tant que de befoin notre Déclaration du 19 Janvier 1686, en ce qui concerne les 300
liv. affignées par chacun an ; aux Prêtres commis par les
Archevêques & Evêques pour deffervir les cures vacantes, ou dont les Titulaires fe trouveront interdits ; voulons que les Archevêques & Evêques, puiffent felon
l'exigence des cas, affigner aux deffervans une rétribution
plus forte que celle de 300 liv. felon la qualité & l'étendue de la Paroiffe, & à proportion des revenus du Bénéfice ; ce que nous voulons être mis à leur prudence &
religion.

III.

Voulons que les perfonnes conftituées dans les Ordres
facrés, ne puiffent être contraints par corps au payement
des dépens, dans lefquels ils fuccomberont ; faifons défenfes à toutes nos Cours & Juges, de décerner des

contraintes par corps contr'eux , pour raifon defdits
dépens.

I V.

Voulons pareillement que les Offices de Confeillers
Clercs que nous avons créés, tant dans nos Cours fupérieures que dans nos Siéges Préfidiaux , ne puiffent être
poffédés que par des perfonnes Eccléfiaftiques au moins
Soudiacres , enforte que vacation arrivant defdits Offices, il n'y puiffe être pourvu que des perfonnes de ladite qualité , fans qu'il puiffe être accordé aucune difpenfe. SI DONNONS EN MANDEMENT à nos amés
& féaux , les Gens tenans notre Cour de Parlement , &c.
que ces préfentes ils ayent à faire lire , publier & enre-
giftrer , & le contenu en icelles , garder & obferver felon leur forme & teneur , fans fouffrir qu'il y foit contre-
venu en quelque forte & manière que ce foit ; nonobftant tous Edits, Déclarations, Règlemens & ufages contraires , auxquels pour ce regard feulement nous avons
dérogé & dérogeons par ces préfentes.... En témoin
de quoi nous avons fait mettre notre fcel à cefdites préfentes. DONNÉ à Marly le 30 jour de Juillet, l'an de
grace 1710 , & de notre règne le foixante-huitème.
Signé , LOUIS. Et plus bas , Par le Roi , COLBERT.

9. LOUIS, par la grace de Dieu , Roi de France &
de Navarre : à tous ceux qui ces préfentes Lettres
verront , SALUT. Le feu Roi notre très-honoré Seigneur
& bifayeul, de glorieufe mémoire , ayant été informé
qu'il s'étoit élevé plufieurs conteftations au fujet des
droits prétendus par les Curés primitifs , lefquelles étoient
portées en différens tribunaux , & qu'à cette occafion
les Curés ou Vicaires perpétuels étoient troublés dans
les fonctions de leur miniftère , & détournés de l'affiduité

qu'ils

qu'ils doivent au service de leurs Paroisses, donna le 30 Juin 1690, une Déclaration; par laquelle il fut entre' autres choses ordonné que les Curés ou Vicaires per- pétuels jouiront à l'avenir de toutes les oblations & offrandes, tant en argent qu'en cire, & des autres ré- tributions qui composent le casuel de leurs Eglises, en- semble des fonds chargés d'Obits & Fondations pour le service divin; sans aucune diminution de leurs portions congrues; & ce nonobstant toutes Transactions, Abon- nemens & Possessions, Sentences & Arrêts, auxquels il est fait défenses aux Cours & autres Juges d'avoir égard; & que néanmoins les Curés primitifs pourront, s'ils ont titre ou possession valables, continuer de faire le service divin aux quatre Fêtes solemnelles & le jour du Patron, auxquels jours seulement, lorsqu'ils feront actuellement le service divin, & non autrement, ils pourront perce- voir la moitié des oblations & offrandes, tant en argent qu'en cire, l'autre moitié demeurant au Curé ou Vicaire perpétuel. Mais il nous a été représenté que plusieurs Communautés régulières établies dans les Abbayes, Prieurés & autres Bénéfices, s'étant arrogés le titre & les fonctions de Curés primitifs, même à l'exclusion des Abbés, Prieurs & autres Titulaires & Commendataires desdits Bénéfices, donnent à ladite Déclaration de 1690 différentes interprétations contraires à l'esprit de cette Loi, & que non-seulement elles refusent le titre de Curé aux Vicaires perpétuels, quoique ce titre leur doive appartenir, comme étant seuls chargés du soin des ames; mais encore qu'elles prétendent, sous divers prétextes, pouvoir faire le service divin dans lesdites Eglises, toutes & quantes fois qu'il leur plaira: & ce qui est encore plus extraordinaire, nous sommes informés que lesdites Communautés exercent ou réclament souvent des droits, fonctions, prérogatives, honneurs & prééminences, peu

A a

convenables à leur état, qui ne tendent qu'à les éloigner
de leur clôture, & affujettir les Curés & les Prêtres féculiers à des fervitudes, qui les dégradent au grand fcan-
dale des Fidèles, & même à ufurper des fonctions qui
ne peuvent être légitimément exercées que fous l'autorité,
& avec la miffion & l'approbation des Evêques, & que
pour couvrir ces entreprifes, elles employent des Tranfactions ou abonnemens qu'elles ont fu fe pratiquer : à
quoi défirant pourvoir, & donner de plus en plus au
Clergé féculier de notre Royaume des marques de notre
protection Royale, nous avons eftimé néceffaire d'expliquer notre intention au fujet de l'exécution de ladite Déclaration, pour tout ce qui concerne tant les droits des
Curés primitifs, que les portions congrues dues aux
Curés & Vicaires, foit perpétuels ou amovibles, afin
qu'il ne refte plus aucune matière de conteftation à cet
égard, & que le Clergé féculier ou régulier demeurant
dans les bornes qui leur feront prefcrites, ne foient plus
occupés que de concourir également au fervice de Dieu,
& à l'édification des Peuples, avec la fubordination qui
eft due au caractère & à la dignité des Archevêques,
& Evêques. A CES CAUSES, & autres à ce nous
mouvans, de notre certaine fcience, pleine puiffance,
& autorité Royale, en interprétant en tant que de befoin, la fufdite Déclaration du 30 Juin 1690, nous
avons dit & ordonné, & par ces préfentes fignées de
notre main, difons & ordonnons, voulons & nous
plaît.

ARTICLE PREMIER.

Que la Déclaration du 30 Juin 1690 portant règlement
fur ce qui concerne les Curés primitifs & les Curés ou
Vicaires perpétuels, foit exécutée felon fa forme & teneur, en tout ce à quoi il n'aura été dérogé par ces préfentes.

I I.

Que pour infpirer à nos peuples le refpect & la jufte confiance qu'ils doivent à leurs Pafteurs, les Vicaires perpétuels puiffent en tous actes, & en toutes les occafions, prendre la qualité de Curés de leurs Paroiffes, & qu'ils foient reconnus en cette qualité par tous les Fidelles confiés à leurs foins.

I I I.

Que toutes les fonctions, prééminences, droits honorifiques ou utiles, pretendus par les Curés primitifs, de quelque nature qu'ils puiffent être, foient à l'avenir & pour toujours réduits, comme nous les réduifons par ces préfentes, à la feule faculté de faire le fervice divin les quatre Fêtes folemnelles, & le jour du Patron, s'ils ont titre & poffeffion valables à cet effet, ainfi qu'il fera expliqué par l'article fuivant, fans qu'ils puiffent lefdits jours prétendre adminiftrer les Sacremens, ou prêcher fans une miffion fpéciale des Evêques, pourront cependant, lefdits jours feulement, quand ils officieront, & non autrement, percevoir la moitié des oblations & offrandes, tant en argent qu'en cire, l'autre moitié demeurant aufdits Curés Vicaires perpétuels, & ce nonobftant tous Ufages, Abonnemens, Tranfactions, Jugemens & autres titres à ce contraires, que nous déclarons à cet effet nuls & de nul effet.

I V.

Le titre & les droits des Curés primitifs ne pouvant être acquis légitimément qu'en vertu d'un titre fpécial, ceux qui prétendent y être fondés, feront tenus, en tout état de caufe, d'en repréfenter les titres, faute de quoi ils ne pourront être reçus à les prétendre au préjudice

des Curés Vicaires perpétuels, à qui la provifion demeurera pendant le cours de la conteftation, & ne feront réputés valables à cet effet autres titres que les Bulles
des Papes, décrets des Archevêques ou Evêques, Lettres-
Patentes des Rois nos Prédéceffeurs, ou actes d'une poffeffion juftifiée avant cent ans, & non interrompue; fans
avoir égard aux Tranfactions, ou autres Actes, ni aux
Sentences ou Arrêts qui pourroient avoir été rendus en
faveur des Curés primitifs, fi ce n'eft que par leur authenticité, & l'exécution qui s'en feroit enfuivie, ils euffent
acquis le degré d'autorité néceffaire pour les mettre hors
d'atteinte.

V.

Les Abbés, Prieurs & autres Bénéficiers, foit Titulaires ou Commendataires, qui auront droit de Curés
primitifs, pourront feuls, & à l'exclufion des Communautés établies dans leurs Abbayes, Prieurés, & autres
Bénéfices, prendre le titre de Curés primitifs, & en
exercer les fonctions: ce qu'ils ne pourront faire qu'en
perfonne, & ainfi qu'elles ont été réglées par l'art. 3 du
préfent règlement; fans qu'en leur abfence, ni même
pendant la vacance defdites Abbayes, Prieurés & autres
Bénéfices, lefdites fonctions puiffent être remplies par
lefdites Communautés, ni par autres que les Curés Vicaires perpétuels. Et à l'égard des Communautés qui n'ayant
point d'Abbé ni Prieur en titre ou commende, auront
droit de Curés primitifs, les Supérieurs defdites Communautés pourront feuls en faire les fonctions conformément
audit article; & feront les uns & les autres tenus, auxdits
cas de faire avertir les Curés Vicaires perpétuels la furveille de la Fête, & de fe conformer aux Rit & Chant
du Diocèfe; & dans toutes les Proceffions, Cérémonies
ou Affemblées publiques, de quelque nature qu'elles puif-

sent être, ils seront tenus suivant la Déclaration du 30
Juillet 1719, de se soumettre aux Ordres & Mandemens
des Archevêques, Evêques ou grands Vicaires du Diocèse, nonobstant tous usages, possessions ou titres à ce
contraires ; le tout sans qu'aucunes prescriptions puissent
être ci-après alléguées contre les Abbés, Prieurs & autres
Bénéficiers qui auroient négligé de faire en personne les
fonctions de Curés primitifs, par quelque laps de temps
que ce soit,

V I.

Voulons qu'en ce qui concerne les portions congrues
des Curés & Vicaires perpétuels, tant pour eux que pour
leurs Vicaires amovibles, les Déclarations des 29 Janvier
1686 & 30 Juin 1690, soient exécutées : & en conséquence ordonnons que lorsque les dixmes des Paroisses ne
seront pas suffisantes pour remplir lesdites portions congrues, ainsi qu'elles ont été réglées par lesdites Déclarations, les Curés primitifs n'en puissent être déchargés,
sous prétexte de l'abandon qu'ils auroient ci-devant fait,
ou pourroient faire ci-après desdites dixmes auxdits Curés
Vicaires perpétuels, mais soient tenus d'en fournir le
supplément sur les autres biens & revenus qu'ils possèdent dans lesdites Paroisses, & qui seront de l'ancien
patrimoine des Cures, si mieux ils n'aiment abandonner
ledit titre & les droits de Curés primitifs dans lesdites
Paroisses.

V I I.

N'entendons néanmoins déroger en aucune manière
aux droits, prééminences, & usages dans lesquels sont
les Eglises Cathédrales ou Collégiales, lesquelles demeureront à l'égard de tout le contenu en la présente Déclaration dans les usages, ou la possession où elles sont,

à l'exception néanmoins de ce qui eſt preſcrit par l'article 6 concernant les portions congrues, auquel elles feront tenues de ſe conformer. Sı DONNONS EN MANDEMENT à nos amés & féaux, les Gens tenans notre Cour de Parlement à Touloufe, que ces Préſentes ils ayent à faire lire, publier & enregiſtrer, même en temps de vacations, & le contenu en icelles garder, & obſerver ſelon leur forme & teneur : CAR tel eſt notre plaiſir. En témoin de quoi nous avons fait mettre notre ſcel à ceſdites préſentes. DONNÉ à Fontainebleau, le 5 jour d'Octobre, l'an de grace 1726, & de notre règne le 12. *Signé*, LOUIS : *Et plus bas*, par le Roi, PHELIPEAUX.

Extrait des Regiſtres de Parlement.

10. *VU la Déclaration du Roi, donnée à Fontainebleau le 5 Octobre dernier, ſignée LOUIS : Et plus bas; Par le Roi, PHELIPEAUX, ſcellée du grand Sceau de cire jaune, en faveur des Curés ou Vicaires perpétuels ; & tout autrement comme il eſt porté par ladite Déclaration, contenant ſept Articles : oui ſur ce le Procureur Général du Roi : LA COUR a ordonné & ordonne, que ladite Déclaration du Roi ſera enregiſtrée en ſes Regiſtres, pour le contenu en être gardé & obſervé ſuivant ſa forme & teneur ; & que copies d'icelle, duement collationnées, ſeront envoyées dans tous les Bailliages, Sénéchauſſées & autres judicatures Royales de ſon Reſſort, pour y être procédé à ſemblable Regiſtre, à la diligence des ſubſtituts dudit Procureur Général du Roi, qui en certifiera la Cour dans le mois prononcé à Touloufe en Parlement, le vingt-ſeptième Novembre mil ſept cens ving-ſix. Collationné ; LAVEDAN. Contrôlé, CORDURIER. Monſieur DE CAMBOLAS, Rapporteur.*

11. LOUIS, par la grace de Dieu, Roi de France & de Navarre : À tous ceux qui ces préfentes Lettres verront, SALUT. Nous avons été informés qu'à l'occafion du Règlement que nous avons fait entre les Curés primitifs & les Curés Vicaires perpétuels, par notre Déclaration du cinquième Octobre mil fept cent vingt-fix, il s'eft formé de nouvelles difficultés entr'eux fur l'exercice de leurs fonctions, foit parce qu'on a donné à cette Loi des interprétations contraires à fon véritable efprit, foit parce qu'on a cherché à l'étendre à des cas qu'elle n'a pas prévus, & qui ne peuvent être décidés que par notre autorité. C'eft pour faire ceffer ces inconvéniens que nous avons jugé à propos de réunir dans une feule Loi les difpofitions de la Déclaration du cinquième Octobre mil fept cent vingt-fix, & celle des Loix précédentes, en y ajoutant tout ce qui pouvoit manquer à la perfection de ces Loix, pour affurer également les droits légitimes des Curés primitifs & ceux des Curés Vicaires perpétuels, fans donner atteinte aux ufages & aux prérogatives de certaines Eglifes principales, qui n'ayant rien de contraire au bon ordre, méritent d'être confervés par leur ancienneté. Nous travaillerons par-là autant pour l'avantage de l'Eglife, que pour celui de nos fujets, en prévenant des conteftations toujours onéreufes aux parties intéreffées, & qui détournant les Pafteurs du foin des Ames confiées à leur Miniftère, font encore plus contraires au bien public. A CES CAUSES & autres à ce nous mouvans, de notre certaine fcience, pleine puiffance, & autorité Royale, nous avons dit, déclaré & ordonné, difons, déclarons & ordonnons, voulons, & nous plaît ce qui fuit.

ARTICLE PREMIER.

Les Vicaires perpétuels pourront prendre en tous actes & en toutes occasions le titre & qualité de Curés Vicaires perpétuels de leurs Paroisses ; en laquelle qualité ils feront reconnus, tant dans leurfdites Paroisses, que par tout ailleurs.

II.

Ne pourront prendre les titres de Curés primitifs que ceux dont les droits feront établis, foit par des titres Canoniques, Actes ou Tranfactions valablement autorifes, ou Arrêts contradictoires, foit fur des Actes de poffeffion centenaire. N'entendons exclure les moyens & voies de Droit qui pourroient avoir lieu contre lefdits Actes & Arrêts, lefquels feront cependant exécutés jufqu'à ce qu'il en ait été autrement ordonné, foit définitivement ou par provifion, par les Juges qui en doivent connoître, fuivant qu'il fera dit ci-après.

III.

Les Abbés, Prieurs ou autres pourvus, foit en Titre ou en Commende, du Bénéfice auquel la qualité de Curé primitif fera attachée, pourront feuls & à l'exclufion des Communautés établies dans leurs Abbayes, Prieurés ou autres Bénéfices, prendre ledit titre de Curés primitifs, & en exercer les fonctions, lefquelles ils ne pourront remplir qu'en perfonne ; fans qu'en leur abfence, ni même pendant la vacance defdites Abbayes, Prieurés ou autres Bénéfices, lefdites Communautés puiffent faire lefdites fonctions, qui ne pourront être exercées, dans ledit cas, que par les Curés Vicaires perpétuels. Et à l'égard des Communautés qui n'ayant point d'Abbés ni de Prieurs en Titre ou en Commende, auront les droits de Curés primitifs, soit par union de Bénéfice ou autrement, les Supérieurs desdites Communautés pourront seuls en faire les fonctions ; le tout nonobstant tous Actes, Jugemens & possessions à ce contraires, & pareillement sans qu'aucune prescription puisse être alléguée contre les Abbés, Prieurs & autres Bénéficiers, ou contre les Supérieurs des Communautés qui auroient négligé ou qui négligeroient de faire lesdites fonctions de Curés primitifs, par quelque laps de temps que ce soit.

I V.

Les Curés primitifs, s'ils ont titre ou possession valable, pourront continuer de faire le service divin les quatre Fêtes solemnelles & le jour du Patron ; à l'effet de quoi ils feront tenus de faire avertir les Curés Vicaires perpétuels la surveille de la Fête, & de se conformer au Rit & Chant du Diocèse ; sans qu'ils puissent, même auxdits jours, administrer les Sacremens, ou prêcher, sans une mission spéciale de l'Evêque. Et sera le contenu au présent Article exécuté, nonobstant tous titres, Jugemens ou usages à ce contraires.

V.

Les droits utiles desdits Curés primitifs demeureront fixés, suivant la Déclaration du trentième Juin mil six cens quatre-vingt-dix, à la moitié des oblations & offrandes, tant en cire qu'en argent, l'autre moitié demeurant au Vicaire perpétuel ; lesquels droits ils ne pourront percevoir que lorsqu'ils feront le service divin en personne aux jours ci-dessus marqués ; le tout à moins que lesdits droits n'ayent été autrement réglés en faveur des Curés primitifs ou des Curés Vicaires perpétuels par des titres Canoniques, Actes ou Transactions valablement

autorifés, Arrêts contradiêtoires ou Aêtes de poffeffion
centenaire.

V. I.

N'entendons donner atteinte aux ufages des Villes &
autres lieux où le Clergé & les peuples ont accoutumé
de s'affembler dans les Eglifes des Abbayes, Prieurés ou
autres Bénéfices pour les *Te Deum* ou pour les Proceffions du Saint-Sacrement, de la Fête de l'Affomption,
ou de celle du Patron, & autres Proceffions Générales
qui fe font fuivant le Rit du Diocèfe & les Ordonnances des Evêques; lefquels ufages feront entretenus comme
par le paffé.

V I I.

N'entendons pareillement rien innover fur l'ufage où
font plufieurs Paroiffes d'affifter, le jour de la Fête du
Patron ou autres Fêtes folemnelles, à l'Office divin dans
les Eglifes des Abbayes, Prieurés ou autres Bénéfices,
ou d'y faire le fervice qu'elles ont accoutumé d'y célébrer. Voulons qu'en cas de conteftation fur le fait de
l'ufage & de la poffeffion par rapport aux difpofitions
du préfent Article & du précédent, il y foit pourvu par
les Juges ci-après marqués, fur les titres & Aêtes de
poffeffion des Parties; le tout fans préjudice aux Archevêques & Evêques de régler les difficultés qui pourroient
naître, dans le cas defdits Articles, au fujet des Offices ou Cérémonies Eccléfiaftiques. Et feront les Ordonnances par eux rendues fur ce fujet exécutées par provifion, nonobftant l'appel fimple ou comme d'abus & fans
y préjudicier.

V I I I.

Voulons auffi que dans les lieux où la Paroiffe eft
deffervie à un Autel particulier de l'Eglife dont elle dé-

pend , les Religieux ou Chanoines réguliers de l'Abbaye , Prieuré ou autres Bénéfices , puiſſent continuer de chanter ſeuls l'Office Canonial dans le Chœur , & de diſpoſer des Bancs ou Sépultures dans leurſdites Egliſes , s'ils ſont en poſſeſſion paiſible & immémoriale de ces prérogatives.

I X.

Les difficultés nées ou à naître ſur les heures auxquelles la Meſſe Paroiſſiale ou d'autres parties de l'Office divin doivent être célébrées à l'Autel & lieux deſtinés à l'uſage de la Paroiſſe , ſeront réglées par l'Evêque Diocéſain , auquel ſeul appartiendra auſſi de preſcrire les jours & heures auxquels le Saint Sacrement ſera ou pourra être expoſé audit Autel , même à celui des Religieux ou Chanoines réguliers de la même Egliſe , & les Ordonnances par lui rendues ſur le contenu au préſent Article ſeront exécutées par proviſion , pendant l'appel ſimple ou comme d'abus , & ſans y préjudicier ; & ce nonobſtant tous privilèges & exemptions, même ſous prétexte de Juridiction *Quaſi-Epiſcopale* , prétendue par leſdites Abbayes , Prieurés & autres Bénéfices ; leſdites exemptions & Juridictions ne devant avoir lieu en pareille matière.

X.

Les Curés primitifs ne pourront , ſous quelque prétexte que ce puiſſe être , préſider ou aſſiſter aux Conférences ou Aſſemblées que les Curés Vicaires perpétuels tiennent avec les Prêtres qui deſſervent leurs Paroiſſes , par rapport aux fonctions ou devoirs auxquels ils ſont obligés , ou autres matières ſemblables. Leur défendons pareillement de ſe trouver aux Aſſemblées des Curés Vicaires perpétuels & Marguilliers , qui regardent la Fabrique ou l'adminiſtration des biens de l'Egliſe Pa-

roiffiale, ni de s'attribuer la garde des Archives des titres de la Cure ou Fabrique, ou le droit d'en conferver
les clefs entre leurs mains ; & ce nonobftant tous Actes,
Sentences & Arrêts ou ufages à ce contraires.

XI.

Les Abbayes, Prieurés ou Communautés ayant droit
de Curés primitifs, ne pourront être déchargés du payement des portions congrues des Curés Vicaires perpétuels & de leurs Vicairies, fous prétexte de l'abandon
qu'ils pourroient faire des dixmes à eux appartenantes, à
moins qu'ils n'abandonnent auffi tous les biens & revenus qu'ils pofsèdent dans lefdites Paroiffes, & qui font
de l'ancien patrimoine des Curés, enfemble le titre &
droits des Curés primitifs, le tout fans préjudice du recours que les Abbés ou Prieurs & Religieux pourront
exercer réciproquement en ce cas les uns contre les autres, felon que les biens abandonnés fe trouveront être
dans la Menfe de l'Abbé ou Prieur, ou dans celle des
Religieux.

XII.

Les conteftations qui concernent la qualité des Curés
primitifs & les droits qui en peuvent dépendre, ou les
diftinctions & prérogatives prétendues par certaines Eglifes principales, comme auffi celles qui pourront naître
au fujet des portions congrues, & en général toutes les
demandes qui feront formées entre les Curés primitifs,
les Curés Vicaires perpétuels, & les Gros Décimateurs
fur les droits par eux refpectivement prétendus, feront
portées en première inftance devant nos Baillifs & Sénéchaux & autres Juges des cas Royaux reffortiffant nuement en nos Cours de Parlement dans le Territoire defquelles les Cures fe trouveront fituées, fans que l'Ap-

pel des Sentences & Jugemens par eux rendus en cette
matière puisse être relevé ailleurs qu'en nosdites Cours
de Parlement , chacune dans son Ressort ; & ce nonob-
tant toutes évocations qui auroient été accordées par le
passé , ou qui pourroient l'être par la suite à tous Ordres , Congrégations , Corps , Communautés ou Particuliers , Lettres-Patentes ou Déclarations à ce contraires ,
auxquelles nous avons dérogé & dérogeons par ces présentes ; notamment à celle du dernier Août 1697 , portant que
les appellations des Sentences rendues par les Baillifs &
Sénéchaux au sujet des contestations formées sur le payement des portions congrues , seront relevées en notre
Grand Conseil , lorsque les Ordres Religieux , les Communautés ou les Particuliers qui ont leurs évocations en
ce Tribuual , se trouveront parties dans lesdites contestations.

X I I I.

Les Sentences & Jugemens qui feront rendus sur les
contestations mentionnées dans l'Article précédent , soit
en faveur des Curés primitifs , soit au profit des Curés
Vicaires perpétuels , seront exécutés par provision , nonob-
tant l'Appel , & sans y préjudicier.

X I V.

Voulons que notre présente Déclaration soit observée ,
tant pour ce qui regarde les Curés Vicaires perpétuels des
Villes , que pour ceux de la Campagne , & qu'elle soit pareillement exécutée à l'égard de tous Ordres , Congrégations , Corps & Communautés Séculières & Régulières ,
même à l'égard de l'Ordre de Malte , de celui de Fontevraut , & de tous autres ; & pour toutes les Abbayes ,
Prieurés & autres Bénéfices qui en dépendent , sans néanmoins que les Chapitres des Eglises Cathédrales ou Collé-

giales , foient cenfés compris dans la préfente difpofition ,
en ce qui concerne les prééminences , honneurs & diftinctions dont ils font en poffeffion , même celle de
prêcher , avec la permiffion de l'Evêque , certains jours
de l'année ; defquelles prérogatives ils pourront continuer de jouir , ainfi qu'ils ont bien & duement fait par
le paffé.

X V.

Voulons au furplus , que les Déclarations des 29 Janvier 1686 , & celle du 30 Juin 1690 , & Article premier de
la Déclaration du 30 Juillet 1710 , foient exécutées felon
leur forme & teneur , en ce qui n'eft point contraire à notre
préfente Déclaration.

Si donnons en mandement à nos amés &
féaux les Gens tenans notre Cour de Parlement de Touloufe , que ces Préfentes ils faffent lire , publier & en-
regiftrer , & le contenu en icelles garder & obferver felon
leur forme & teneur , nonobftant tous Edits , Déclarations ,
Arrêts & autres chofes à ce contraires , auxquelles nous
avons dérogé & dérogeons par ces Préfentes : Car tel eft
notre plaifir : en témoin de quoi nous avons fait mettre
notre Scel à cefdites Préfentes. Donné à Marly , le
quinzième jour de Janvier , l'an de grace mil fept cent
trente-un , & de notre règne le feizième. *Signé* , LOUIS.
Et plus bas ; par le Roi , Phelypeaux. Et fcellé du
grand Sceau de cire jaune.

_____

Extrait des Regiftres de Parlement.

V u la Déclaration du Roi , donnée à Marly le quin-
zième Janvier dernier , figné LOUIS : *Et plus bas* ;
Par le Roi , Phelypeaux , *fcellée du grand Sceau de*
cire jaune , fervant de Règlement général entre les Curés pri-

mitifs & les Curés Vicaires perpétuels ; & tout autrement comme il est porté par ladite Déclaration, contenant quinze Articles : oui fur ce le Procureur Général du Roi ; LA COUR a ordonné & ordonne que ladite Déclaration dù Roi fera enregiftrée en fes Regiftres, pour le contenu en icelle être gardé & obfervé fuivant fa forme & teneur ; & que copies d'icelle, duement collationnées, feront envoyées dans tous les Bailliages, Sénéchauffées & autres Judicatures Royales de fon Reffort, pour y être procédé à femblable Regiftre, à la diligence des Subftituts dudit Procureur Général du Roi, qui en certifieront la Cour dans le mois. Prononcé à Touloufe en Parlement, le feptième Avril mil fept cent trente-un. Collationné, LAVEDAN. Contrôlé, ROUJOUX. Monfieur DE CELÉS, Rapporteur.

L OUIS, par la grace de Dieu, Roi de France & de Navarre : à tous préfens & à venir ; SALUT. Nous avons toujours envifagé comme un de nos premiers devoirs, le foin de procurer à nos Peuples des Pafteurs qui, débarraffés des follicitudes temporelles, n'euffent à s'occuper qu'à leur donner de bons exemples & de falutaires inftructions. Pour remplir des vues fi dignes de notre amour pour nos Sujets, & de notre refpect pour la Religion, nous avons penfé que le moyen le plus convenable que nous puffions employer, étoit d'améliorer le fort des Curés & Vicaires perpétuels, dont la Portion congrue, portée par les Rois nos prédéceffeurs, à des fommes proportionnées à la valeur des denrées aux époques de ces fixations, étoit devenue infuffifante pour les mettre en état de remplir avec décence les fonctions importantes qui leur font confiées. Nous avons vu avec fatisfaction le Clergé de notre Royaume, dans les affemblées de 1760 & 1765, nous propofer, comme un des principaux objets de fes Délibérations, les moyens de fubvenir aux befoins de fes Coopérateurs du fecond ordre, & nous

fupplier de pourvoir, par une Loi générale, à l'augmentation des Portions congrues. Nous nous fommes empreffés
de mettre la dernière main à un Projet fi utile ; mais nous
nous fommes déterminés en même-temps à faire ceffer les
conteftations ruineufes & multipliées qu'excite la perception des Dixmes novales entre les Curés & les Décimateurs, en réuniffant à l'avenir cette efpèce de Dixme à
ja Dixme ordinaire ; & cette réunion nous a même paru
indifpenfablement néceffaire, pour mettre les Décimateurs
en état de fupporter les charges confidérables auxquelles
ils vont être affujettis. C'eft en conféquence de cette difpofition que nous avons porté à cinq cens livres les Portions congrues, qui, en fuivant la proportion des fixations
précédentes, ne feroient pas montées à une fomme auffi
forte ; & nous avons auffi penfé qu'en affujettiffant les
Décimateurs Laïques aux mêmes charges que les Décimateurs Eccléfiaftiques, il étoit de notre juftice de les
faire participer aux mêmes fecours, en les appellant également à la poffeffion des Novales futures. Mais nous
n'aurions pas entièrement rempli l'objet important que
nous nous fommes propofés, fi, dans une Loi générale
qui doit à jamais maintenir la tranquillité entre les Décimateurs & les Curés, & rendre ces derniers en entier
aux foins de leur Troupeau, nous n'avions porté nos
regards jufques fur les temps les plus reculés : nous avons
en conféquence déterminé la valeur de la Portion congrue
à une quantité de grains en nature, qui pût toujours
fervir de bafe aux nouvelles fixations qui feroient occafionées par les variations du prix des denrées ; & nous
avons affujetti les abandons que les Décimateurs défireront
rendre perpétuels, à une forme judiciaire qui, en écar-
tant tout foupçon de fraude, affure pour toujours l'état
& la poffeffion de ceux qui s'y feront foumis. A C E S
CAUSES, & autres à ce nous mouvans, de l'avis de

notre

notre Conseil, & de notre certaine science, pleine puissance
& autorité royale, nous avons par le présent Edit,
perpétuel & irrévocable, dit statué & ordonné, disons, statuons & ordonnons, voulons & nous plait ce
qui suit.

ARTICLE PREMIER.

La portion congrue des Curés & Vicaires perpétuels,
tant ceux qui sont établis à présent, que ceux qui pourroient l'être à l'avenir, sera fixée à perpétuité à la valeur en argent de vingt-cinq septiers de blé froment mesure
de Paris.

I I.

La Portion congrue des Vicaires, tant ceux qui sont
établis à présent, que ceux qui pourroient l'être à l'avenir
dans la forme prescrite par les Ordonnances, sera aussi fixée
à perpétuité à la valeur en argent de dix septiers de blé froment, mesure de Paris.

I I I.

La valeur en argent desdites Portions congrues sera &
demeurera fixée, quant à présent; savoir, celle desdits
Curés & Vicaires perpétuels à cinq cens livres, & celle
desdits Vicaires à deux cens livres; Nous réservant, dans
le cas où il arriveroit un changement considérable dans le
prix des grains, de fixer de nouveau, en la forme ordinaire, les sommes auxquelles lesdites Portions congrues
devront être portées, pour être toujours équivalentes aux
quantités de grains déterminées par les Articles 1 & 2, de
notre présent Edit.

I V.

Les Curés & Vicaires perpétuels jouiront, outre ladite
Portion congrue, des maisons & bâtimens composant le

Presbytere, cours & jardins en dépendans, si aucuns y
a, ensemble des oblations, honoraires, offrandes ou casuel,
en tout ou en partie, suivant l'usage des lieux; comme
aussi des fonds & rentes donnés aux Curés pour acquitter
des Obits & Fondations pour le Service divin, à la charge
par lesdits Curés & Vicaires perpétuels de faire preuve
par titres constitutifs, que les biens laissés à leurs cures
depuis 1686, & qu'ils voudront retenir, comme donnés
pour Obits & Fondations, en sont effectivement chargés : & à l'égard des biens ou rentes dont lesdits Curés
& Vicaires perpétuels étoient en possession avant 1686,
& dont ils ont continué de jouir depuis cette époque,
ils pourront les retenir, en justifiant, par des baux
ou autres actes non-suspects, qu'ils sont chargés d'Obits
& Fondations qui s'acquittent encore actuellement.

V.

Ne pourront les Décimateurs, sous aucun prétexte, même
en cas d'insuffisance du revenu des Fabriques, être chargés du payement d'autres & plus grandes sommes que
celles fixées par notre présent Edit, si ce n'est pour
la fourniture des Livres, Orneméns & Vases sacrés, ainsi
que pour les réparations des Chœurs & Cancel, à l'effet
de quoi nous avons dérogé & dérogeons, par notre présent Edit, à toutes Loix, Usages, Arrêts & Règlemens
à ce contraires.

V I.

Les Portions congrues seront payées sur toutes les
Dixmes Ecclésiastiques, grosses & menues, de quelque
espèce qu'elles soient ; & au défaut, & en cas d'insuffisance d'icelles, les Possesseurs des Dixmes inféodées seront
tenus de payer lesdites Portions congrues, ou d'en fournir
le supplément ; & après l'épuisement desdites Dixmes

Ecclésiastiques & inféodées, les Corps & Communautés féculières & régulières qui se prétendent exemptes de Dixmes, même l'Ordre de Malthe, seront tenus de fournir le supplément desdites Portions congrues ; & ce jusqu'à concurrence du montant de la Dixme que devroient supporter les héritages qui jouissent desdites exemptions, si mieux n'aiment les gros Décimateurs abandonner à la Cure lesdites Dixmes, soit Ecclésiastiques, soit inféodées, ou lesdits exempts se soumettre à payer la Dixme ; auquel cas, les uns & les autres seront déchargés à perpétuité de toutes prétentions pour raison de ladite Portion congrue.

V I I.

Voulons en outre, conformément à nos Déclarations des 5 Octobre 1726 & 15 Janvier 1731, que le Curé primitif ne puisse être déchargé de la contribution à ladite Portion congrue, fous prétexte de l'abandon qu'il auroit ci-devant fait ou pourroit faire ausdits Curés & Vicaires perpétuels des Dixmes par lui possédées, mais qu'il soit tenu d'en fournir le supplément, à moins qu'il n'abandonne tous les biens, sans exception, qui composoient l'ancien patrimoine de la Cure, ensemble le titre & les droits de Curé primitif.

V I I I.

Ne seront réputés Curés primitifs que ceux dont les droits seront établis, soit par des titres canoniques, actes ou transactions valablement autorisés, ou Arrêts contradictoires, soit par des actes de possession centenaire, conformément à l'article 11 de notre Déclaration du 15 Janvier 1731.

I X.

Les Portions congrues seront payées de quartier en

quartier , & par avance , franches & quittes de toutes
impofitions & charges que fupportent ceux qui en font
tenus , fans préjudice des Décimes que lefdits Curés &
Vicaires perpétuels continueront de payer en proportion
du revenu de leurs Bénéfices.

X.

Les Curés & Vicaires perpétuels , même ceux de l'Ordre de Malthe , auront'en tout temps la faculté d'opter la
Portion congrue réglée par notre préfent Edit , en abandonnant par eux en même-temps , tous les fonds & Dixmes , groffes , menues , vertes , de lainages , charnages ,
& autres de quelqu'efpèce qu'elles foient , & fous quelque dénomination qu'elles fe perçoivent , même les novales , ainfi que les revenus & droits dont ils feront en
poffeffion au jour de ladite option , autres que ceux à eux
réfervés par l'Article 4 de notre préfent Edit.

X I.

Les abandons faits à la Cure par les Décimateurs
exempts ou Curés primitifs , en conféquence des Articles
6 & 7 ci-deffus , feront & demeureront à perpétuité irré-
vocables ; voulons pareillement que l'option de la Portion
congrue qui fera faite en exécution de notre préfent Edit,
foit & demeure à perpétuité irrévocable , mais feulement
lorfque les formalités preferites par l'Article fuivant auront
été remplies.

X I I.

Lorfque les Curés ou Vicaires perpétuels opteront la
Portion congrue , ceux à qui ils remettront les Dixmes ou
autres fonds qu'ils doivent abandonner , feront tenus, pour
que ladite option demeure irrévocable , de faire homolo-

guer en nos Cours, fur les conclufions de nos Procureurs
Généraux en icelles, lefdits actes d'option ; lefquelles ho-
mologations feront faites fans frais : voulons que pour y
parvenir, il foit procédé à une eftimation par Experts
nommés d'office par nofdites Cours ou par les Juges des
lieux qu'elles voudront commettre, du revenu des biens
& droits qui feront abandonnés par les Curés qui feront
l'option ; les frais de laquelle eftimation feront à la charge
de ceux auxquels les biens feront réunis ; & feront lefdites
eftimations faites aux moindres frais que faire fe pourra,
lefquels ne pourront néanmoins, en aucuns cas, excéder le tiers d'une année de revenu des biens & droits
eftimés.

XIII.

Tout Curé & Vicaire perpétuel qui n'optera pas la
Portion congrue réglée par notre préfent Edit, continuera
de jouir de tout ce qu'il fe trouvera poffèder au jour de
l'enregiftrement de notre préfent Edit, de quelque nature
que foient les biens & droits dont il fe trouvera alors en
poffeffion, fans qu'il puiffe lui être oppofé par les gros Décimateurs, qu'il perçoit plus du montant de ladite Portion
congrue, à raifon des fonds qui auroient été précédemment délaiffés, ou des fupplémens, tant en fonds qu'en
argent, qui auroient été faits en exécution de notre Déclaration du 19 Janvier 1686.

XIV.

Voulons qu'à l'avenir il ne foit fait aucune diftinction
entre les Dixmes anciennes & les Dixmes novales dans
toute l'étendue de notre Royaume, même dans les Paroiffes dont les Curés n'auroient pas fait l'option de la
Portion congrue; en conféquence, les Dixmes de toutes

les terres qui feront défrichées dans la fuite, lorfqu'elles auront lieu, fuivant notre Déclaration du 13 Août 1766; comme auffi les Dixmes des terres remifes en valeur, ou converties en fruits décimables, appartiendront aux gros Décimateurs {de la Paroiffe ou du canton; foit Curés, foit autres, foit Laïques ou Eccléfiaftiques : n'entendons néanmoins que les Curés qui n'opteront pas la Portion congrue foient troublés dans la jouiffance des novales dont ils feront en poffeffion lors de la publication du préfent Édit, fans que les Curés qui en jouiront puiffent être affu-jettis à autres & plus grandes charges que celles qu'ils fup-portoient auparavant.

X V

Les honoraires des Prêtres commis par les Archevêques ou Evêques à la defferte des cures vacantes de droit & de fait, ou à celle des Cures fujettes au droit de déport, ne pourront être fixées au-deffous des trois cinquièmes du montant de la Portion congrue : pourront néanmoins les Archevêques ou Evêques affigner, aux Deffervans des cures qui ne font pas à Portions congrues, une rétri-bution plus forte, fuivant l'exigence des cas, confor-mément aux Loix précédemment données fur cet objet,

X V I,

A l'égard des Cures & Vicairies perpétuelles, dont les revenus fe trouveroient au-deffous de la fomme de cinq cens livres, même dans le cas des abandons ci-deffus, Nous exhortons les Archevêques & Evêques, & néan-moins leur enjoignons d'y pourvoir par union des Béné-fices-Cures ou non-Curés, conformément à l'Article vingt-deux de l'Ordonnance de Blois; nous réfervant au fur-plus, d'après le compte que nous nous ferons rendre du nombre defdits Curés , & du revenu de leurs Bénéfices , de prendre les mesures néceffaires ; tant pour faciliter lefdites unions, que pour procurer auxdits Curés un revenu. égal à celui des autres Curés à Portions congrues de notre. Royaume.

X V I I.

L'augmentation des Portions congrues , ordonnée par notre préfent Edit, aura lieu à compter du premier Janvier. 1769.

X V I I I.

Les Exploits ou Actes d'option & d'abandon qui feront faits & paffés en conféquence du préfent Edit , ne pourront avoir leur exécution qu'après avoir été infinués au Greffe des Infinuations Eccléfiaftiques , & fera payé deux livres pour l'infinuation defdits Exploits ou Actes ; fera auffi payé trois livres pour chaque Acte d'option ou d'abandon pour tous droits de contrôle, infinuation laïque, centième denier, amortiffement, échanges, indemnités, ou autres quelconques, fans qu'il puiffe être exigé autres & plus forts droits pour chacun defdits Actes d'option ou d'abandon, ou autres Actes qui feroient paffés en conféquence du préfent Edit.

X I X.

Les conteftations qui pourront naître au fujet de l'exécution de notre préfent Edit, feront portées , en première inftance, devant nos Baillifs & Sénéchaux, ou autres Juges des cas Royaux reffortiffant nuement à nos Cours de Parlement dans le Territoire defquels les Cures fe trouveront fituées , fans que l'appel des Sentences & Jugemens par eux rendus en cette matière puiffe être relevé ailleurs qu'en nofdites Cours de Parlement ; & ce nonobftant toutes évocations qui auroient été accordées par le paffé ; ou qui pourroient l'être par la fuite à tous Ordres, Congrégations, Corps, Communautés ou Particuliers. S1 DONNONS EN MANDEMENT à nos amés & féaux Confeillers les Gens tenant notre Cour de Parlement à Touloufe, que notre préfent Edit ils ayent à faire lire, publier & regiftrer, & le contenu en icelui garder, obferver & exécuter felon fa forme & teneur, nonobftant toutes Loix, Coutumes, Ufages, Edits, Déclarations, Lettres-Patentes, Tranfactions, Règlemens, Arrêts, & autres chofes contraires à notre préfent Edit, auxquels nous avons dérogé & dérogeons par le préfent Edit, aux copies duquel, collationnées par l'un de nos amés & féaux Confeillers-Secrétaires, voulons que foi foit ajoutée comme à l'original. CAR tel eft notre plaifir ; & afin que ce foit chofe ferme & ftable à toujours, nous y avons fait mettre notre Scel. Donné à Verfailles au mois de Mai, l'an de grace mil fept cent foixante-huit, & de notre règne le cinquante-troifième. *Signé*, LOUIS: *Et plus bas*, par le Roi, PHELYPEAUX. *Duplicata vifa*, DE MAUPEOU, pour fixation des Portions congrues, *figné*, PHELYPEAUX.

LETTRES DE JUSSION.

LOUIS, par la grace de Dieu, Roi de France & de Navarre, à nos amés & féaux Confeillers les Gens tenant notre Cour de Parlement à Touloufe, SALUT. Nous étant fait rendre compte en notre Confeil des Remontrances que vous nous avez adreffées au fujet de notre Edit, portant fixation des Portions congrues, & voulant que notredit Edit en date du mois de Mai mil fept cent foixante-huit, foit pleinement exécuté, & que l'enregiftrement n'en foit pas différé plus longtemps. A CES CAUSES, de l'avis de notre Confeil,

& de notre certaine fcience, pleine puiſſance & autorité
Royale, nous vous avons mandé & ordonné, & par
ces Préfentes, fignées de notre main, vous mandons & ordonnons de procéder fur le champ à l'enregiſtrement pur & fimple de notre Edit, fans attendre
de Nous autre plus précis commandement que ces Préfentes, qui vous ferviront de première, feconde & finale
Juſſion. Enjoignons à notre Procureur-Général de faire,
fans aucun délai, toutes pourfuites & réquifitions néceffaires, & de nous en certifier ; car tel eſt notre plaifir.
Donné à Verfailles le vingt-unieme jour du mois de
Mars, l'an de grace mil fept cent foixante neuf, &
de notre règne le cinquante-quatrième. *Signé*, LOUIS :
Et plus bas ; par le Roi, PHELYPEAUX.

Extrait des Regiſtres de Parlement.

*VU l'Edit concernant les Portions congrues, donné à
Verfailles au mois de Mai 1768, fcellé du grand
Sceau de cire verte, enfemble les Lettres-Patentes du 21
Mars dernier, portant première, feconde & finale Juſſion
pour l'enregiſtrement du fufdit Edit ; l'Ordonnance de foit-
montré du 20 Juin 1768, enfemble les Dire & Conclufions
du Procureur Général du Roi ; & attendu le très-exprès
commandement du Roi portée par lefdites Lettres :*

*LA COUR a ordonné & ordonne que ledit Edit concer-
nant les Portions congrues, & fufdites Lettres feront regiſtrés
ez Regiſtres de la Cour pour être exécutés felon leur forme
& teneur, à la charge toutefois que les gros Décimateurs,
dans le cas de l'infuffifance du produit des Fabriques, continueront de foürnir aux menues dépenfes, & que par ladite
Cour il y fera pourvu, le cas y échéant, ainfi que par le
paſſé, jufques à ce qu'il aura plu au Roi de fixer, par une*

Loi irrévocable, ce que les gros Décimateurs doivent être chargés de fournir pour l'entretien des objets relatifs à la décence du Service divin : auquel effet, & pour entrer dans les vues dudit Seigneur Roi, la Cour enjoint audit Procureur Général de se procurer dans les diverses Paroisses du Ressort desservies par des Curés Vicaires perpétuels, tous mémoires & renseignemens à ce nécessaires ; & dérogeant ladite Cour, en tant que de besoin, à sa Jurisprudence, & se conformant à l'Article quatorze du présent Edit, ordonne que les Novales dont les Curés du Ressort, soit Congruistes, soit Fruit-prenants, se trouveront en possession lors de l'enregistrement du présent Edit, leur appartiendront irrévocablement & à perpétuité. Et d'autant qu'il est justifié par les Baux à Ferme actuels des Bénéfices, notamment de ceux des Chapitres & des Bénéfices Consistoriaux, & sur-tout de ceux des Archevêchés & Evêchés, que le prix desdits Baux se porte annuellement au triple de la valeur qu'ils avoient en mil six cent quatre-vingt-six, & que l'insuffisance de la Portion congrue fixée par le présent Edit demeure démontrée par l'augmentation du prix survenue dans tous les objets de consommation, & qu'elle ne peut se concilier avec les intentions bienfaisantes dudit Seigneur Roi, tendantes à améliorer le sort des Curés Vicaires perpétuels, & à les mettre en état de remplir avec décence les Fonctions importantes qui leur sont confiées, ladite Cour s'est réservé & réserve de faire audit Seigneur Roi, en tout temps, & en toute occasion, de très-humbles & très-respectueuses Remontrances sur les dispositions du présent Edit, à raison de l'insuffisance de ladite Portion congrue ; sera très-humblement supplié ledit Seigneur Roi de considérer que la Portion congrue étant assignée aux Prêtres congruistes comme pension alimentaire & pour fournir au nécessaire absolu, elle ne peut & ne doit être susceptible d'aucun retranchement, & de vouloir en conséquence ordonner dans les formes solemnelles que ladite Portion congrue ne pourra

être affujettie au payement des Décimes, mais qu'elle demeurera franche & exempte de toute charges, conformément
au défir de la Déclaration de mil fix cent quatre-vingts-fix ;
& vu que l'Article 4 du préfent Edit tend à dépouiller les Vicaires perpétuels des biens-fonds & rentes annexés à leurs
Bénéfices pour acquitter des Obits & Fondations, fera en
outre ledit Seigneur Roi très-humblement fupplié de maintenir
lefdits Prêtres congruiftes en la poffeffion & jouiffance defdits
biens-fonds & rentes, à la charge feulement par eux de prouver qu'ils continuent de faire le même Service que leurs Prédéceffeurs immédiats avoient toujours fait à l'acquit defdits
Obits & fondations : Ordonne qu'à la diligence dudit Procureur-Général du Roi ledit Edit & Arrêt d'enregiftrement
fera imprimé, lu & publié ; & que copies duement collationnées d'icelui feront envoyées dans tous les Bailliages, Sénéchauffées & autres Juftices Royales du Réffort, pour y être
pareillement lues, publiées & enregiftrées à la diligence des
Subftituts dudit Procureur-Général du Roi, qui en certifieront
la Cour dans le mois. Prononcé à Touloufe, en Parlement,
le trois Juin mil fept cent foixant-neuf. Collationné, LEBÉ,
Monfieur DE BASTARD, Rapporteur. Contrôlé,
VERLHAC.

LOUIS, par la grace de Dieu, Roi de France & de
Navarre : A tous ceux qui ces préfentes Lettres verront ; SALUT. Par notre Edit du mois de Mai mil fept
cent foixante - huit, Nous avons augmenté la portion
congrue des Curés, & nous avons tracé les règles que
notre fageffe nous a dictées fur cette matière importante ;
mais quelques difficultés s'étant élévées en notre Parlement de Touloufe, fur l'exécution de cet Edit, nous avons
cru devoir les applanir, en faifant connoître fur ce nos
intentions. A CES CAUSES, & autres à ce nous
mouvant, de l'avis de notre Confeil, & de notre cer-

taine ſcience, pleine puiſſance & autorité Royale, nous avons dit, déclaré & ordonné, & par ces Préſentes ſignées de notre main, diſons, déclarons & ordonnons, voulons & nous plaît ce qui ſuit.

ARTICLE PREMIER.

L'Article 10 de notre Edit du mois de Mai mil ſept cent ſoixante-huit ſera exécuté ſelon ſa forme & teneur : voulons en conſéquence que les Curés qui, en éxécution dudit Edit, ont opté ou opteront la portion congrue, ſoient tenus d'abandonner tous les fonds, rentes, dixmes, tant anciennes que novales, de quelque eſpèce qu'elles ſoient, & ſous quelque dénomination qu'elles ſoient perçues, dont ils étoient ou ſe trouveront en poſſeſſion lors de la ſignification de leur option ; enſorte qu'après leſdites option & abandon, le patrimoine des Curés optants ſe trouve formé ſeulement de la portion congrue marquée par l'Edit de mil ſept cent ſoixante-huit, & des objets réſervés par l'article 4 dudit Edit.

I I.

L'Article 14 de notre Edit du mois de Mai mil ſept cent ſoixante-huit, ſera exécuté ſelon ſa forme & teneur ; en conſéquence les dixmes novales appartiendront, dans le Reſſort de notre Parlement de Toulouſe, aux Décimateurs de la Paroiſſe ou des cantons, ainſi qu'il eſt preſcrit par ledit Article 14 ; & les Curés qui n'opteront pas la portion congrue, jouiront à perpétuité des novales dont ils étoient en poſſeſſion actuelle, réelle & paiſible lors de la publication dudit Edit. Ceux des Curés qui auront intenté action en demande de novales dont ils n'auront pas joui réellement, & de fait, avant l'époque de la publication dudit Edit, ne jouiront des novales qui leur ont été ou qui pourroient leur être adjugées, que pendant dix ans, conformément à l'ancienne Jurifprudence de notre Parlement de Touloufe.

III.

Voulons qu'il foit établi dorénavant, & en tant que de befoin feroit établiffons dans toutes les Paroiffes du Reffort de notre Parlement de Touloufe, des Fabriques, lefquelles feront formées, & dont les biens & les revenus feront régis & adminiftrés ainfi que le font ceux des Fabriques qui font déjà établies dans le Reffort dudit Parlement.

IV.

Jouiront lefdites Fabriques des quêtes deftinées à l'entretien du Service divin, de la location des bancs & des chaifes, des droits qui fe perçoivent pour la fonnerie des Cloches, du Luminaire, des Enterremens, fi elles étoient en poffeffion d'en jouir ci-devant; & généralement de tous les droits cafuels qui ont appartenu jufques ici aux Fabriques dans les Paroiffes où ils font établis. Pourront lefdites Fabriques recevoir des Fondations, en fe conformant aux Loix & Ordonnances du Royaume, & notamment à notre Edit du mois d'Août mil fept cent quarante-neuf.

V.

Dans le cas où le revenu des Fabriques fe trouveroit infuffifant pour le falaire du Clerc dans les Paroiffes où il eft d'ufage & néceffaire d'en avoir, ainfi que pour la fourniture des menues dépenfes relatives au Service divin, les Décimateurs des Paroiffes feront tenus de fournir à la Fabrique le fupplément fur le produit de leurs dixmes. Ne pourra cependant ledit fupplément excéder trente livres dans les Paroiffes où il n'y a pas de Vicaire ; quarante dans celles où il y a un Vicaire ; cinquante dans celles où il y a deux Vicaires, & ainfi de fuite en augmentant de dix livres à raifon de chaque Vicaire qui fera dans la Paroiffe, fans que, pour quelque caufe & fous quelque prétexte que ce foit, les Décimateurs puiffent être, pour raifon defdits falaires du Clerc & menues dépenfes, affujettis à des charges autres que celles fixées par ces préfentes : dérogeant à cet effet, & en tant que de befoin, à toutes Loix, Règlemens & Ufages à ce contraires. Si DONNONS EN MANDEMENT à nos amés & féaux Confeillers les Gens tenant notre Cour de Parlement à Touloufe, que notre préfente Déclaration ils ayent à regiftrer, & le contenu en icelle garder, obferver & exécuter felon fa forme & teneur, ceffant & faifant ceffer tous troubles & empêchemens à ce contraires ; CAR tel eft notre plaifir. En témoin de quoi nous avons fait mettre notre Scel à cefdites Préfentes. DONNÉ à Verfailles, le dixième jour du mois de Mai, l'an de grace mil fept cent foixante-douze, & de notre règne le cinquante-feptième. *Signé*, LOUIS : *Et plus bas* ; par le Roi, PHELYPEAUX.

Très-humbles & très-respectueuses Remontrances, que présentent au Roi, notre très-honoré & Souverain Seigneur, les Gens tenant sa Cour de Parlement séant à Toulouse.

SIRE,

VOTRE Parlement témoin des travaux continuels des Curés congruistes & des Vicaires de son ressort, ainsi que de leur indigence & des suites funestes qu'elle entraîne, sent aujourd'hui plus vivement que jamais combien il doit se reprocher de n'avoir pas sollicité depuis long-temps, votre compassion & votre justice, en faveur de cette foule de Pasteurs si dignes d'éprouver les effets de l'une & de l'autre.

Comptant sur des projets renouvellés à plusieurs assemblées du Clergé, se reposant avec trop de sécurité sur ce corps opulent du soin de pourvoir à la subsistance des Prêtres congruistes, il se flattoit qu'on apporteroit enfin des remèdes efficaces à leurs maux : quelle a été, SIRE, notre surprise de ne trouver à la place d'une augmentation réelle que des secours imaginaires !

Si l'Edit que V. M. vient de nous adresser, n'eut été inspiré que par les mouvemens de votre sagesse, votre Parlement y trouveroit l'empreinte de l'humanité tendre & généreuse qui réside souverainement dans le cœur de V. M. Elle n'auroit pas laissé tomber en vain ses regards sur cette classe de Ministres de la Religion, qui travaillent le plus utilement pour l'Etat & pour Elle, & les Prêtres congruistes de notre ressort, affranchis désormais d'une pauvreté flétriffante , feroient enfin rendus à un état de décence & d'honnête médiocrité fi propre à leur concilier l'eftime & la vénération des peuples.

Mais en daignant , SIRE , nous inftruire que cet Edit a été dreffé fur les projets & conformément aux moyens qui vous ont été propofés par le Clergé , de fubvenir aux befoins de fes coopérateurs du fecond ordre , ne femblez-vous pas nous inviter , d'une manière plus particulière d'approfondir cette Loi , d'en pénétrer l'efprit & de vous repréfenter ce que nous trouverons le plus conforme à vos vues bienfaifantes , & à leur foulagement ? C'eft d'après ces principes fi dignes de votre cœur & de votre zèle qu'en examinant l'Edit concernant les portions congrues , nous avons reconnu qu'il ne remplit point le but qu'il fe propofe & que fous la vaine apparence de fecourir les malheureux congruiftes , il n'eft dans le vrai qu'au feul avantage des décimateurs.

Chargés de pourvoir au payement des portions congrues , ils font intéreffés à les faire réduire à la moindre fixation poffible. Le fyftême qu'ils ont conftamment fuivi dans tous les temps juftifie notre méfiance. Nous fommes autorifés à les regarder en quelque forte comme la Partie des Prêtres congruiftes , dont vous êtes , SIRE , le Protecteur & le Père , & dont votre Parlement eft le défenfeur.

Seroit-il poffible qu'après quarante ans de réclamations & de befoins , après les cris & les vœux redoublés des peuples , long-temps étonnés de la dureté des décimateurs envers les Curés & les Vicaires , ces ouvriers évangéliques n'obtinffent qu'un foulagement fpécieux à la faveur duquel on ne difpenfe d'une main que pour reprendre de l'autre ?

Qu'il nous foit permis , SIRE , avant d'entrer dans le détail des différentes difpofitions que cet Edit renferme ,

de

de remettre fous les yeux de V. M. les principes & les faits qui établiffent inconteftablement l'entretien honnête du Prêtre congruifte fur la portion la plus privilégiée des biens Eccléfiaftiques.

Nous voyons dans les premiers jours du Chriftianifme, les Prêtres nourris des oblations des fidelles, & leur fub- fiftance établie fur le droit le plus facré; mais la manière d'y pourvoir fut déterminée poftérieurement, par les Loix des Souverains auxquels il appartient en feuls de la fixer.

La perception de la dixme des fruits de la terre, con- feillée d'abord par les premiers Pères de l'Eglife, érigée peu-à-peu en précepte Eccléfiaftique, ordonnée enfuite par les Conciles & les Décrétales des Papes fous des Loix pénales, & foutenues enfin des armes de l'excommunica- tion, ne devint en France un droit certain que lorfque les Rois de la feconde race, affignant fur les dixmes la fubfiftance des Prêtres chargerent par droit de Souverai- neté, les biens de leurs fujets de cette nouvelle rede- vance & ce fut uniquement pour récompenfer les fervices qui feroient rendus aux fidelles par l'inftruction & l'admi- niftration des chofes faintes.

Auffi l'Empereur Charlëmagne dans fon capitulaire de l'an 802, faifant la diftribution des portions des dixmes, en réferve aux Prêtres feuls la troifième partie, n'entendant par ces mots que les Prêtres fpécialement chargés du foin des ames, ainfi que l'interprétoit le Pape Léon IV, plus de 50 ans après.

Mais par un étrange renverfement des principes, le droit commun fur la véritable deftination de la dixme fe trouva peu-à-peu prefque anéanti: des fiècles-d'ignorance effacerent les faines idées qui auroient pu mettre quelque frein à la cupidité, & des abus fans nombre furent les premiers fondemens des Loix, qui régiffent encore fur ces

C c

objet l'Eglife de France : les Monaftères fi fort multipliés furent dotés par les Evêques aux dépens des dixmes de leurs Eglifes : les Moines abandonnant le foin des ames, auquel ils avoient été appellés, emporterent avec eux dans les cloîtres les titres & les droits des Curés primitifs : les Commendes données d'abord pour la feule utilité de l'Eglife & tournées bien-tôt après au feul profit des Commandataires, qui perçoivent les dixmes des Paroiffes, qu'ils n'inftruifent jamais : la dignité de Prieur non moins abufive & auffi inutile à la Religion conférée fous le titre de Prieuré fimple : les Laïques en poffeffion contre le droit commun de plufieurs dixmes Eccléfiaftiques, mifes dans le commerce : tant de Monaftères fécularifés inondant la France, de Chapitres, par tout fruits prenans ou gros Décimateurs : les Evêques partageant avec eux ces fruits, ou les recueillant feuls dans la plupart des Diocèfes : telles font, SIRE, les différentes gradations par lefquelles ceux qui étoient chargés immédiatement de prêcher l'Evangile au peuple, ont été enfin dépouillés du falaire dû à leurs travaux, au point qu'il eft rare aujourd'hui de voir un fimple Curé en poffeffion des dixmes de fa Paroiffe.

Une poffeffion de plufieurs fiècles & tant de Loix confirmatives de cette fingulière diftribution des dixmes & des biens Eccléfiaftiques ne nous permettent encore, SIRE, fur cet important objet qu'un filence douloureux, & des vœux ardens pour que vous puifiez dans le fein de votre fageffe, les moyens de rapprocher un jour ces biens de leur deftination primitive & de la fainteté des ufages auxquels la piété des fidelles les avoient confacrés.

Les Conciles de Reims & de Tours, le quatrième de Latran & celui d'Oxford, le Concile de Trente & ceux tenus en France dans le feizième fiècle, tous ordonnent qu'il foit fourni aux Prêtres qui fervent les Paroiffes une fubfiftance décente & honnête ; mais les Conciles fe repofant fur les Evêques du foin de la fixer, la négligence de ces derniers à remplir ce devoir, obligea enfin nos Rois à y veiller : touchés de l'état d'aviliffement & d'indigence dans lequel languiffoient les Miniftres du fecond Ordre, ils déterminerent fucceffivement par différentes Déclarations les portions congrues des Curés & les penfions des Vicaires, relativement à leurs befoins & au prix des objets de confommation.

L'Ordonnance de Charles IX, du 16 Avril 1571, les fixa à 120 liv. en ordonnant que les Curés defquels les bénéfices vaudroient cette fomme de revenu annuel, les charges déduites, ne pourroient demander d'autre portion congrue : cette fomme fut portée dans la fuite par les Arrêts du Parlement à 150 liv. & à 200 liv.

L'Ordonnance de Louis XIII de 1629, porta les congrues à 300 liv. *d'autant, y eft-il dit, art. 13, que les Abbés, Prieurs, Chapitres & autres qui poffèdent & jouiffent les dixmes des Paroiffes deftinées à la nourriture de ceux qui adminiftrent les Sacremens, s'en déchargent en baillant peu de gros aux Curés defdites Paroiffes, ce qui ne peut fuffire à leur nourriture & entretien ..... eu égard au furcroît & prix de toutes chofes ..... ce faifant ceux qui deffervent lefdites cures, font réduits à fi grande mifère qu'ils ne peuvent fuffire.*

Le Clergé fupportant avec peine cette nouvelle augmentation mit tout en ufage pour la reftreindre, il obtint à force d'inftances, la Déclaration du 17 Août 1632, qui réduifit les portions congrues à 200 liv. pour les provinces au-delà de la Loire. Nous apprenons dans le préambule de cette Déclaration qu'elle fut rendue fur les plaintes des *Prélats Eccléfiaftiques*, continuée par les Agens-Généraux du Clergé, elle ne fut enregiftrée au Grand-Confeil,

qu'après.des Lettres de juffion & à la charge des oppo-
fitions.

Il en fut de même de la Déclaration du 18 Décembre
1634, qui ne fit qu'étendre les précédentes difpofitions
aux Provinces d'en deça de la Loire. Cette nouvelle Loi
fut provoquée par *les mêmes Agens & avec la même cha-
leur*, fous le prétexte fpécieux d'une conformité de Jurifprudence.

La Déclaration du 30 Mars 1666 ne fit que répéter les
difpofitions des deux autres.

Louis XIV, fixa enfin la Jurifprudence dans tout le
Royaume par fa Déclaration du 29 Janvier 1686,
tant fur la quantité de la portion congrue que fur plufieurs points relatifs à cet objet. Nous trouvons dans le
préambule que les Curés ne pouvant fubfifter d'un revenu
fi modique, les cures étoient abandonnées ou deffervies
par des fujets incapables. Ce Prince fixa pour l'avenir dans
toute l'étendue du Royaume la portion congrue à la fomme
de 300 liv. *franche & exempte de toutes charges, outre les
offrandes, les honoraires, les droits cafuels que l'on paye,
tant pour les fondations que pour d'autres œuvres & outre
encore les dixmes novales fur les terres défrichées depuis
l'option faite par les Curés ou Vicaires perpétuels.*

Mais *le Clergé conduit toujours par le même efprit*, ne
tarda point à folliciter la Déclaration du 30 Juin 1690,
qui foumit la portion congrue à l'impofition des Décimes :
il eft vrai que cette Loi pour en prévenir l'inégale ré-
partition ne fe borna point à enjoindre aux députés des
Chambres Eccléfiaftiques de procéder modérément à cette
impofition, & à en charger leur honneur & leur con-
fcience, à cet effet il fut ordonné que cette impofition
ne pourroit excéder la fomme de 50 liv. pour les décimes,
tant ordinaires qu'extraordinaires, dons gratuits & toutes
autres fommes qui pourroient être impofées à l'avenir fur

le Clergé fous quelque prétexte que ce put être.

Qu'il eft confolant, SIRE, de voir nos Rois juftes &
compatiffans par eux-mêmes, toujours difpofés à fecourir
les befoins des Prêtres indigens, tandis que les *gros Décimateurs prompts à éluder* l'exécution de ces Loix falutaires ,
n'ont que trop fouvent réuffi à détourner les bienfaits prêts
à couler, par un penchant naturel, des mains de nos
Souverains.

Le temps étoit enfin arrivé, qu'on ne pouvoit plus fous
de vains prétextes différer les fecours que le cri général
de la nation, réclamoit en faveur de fes Pafteurs. Les
grands changemeńs furvenus depuis la Déclaration de 1686,
dans le prix des denrées & des autres objets de confommation, en enrichiffant les Décimateurs, augmentoient tous
les jours l'indigence des congruiftes ; leurs plaintes que n'a-
voient pu calmer tant de projets pris, abandonnés &
repris fucceffivement durant plus de trente années, avoient
pénétré jufqu'au Trône, & votre cœur attendri cher-
choit déjà les moyens de rendre leur condition moins
dure, lorfque le fyftême fpécieux qui a fervi de fondement à l'Edit qui fait l'objet de nos remontrances fut préfenté à V. M.

Pour peu qu'on veuille en pénétrer l'efprit on découvre
facilement qu'on n'a eu d'autres vues que de favorifer les
gros Décimateurs aux dépens des Curés purement congruiftes, & de ceux qui ont quelque portion des fruits
décimaux : les premiers n'ont point d'option à faire, ils
font forcés de foufcrire à l'Edit & de renoncer en conféquence aux novales, aux émolumens accordés pour ce
qu'on appelle les menues dépenfes & à certains fonds &
rentes annexées à leurs cures, ils font foumis encore à
une nouvelle taxe des Décimes : les Curés qui ont quelque portion des fruits décimaux, (mais fi légère qu'il leur
auroit été avantageux de fe réduire à la portion congrue)

n'auront garde aujourd'hui de le faire ; & leur pauvreté ne peut qu'augmenter dans tous les cas : s'ils optent pour la portion congrue ; ils perdront ainſi que les autres Curés beaucoup plus qu'on ne leur donnera ; s'ils veulent reſter dans le même état ils perdent toujours les novales.

L'examen ou pour mieux dire la décompoſition des différentes parties de cet Edit va juſtifier l'idée que votre Parlement s'eſt formée de l'enſemble.

Suivant le préambule le motif qu'il ſe propoſe eſt l'augmentation de la portion congrue des Curés , & de la penſion des Vicaires devenue inſuffiſante , pour les mettre en état de remplir avec décence les fonctions importantes qui leur ſont confiées.

Il ſe propoſe auſſi de faire une Loi qui ſoit générale & durable.

Mais , 1°. il n'y a nulle proportion entre l'augmentation fixée par l'Edit & le rehauſſement du prix des denrées depuis 1686 juſqu'à nos jours. Ce qui met le congruiſte auſſi peu en état qu'auparavant de faire avec décence ſes importantes fonctions.

2°. Cette Loi ne peut-être générale , puiſque non-ſeulement elle ne pourvoit point à l'honnête entretien du Curé , dans les lieux où les denrées de conſommation ſont au plus haut prix , mais elle n'y pourvoit pas même pour les lieux où l'on vit à moins de frais.

3°. Cette Loi ne ſauroit être durable & s'étendre juſqu'aux temps les plus reculés.

Vous avez reconnu vous même , SIRE , en fixant les portions congrues en argent que vous ne pouviez déterminer à cet égard qu'un arrangement proviſoire , ſur-tout lorſque vous avez choiſi une certaine quantité de blé en eſpèce , pour ſervir de baſe à cette détermination , & en effet les variations dans le prix de cette denrée que les viciſſitudes du temps & des événemens doivent ſou-

'vent ramener, n'ont pu échapper à votre prévoyance. Vous vous réfervez, SIRE, en conféquence par l'Article 3 de l'Edit de faire alors de nouvelles fixations. Or, une fatale expérience n'a que trop appris aux Curés congruiftes, que plufieurs années s'écoulent avant que leurs plaintes foient entendues, un crédit immenfe les étouffe pendant long-temps, elles ne pénétrent que bien tard aux pieds du Trône, & il en feroit des congruiftes à venir comme de ceux que nous avons vu de nos jours traîner leur mifère jufqu'au tombeau après s'être plaints inutilement toute leur vie.

Nous devons en conclure, SIRE, que les vues bienfaifantes de V. M. n'ont pas été remplies fur ces différens objets.

L'Edit ne remédie à rien pour l'avenir, il eft même inutile aux maux préfens. Puifqu'il eft certain qu'avec la nouvelle augmentation, les congruiftes ne fauroient fe procurer qu'avec peine le fimple néceffaire phyfique dans les lieux où l'on vit à moins de frais; les 500 liv. propofées aux congruiftes pour toute portion, fe réduiront bientôt à 400 liv. puifque les Décimes leur ayant retranché 50 liv. fur 300 liv. il eft à craindre qu'en fuivant la même proportion on ne fe porte jufqu'à leur retrancher 100 liv. fur les 500 liv. que l'Edit leur accorde. Or, ce mince réfidu de 400 liv. peut-il fournir à un Curé de quoi fatisfaire à fes befoins?

Nous n'oferions, SIRE, en offrir les détails humilians aux yeux de V. M. mais nous pouvons l'affurer qu'après les calculs les plus rigoureux, nous n'avons pu trouver dans cette modique fomme les frais réunis d'une nourriture frugale & d'un veftiaire modefte, le falaire & la nourriture d'un domeftique, & l'entretien d'un cheval, lorfque la fituation des lieux, l'âge & les forces épuifées du Pafteur rendent ce fecours indifpenfable. Comment y trouverions-nous l'entretien décent & honnête, réclamé par V. M.? Nous ne parlerons point , S I R E , de la plus cruelle des follicitudes pour des Pafteurs généreux & compatiffans , celle d'être le témoin continuel des befoins & des maux qu'on ne peut foulager , d'être par état le confident fecret de la honteufe misère de fes frères , fans pouvoir en adoucir le poids ; de recevoir dans fon fein les larmes des pauvres & de n'avoir que des exhortations fans pain à leur donner.

Combien a redoublé notre étonnement à la vue de la modique penfion de 100 liv. accordée aux Vicaires, pour les faire vivre , ainfi que s'exprime l'Edit avec la décence convenable à leurs importantes fonctions. Si la penfion du Curé congruifte lui fournit à peine fon néceffaire , le Vicaire en ne recevant que la moitié de cette penfion , (toutes les chofes d'ailleurs à-peu-près égales) n'aura donc que la moitié de fon néceffaire.

Déterminer ce qu'il faut à quelqu'un pour fa fubfiftance fur la moitié de ce qui donneroit abondamment à vivre , pourroit être une mefure équitable , mais fixer ce taux à la moitié de ce qui fuffit à peine pour fubfifter eft une mefure très-injufte.

Que de réflexions , S I R E , viennent s'offrir en foule fur les dangereufes conféquences , qui s'enfuivroient de la modique penfion accordée aux Vicaires ? Quelle plaie pour la Religion s'ils étoient plus long-temps expofés à avilir leur caractère aux yeux des peuples , à fe procurer par des voies peu honnêtes , les moyens de fournir à leur entretien , à le chercher dans la fréquentation des gens de la lie du peuple , dont il faut tolérer alors les vices & la licence ? Quel fruit pourroit-on efpérer de leurs travaux , ou plutôt quels maux ne devroit-on pas en attendre ? Comment avec la légère augmentation qu'on leur donne rappeller ces Prêtres dans les campagnes , qu'ils défertent tous les jours davantage ? Les Décimateurs étant difpenfés par l'Article 5 de l'Edit, d'augmenter leur falaire en aucun cas, & les Curés étant réduits eux-mêmes à l'impuiffance d'y pourvoir, il en réfultera, SIRE, néceffairement une privation des fecours fpirituels pour les peuples, qui n'en feront pas moins chargés du payement des dixmes. Votre Parlement, SIRE, pourroit-il alors refufer d'accorder aux dépens des Décimateurs, quelques légers fecours propres à ramener les Vicaires à l'exercice de leurs pénibles fonctions.

La feconde branche du fyftême fpécieux propofé à V. M. a pour objet le retranchement fait fur les con-grüiftes au profit des Décimateurs, au cas que ces pre-miers vouluffent opter pour la nouvelle augmentation.

L'Article 4, veut que les Curés qui opteront pour la congrue, renoncent aux fonds & rentes qui leur ont été données pour acquitter des obits & des fondations, s'ils ne prouvent par des titres conftitutifs, que ces biens laif-fés à leurs curés depuis 1686, font effectivement chargés de ces fondations, & s'ils ne prouvent auffi par des baux & autres actes non fufpects, les mêmes charges pour les biens de cette nature, dont lefdits Curés étoient en pof-feffion avant 1686, & dont ils ont continué de jouir de-puis cette époque.

Qu'il nous foit permis, SIRE, de repréfenter à V. M. que cette difpofition viole à la fois les droits facrés de la propriété, ceux des Fondateurs auffi facrés, les Edits & les Déclarations de nos Rois & les maximes de notre Jurifprudence.

On fait qu'un grand nombre de Curés à la congrue, jouiffent de quelques modiques fonds de terre ou rentes annexées quelquefois depuis un temps immémorial à leurs bénéfices fans qu'ils fachent le plus fouvent à quel titre & à quelle condition. La tradition, ou des mémoires informes chargent ces fonds de quelques services que les titulaires acquittent soigneusement en possédant ces biens avec toute la bonne foi qui leur a été transmise ; bien loin que le laps du temps ait pu altérer ces droits inviolables de leur propriété , c'est dans sa révolution même qu'elle a pris de nouvelles forces.

D'ailleurs ne voit-on pas quelquefois des Curés congruistes , riches de leurs patrimoines , s'affectionner à leurs bénéfices , les améliorer pour le temps avenir & y réunir des biens ou des rentes au profit de leurs Successeurs, Seroit-il juste d'en dépouiller ceux-ci en faveur des fruits-prenans contre la volonté expresse des Fondateurs , qui certainement ne peuvent pas être présumés avoir voulu le doter ?

Les Curés congruistes ne pourront d'ailleurs remettre que très-difficilement des actes & des baux à ferme de ees fonds antérieurs à l'époque de 1686 , il est très-rare que ces Curés dépouillés de tout autre fonds , afferment trois ou quatre arpens de terre annexés à leurs bénéfices ; ou s'ils les afferment, c'est le plus souvent par des conventions qui ne reçoivent d'autre solemnité que la parole & la bonne foi des contractans ; & en supposant même que ces baux existent avant 1686 en forme légale , il est à présumer qu'ils seroient inutiles , & ne serviroient point à prouver , comme l'exige l'Edit , *que ces fonds font chargés d'obits & fondations :* car à quel propos le congruiste en les affermant en auroit-il déclaré les charges spirituelles ? détail absolument inutile au Fermier.

A quelle contradiction , SIRE , ne donneroit pas lieu l'exécution de cet Article de votre Edit : & comment anéantir une propriété fondée sur une possession immémoriale , tandis que d'après nos mœurs , nos usages & nos loix , l'Eglise n'a besoin que d'une possession paisible & continue de 40 années pour prescrire même contre le titre, & s'endormir à l'ombre de fa bonne foi.

Des droits auffi facrés ont toujours été refpectés : fi la Déclaration de 1632, y porta quelque atteinte, ce fut du moins fous le prétexte d'une compenfation & en imputant le revenu de ces biens fur la portion congrue : cette innovation fut promptement rétractée par la Déclaration de 1634 : celle de 1636 & 1666, fe conformèrent aux mêmes principes & la Déclaration de 1686, en renouvella les difpofitions. Votre Parlement, SIRE, fe flatte que vous ne voudrez point y porter atteinte, & que vous conferverez au contraire aux congruiftes une propriété fondée fur les titres les plus légitimes.

Un fecond retranchement non moins furprenant fait aux Curés congruiftes, par les Articles 10 & 14 de l'Edit, tombe fur les dixmes novales réunies pour toujours aux Décimateurs : nous ne pouvons, SIRE, vous diffimuler qu'une pareille réunion bleffe à la fois & nos Loix & nos maximes.

De droit commun, les novales appartiennent fpécialement aux Curés comme les autres dixmes : ils n'ont été privés de ces dernières que parce que les Décimateurs leur ont oppofé des prefcriptions ou d'anciennes acquifitions : mais ces deux fortes de titres ne peuvent être oppofés contre les novales.

C'eft d'après ces principes que les Loix Civiles & Eccléfiaftiques, les ont toujours accordées aux Curés & ont du moins laiffé fubfifter cette foible image de la deftination primitive de toutes les dixmes.

L'Edit nous apprend que c'eft pour faire ceffer les conteftations qu'excite la perception des novales, entre les Curés & les Décimateurs, qu'on a fuggéré, SIRE, à V. M. de réunir cette efpèce de dixme à la dixme ordinaire ; mais enlever aux Curés les novales, parce que la réfiftance des Décimateurs fur cet objet, donne lieu à des Procès, feroit une entreprife dangereufe, qui ne peut être adoptée dans le gouvernement modéré fous lequel nous avons le bonheur de vivre. On en pourroit déduire qu'un Citoyen peut être chaffé de fa maifon, de cela feül qu'il feroit expofé aux vexations & à l'inquiétude d'un mauvais voifin.

Votre Edit, SIRE, réunit auffi les novales aux Dé-cimateurs Laïques. Mais n'eft-ce point renverfer les fages difpofitions du Concile de Latran, auquel nos Loix fe font conformées, en réprouvant toutes les acquifitions & in-féodations des dixmes, faites par ces Laïques poftérieure-ment à ce Concile?

N'eft-ce pas déclarer contre l'efprit & les Loix de l'E-glife, les Séculiers aptes à poffeder des dixmes & les en inveftir par le fait?

Cette réunion, aux termes de l'Edit, eft indifpenfable-ment néceffaire pour mettre les Décimateurs en état de fup-porter les charges confidérables, auxquelles ils vont être affu-jettis: motif illufoire & vain, puifqu'il eft facile de prou-ver à V. M. que la réunion des novales produiroit dans le total aux Décimateurs trois fois plus qu'ils ne paye-roient d'augmentation aux congruiftes; dans ce temps fur-tout où le produit des terres eft prefque doublé par le génie de la nation, heureufement tourné vers l'agricul-ture, par la beauté des grands chemins, qui en rappro-chant les Provinces, les mettent en état de fe fécourir mutuellement dans leurs befoins, & par-deffus tout, par la protection que vous accordez, SIRE, à cet art, le père, & pour ainfi dire le nourricier de tous les autres: c'eft à elle que la France doit les fages Loix qui favori-fent la culture des terres, la circulation des grains dans l'intérieur de l'Etat, & leur libre exportation chez l'E-tranger: règlemens précieux qui feront bientôt fuivis d'autres plus avantageux encore, lefquels en donnant une pleine liberté au commerce le plus folide, établiront dans le fein du Royaume l'abondance & la félicité.

Par la Déclaration du 17 Août 1766, V. M. difpenfe les terres nouvellement défrichées des tailles & des dixmes durant l'efpace de 15 années ; cette Loi fuppofant une quantité confidérable de fonds à défricher, les Décimateurs fous le faux prétexte d'une augmentation chimérique, fe font empreffés de faire réunir à eux ces dixmes abondantes.

L'Article 5 de l'Edit en limitant toutes les charges des Décimateurs au payement de la penfion congrue & à la fourniture des livres, ornemens & vafes facrés, & aux réparations du chœur & cancel, les difpenfe par-là des frais de certaines menues dépenfes introduites en faveur des congruiftes, par la Jurifprudence de votre Parlement, Jurifprudence fondée fur la nature de la portion congrue, qui n'eft accordée, difent les Loix, que pour la feule fubfiftance des Curés congruiftes.

Suivant l'Edit de 1695, les Evêques doivent pourvoir dans leurs vifites, à ce que les Eglifes foient fournies de toutes les chofes néceffaires pour le fervice divin. Or, ces dépenfes ne peuvent être fupportées que par la Communauté, le Curé ou le Décimateur : mais par l'Article 22 du même Edit, la Communauté n'eft chargée que de la nef, du cimetière & du logement du Curé : celui-ci par la Déclaration de 1686, doit avoir les 300 liv. effectives pour fa fubfiftance : le Décimateur eft donc le feul qui doive fupporter ces menues dépenfes néceffaires au fervice divin, puifqu'il perçoit cette tierce portion des biens de l'Eglife, deftinée dès l'origine à y fournir. Malgré des motifs fi fages, le Clergé n'a jamais ceffé de lutter contre cette Jurifprudence, quelque léger qu'en fut l'objet. Nous ne pourrions fuffire à rapporter les Procès infinis

& les Arrêts fans nombre rendus fur cette matière & contre lefquels il ne ceffe de réclamer.

Mais ce qui acheve de démontrer combien V. M. doit être en garde contre des entreprifes trop fouvent renouvellées au détriment des congruiftes, c'eft qu'à peine nous recevions l'Edit que V. M. nous a adreffé, qu'on follicitoit déjà des Arrêts de votre Confeil, pour refaifir à la faveur d'une nouvelle taxe de Décimes, quelque partie de la nouvelle augmentation de la portion congrue ; & en effet l'Arrêt du 7 Juillet dernier, *autorife les Bureaux Diocéfains à répartir jufqu'à ce que l'Affemblée prochaine y ait pourvu, fur les Curés & les Vicaires perpétuels, les impofitions dont il fera jufte de décharger les gros Décimateurs, en conféquence de la diminution de leur revenu opérée par ledit fupplément, &c.*

Il eft donc évident, SIRE, que cette augmentation prétendue, confidérée de près s'évanouit & fe réduit à rien. Mais de crainte qu'on ne nous accufe d'exagérer les chofes par de vaines déclamations, nous allons mettre fous les yeux de V. M. le réfultat de nos calculs, concernant l'augmentation que l'Edit accorde aux Curés congruiftes.

Sur les 500 liv. qui leur font données, une partie doit leur repréfenter les novales & les autres objets qui leur font ôtés. Si nous eftimions exactement ces différens objets, nous ne pourrions les porter que bien au-delà de 100 liv. ; mais il paroît que V. M. les a fixées à ce prix & outre que la penfion de 200 liv. affignée aux Vicaires, l'indique fuffifamment nous en fommes d'ailleurs affurés par le compte que V. M. a bien voulu nous faire rendre de certaines confidérations qui ont fervi de motif à cette Loi. Il eft donc bien certain que les Curés n'auront à titre de portion congrue que 400 liv. au lieu de 300 liv. qu'ils avoient auparavant.

Or, nous difons que quelque point fixe que l'on prenne pour eftimer l'augmentation qu'il convenoit de leur donner, il réfultera toujours de toutes les combinaifons & de tous les calculs, que celle de 100 liv. accordée par l'Edit, eft infuffifante, & quelle détruit la proportion (fans doute jufte puifque le haut Clergé ne l'a point attaquée) que les dernières Loix avóient établie entre les revenus des gros Décimateurs & la penfion de leurs Vicaires perpétuels.

Faut-il prendre pour bafe la quantité de blé que repréfentoit la penfion des Curés congruiftes en 1686, époque de la dernière fixation ? Cela pourroit paroître raifonnable, d'autant qu'à quelques exceptions près, qui font toujours occafionées par des circonftances étrangères à l'ordre commun, le prix des chofes de première néceffité règle celui de tout le refte hormis les objets de luxe & de fantaifie.

Mais par le relévé qu'on a fait fur les fourleaux de dix années qui précédèrent 1686, il confte que le prix commun du feptier de blé, étoit pour lors à Touloufe de 6 liv. 15 f. 300 liv. repréfentoient donc 45 feptiers de blé. Or, il réfulte auffi du relévé des dix années antérieures à l'année courante que le prix commun du feptier de bled eft actuellement à 12 liv. 11 f. 1 d. ce qui fait qu'avec 400 liv. on n'en peut avoir que 32 feptiers. Il faudroit aujourd'hui 563 liv. pour en avoir la même quantité que 300. liv. en repréfentoient en 1686.

Prendra-t-on pour règle le prix de l'argent ? ce qui ne fauroit être bien jufte, puifque la maffe de ce métail augmentant fans ceffe, il eft évident que toutes chofes demeurant d'ailleurs égales, il faut une plus grande quantité d'argent qu'autrefois pour repréfenter une quantité donnée de denrées.

Mais le marc d'argent fin de 12 d. n'étoit qu'à 28 liv 13 f. 4 d. en 1686 ; il eft aujourd'hui à 54 liv. 6 f. 30 liv. en 1686, faifoient environ dix marcs & demi d'argent fin, 400 liv. n'en font maintenant qu'environ fept marcs trois onces, il faudroit 570 liv. pour en repréfenter la même quantité qu'en avoient les Curés à la dernière fixation.

A vouloir payer en argent la penfion des Curés, congruiftes, il femble que ce qu'il y avoit de mieux à faire pour en fixer l'augmentation avec toute l'équité poffible, auroit été de voir en général de combien les revenus des Décimateurs étoient augmentés depuis 1686, enforte que s'ils étoient augmentés du double, on ne leur faifoit aucun tort & c'étoit maintenir les chofes dans l'ancien ordre que de doubler la penfion des Curés.

Or, Votre Parlement s'eft convaincu, SIRE, par différentes recherches & principalement en comparant les baux de 1686, des plus grands bénéfices de ce reffort avec les baux actuels, que le prix des fermes à plus que doublé par-tout, & qu'il a triplé en plufieurs endroits : cette opération la plus jufte de toutes auroit conduit à fixer la penfion des Curés congruiftes, au moins à 750 liv. ou plutôt à 850 liv. en y joignant le foible dédommagement qui leur eft donné en repréfentation des novales & des autres objets dont on les prive.

Il n'y a point de proportion entre l'augmentation de la portion congrue & celle des revenus des Décimateurs ; fur quoi nous obferverons, SIRE, qu'elle eft même toute en pur profit pour ces derniers : le propriétaire par exemple partage avec le colon partiaire les fruits de fes héritages les frais de la main d'œuvre & de la culture, l'entretien des fonds & des bâtimens, les fournitures des bêtes de labour, l'augmntation des impôts & plufieurs autres dépenfes le regardent en feul & abforbent fouvent la meilleure

partie

partie du produit : *le tranquille décimateur*, voit au contraire augmenter fes revenus fans aucune détraction, il profite en entier du hauffement du prix de fes denrées, dû au concours des caufes bienfaifantes qui fe multiplient tous les jours.

Mais il eft facile de fe convaincre que les mêmes caufes qui produifent *l'opulence* du Décimateur opèrent la *ruine* du congruifte, les dixmes donnent au premier prefque trois fois la valeur numéraire qu'il en retiroit en 1686, & le fecond fe trouve réduit à payer au triple, avec prefque le même revenu, les chofes néceffaires à fa fubfiftance : ainfi ces Loix de fageffe fur la culture des terres, fur l'exportation des grains, fur tous ces objets d'économie politique qui font, S I R E, la gloire de votre règne & le bonheur de vos peuples, feroient l'époque fatale de *la plus grande infortune des congruiftes*. C'eft dans la félicité publique qu'ils trouveront les caufes meurtrières de leur indigence. Qu'il nous foit permis, S I R E, de vous repréfenter que les Loix les plus funeftes font celles qui frappant fur le pauvre pour favorifer le riche s'éloignent ainfi de l'équilibre & de l'égalité relative, vers laquelle doit toujours tendre le Légiflateur.

Lorfque nous avons remontré, S I R E, à V. M. que la proportion la plus exacte à fuivre dans l'augmentation des portions congrues, étoit celle des baux à ferme des Décimateurs, nous nous conformions à l'Edit qui veut que la portion congrue foit payée en argent ; mais les inconvéniens de cette nature de payement, les changemens fréquens dans le prix des grains, occafionés par des caufes qu'on ne fauroit prévoir, l'impoffibilité d'établir pour l'avenir des proportions fixes & permanentes entre une fomme déterminée & le prix des différentes chofes néceffaires à la vie : tout cela nous oblige, S I R E, de repréfenter à V. M. que la manière la plus fure de pourvoir immédiatement aux befoins & à l'entretien honnête des congruiftes, feroit de payer leur penfion en bled, c'eft-à-dire en une denrée de première néceffité dont le

D d

prix, comme nous l'avons déjà dit, règle ordinairement le prix de tout le reſte.

Lorſque V. M. SIRE, a voulu établir un nouveau taux de portion congrue, & la déterminer d'une manière ſolide, elle s'eſt réglée ſur une quantité donnée de bled, comme ſur la baſe la plus ſure & la moins variable. Ce premier pas dirigé par la nature même des choſes ſembloit devoir conduire au ſecond, c'eſt-à-dire au payement en bled en eſpèce : & en effet cette nature de payement beaucoup moins ſujette aux variations peut être uniforme & s'étendre à toutes les Provinces du Royaume. En vain oppoſeroit-on, SIRE, à V. M. que par la nature du ſol, ou du climat, toutes vos Provinces ne ſont pas indiſtinctement propres à la culture de cette denrée; dans le petit nombre de celles qui s'y refuſent, le cultivateur n'en eſt-il pas refait par pluſieurs autres productions ? Les ventes & les échanges y attirent du bled, les habitans en font leur première nourriture, le Décimateur pourra donc en fournir au congruiſte, à la faveur des produits d'un autre genre dont ces dixmes ſont compoſées. Le poids du bled, la qualité, la meſure, tout ce qui doit enfin ſervir de règle ſur cet objet ſeroit réduit facilement à une préciſion ſi exacte, que la Loi pourroit recevoir ſans délai ſa pleine exécution.

Tel ſeroit, SIRE, l'unique moyen de concilier avec l'exécution de l'Edit, l'entretien décent que V. M. déclare vouloir procurer aux Curés & aux Vicaires; mais ſi par des vues ſupérieures aux nôtres, elle ne croyoit pas devoir contraindre les Décimateurs & les Congruiſtes, les uns à donner du grain en eſpèce, les autres à le recevoir, nous vous ſupplions, SIRE, de laiſſer du moins aux derniers la liberté de l'option, entre le payement en bled ou en argent, option qui demeureroit à perpétuité irrévocable, ainſi que l'option mentionnée dans l'article 11 de l'Edit.

Ou ſi enfin il eſt arrêté dans les conſeils de votre ſagesse, que conformément à l'Edit, les portions congrues feront payées en argent, daignez, SIRE, les fixer à un taux plus élevé qui puisse fournir une subsistance honnête à ces Prêtres.

Après toutes les considérations que nous venons d'offrir à la Justice de V. M. les Décimateurs eux-mêmes seront forcés de reconnoître que les Curés congruistes seront aussi pauvres qu'ils l'ont été par le passé : ainsi l'avilissement & l'indigence seroient encore la récompense de leurs travaux : & cependant, SIRE, que de services ne rendent pas à l'Eglise un bon Vicaire, un bon Curé ? N'est-ce pas eux qui par leurs instructions font connoître à la multitude les mystères de l'Evangile ; soumettent des esprits grossiers aux vérités d'une morale sublime ; & qui par leurs préceptes & leurs exemples épurent des mœurs dépravées ?

Combien d'orphelins & de veuves, trouvent dans leurs conseils l'appui si nécessaire à leur foiblesse ! combien de différends étouffés dans leur naissance qui auroient désolé leurs Paroisses ! que d'affligés, que de prisonniers, que de malades, par eux visités & consolés dans les plus affreux momens de la vie ! Leur activité, leur industrieuse charité, trouve des ressources dans la pauvreté même pour soulager les malheureux : & tandis que la rosée du Ciel & la graisse de la terre ne paroissent souvent employées ailleurs, qu'à entretenir le luxe & la dissipation, ces ouvriers vraiment évangéliques, à peine nourris & vêtus, supportent tout le poids du joug dans les pénibles travaux du ministère.

Qu'il est affligeant, SIRE, pour des cœurs sensibles & reconnoissans de voir un état si utile à la Religion & à l'humanité dépouillé d'un secours si justement dû à leurs travaux !

Si des vues politiques plutôt que chrétiennes, ont fait avancer que la richesse étoit nécessaire aux premiers Pas-

teurs de l'Eglife pour leur attirer le refpeƈt des peuples ;
fi on a prétendu juftifier quelquefois cet éclat extérieur
fi contraire au véritable efprit du Chriftianifme par un
fophifme qui ne juftifie rien , ne pourrions-nous pas répondre à ceux qui ont ofé le produire , que les Curés
& les Vicaires feroient auffi en droit de réclamer une certaine abondance pour l'honneur de la Religion , & pour
fe concilier à leur tour le refpeƈt des peuples avec d'autant plus de raifon, que paffant leur vie au milieu d'eux
ils en font plus connus ? Mais votre Parlement, S I R E ,
ne confultant que les maximes de l'Evangile dans une
matière de cette nature , rougiroit de folliciter pour les
Pafteurs de quelque Ordre qu'ils foient d'autres fecours
que l'entretien honnête réfervé pour tout bien aux uns &
aux autres par cette Loi fainte.

Daignez donc , S I R E , daignez affurer aux Prêtres
congruiftes ce que l'Edit. *leur promet & ne leur donne pas* ,
une fubfiftance honnête , que chacun doit trouver dans
l'exercice de fes fonƈtions , & que la voix des Peuples
& des Magiftrats , ainfi que la raifon & l'humanité folli-
citent également de votre Juftice. Raffurés par-là contre
l'indigence , uniquement occupés du foin de méditer les
grandes vérités qu'ils font chargés d'annoncer , ces Pafteurs redoubleront de zèle pour former à l'Eglife des
enfans éclairés , à la Patrie des Citoyens vertueux & à
vous , S I R E , dés fujets fidelles. Ainfi la Religion &
l'Etat fe prêteront un mutuel fecours ; ainfi feront comblés
les vœux unanimes de votre Parlement & des Peuples fur
cette portion importante & trop long-temps négligée de
l'adminiftration publique.

A Touloufe en Parlement , le 13 Septembre 1768.

T A B L E

DES MATIERES

CONTENUES EN CE VOLUME.

ger qu'en obfervant trois chofes, chap. 21, n. 25.

Biens, fi les biens poffédés par le Curé primitif font préfumés être de l'ancien patrimoine de la Cure ; chap. 18, n. 30, & fuiv. Si les biens font préfumés acquêts, chap. 1, 8, n. 34, 38. Les biens d'Eglife font préfumés procéder de la fondation, fi le contraire n'eft prouvé, chap. 18, n. 39. Comment les Evêques ont difpenfé originairement les biens de l'Eglife, chap. 23, n. 92. Quelle eft l'autorité qu'ils y ont retenue, ibid.

C.

CAPELLANI. Comment entendus, chap. 1, n. 3, & pag. 73.

Cathédrales. Il n'y a aucune diftinction à faire entre les Eglifes Cathédrales ou Collégiales, Curés primitifs, & les autres Eglifes qui ont le même titre, chap. 24, n. 20, & fuiv.

Cathédrales. Si elles font fondées en préfomption du titre de Curé primitif, chap. 4, n. 13, & fuiv. Ont été fondées par les Apôtres, & font plus favorables que les Collégiales, chap. 4, n. 14, 15, 18. La Cathédrale eft la grande Paroiffe du Diocèfe, chap. 4, n. 16. Si les Cathédrales doivent rapporter un titre exprès de Curé primitif, chap. 4, n. 17. Quels titres font fuffifans à leur égard, ibid. Les Cures ont pris naiffance dans la Cathédrale, chap. 4, n. 23. Les Cathédrales ont été établies par les Apôtres, chap. 4, n. 24. Elles étoient les feules Eglifes dans les trois premiers fiècles, chap. 4, n. 25. Elles étoient gouvernées par les Evêques avec leur Clergé, n. 27. Sont appellées Chapitres, n. 28. Les Chanoines des Eglifes Cathédrales ont continué le gouvernement de la paroiffe de la cathédrale après la diftribution des Paroiffes, chap. 4, n. 29, 30. Le Clergé de la Cathédrale embraffe la vie

D d 4

femblent blesser le bon ordre, & des Auteurs ont cru qu'il falloit les supprimer, chap. 1, n. 7 & 8. Définitions du Curé primitif, chap. 1, n. 10, & suiv. Si les Monastères des filles & les Chevaliers de saint Jean de Jérusalem peuvent être Curés primitifs, chap. 1, n. 14, & chap. 14. Curés primitifs, & Curés commendataires sont la même chose, chap. 1, n. 25, Les Curés primitifs ne sont pas favorables, chap. 1, n. 26, chap. 4. n. 7, 8. De l'origine des Curés primitifs, chap. 3, n. 1, & suiv. Les Curés primitifs ont été distingués des Vicaires perpétuels, chap. 3. En quels temps les Curés primitifs ont été distingués des Vicaires perpétuels, chap. 3, n. 3, & suiv. Causes de l'origine des Curés primitifs, chap. 3, n. 7. Première cause rapportée au Concile de Mérida, chap. 3, n. 8, 11, & suiv. Deuxiè-

me cause, ibid. n. 13. Troisième cause, ibid. n. 14, & suiv. Quatrième cause, ibid. n. 18, Cinquième cause, ibid. n. 19. Sixième cause, ibid. n. 20, 21. Septième cause, ibid. n. 22. Huitième cause, ibid. n. 23. Neuvième cause, ibid. n. 24, & suiv. Trois causes générales de l'établissement des Curés primitifs, ch. 3, n. 31, & suiv.

Curé primitif. Si la qualité de Curé primitif se présume, ou s'il faut la prouver, chap. 4, n. 1, & suiv. Quid à l'égard des Eglises Cathédrales ou Collégiales, chap. 5, n. 13, & suiv. Si pour prétendre le droit de Curé primitif il faut titre & possession, chap. 4, n. 11, 87. Raison pour prouver que les Eglises Cathédrales ne sont pas fondées en présomption pour le titre de Curé primitif, chap. 4, n. 56, & suiv. Décision de la question, chap. 4, n. 91, & chap. 14. Les droits

assemblées des Curés Vicaires perpétuels & Marguilliers, pour la fabrique ou administration des biens de l'Eglise Paroissiale, ni de s'attribuer la garde des Archives, ch. 24, n. 31. Ni le droit de conserver les clefs, nonobstant tous Actes, Sentences, Arrêts, ou usages, chap. 24, n. 32.

D.

Démembrement d'une Eglise, est un titre suffisant de Curé primitif en faveur de l'Eglise matrice, ch. 7, n. 1, 2. Conditions nécessaires pour cela, ch. 7, n. 4, & suiv.

Dérogation, des chefs pour lesquels la Déclaration du 15 Janvier 1731, a dérogé à celle de 1726, ch. 24, n. 16, 17, & suiv. Si la Déclaration de 1726, doit être exécutée pour ce, en quoi il n'y a pas été dérogé par celle de 1731, chap. 24, n. 23, & suiv.

Dévolution, ne se fait jamais du Supérieur à l'Inférieur,

ni de l'égal à l'égal, ch. 15, n. 7, 8.

Dixmes, les Curés ou Vicaires perpétuels, ont la liberté d'abandonner les Dixmes, pour prendre la portion congrue, chap. 23, n. 71. Ils peuvent néanmoins être obligés de prendre les portions des Dixmes, à compte de leur portion congrue, *ibid.* n. 72.

Dixmes, de quelle manière parvinrent aux Laïques, ch. 3, n. 5. Dixmes Laïques & Ecclésiastiques, chap. 9, n. 7. La perception des Dixmes, est un moyen équivoque pour établir le droit de Curé primitif, chap. 9, n. 7, & suiv.

Dixmes, à qui appartiennent de droit commun, ch. 19, n. 18. L'Evêque est fondé à prendre la Dixme dans les lieux qui ne sont dans la Paroisse d'aucun Curé, chap. 19, n. 18, 41.

Dixmes, si après l'abandon des Dixmes, fait par le Vicaire perpétuel, le

E e

Curé primitif qui fait les fonctions Curiales avec un Vicaire perpétuel, chap. 12, n. 99, 100 & 101.

Office, dans les lieux où la Paroisse est desservie à un Autel particulier dont elle dépend, les Religieux ou Chanoines réguliers peuvent continuer de chanter seuls l'Office Canonial dans le Chœur, ch. 24, n. 29.

Officiaux exercent la Juridiction contentieuse, v. sup. Juridiction.

P.

PAROISSE de l'Eglise Cathédrale à qui peut appartenir, ch. 20, n. 6, & suiv.

Paroisses, distinction des Paroisses, chap. 4, n. 14, 57 & 58. Les Prêtres ont été établis pour régir les Paroisses, sans réservation des droits de Curé primitif, chap. 4, n. 14. Anciennement le Diocèse étoit appellé Paroisse, ch. 4, n. 16, 26. Paroisse démembrée d'une autre, lui est sujette, chap. 4,

n. 43, 44, & chap. 7. Si le démembrement peut être fait sans le consentement du Chapitre, chap. 4, n. 45, & suiv. & n. 75. Si la Paroisse de la Cathédrale appartient au Chapitre, chap. 4, n. 53. Lorsque la distinction des Paroisses fut faite, on distingua ceux de la ville Episcopale & de la Cathédrale, chap. 4, n. 57, 58, & suiv. 76, 77. Si toutes les Paroisses ont été démembrées de la Cathédrale, ch. 19, n. 16.

Patron, si tout Curé primitif est censé Patron, ch. 13, n. 1. Si tout Patron est Curé primitif, chap. 13, n. 2. Si l'établissement du Vicaire perpétuel suppose le Patronage, chap. 13, n. 8, & suiv. S'il en est de même du démembrement d'une Paroisse, ch. 12, n. 13.

Quid dans la concession de l'Eglise Paroissiale, chap. 13, n. 14, & suiv. Si l'union suppose le droit de Patronage, chap. 13, n. 21, & suiv.

faire le fervice Divin fuffit-elle, & quelle doit être cette poffeffion, chap 12, n. 58, & fuiv. & n. 71. Si les Curés primitifs, en faifant le Service Divin, peuvent adminiftrer les Sacremens, chap. 12, n, 73, & fuiv. S'ils peuvent prêcher, chap. 12, n. 81. En quoi confifte le Service Divin, que les Curés primitifs peuvent faire, chap. 12, n. 85, & fuiv. S'ils peuvent faire le Prône, chap. 12, n. 87. Publier des Monitoires, chap. 12, n. 88. S'ils peuvent faire la bénédiction du pain, & autres cérémonies pratiquées dans la Paroiffe, & la bénédiction des cierges, chap. 12, n. 90, 91.

T.

TITRES, quels font les Titres valables pour établir le droit de Curé primitif, chap. 11, per tot. Si les Eglifes doivent rapporter un titre fpécial pour établir ce droit, ch. 11, n. 22, 23, & chap.

24, n. 24, & fuiv.
Tranfaction, fi elle eft un titre valable pour établir le droit de Curé primitif, chap. 11, n. 5. Elles doivent être authentiques & fuivies de l'exécution, chap. 11, n, 8, 9. Si l'exécution & l'authenticité doivent concourir, chap. 11, n. 15, & fuiv. & n. 22, 14. En quoi confifte l'authenticité requife, ch. 11, n. 18, & fuiv. Quelles font les formalités requifes pour la validité des tranfactions pour les biens d'Eglife, chap. 11, n. 23, 24, & fuiv. Homologation des Tranfactions, afin qu'elles foient réelles, chap. 11, n. 19. Tranfaction super re dubia eft valable, même contre l'Eglife, chap. 11, n. 20, 21. Le confentement de l'Evêque rend la tranfaction valable, chap. 11, n. 22. Quelle doit être l'exécution des Tranfactions pour les rendre valables en matière de droit de Curé primitif, chap. 11, n. 24.

Fin de la Table des Matières.

www.ingramcontent.com/pod-product-compliance
Lightning Source LLC
Chambersburg PA
CBHW031624210326
41599CB00021B/3289